U0601938

『读懂中国』优秀征文集

老少共话二十大 踔厉奋发新征程

上

教育部关心下一代工作委员会　编

广西师范大学出版社
·桂林·

前　言

"读懂中国"活动是教育部关心下一代工作委员会组织开展的一项思想政治教育品牌活动。活动从 2018 年开始，一年一个主题，聚焦改革开放 40 周年、中华人民共和国成立 70 周年、中国共产党成立 100 周年、党的二十大等重大历史节点，组织青年学生与亲身经历重大事件的本地、本校"五老"结对，以视频、征文、舞台剧等形式展示传播，旨在通过身边人讲自身事、身边事，感动影响身边人，使广大青年学生在记述和传播老同志的故事中接受生动鲜活的"四史"教育和"三观"培养。为深入学习宣传贯彻党的二十大精神，贯彻落实中办、国办《关于加强新时代关心下一代工作委员会工作的意见》以及教育部党组 34 号文件，充分发挥"五老"亲历者、见证者、实践者的优势，向广大青年学生讲好他们在党的百年奋斗历程、中国特色社会主义新时代、脱贫攻坚和全面建设小康社会中的感人事迹和人生体验，教育激励广大青年学生在新征程上立志做有理想、敢担当、能吃苦、肯奋斗的新时代好青年，2023 年教育部关工委以"老少共话二十大，踔厉奋发新征程"为主题，在全国高校全面开展"读懂中国"活动。

在此次活动中，全国范围内有近千所高校参与，8 万余名大学生亲身访谈了 1.8 万名杰出的"五老"，并创作了 5.9 万余篇征文、微视频及舞台剧作品，这些作品直接影响了 500 余万名学生。遵循活动安排，各省及部属高校共报送了 591 篇征文、332 个微视频及 49 个舞台剧作品。为进一步推广优秀成果，教育部关心下一代工作委员会从上报的 591 篇征文中精心挑选出 181 篇佳作，结集出版。

本书分为上下两册四个篇章，分别为老战士篇、老院士篇、老楷模篇、老专家老教师篇。书中有与雷锋的三次交往、长期传承雷锋精神的退役老兵赵明才；有忠诚党的教育事业、矢志科研不畏困难、为电车打造"中国心脏"的中国工程院院士孙逢春；有身高不足一米却用板凳撑起最美母爱的"板凳妈妈"许月华；有坚持40多年的创新探索，将一个个"不可能"变为现实的"抓斗大王"包起帆；有一生扎根大西北，致力于推动中国航空航天事业发展并作出卓越贡献的"巾帼院士"张立同；有献了青春献白发，在大山深处育桃李，用一个人的努力点燃山里几十个孩子的理想的退休教师徐荣兰……

他们将自己毕生的精力倾注于党的事业，以担当作为、不畏艰难、自力更生的顽强意志为社会主义现代化建设事业作出了巨大贡献。他们的故事生动鲜活，带着时代的温度和信仰的光芒，照亮一代代青年的前行道路。青年们在与"五老"面对面的交流中，收获了宝贵的精神财富和人生智慧，这些经历将会内化为强大的成长力量，激励他们立大志、明大德、成大才、担大任，努力成为堪当民族复兴重任的时代新人，让青春在为祖国、为民族、为人民、为人类的不懈奋斗中绽放绚丽之花。

"读懂中国"活动的成功举办得到了中国教育电视台、中国大学生在线、各地各校关工委和参与相关工作老师的悉心指导和辛勤付出，本书的出版得到了广西师范大学出版社的大力支持，在此一并表示衷心的感谢。

教育部关心下一代工作委员会

2024年6月

目　录

白首不改桑榆志　老楷模篇

守正育人谱新篇　老专家、老教师篇

红色精神

永不灭

老战士篇

赵明才：我和雷锋有个约定

南京审计大学　郑博文

2022 年 7 月 17 日，一支来自我中学母校的学生小队来到南京溧水，寻访一位雷锋的生前战友——赵明才，我有幸见证了此次寻访。

赵明才，南京溧水人，1936 年 11 月出生，1955 年 1 月入党，1956 年入伍，先后任排长、指导员、县人民武装部政委等职。在工作岗位上，他带领干部和职工以雷锋为榜样，高标准完成国防教育、日常训练和征兵等各项工作。他还曾被授予全国关心下一代"最美五老"称号。

一词之誓，一生之诺

一身老式军装，胸前挂满各类奖章、纪念章，说话时，年近九旬的赵明才总是腰背挺直、满面红光。

"在旧社会，我 12 岁给人当放牛娃，父亲被地主折磨死，妹妹饿死在母亲怀里……1949 年解放，我在党的怀抱里成长，然后当民兵、入团，18 岁光荣加入中国共产党。1956 年，为了保卫祖国，我应征入伍。"

1949 年，中华人民共和国成立，中国人民丢掉了镣铐，挣脱了枷锁。赵明才一辈子感党恩、听党话、跟党走，坚定理想信念，矢志为人民服务。

赵明才的这种精神，与雷锋密不可分。他也曾不止一次地说："我和雷锋有个约定。"

走进赵明才家，俨然走进一座"家庭雷锋文化馆"，墙上挂着雷锋的老照片，柜子上摆放着雷锋铜像，展示着老人到各地宣讲雷锋精神的身影。

赵明才拿起雷锋同志的铜像，回忆着他和雷锋之间的故事："我 1960 年 11 月认识了雷锋，他个头不高，一张娃娃脸，笑起来有两个酒窝，说话嗓门大，还带着浓重的湖南口音，阳光活泼的样子，叫人打心眼儿里喜欢。"

1960 年 11 月 8 日，赵明才作为军区学习积极分子，与节约标兵雷锋同时出席军区政治工作会议。会上，赵明才作了关于学习体会的报告，雷锋作了关于忆苦思甜的报告，他们双双被评为标兵。

"会议期间领导安排我们同住，我们在一起谈学习、谈工作、谈理想。让我印象最深的是，有一天晚上，我看见雷锋正在看《为人民服务》那篇文章。他看得那么认真、那么入神，并且认真地做着笔记。雷锋看我也没睡，就给我看他的心得体会。我一看，上面写着'活着就是为了让别人更加幸福'。"

1962 年 8 月 15 日，雷锋因公殉职，噩耗传来，赵明才悲痛万分。在雷锋同志公祭大会上，赵明才在心底默默立下誓言：要一辈子向雷锋同志学习。

莫道桑榆晚，为霞尚满天

"我一生做了两件事：前半生为国防事业献青春，后半生为关心教育下一代事业作贡献。"赵明才是这样说，也是这样做的。半个世纪以来，赵明才始终坚持有请必到，奔走于全国各地，打造"流动的雷锋文化馆"，义务向社会宣讲雷锋精神。

几十年来，赵明才已经成为 180 多所学校的校外辅导员和 80 多个党政机关、企事业单位、部队基层单位的思想教育顾问。他先后编写了 80 多万字的讲稿，在全国 20 多个省（区、市）作报告 4 600 多场，听众超 240 万人次。

在台上讲雷锋的同时，赵明才还坚持在台下学雷锋、做雷锋。这些年，他为身边的许多群众提供过热心帮助，仅资助贫困学生的金额就达 60 多万元，连他们家房屋拆迁的补偿款都用上了。有一次，赵明才无意中知道了一对老夫妻生活困难，丈夫生活不能自理，妻子也体弱多病，孩子又不在身边，他就组织了一个帮扶小组，六年来帮助他们买米、买面还陪着去看病，一直悉心照顾他们。

为党育人，奋进新征程

为了纯粹地宣讲雷锋精神，赵明才从来不要报酬。

"传承雷锋精神是我一生的追求和信仰，我无怨无悔，人间有真情，更有大爱。"在赵明才学习雷锋精神的笔记中，他这样写道："雷锋精神就是

'爱'，爱党、爱国、爱人民、爱军队、爱社会主义！"

"有人问我，你劳己伤财，究竟图什么？我不图什么，我是为了感恩党、感恩人民，用雷锋精神培育'四有'新人。我意识到：要想红旗飘万代、祖国有未来，重在教育下一代！"

一个人做点好事并不难，难的是一辈子做好事。赵明才用一辈子的行动践行当初许下的诺言。谈及此，他却谦虚地说："就我个人来讲，做得还很不够，荣誉和功劳应该归党和人民……我有信心活到一百岁，我要响应习近平总书记的号召，把雷锋精神代代传下去。"

寻访过程中，赵明才给我们展示墙上的照片，其中有两位大学生的肖像，他解释道："这两个孩子出身贫苦，但在我们的帮助下考上了大学。还有这位，他参了军，现在已经是少将了。"

"'党在我心中，人民是我根。'"赵明才指着墙上的十个大字跟我们说，"这一辈子，要像雷锋那样做人。雷锋同志虽然已经牺牲了，但我们要把他的精神传承下去。"

赵明才家中的柜子里还收藏着社会各界寄来的信，其中有一封来自海军南京舰，信上说："敬爱的赵明才前辈，我舰全体官兵已收到您寄来的雷锋书画集。您放心，虽然我们是80后、90后，但我们懂得助人为乐，我们会坚守岗位，做一颗永不生锈的螺丝钉……"

正如信中所说，当他们提笔回信的时候，雷锋精神就已经传递到他们心中了。

交谈时，赵明才喜欢让孩子们围坐在他家客厅，因为那儿有一张雷锋的照片。照片上，年轻的雷锋带着青春的笑容，一如孩子们朝气蓬勃的模样。

（指导教师：吕　鑫）

沈金水：抗美援朝守山河无恙，戎马半生护国泰民安

华南师范大学　胡绮琦

"我是抗美援朝志愿军冲锋枪手，打仗不怕死，部队的人都叫我'老虎仔'，见到敌人，我就想一口吃掉他。"电影《长津湖之水门桥》中"钢七连"原型人物沈金水说道。

在摆放着陈旧家具的家中，沈爷爷逐一向我展示他珍藏的革命勋章，激情澎湃地向我讲述"老虎仔"抗美援朝的战斗故事。

反穿棉衣与积雪同色，野外挖洞与山林共眠

1950 年的朝鲜，五十年一遇的零下四十摄氏度极寒天气。沈金水刚下火车，便马不停蹄地赶向部队预定区域。在军中，他始终牢记志愿军"我们的身后就是祖国，保家卫国，不惧一切艰难险阻"的信念。

为了防止被敌军飞机发现，七连战士们统一反穿棉衣，将白花花的绒毛暴露在外，尽量与四周的皑皑白雪共色。这件 70 年前的旧棉衣，沈金水保留至今，内衬的白绒已泛黄掉落，被枪弹擦过后留下的破洞不计其数。但是每年冬天，沈金水就爱穿这件旧棉衣，他说："这件棉衣，够暖和，像我们流的血一样热乎乎的。"

他们夜间作战白天休息，过的是猫头鹰般的生活，只为守护两千多千米外的万家灯火。"白天我们不敢行动，敌人几排几排的飞机大炮，容易全军覆没。我们有时候要走两三天的山路，一走就是七八十公里。"负重行走数十公里的雪路，是志愿军行军的日常。

白天，沈金水用随身携带的工兵铲，破开坚硬的冰块，挖上一两个小时的洞让自己坐着藏身。肚子饿了，沈金水就拿出硬邦邦的土豆，放到腋下试图用体温软化，然后啃上一两口。

部队的哨声一响起，沈金水便挺直腰杆，坚定不移地听从部队指挥，坚

守"保家卫国，决不后退"的信念，脚踩巍峨的雪山，走过寒风瑟瑟却热血滚滚的雪路。

化身"猛老虎"一人打一排，加入敢死队勇炸"水门桥"

1951年，沈金水在战场上光荣地加入中国共产党。他用僵硬的右手发自肺腑地写下"为了个人的荣誉，为了世界人民都能得到解放、过上自由幸福的生活，为了将革命进行到底而加入共产党"的入党申请书。他在睡梦中喃喃背诵着，迎接即将来临的鏖战。

在一次山地阻击战中，沈金水顶着狂轰滥炸坚守我军阵地，在枪林弹雨中奋勇冲锋，迂回至敌人的盲区，化身"猛老虎"一人打一排，手持冲锋枪用一百多发子弹打死了十几名敌人，强硬地击退敌人的进攻。

长津湖战役打响后，美军开始往后撤，企图南逃，而水门桥是撤退的必经之路，成为我军轰炸的焦点。此前，我军曾两次炸毁水门桥，但美军均快速修缮并派重兵驻守。

此时，七连收到第三次炸桥的命令。"打得一拳开，免得百拳来，祖国与人民的利益高于一切，一定完成祖国与人民赋予的使命。"沈金水义无反顾地加入敢死队，在夜色掩护下，身背炸药包，一点一点地向水门桥前进。

不幸的是，在美军不停歇的探照灯、照明弹下，敢死队被发现，遭受到猛烈的攻击，老连长倒下了昏迷不醒，一个个战友在眼前倒下了。

不到最后一刻决不放弃！在一片火海中，沈金水再次默念入党时立下的坚定誓言，牢记边打、边稳、边建的作战方针，很快稳住了焦躁的心绪。"我们用尽全力完成部队下达的任务。当时只剩几个人了，我带两个步兵和枪手去炸水门桥，枪手负责打探照灯，我拿着冲锋枪打碉堡，两个步兵就拿炸药炸桥。"在周密的部署下，他们同心协力，顶住敌人的轰炸，冲到了桥头附近，"轰"的一声巨响，成功炸毁了美军二次修复的桥梁和基座。

话至此处，沈金水眼泛泪光，将目光转向那张薄如蝉翼的入党申请书。92岁的沈金水笔直地坐着。哪有什么岁月静好，不过是"最可爱的人"替我们负重前行。他们筑起了"铜墙铁壁"，汇聚成"汪洋大海"，用钢铁意志打出中国人民的精气神，粉碎侵略者将新中国扼杀在摇篮里的图谋，用一刀一枪捍卫新中国的安全，用一弹一炮维护世界和平，守卫中国人民的和平生活，谱写了震古烁今的史诗！

寄语新时代青年，守卫好红色江山

"现在的生活就是我理想中的生活，中国共产党是了不起的！年轻一代要守住我们来之不易的红色江山。你们要练就本领，守卫祖国，为人民服务。希望世界和平，不再有战争。"沈金水语重心长地说。

一代人有一代人的长征，一代人有一代人的使命。进入新时代，面对纷繁复杂的国际形势，吾辈更应该从伟大的抗美援朝精神中汲取砥砺前行的力量，从我做起，埋头苦干，脚踏实地，努力成长为有理想、敢担当、能吃苦、肯奋斗的新时代好青年。

（指导教师：李浩文）

郭云疆：不忘初心献余热

南宁职业技术学院　卓佳萱

行程万里，不忘初心；信念如磐，一脉相承。

他用半生守护人民的幸福。从满是硝烟的战场到一室明亮的学堂，他宣讲上百次，用自身的经历启迪青年的未来。如今，古稀之年的他依然神采奕奕，军人风范不减当年。

无论是在战场还是学堂，南宁市军休中心军休干部、广西"军休五老宣讲团"成员郭云疆老先生都保持着率直严谨、睿智冷静、乐于助人、无私奉献的军人本色，如一座明亮的灯塔照亮我们，为我们指引方向。

戎马半生彰英雄本色

广西老兵郭云疆于1979年参加对越边境自卫反击作战，他曾担任某部主攻连副连长，十次带领主攻排和尖刀排攻克敌阵，独立执行战斗任务，四次带领后卫排掩护部队撤退，立下赫赫战功，并缴获敌63式装甲车一辆，现陈列在中国人民革命军事博物馆。

在战斗中，郭云疆总是请战到最前线，冒着枪林弹雨，英勇杀敌，被誉为"打不死的副连长"。郭云疆曾多次冒着生命危险，和战友战斗在第一线，一次又一次奋不顾身地投身战场，保家卫国。而他也因优秀的军事才能和顽强作战的精神，屡建奇功，受到战友的一致好评。连队先后为他报了三次一等功、一次二等功，还评他为战斗英雄，他却带头把荣誉让给烈士和伤员。他说："真正的英雄是为国捐躯的烈士。"

我想起郭老曾言："如果是为了个人而战，前面就是金山银山我也不去；如果是为祖国而战，明知前面铺满了地雷，我也要勇敢往前冲。宁可上前一步死，决不后退半步生！"他的英雄气概，为我们打开了一扇新的大门。新时代青年要深入学习党史，坚定理想信念，自觉崇尚英雄，接续奋斗，砥砺前行，努力成为担当民族复兴大任的时代新人，让青春在党和人民最需要的地方绽放绚丽之花。

传承后辈以茂山林

"退休不褪色，永当传承人。"退休之后的郭老没有选择颐养天年，而是继续发挥余热，扛起时代重任。他说："我不打牌、不下棋、不钓鱼、不唱歌、不跳舞，也不喝茶。我基本在做两件事，一件是编书，另一件是红色故事的宣讲。"

十多年来，郭云疆在广西、云南、贵州、吉林，深入上百个学校、企业、社区、夏令营基地、部队宣讲红色故事，传承红色基因，近几年每年宣讲 40 多场。郭云疆曾介绍，他自掏腰包，历时六年，花费 20 万元编撰了《丛林虎啸》，还筹集到 20 万元用于该读本的印制。在编撰该读本的六年里，他因为编辑工作繁重，夜以继日地加班，曾三次累倒被送进医院。如今该读本已被中国人民革命军事博物馆、云南省政协、南部战区陆军部和广西、云南、贵州、四川、重庆、浙江、吉林等三十多个省（区、市）的档案馆收藏。除《丛林虎啸》外，老兵郭云疆还编写了《庆八一·南疆行》《重返南疆》《重返南疆·再敬英灵》《重返南疆·战地芳华》4 本读物，整理了 20 多个战斗英雄的事迹。几年来，他十多次带头捐款，发动战友和爱心企业家，慰问资助了 100 多名烈属、200 多名贫困伤残老兵。同时，他还主编了 4 本纪念册和 4 套活动光碟，利用纪念册、书法作品等形式，开展多样化宣传，并组织 43 名战友和烈属，向云南省档案馆捐赠南疆保卫战珍贵文物，进一步传承红色基因，讲好红色故事，弘扬红色文化，让大家铭记历史，以红色为成长色，绘就人生新蓝图。

青年与祖国同在

"我现在做红色教育宣讲、编书，目的是传承红色基因，让青年铭记这段历史。"郭云疆希望通过自己的宣讲，引导更多的青少年见贤思齐，敬畏英雄，铭记今天的幸福生活是人民子弟兵用鲜血和生命换来的。

其实，青春的心跳与爱国主义的情怀可以同频共振。战场上的解放军战士年龄与我们相仿，他们也是一群热血沸腾的青年，他们用挺拔的身躯和钢铁般的意志在枪林弹雨里闯出一片天地，为我们守护一方净土。不管前方有多少风风雨雨，他们总会为我们撑起一片晴空。哪有什么岁月静好，不过是有人为我们负重前行。生逢其时，重任在肩，在中华民族崛起的时代，我们应成大才、担大任。

如今的我们站在这片繁荣的华夏大地上，享受着革命先辈带给我们的和平。新时代的我们要以伟大建党精神为养分，从党的精神之源中汲取奋斗精神，发扬光荣传统，传承红色基因，赓续红色血脉，始终以"践行初心、担当使命"为己任，谱写新时代的华章。

（指导教师：李积谦 甘丽娟）

李方：红星闪闪照我行

成都工业职业技术学院　牟春银

"红星闪闪放光彩，红星灿灿暖胸怀，红星是咱工农的心，党的光辉照万代……"当我听到这首耳熟能详的歌曲，眼前便浮现出百岁红军老战士李方戎马一生的传奇故事。

"二万五千里长征是人类历史上的一次伟大壮举，红军战士用鲜血和生命谱写了历史，用坚定的革命理想和信念铸就了长征精神。我为自己是这支英雄队伍中的一员，感到无比光荣和自豪。"李方在面对我们的来访时，铿锵有力地说出这样一段话。

李方出生于 1921 年 6 月，四川天全县人，1935 年参加革命工作，是一位历经长征、抗日战争、解放战争，有着 87 年党龄的老共产党员。

初入李老家中，满满的书香气息迎面扑来，李老身着戎装，身姿挺拔地坐于房厅当中，精神矍铄。屡立战功的他，胸前挂满了熠熠生辉的金色勋章。勋章不语，但每一枚都在诉说着他曾经的峥嵘岁月和光辉历程。

回顾那些艰难、艰苦和艰险之路，李老的双眼立刻变得炯炯有神，脸上有了些激昂的神色。李方思路清晰，说话简短有力，将其红色革命故事娓娓道来，让我们认识到中国共产党的革命事业如一颗闪耀的红星照耀着全中国。

坚定理想信念，做中国共产党的坚定追随者

李方出生于穷苦人家，家里穷得常常揭不开锅。红军对群众嘘寒问暖，把自己的粮食让给老百姓吃，还主动帮助老百姓建房造屋，这让李方觉得红军跟其他的军队不一样，产生了加入红军队伍的强烈愿望。"那时候，我只知道，帮助穷人的部队，一定是好部队，我愿意加入这个部队。父母亲当时也支持我参加红军。"

1935 年 6 月，中央红军路过四川天全时，李方强烈要求参军，因年纪太

小，没有成功，但他并不放弃。同年 11 月，红四方面军南下天全时，在他的软磨硬泡下，部队勉强收留了他。之后，年仅 14 岁的李方跟随红四方面军翻雪山、过草地，最终到达延安。"没有坚定的理想信念，我们根本到不了延安。"李方说。

无数像李方一样的老一辈革命家，怀揣着对未来美好生活的期许，坚定跟随中国共产党，以百折不挠的奋斗精神，抛头颅、洒热血，为中华人民共和国的成立、发展、壮大作出了卓越的贡献。

"在国家的发展过程中，只要有了共产党的领导，一切困难都可以战胜。因此只要跟党走，听党的话，人民就会过上幸福的生活，祖国才会更加强大。"李方说。

勇于担当作为，做马克思主义的忠实践行者

"抗日战争时期，我打的最大的仗就是夜袭日军机场。"1937 年 10 月，李方所在部队接到连夜袭击山西代县阳明堡镇日军机场的战斗任务。这场战斗是李方第一次跟日军真刀真枪地打仗。战斗中李方虽双手负伤，但凭借着强大的意志力，奋勇拼搏，与战友们歼灭日军 100 多人，损毁日机 24 架。至今，李方手上、腿上还留有多处刀伤、枪伤的疤痕，右手中指也不能正常伸直。

1958 年，李方转业到四川省委统战部，曾担任省委统战部行政处处长，1975 年调任四川省政协秘书长。任职期间，李方一直将"忠诚为民、公正廉洁、爱岗敬业、勇于担当"这十六个字视为自己的工作准则，始终做马克思主义的忠实践行者。

我看着眼前威风凛凛、驰骋沙场的英雄，崇敬之情油然而生。李老历经沧桑而初心不改，他用自己的实际行动，践行着身为一名马克思主义者的使命担当，诠释着爱国情怀和坚韧品格。

赓续红色血脉，做当代大学生的光荣引领者

金戈铁马的战争岁月早已远去，这位为共和国的诞生流过血、拼过命的老红军战士，依旧保持着俭朴的生活作风，但在国家和人民有需要的时候，他总是挺身而出，慷慨解囊。2008 年汶川大地震发生后，李方交纳了 10 万

元特殊党费；中国共产党成立100周年之际，李老再次交纳2万元特殊党费。在李方的影响下，李家一直保持着良好的家风。李方说："家里所有人一定要听党话，跟党走，不要去跟别人攀比什么，要认认真真工作，永葆共产党人的初心本色。"

李方用他的革命战斗经历和成长史，给我们上了一堂特殊的党课，一堂生动的读懂中国的宣传课。"你们是红军精神的继承人。"李方铿锵有力地说，这是老一辈革命家对我们新时代青年的殷切期望。

老骥伏枥，志在千里；烈士暮年，壮心不已。李方，一位百岁红军战士，一位光荣在党87年的老党员，用自己的生命，与时间赛跑，践行着把红军精神和红色基因代代传下去的使命。如李方一样的老前辈们，就像一颗颗闪闪发光的红星，拨开迷雾，为我们照耀着前行的路，引领新时代青年踔厉奋发、勇毅前行，为推动祖国的发展贡献青春力量。我想说："实现伟大复兴梦，吾辈定当负重行！"

（指导教师：罗梦婷）

邓丙根：钢枪　镰刀　党徽

燕山大学　陶穆楠　祖健亮　朱　林　张安懿　祁墨达

　　他是解放战争和抗美援朝中战功累累的英雄，他是西部剿匪中视死如归的勇士，他是北戴河老鸦窝村鞠躬尽瘁的党支部书记邓丙根——一位中华人民共和国成立前扛过枪的老兵，一位在朝鲜战场上宣过誓的共产党员。

　　邓丙根身材瘦削，虽年过九旬，却声音洪亮、精神矍铄。老人在简朴的家中接待了慕名来访的大学生。他回忆说，1949 年早稻收割时节，二野大军解放了江西省高安市预溪村，一贫如洗的家里分到了两间房，后来又分了土地，于是他扔掉了给地主割稻的禾刀，追随二野大军参加了解放全中国的战斗。

　　1951 年，邓丙根所在的部队转制为志愿军工兵九团，在安东（丹东）跨过鸭绿江进入朝鲜新义州，之后遭遇特大洪水，交通运输几乎全部断绝。美军趁机集中了上千架飞机，妄图以"绞杀战"的方式切断全部运输线，逼退志愿军。工兵九团进抵朝鲜沙里院一带，为野战部队构筑火炮阵地、机枪掩体和道路桥梁等，承担起构筑反"绞杀战"枢纽工程的重任。

　　他们修建的大型坑道可以开进汽车、隐藏榴弹炮。为了早日攻克"绞杀战"，邓丙根简直拼上了性命，别人扛一袋水泥，他甩开肩膀扛起两袋就走。在搅拌混凝土和浇筑战防工事时，邓丙根的手磨出了一个又一个血泡，一碰铁锹把就钻心地疼，但他依旧抢着搅拌混凝土。

　　美军视志愿军工兵部队为眼中钉，频繁出动战机在夜里偷袭他们的驻地。"两次轰炸，一共牺牲了 37 人。"邓丙根清楚地记得，他进屋接电话的瞬间，炸弹呼啸着自天而降，黑烟弥漫，房倒屋塌。副连长被炸断了一条腿，参加过抗日战争的连长倒在血泊中。说到这里，邓老哽咽了。

　　彭德怀总司令命令志愿军构筑起绵延数千里的地下长城，以"坑道战"挫败了美军的"绞杀战"。志愿军工兵部队构筑的"六防"坑道，被苏联顾问誉为决定战争胜负的发明。邓丙根一手拿枪，一手拿镐，不辱使命，三次荣立三等功，升任班长，指导员杨忠财亲自担任他的入党介绍人。

回国后，邓丙根在南京军校学习一年，毕业后晋升少尉排长，继续跟随部队南征北战。在山势险峻、丛林茂密的战场上，邓丙根在朝鲜练就的机枪点射令敌人闻风丧胆。西北剿匪时，狡猾的土匪经常设伏，专门狙杀机枪手。"有一次，子弹贴着我的头皮飞了过去。"邓丙根指着额头，"就差了那么一点点。"

1962年复员后，邓丙根留在北戴河老鸦窝村，与妻儿团聚。当地农村主要种植耐旱作物玉米，农民收入很低，邓丙根家两个劳动力年底分红仅60元，不甘贫穷的他一心琢磨如何改变农村的落后面貌。之后上级号召旱田改水田，但北方农民不懂水稻种植技术，邓丙根凭借在江西老家种田的经验，率先进行了水稻种植试验。他们还挖了十几米深的水井，引水灌溉，第一年水稻亩产量就暴增，种地收入翻一番，引起了轰动。村民们对邓丙根竖起大拇指："以前舍不得吃大米，往后可以常吃细粮喽。"

后来，邓丙根临危受命，担任了大队党支部书记。他亲自去外地取经，学习先进的经验，加强了水稻管理，实现精耕细作，老百姓的钱袋子也越来越鼓了。干满十年即将卸任时，他被许多村民苦苦挽留。

说到这里，邓丙根取出一个小包，指着一张胸前佩戴八枚徽章、雄姿英发的戎装照说："这是从朝鲜回国后照的。"他如数家珍地指点，这枚"解放华中南纪念章"，是参加解放华中华南战役荣立三等功的纪念；那枚"解放西南胜利纪念章"，是参加解放云贵川战役时，荣立二等功的纪念；第三枚是"解放西藏纪念章"，是邓老所在的工兵九团在云南翻修碧河公路，为抗法援越和从新疆、青海、四川、云南四路进军西藏提供了后勤保障，全团荣立集体一等功；第四枚为"援藏修路纪念章"，记录着修筑滇藏公路的艰苦历程；第五、六枚是朝鲜政府颁发的军功章，褒奖邓老在朝鲜荣立的两次个人三等功；第七、八枚是"抗美援朝纪念章"与"和平万岁纪念章"，这是百万志愿军将士浴血奋战的珍贵纪念。听着邓丙根老英雄的赫赫战绩，同学们心潮激荡，高山仰止，表示要以老英雄为榜样，争取早日成为新时代的共产党员。邓丙根抚摸着胸前历经沧桑的党徽，坚定地说："我一生都为自己是一名共产党员而自豪，跟党走就对了。"

习近平总书记指出："历史是最好的教科书。对我们共产党人来说，中国革命历史是最好的营养剂。"退休几十年来，邓丙根不忘初心，赓续红色传统，向一代代青少年宣讲只有中国共产党才能救中国。滇南修路，抗美援朝，西北剿匪，海滨种稻……这些故事，在邓丙根的讲述中点亮了过去，照亮了未来。

身为高校学子，全神贯注地聆听着老英雄的事迹，大家不由感受到党的二十大提出的"第二个百年"的历史使命的重要性。"十年寒窗磨一剑，今朝出鞘试锋芒。"我们在图书馆的每一个创新构思，在实验室的每一个科研成果，都是在新长征路上续写的新篇章！

（指导教师：李红冠）

汪兆悌：爱是人生路

北京师范大学　刘鹏博　宁可欣

2023 年，是中国人民志愿军抗美援朝战争胜利 70 周年。暑期刚过，我们就去探访了一位抗美援朝老兵，本想从她 96 载的人生经历中，探寻一番"读懂中国"的历史密码，没想到，老人从教一生的主旋律，激起了我们新的思想共鸣。

党的二十大报告强调，育人的根本在于立德。作为北师大师生，探访本校老前辈，围绕育人立德之本开启"读懂中国"的思考旅程，虽不意外，但其间的思想收获，又出乎意料。

回顾往昔——

她是翰墨书香中的汪同学，求学路上，无畏巉岩；

她是硝烟弹雨中的汪同志，危局之中，不惧棱嶒；

她是桃李杏坛中的汪老师，破时代之困，拓教育光明。

汪同学的源起之爱：战火岁月历艰辛，学习旅途立初心

1928 年，汪兆悌出生在古都北平一个翰墨之家，乱世中，勤学与坚韧的家风竭力为活泼聪颖的她构筑一方净土。在重庆，她考入张伯苓创建的重庆南开中学，允公允能的南开精神由此浸入血脉，伴随她一生。

1945 年，17 岁的汪兆悌考入西南联大，为响应抗日作战中翻译工作的需要，她选择了英文专业。不久，胜利的旗帜铺天盖地，她的命运齿轮也开始悄然转动。1946 年西南联大解散，她进入北京大学，被偶然看到的苏联电影《乡村女教师》叩响了心门，她想成为瓦尔瓦拉那样的人民教师，为满目疮痍的华夏大地孕育满园桃李，让他们成为民族的栋梁，让大好河山恢复勃勃生机。至此，桃李年华的汪同学，第一次动念想要成为汪老师，她从西语系转到了教育系。

中华人民共和国成立前，虽然她受到的教育是系统完整的，但她身处的

社会环境是动荡和战火纷飞的。她一生的关键词——"爱"的源头，也正由此而始。

她对爱的理解，在升腾的硝烟中本能地升华出一个关键词——"爱和平"。

汪同志的和平之爱：入党参军卫家国，舍生忘死塑人格

为了守卫饭桌、书桌和讲桌的安稳，汪兆悌毅然投身1945年爆发的"一二·一"运动，与无数爱和平的同学一起撕裂茫茫黑夜，为大地寻找光明。1949年1月她加入中国共产党。大学毕业，她被组织派到涌现出董存瑞、郅顺义、郭俊卿、杨世南等战斗英雄的光荣部队做干事。由此，她成为汪同志，南下追歼剿匪，披荆斩棘。

战旗犹屹，波涛再起，朝鲜战争来势汹汹，汪兆悌所在部队改编为"卡秋莎"火箭炮师入朝作战，威震敌胆，战绩辉煌，更曾在上甘岭战役中大显神威，被誉为"炮兵之王"，因而也备受敌军飞机"关照"。她曾三次与死神擦肩而过，其中一次是在前往志愿军司令部汇报工作途中，天空寂静，忽作嗡鸣，敌机轰炸，砂石蔽日。危急中她与同车战友迅速跳车，下一刻，离跳车点不到10米的地方炸出一个焦黑巨坑。

当凯旋归国后的汪兆悌在纪念碑前缅怀战友时，更加明白和平不易、生命宝贵。已经26岁的她主动选择脱去戎装，准备去实现曾经的梦想——成为汪老师，用"和平之爱"守护"教育之爱"。

汪老师的教育之爱：引航教育事业，赓续红色血脉

个人应先有爱己达人的德行品格，后才有兼济天下的博爱胸怀。立德树人的出发点和落脚点，亦应如此。为此，部队转业的汪兆悌一举考取苏联赫尔岑国立师范大学（今为俄罗斯国立师范大学）副博士，苦读四年，满载而归。

1958年，学成归来的汪兆悌被调入北京师范大学担任教育系副主任。经过十年苦旅，汪兆悌终于寻回学生时代的初心，让心中梦想照亮了现实。她响应党中央号召，投身中华人民共和国建设的洪流之中。

改革春风吹满地，在北师大领导的支持下，汪兆悌组建了北京师范大学教育科学研究所，用更深刻的社会环境视角，率先开展青少年犯罪问题研

究，又将学术研究拓展到学校德育研究领域，大视野、多角度探究育人之本与立德之魂的教育本质命题。她用心求真、用爱育人，深化对教育与爱的新感悟，引领一代又一代人顺应时代潮流，不懈努力探究，逐渐丰富发展并不断升华教育思想认知的新境界，在祖国大地遍植桃李。1990 年离休至今，汪兆悌仍坚守教育战线，继续辛勤耕耘、育魂塑人。

回望奋斗征途，汪老师总是在人生重要节点做出更加具有挑战性的选择。年少青葱时，她身处动荡却追求和平；年富力强时，她因时而变，大胆探索教育内涵；到了本该乐享天伦的晚年，面对年轻人的探访，她流下激动的泪水，这是对后辈接续探索教育真谛的希冀与惦念。

立德树人，爱之深沉。宏大的爱具象在汪老师对和平的追求、对教育的奉献、对人生的求索中，也在我们的心中生根发芽。她年岁近百，思想仍先，创新的理念、开放的胸襟，内求爱己达人的仁厚之心、外求心系天下的宽广胸怀，恰是我等青年学子鞭策自己的榜样与准则。我们要用思想认知指导教育实践，接过前辈的接力棒，努力使自己成为满怀激情拥抱世界的一代新人，让无疆大爱的薪火长续，让古老中国永葆青春。

（指导教师：王卓凯　陈嘉婕）

周福祥：传承红色基因的老兵

辽宁石化职业技术学院　张竣策

"雄赳赳，气昂昂，跨过鸭绿江。保和平，卫祖国，就是保家乡……"抗美援朝出国作战距今已有 73 年[①]，但这支歌唱起来仍让人心潮澎湃，斗志昂扬。73 年前，是他们坚定地走上战场；73 年前，是他们直面抵抗强大的敌人。他们，就是了不起的抗美援朝志愿军战士，他们是当之无愧的民族英雄。

7 月 7 日，星期五下午，天气格外晴朗，我有幸采访了当年参加过抗美援朝的英雄老兵——周福祥。接到采访任务的时候，我就在想：老英雄长什么样？听说他已经年过九旬，身体状况如何？当年的战斗情形是什么样的？带着种种疑虑和对走近老英雄的期待，我终于盼来了这一刻。

走进周福祥的家中，见到了 91 岁的老英雄，他满面红光，眼睛炯炯有神，满头银发，精神抖擞，说起话来铿锵有力，一点不像年过九旬的老者。他见到我们十分高兴，总笑眯眯地看着我们，十分和蔼可亲。他谈起从军的经历，滔滔不绝，言语中充满着骄傲和自豪。

周福祥说，他是 1932 年 11 月生人，1949 年 6 月参军，在解放战争时期，跟随部队从河北一直打到海南岛。1949 年 10 月，他所在的部队徒步行军跨过了鸭绿江大桥，到达朝鲜战场，开始入朝作战。到达朝鲜战场后他被分配到民运队，主要工作是为部队征粮，保障部队的生活供应，再一个就是在部队后方抢救伤员、运送伤员。周福祥回忆，当时很多战士的身上没有冬棉衣，而且天气十分寒冷，最低气温达零下四十摄氏度。当时的作战条件十分艰苦，有很多战士脚趾都被冻坏了，随时都有生命危险。当时中美军事实力差距极为悬殊，最要命的是美军牢牢掌控了朝鲜上空的制空权，尤其是在入朝作战初期，志愿军的防空能力几乎为零，而美国人的飞机飞得特别

---

① 编者注：本文采访时间为2023年。

低，所以他们每次只能白天在山沟里休息，夜间前进。虽然晚上行路特别艰难，但他们勇往直前，毫不退缩。有一次周福祥在去做培训任务的路上，遇到了美国飞机扔炸弹，爆炸带起来很多大石头，其中有一块石头砸到了他的腰上，立刻让他痛得倒在地上起不来。他以为自己负伤了，用手摸一摸发现没有出血，只是砸肿了，仗着自己年轻体壮，咬牙继续前行。还有一次白天在朝鲜老百姓家中休息时，美国的飞机突然往院子里投放炸弹，炸弹在距离他们很近的地方爆炸了，好在没有人员伤亡。这两次十分危险的经历深深地印在周福祥的脑海中。听着周福祥的讲述，我们热泪盈眶，仿佛回到了那段战火纷飞的岁月，无法想象他们在那么恶劣、危险的环境下是怎么坚持战斗并取得胜利的。当我们问到这个问题时，他铿锵有力地说："是信念的力量，当时我们都怀着跟着毛主席干革命的信念去拼命作战，而且感觉很光荣。"

谈到征粮工作，周福祥记忆犹新。抗美援朝战争刚刚开始的时候，中国人民志愿军就面临着军粮和后勤保障的困境。周福祥回忆，志愿军入朝作战初期，所带的后勤保障物资十分有限，加上美国飞机狂轰滥炸，中国人民志愿军运送后勤保障物资的交通线经常被破坏，战士们吃饭就成了很大的问题，经常饿肚皮。三年的抗美援朝战争，从朝鲜平壤到韩国汉城①都留下过周福祥的足迹，在朝鲜战场上整整战斗了三年，直到签订《朝鲜停战协定》后他才跟随部队坐着大闷罐火车回到了祖国。

采访最后，周福祥对我们说："今天的幸福生活是来之不易的，是无数的英雄和烈士用生命和鲜血换来的，我们都应该加倍珍惜，用我们的勤劳和智慧把祖国建设得更加繁荣富强。"

每一代人都有各自不同的理想、使命和担当。硝烟弥漫的战争时代已经远去，可英雄精神仍与我们同在，与祖国同行。我们青年应在新时代继承和弘扬伟大的抗美援朝精神，为实现中华民族伟大复兴而奋斗，这就是对胜利最好的纪念，对英雄们最好的致敬，也是对英烈们最好的告慰！

（指导教师：曲　伟）

---

① 韩国首都，现改名为首尔。

刘国桐：红色精神，永不磨灭

北京语言大学　李雨菲　沈奕含　谢星蕊

忆往昔峥嵘岁月

刘国桐 17 岁参军，19 岁入党，他经历了多场战斗和战役，即使身负多重旧伤，也依旧精神矍铄地为我们讲起了当年的故事。刘国桐的入党初心源于对祖国和同胞的热爱，对共产主义事业的信仰。他回忆起入党时的那个重要时刻，毛主席在天安门上宣布中华人民共和国成立的场景仍历历在目。"战争年代，冲锋在前，享福在后，生死不怕"是刘国桐对自己初心的高度概括。

作为一位参加过太原战役、抗美援朝等战斗的老兵，刘国桐分享了一件令他终生难忘的伟大事迹。当时，他作为通信员参与了太原战役，面对敌人，他和其他几位党员志愿者冲锋在前，为大部队炸毁碉堡，扫清障碍。在武器装备落后、物资匮乏等不利条件下，尽管明知有牺牲的可能，这些党员仍毫不犹豫地选择了前进，他们把生死置之度外，为党的事业奋不顾身。刘国桐感叹道，共产党员在生死面前展现出的无畏精神和奉献精神是伟大的。他们视死如归，冲锋在前，为国家和人民的解放和幸福作出了巨大贡献。

红色耀中华，精神传后人

在采访的最后，刘国桐展望着祖国的未来，对年轻一代的我们寄予了无限的期望。他引用习近平总书记的讲话，强调了为民服务、创新发展和艰苦奋斗的精神，强调无论是在军队还是在政府，一切都是为了人民。同时，他也鼓励年轻人要好好学习，因为先辈们流血牺牲，为我们拼搏出了和平安宁的生活，所以我们更应该珍惜学习的机会，努力成为能为国家作出贡献、对国家有用的人。他深信中国会越来越繁荣和强大。他对年轻一代的期望是传承党的精神，为国家的发展壮大贡献力量。

生逢盛世，当不负盛世

刘国桐的故事让我们明白了共产党员的责任和义务，也激励着我们这一代年轻人。作为新时代的青年，我们肩负着让祖国强大的历史使命。我们要牢记党的初心，时刻想着人民，在关键时刻发挥模范作用。我们要传承和弘扬刘国桐等老一辈共产党员的奋斗精神，将党的精神传承下去，与党同呼吸、共命运。

中国共产党像一座灯塔，给我们的国家和人民指明了前进的道路。通过追寻老党员的红色足迹，我们深刻认识到党的奋斗历程和牺牲精神。历史和人民不会忘记每一位战士的悲壮义举和铁骨忠魂。中华民族曾经蒙受巨大的耻辱和灾难，但我们的前辈们英勇抗争，不怕牺牲，为了民族的解放和人民的幸福抛头颅、洒热血。生活在和平年代的我们，更要铭记刘国桐等老一辈共产党员的奉献和牺牲精神，传承他们的初心和使命。我们要坚定信念，为祖国的繁荣和强大而努力奋斗。

（指导教师：曲　伟）

吴朔生：永葆初心感党恩

北京科技大学　刘晓萌

　　在战争年代，她奔赴疆场、报效国家；在和平年代，她坚守岗位、发挥余热，用行动表达对党朴素的感情，用热爱关心下一代的成长。2023 年 2 月 16 日，在这平凡的一天，一笔万元党费交到了北京科技大学离退休职工党委，这是北京科技大学老党员、老教授吴朔生的遗愿，也是她身为党员的最后一笔党费。

　　永怀青云志，白首不移心。吴朔生幼时起，便崇敬革命英雄，直至病逝，都一直是中国共产党的坚定信仰者和忠实践行者。抚今追昔，让我们最后一次聆听老同志的梦想，再上一次生动的党课，听听她对下一代的深情寄语。

誓言铿锵，以身许国写忠诚

　　艰苦斗争，光荣入党。七十多年前，年仅 16 岁的吴朔生在"赵一曼班"接受了革命英雄主义思想教育，她参加了地下党领导的"反内战、反饥饿、反迫害"的学生运动。彼时，刚加入青年团的她是机要处年纪最小的一拨。

　　当年那个十七八岁的少女，正像金达莱花一样在战地盛开。1950 年，抗美援朝开始。在英雄精神的鼓舞下，她于 1951 年初入朝参战，在志愿军司令部担任译电员工作。当时战事紧张，电讯联络十分繁忙，工作不分昼夜，译电员翻译密码不仅要快，更不能有一点差错，脑子长期处于紧张状态，她也因此落下了失眠症。彼时，生活条件艰苦，他们工作生活都在废弃的矿洞里，找块稍平的地方铺上油布就当床，吃饭、打水、上厕所都要到洞外，还要时刻警惕敌机突袭轰炸。对女同志来说，无法洗澡，更尴尬的是没有卫生纸，只能到科长办公的地方"偷"报纸替代。虽然生活很艰苦，但是吴朔生和战友们互相鼓励、团结一心，始终充满着革命乐观主义精神，不畏艰险、舍生忘死，为战争的胜利付出了巨大的代价。在战火纷飞的年代，吴朔生荣立三等功一次，获朝鲜军功奖章一枚。虽然当时的她还没有固定的收入来源，但是无论生活条件如何艰苦，她也从未忘记作为一名共产党员的义务和责任，这一生中她始终把交党费当成一件大事。

躬耕教坛，坚守初心担使命

从朝鲜战场凯旋后，吴朔生脱下军装，转业复员到地方，又到党和国家最需要的地方艰苦奋斗、建功立业。在当时，我国提出要实现四个现代化，钢铁工业是经济发展的基础。吴朔生坚定地选择学习祖国最需要的专业，考取了北京钢铁学院，被分配在冶金系铸造专业，还担任团支部书记。从战士到基层干部，她不计得失、不辞辛劳，生动展现了革命军人始终牢记初心使命的政治品格和优良传统，并将革命精神融入工作教学之中，在教书育人的道路上向光而行。伴随着学校政治理论课教育的需求加强，1959 年，院党委将她抽调到中国人民大学进修政治经济学，一年后回校担任政治经济学课程教师。在职期间，吴朔生始终重视青年一代的思想政治工作，扎根教学一线，她敬业奉献，勇挑重担，勤勤恳恳地在教师这个平凡而神圣的工作岗位上挥洒汗水。

伉俪携手，率先垂范传薪火

吴朔生永葆初心，坚定信念，一直跟党走到生命的最后一刻。她始终保持共产党人的政治本色，弘扬革命传统。退休 28 年来，她仍然坚持每天 2~4 小时的政治理论、形势时事学习，努力补充现代科学知识和技能，使自己不落伍于时代。仅党的十八大以来，她就写了近 700 篇读书笔记、100 多篇文章，在《中国老年》杂志上连续发表 4 篇文章。同时，她和爱人许秀携手六十余载，是亲密爱人，也是革命战友，他们相互支持，共同为党的事业发光发热。他们格外注重做好下一代思想教育工作，退休后经常给青年学生和社会人士作报告，接受电视台、电台等媒体的采访，讲述自己抗美援朝的经历，继续为党的事业增添正能量。虽然吴朔生因病记忆力下降，常常忘记自己的家在哪里，但是当她给孩子们讲述自己抗美援朝的经历时，仍神采奕奕，甚至能回忆起当时电报的"嘀嗒"声对应的含义，与电波相伴的革命岁月是她永远无法忘却的记忆。2023 年 2 月 16 日，吴朔生的老伴许秀委托邢玉敏老师到北京科技大学离退休职工党委上交特殊党费一万元，也是她的最后一笔党费，这背后折射出的是吴朔生一生的责任和担当。

老牛亦解韶光贵，不待扬鞭自奋蹄。吴朔生是一位坚守初心、履职尽忠、为党的建设与下一代教育无私奉献的老党员。离休后，她积极发挥余热，关心下一代的成长。吴朔生说："千言万语，归为一句话，是党给了我们幸福的生活，我们要不忘初心，永远跟党走。"

（指导教师：杨志达）

吴四清：把信仰镌刻在大学生心中

山东协和学院　滕伟军

2020 年，山东协和学院关工委主任王桂云被授予"全国关心下一代工作先进工作者"称号；2021 年，学校关工委获评"全国教育系统关心下一代工作先进集体"；2022 年，学校关工委荣获山东省"全省关心下一代工作先进集体"称号。自此，关爱工作获得的荣誉镌刻在这所民办高校的荣誉墙上，也镌刻在山东协和学院关工委副秘书长、红色教育宣讲团团长吴四清的心中。

1984 年 11 月，吴四清参军。在部队的培养下，他从一名普通战士到排长、指导员，再到军区报社、出版社做编辑、主编。他一路走来，离不开党的教育和培养。2018 年，吴四清退休，怀着一颗感恩的心，他来到山东协和学院发挥自己的余热。

让"红色"成为学生心中最亮的底色

作为学校关工委红色教育宣讲团团长，吴四清把学习贯彻习近平总书记"用好红色资源，传承好红色基因　把红色江山世世代代传下去"的重要指示精神作为自己孜孜追求的奋斗目标。

讲好开学第一课。每个学期开学第一课，吴四清都会给新生讲"红色家书·信仰的力量——三位革命女烈士的绝笔信"。他选取全国 100 位英雄人物中的杨开慧、江竹筠、赵一曼牺牲前的绝笔信，讲解其背后可歌可泣的革命故事，让学生感受那穿越时空的革命信仰和精神力量。

为达到潜移默化的育人效果，红色教育宣讲团时常开展常态化的活动。清明节，举办"清明祭英烈""党旗红·英烈颂"诗词诵读比赛；五一劳动节，举办"生活技能"比赛；"七一"党的生日，举办"党啊，我想对您说"活动和"云端红歌会"……

红色教育成为学校节日的主旋律，也成为常态，形成了以"一场报告、一个故事汇、一次‘五老’进校园、一次社会实践”为主要内容的“4+X”模块化活动模式。

聆听红色故事。建党100周年前夕，吴四清带着青年学生，先后采访了百岁将军、时任中国人民志愿军团政委、板门店谈判代表刘琏，参加过上甘岭、长津湖战役的志愿军战士宋金田等6位参加了抗美援朝战争的英雄，录制了50分钟的视频《听我爷爷讲抗美援朝故事》；采访了范西红、孙一军、苏位智、陈永勤等8位老战士，录制了32分钟的视频《风展红旗美如画·携手喜迎二十大》，在全校播放，4万名师生接受了一场生动的爱国主义和革命英雄主义教育。

追寻红色足迹。自2020年以来，红色教育宣讲团每年组织师生利用寒暑假开展“寻根、寻路、寻梦”活动。仅2022年寒暑假，师生就累计走进了186个城市的1 569处家乡红色纪念馆、革命教育基地等，慰问、采访老英雄、老模范等640名，拍摄短视频，记录故事，收集绘画、摄影作品5 721件。

让理想之光照亮学生前行之路

在从事关爱工作时，吴四清把在部队二十多年的工作经验、新闻专业优势和理论优势，转化为关爱活动中的实际行动。

2021年是建党100周年。为深入学习贯彻习近平总书记“七一”重要讲话精神，让伟大建党精神进教材、进课堂、进头脑，吴四清同红色教育宣讲团的同志精心策划了“致敬百年·强国有我”——山东协和学院关工委“读党史·寻党迹·话党恩”讲红色故事大赛。

学校各分委在红色教育宣讲团的具体指导下，组织学生走访红色纪念馆、革命教育基地，聆听红色故事，制作视频，寻访师生家乡或驻地“五老”人员285名，制作党史学习教育主题的5分钟短视频、2分钟微视频100部。

“读党史·寻党迹·话党恩”活动历时两个多月，一万多名学生参加活动。

擦亮关爱品牌，照亮学生前行的路。五年来，吴四清策划了“老兵宣讲、老兵传技、老兵有约、老少共话、老少同乐、情系老兵”活动27项，形成"老战士在校园""一助三帮"等育人品牌。

理想的星火一经点燃，必将璀璨一片山河。近五年，学生递交入党申请书的比例提高了30%，参军人数近500人，三万余人寒暑假主动参加乡村振兴、志愿服务等社会实践活动，涌现出以见义勇为的袁凯凯、自强不息的吴亚南、"最美温州人"林维瑜等为代表的一批优秀学生典型，学校获评山东省首批红色文化传承示范校。

让真心真爱撑起学生翱翔的翅膀

关爱工作之魂就是思想感情上求真，有真爱的自觉、真爱的行动。

吴四清担任机关分委主任期间，积极与机关分委的同志一起为学生办实事。

在学生毕业季，他推出"就业一点通"服务，为就业困难学生寻找工作岗位，除了动用自己的人脉关系，还发动机关工作人员为学生寻找工作。2021年，五老先后为19名就业困难学生找到工作岗位。在机关分委，他设立"爱心捐物箱"，将捐赠的羽绒服、毛衣、牛仔裤、皮鞋等物品送给困难学生。在图书馆，他设立"考研（本）学习资料捐物箱"，收集综合、英语、政治、高数、计算机等专业课教材、复习资料，助力学生学历升级。他与餐厅经理一起，想方设法提供120多个勤工助学岗位，帮助家庭经济困难学生完成学业。疫情防控期间，他组织心理老师成立服务队，开展"相约星期五""关爱在线"等谈心谈话活动，解除学生的心理压力。

爱在路上，情在心间。吴四清在山东协和学院关工委平台上，用无私的爱，为青年学生的成长成才铺路，助力他们筑梦、追梦、圆梦。

（指导教师：吴四清）

夏日光：红心永向党，桐花续风华

枣庄科技职业学院　林佳玥

中国红，饱含光明与希望的颜色，象征着热情奋进，向阳而生。这一方红色激励我们以"时不我待，只争朝夕"的精神继续奋斗拼搏。这一方红色，今天我在一位近百岁的老人身上看到了。

聆听了学校离休干部、战斗英雄、"五老"志愿者夏日光爷爷的故事，我深受感触、无比震撼。夏爷爷小时家中赤贫，依靠租种地主的田过活。他的父亲去世时，家中连安葬的土地都没有，是夏爷爷和本家兄弟们一起跪下恳求，邻居才勉强同意借出一块地安葬他的父亲。12 岁开始，他就给地主放牛，吃不饱、穿不暖，还时常莫名其妙挨一顿打。17 岁时，解放军来到了他的家乡，他参了军。19 岁那年，夏爷爷光荣地加入中国共产党，坚定的信仰使他在战斗中更加英勇。夏爷爷参加大小战斗无数次，更是亲历过白塔埠、莱芜、孟良崮、淮海、渡江、海南等重大战役。他奋勇杀敌，每次都冲锋在前。因为表现英勇，他先后立过三等功 4 次，二等功 2 次。

随着夏爷爷的讲述，那段峥嵘岁月仿佛鲜活地展现在我面前，让生在红旗下、长在春风里、泡在蜜罐中的我第一次真真切切感受到战争的残酷。说到一次激烈的战斗结束后，全营的战士只剩下十个人，夏爷爷几度落泪，哽咽地说："说是十个，实际上是九个半人，营长的一个眼球被炸飞了……"

在他的讲述中，我感悟到了中国共产党人的初心使命："从当兵那天起，我浑身就有使不完的劲，哪里危险我上哪里去，我什么都不怕！过去家里太穷了，当兵以后，跟着共产党，咱老百姓有地了，也有房了，日子越过越好，越来越有盼头。党对我们这么好，我们就要英勇战斗，保家卫国！"

在他身上，我看到了一名老党员对党的忠诚和热爱，看到了一名军人保家卫国的爱国情怀，看到了中国人民精神深处的那一抹红色，我暗暗下定决心，一定要继承这一抹红色，让这一抹红在我们这一代更加鲜艳耀眼。

百年的风雨兼程铸就了今天的繁华盛世，作为出生在新时代的青少年，我们不曾经历硝烟弥漫的岁月，也没有经历过食不果腹的痛楚，我们享受着一代代革命者用热血和生命换来的美好生活。夏日光爷爷提到了他们当时艰苦的物质条件："那时候，战士们吃得很清苦，菜里一滴油都没有，就是用清水煮的。十五六个人围着一盆菜啃煎饼。菜没了，就蘸着菜水吃；菜水也没了，就往盆里倒点水，到伙房抓把盐撒到水里，就这样吃。我当侦察兵，一天不吃不喝是常态，把胃伤了，得了很严重的胃病，直到现在还没好。"那些历史，我们无法碰触，但血脉中这些宝贵的记忆终将化为力量，永远激励着我们前行。

红日初升，其道大光。共产党就像东方升起的太阳，指引着我们前进的方向。是党和解放军解救了夏日光爷爷一家，解救了无数受苦受难的中国人民。夏爷爷说："比起那些牺牲的战士，我还活着，就已经很知足了。你看看，我们现在的日子有多好！人们都富裕了、有钱了，想吃什么都有，想玩什么也都有。在以前，这样的日子，我想都不敢想，这都是党和国家带来的。所以啊，我们一定要珍惜现在的幸福生活，这是无数革命先辈前赴后继，用鲜血和生命换来的。我们要时刻牢记党的恩情，没有党，就没有我们的今天。"我想，我们一定要珍惜现在的美好生活，珍惜新时代给予我们的机遇，珍惜历史赋予我们的伟大使命，而最好的珍惜，就是为这个时代做出我们应有的贡献！

东方的五星红旗再次升起，我们满怀敬畏地仰望着这创造奇迹的一抹东方红。这红色代表了对党的坚定信仰、对国家的绝对忠诚；象征着满腔热血，奋勇担当；象征着以热血赴使命，用行动践诺言。

（指导教师：刘玉青）

孙双义：队长爸爸和警校孩子的二十年

河南警察学院　郭汉斌

每当孙双义路过警校，他总是喜欢看看那些成队列行进的年轻人，铿锵有力的步调如铁锤砸在铁板上，在他的心里激起旋涡，也激起了贯穿他一生的回响。

2000 年，孙双义从部队转业到郑州铁路人民警察学校（今称郑州警察学校），成为警校的学管队长。当他拉着行李走进学校大门时，根本没想到他以后的工作会是什么样子。

138 个孩子

那是 138 个孩子，住在由两个教室改成的宿舍里，每个孩子大概只有十五六岁，初中毕业便来到了当时还是专科的警校。孙双义的工作就是把这群毛头小子一步一步地培养成合格的人民警察。

可是刚进宿舍，还没来得及认识孩子们，孙双义就已经犯了愁。进门就闻到一股刺鼻的酸臭，不大的屋子里挤满了床铺，到处是乱丢的衣物袜子，夹杂着夏日里的发酵热气，熏得孙双义眼都睁不开。

"孩子们年龄小，大都是初中毕业，他们不懂得搞好卫生的重要性。"当了十几年兵的孙双义明白长时间生活在卫生差的环境下，很可能让孩子们患上疾病，他办的第一件事就是强迫孩子们洗澡。

"我当时问，你们为什么不洗澡啊？孩子们说，学校附近没河，怎么洗？"农村的孩子们甚至不知道澡堂是什么、该怎么用，孙双义只好一个一个地教他们，还给孩子们剪手指甲。

但还是有孩子患病了。

胜似父母

"那天，班长找到我说，有个同学一直在发烧，烧了已经快两天了还没好。我当时心里一紧，就赶紧去看。"孙双义见那个孩子躺在床上，嘴唇发白，额头滚烫，就赶紧想办法带他去医院。当时已经是晚上了，城里的公交车也都停运了，着急的孙双义顾不得那么多，背起孩子就往医院跑。孩子红彤彤的脸颊贴着孙双义的背，呼吸短促，呼出的都是一股股热气。每当孩子疼得喘气时，他就越发着急，一共10公里的路，不到一个小时就跑到了。

到了医院，把孩子放在病床上时，汗水早就浸透了孙双义的衣服，豆大的汗珠滴答落在地板上。孙双义顾不得擦汗，满脑子想的都是孩子究竟得了什么病。医生终于检查完了，确诊为麻疹。这一消息对孙双义来说，无疑是晴天霹雳。

麻疹可不是小病，孙双义赶紧去联系孩子的父母。但是孩子家住农村，当时写信联系来回至少需要一个星期，根本联系不上父母。可孩子在医院需要医药费，更需要有人来照顾，何况麻疹又有严重的传染性，在当时的医疗条件下，护士根本没有能力去照顾感染上麻疹的病人。孙双义顾不了这么多，刚上班的他掏出了自己微薄的工资，全部用来给孩子治病，自己一个人留在医院照顾他。

"孩子病得不轻，身体非常虚弱，我每天都到医院陪他，晚上也不敢离开，总是守着孩子睡觉。有人说我太傻，孩子又不是自己亲生的，何必也把自己投进去。但我认为既然我是学管队长，那么在学校我就是孩子的父亲，我就得像孩子的父母一样照顾他。"虚弱的孩子根本吃不下饭菜，孙双义每天都会给孩子买一两个苹果，削皮后喂给孩子吃。每天夜里都在担心孩子的身体状况，一有不对劲就赶紧去喊医生。孙双义就这样瘦了足足十斤，整整陪伴了孩子半个月，当孩子的脸庞逐渐红润，慢慢恢复健康后，他才放心离开。

后来孩子的父母来感谢他，他却认为这是自己应当做的事情，对待自己的学生，就像对待自己的儿女，没有什么值得感谢的。从此以后，孩子们就亲切地称呼孙双义"队长爸爸"。

是教孩子而不是管孩子

孙双义管的138个孩子都是初中毕业，十五六岁的孩子正是叛逆的时候，在警校这种纪律性极高的地方，有些孩子总觉得压抑。一些从农村来的孩子没见过灯红酒绿，往往被城市里的霓虹灯闪晃了眼。那天，两个学生翻墙到校外，到舞厅里玩了通宵。孙双义抓住了他们，但是他没有严厉地批评他们，而是带他们去了乡下，带着他们去看在田埂之间做农活的乡亲们。"看看他们吧，想想你们的父母，他们每天辛辛苦苦地干活，供你们上学，而你们却在城里混舞厅，你们花的钱有多少是父母从汗水里一滴一滴地攒出来的？""知识改变命运，我从来都是这么认为的。我也是农村的孩子，发奋学习，考上了军校，如今成为一名人民警察，成为一名对国家有用的人，一个能够发挥自己的价值、为人民服务的人。我没有辜负父母对自己的养育之恩，我也希望你们能够懂得感恩。"孙双义没有狠狠地惩罚这两名学生，而是向他们说出了自己的肺腑之言。

"队长爸爸"孙双义带的 138 个孩子最终都成长为不辜负父母、不辜负国家、不辜负人民的人，更有一部分人成为警察队伍的骨干力量，如今还在时时刻刻为人民服务。

23 年过去了，孙双义站在路旁，看着成队列行进的年轻人一步一步向着朝阳的远方走去，金属领花闪耀着灿烂的光芒，他总是回想起过去警服还是军绿色的时候，他站在田埂上，看着那些预备警官迈步走在大道上，渐渐融进田野，风儿吹过，片片麦穗跟上步伐，轻轻柔柔地摇着，摇着……

（指导教师：任同军 刘红奎）

邓伟明：把青春融进祖国的江河

广东司法警官职业学院　曾燕平　文莅光　傅泽灵

"不需要你认识我，不渴望你知道我，我把青春融进祖国的江河。"歌儿唱出了无数隐姓埋名的中国军人的心声，邓伟明教授便是其中极具代表性的一员。他工作经历丰富，四十年如一日，曾服务于地方高等教育事业、部队军事体育及狙击作战教育事业。

邓伟明身形挺拔，步伐矫健。初见时，他身着军绿色运动短袖、牛仔裤和运动鞋，腕上一块运动手表，标准的军人寸头，显得格外精神。古铜色的脸庞透着红润的气色，乌黑浓密的眉毛散发着英气，深邃有神的大眼闪烁着慈祥的笑意，令人备感亲切。如果不是亲眼所见，我绝对想象不到这是一位已过耳顺之年的老人。他身上散发出的奕奕神采和他那昂扬饱满的精气神，感染着在场的每一位学生。

务实创新，学无止境

自儿时起，邓伟明便梦想着长大后成为一名刑侦警察，在重重迷雾中抽丝剥茧，探寻案件真相，为民除害。但现实并未如他所愿，1982年高考结束后，他服从分配进入四川师范大学学习数学。1986年大学毕业后，他进入成都体育大学，开始了长达14年的数学教学工作。在这14年中，邓伟明平衡好学习和工作，完成了从本科到硕士再到博士的学历提升。任教初期，他负责教授医学系高等数学课，在与医学生的课堂互动中，他发现数学与医学存在着可融通之处，加之他自身对运动有着近乎痴迷的热爱，于是他将三者进行深度结合，决定攻读运动医学研究生，并最终通过勤奋自学和旁听相关课程，得偿所愿。读研期间，邓伟明对运动医学的主体——生物产生了浓厚兴趣，于是他又一次毅然选择从零开始，投身于一个完全陌生的领域——生物医学工程。

博士毕业后，邓伟明在机缘巧合下来到了解放军军事体育学院（现陆军特种作战学院），在 36 岁时成为一名军人，实现了儿时的军警梦。在职期间，他负责军事体育教研工作，参与修订了军人体能训练大纲。2015 年部队改制，邓伟明再次面临全新的选择，如以往一样，他毫不迟疑地服从组织安排，任狙击作战系教授，彼时的他已 53 岁，也是在这一年，他愈加坚定了终身学习的想法。

精神之钙，生命之泉

当他人惊叹于邓伟明多次重大的人生转变时，他总是自豪地说："国家需要什么，我就去干什么！"邓伟明一次次以实际行动生动地诠释了"信念是精神之钙"这个真理。多年来，邓伟明始终将自身的前途同国家民族的命运紧密联系在一起，坚定不移跟党走的信念时刻在困境中为其提供源源不断的精神动力，助力其一路披荆斩棘，于平凡中铸就不凡。同时，邓伟明也将每次转变收获的成就感和价值感转化为下一次从零开始的内驱力，不断将自己的内心建设得愈加强大。

"身体是革命的本钱。"除了精神上的自我丰满，邓伟明也注重身体健康。在 40 年的工作中，运动是使其保持精力充沛的法宝。大学时期，邓伟明便养成了 6 点早起锻炼身体的生活习惯，时至今日，依然如初，运动已经成为他生命中不可或缺的一部分。他在运动中释放不良情绪、收获快感，同时也提高了自身的工作效率和学习效率。此外，对运动医学专业知识的精通也使其更加注重多种运动相结合的运动形式，除羽毛球、篮球、跑步、游泳等常规项外，他还经常尝试骑行、马拉松等竞技性项目，涉猎十分广泛。

诗和远方，大爱无疆

退休之后，邓伟明又有了新计划："我要到祖国的边疆去！那里有很多我的学员，他们终日驻守边疆，保卫国家安全，我要去看看他们！"一直以来，手握冲锋枪在祖国边境线上巡逻的男儿们始终牵动着邓伟明的心。聊起几年前他和战友不远千里到瓦罕走廊看望驻守边境的学员的场景，铁骨铮铮的硬汉红了眼眶，"暴露"了内心深处最柔软的角落。他清晰地记得师生团聚那一刻的激动心情，记得学员们眼角闪烁的泪珠，记得那场属于男人间的对话，他也深深地体悟到了爱的力量。自那时起，"看望学员"这颗种子便埋在了他的心底。

此外，邓伟明也十分关注青少年的成长成才。"身体和灵魂总有一个在路上"是他践行多年的准则，在与青少年的接触中，他总是不厌其烦地倡导大家读万卷书、行万里路。外出时，他的目光常落在孩子们身上。有一次他骑行至西藏，在公路边伸手要钱的一群孩子引起了他的注意，他深知"授人以鱼"将对孩子们的思想观念形成消极影响，便当即停下，与孩子们友善沟通，随后达成"以物易物"的共识，并语重心长地引导孩子们树立正确的价值观。

志不老，心不变。在邓伟明身上，我看到了一种"向上生长"的力量，他不断用理想信念填满精神的行囊，用理论知识武装智慧的头脑，用运动积蓄生命的能量，满腔热血地投身祖国发展事业。"少年应有鸿鹄志，当骑骏马踏平川。"正值青春的我们，应当从邓伟明身上汲取砥砺奋斗的精神力量，以广袤大地为纸张，以奋斗和梦想为笔墨，用青春的智慧和汗水继续书写中国式现代化的华丽篇章！

（指导教师：焦玉红　刘宗妹）

李克：不忘初心本色，无私奉献余热

中山职业技术学院　温清云

初见李克是在学校举办的志愿者培训会上，他是一位退役军人，也是全国最美"五老"。当时，他正满怀深情地回顾自己走过的从军路，用质朴的语言讲述着非同凡响的过往经历。

"那些前赴后继、无私奉献的先行者，他们的灵魂底色就是爱国，我们一定要传承好、发扬好。"这句话深深触动了我，一次偶然的机会，我得以采访他，近距离聆听那些令人肃然起敬的故事。

参军入伍，保卫国家，信念坚定如磐

1978年3月，春雨滋润着万物。满腔热血和希望的少年李克决定参军入伍，父亲问他为何要这么做，他坚定地回答："好男儿当志存高远、保家卫国！"这一决定，成为他人生中的转折点。在湛江新兵训练营，李克成为一名优秀的通信兵。高强度发报训练会磨破手指头，甚至是起泡流血，但他从未放弃。三百多天后，他终于成为一名战地无线电报务员。

1979年2月17日，李克随部队参加对越边境自卫反击作战。生死一线的经历并非人皆有之，但这是无数革命前辈所经历的日常。在战场上，少年李克与他的战友们日夜奋战，用飞舞的指尖，以发报机为桥，敲下一个又一个代码，迎来一次又一次胜利的消息。他们是信息传递的守卫者，也是战场上的千里眼和顺风耳。

退伍不褪色，永葆军旅魂，红色薪火相传

李克在退伍后仍不忘记党的教诲，身不在军营，但心仍流着理想的热血，用演讲传递红色薪火。他在中山市起湾社区、"真人图书馆"分享会、电子科技大学中山学院、中山职业技术学院等地作了150多场《重温红色记忆　弘扬爱国精神》主题宣讲。他用激情的演讲传递着希望的火炬，用满

腔的热血鼓舞着青年的爱国精神。

他还收集了许多废旧军用通信设备和军用物品等历史文物，在东区街道起湾社区服务站建起了一个"移动军旅展览馆"。泛黄的家书、锈迹斑斑的军旅设备、金光闪闪的勋章，这些文物无不承载着历史的厚重和革命先辈的记忆，也在诉说着中国一代又一代革命先烈的不平凡经历。李克说："每个时代都有文物遗留的痕迹，透过历史文物讲述历史故事，文物中穿越时空、直击人心的精神力量可以更加直观地告诉青年：勿忘历史。"

传播善举，不以山海为远，不以日月为限

李克用一颗心，让贫寒学子重燃希望。他说："孩子才是国家的希望，只有让他们受到该有的教育，才能有更为广阔的绚丽舞台。"正是因为对初心的坚守、对国家的绝对忠诚和职责担当，他投身各种公益事业，传播善举，不以山海为远，不以日月为限。2008年汶川地震，他向灾区捐款。他持续献血12年。只要听说战友生活上有困难，李克就自掏腰包捐款。截至目前，李克个人捐资近四十万元，发动战友及社会力量募集资金五十多万元。

汇聚志愿力量，奔走大街小巷，撒播爱心火种

2018年，李克建立了中山市东区博爱拥军志愿服务队。从帮扶退役军人，到开始帮助更多的群体；从最初社区系列活动，到走向全市各镇街，撒播爱心火种与力量。

在2020年年初，面对突如其来的疫情，他选择汇聚志愿力量，带领博爱拥军志愿服务队连续60天进入社区帮忙，帮社区维持秩序，给群众派发防疫物资，累计志愿服务460多个小时，平均每天工作8小时，队员们几乎没有休息。他个人还拿出5万多元购买防护物资，捐赠给湖北部队医院、武汉慈善总会、公安一线民警、中山西藏学生等。

他的无私奉献和对社会的责任感，让他建立的志愿服务队获得了"广东省优秀战疫志愿服务典型"称号。而他本人，也被评选为"广东好人"。

中国在改革开放的历程中发生了翻天覆地的变化，而这些变化离不开一批批前赴后继、无私奉献的先行者，李克就是这些先行者中的一员。他们就像火炬一样，点燃了梦想，照亮了前路，我们才能在这充满希望的时代，追

逐自己的梦想，为我们的国家和社会贡献自己的力量。

李克在退役后以身作则，传播红色薪火、汇聚志愿力量。他像星星般闪耀，为许多青年点亮了前行的道路。

新时代的青年，生逢其时、重任在肩。青年者，国家之魂！身为青年的我们更应不辱使命，勇往直前，如初升的朝阳，把光和热洒满祖国的大地。我们要传承"五老"精神，坚定不移地为实现中华民族伟大复兴的中国梦努力奋斗。

（指导教师：李嘉铭）

张顺京：誓守英魂华山下，甘于奉献铸忠心

西安航空学院　张家祥

张顺京，陕西富平人，是陕西省荣誉军人康复医院一级伤残军人，曾先后被评为"全国模范退役军人""陕西省第六届道德模范"，并入选中央文明办"中国好人榜"。

满腔热血报国志

1958 年，张顺京出生于陕西富平的一个普通家庭。20 岁那年，他怀揣着满腔热血参军入伍，1979 年参加对越边境自卫反击作战。在枪林弹雨中，张顺京的很多战友都牺牲了，他自己也为掩护战友不幸被一枚炮弹击中，炸成重伤，失去知觉倒在血泊中昏死过去。直到战友发现混在尸体中的张顺京还有一点脉搏，才把他从死人堆里救了出来。从鬼门关出来以后，张顺京住院241 天，经历了 3 次转院，做了 6 次手术，生命才得以保全，但一小块弹片永远地留在了他的大脑里，造成他左侧偏瘫，一级伤残。那一年，这名叫张顺京的小战士，只有 21 岁，是一名刚入伍一年的新兵。结束治疗后，张顺京来到陕西省荣誉军人康复医院进行休养。等两年后张顺京能自己行走时，他就一刻也没闲着，在荣誉军人康复医院收发室发报纸、送信、接电话，还试着用胳膊夹着扫帚帮忙打扫卫生。

华山脚下护忠魂

1982 年的一天，张顺京在一次散步的时候，无意间走进了烈士陵园。张顺京看到了年久未修的陵园围墙倒塌、荒草遍地，一瞬间他想到了硝烟四起的战场，想到了自己牺牲的战友，更想到了被战友从战场上救下来的自己，心里很不是滋味。

"看到那些墓碑，我非常怀念前线牺牲了的战友们，他们都是人民的英雄，是他们给了我第二次生命。"因为心怀对国家、对战友的感恩，经组织同意后，张顺京毅然把家搬到了陵园，在这孤寂肃穆的陵园里，自愿守护长

眠于此的五百多位英烈忠魂。从此，华山脚下的烈士陵园来了一个身高一米九、走路一瘸一拐的伤残军人。他把家安置在这里，守着自己的小家和那些已逝战友的"大家"，这一守就是 41 年。41 年来，张顺京坚持讲解英烈事迹。为了讲好烈士的事迹，他多方寻找烈士家属了解情况、查阅相关资料，把烈士的英雄事迹一笔一画地记在本子上，把英雄的故事一篇一篇整理成册。几十年来，他向祭扫的部队官兵、企事业单位干部职工、党团员宣讲烈士事迹，开展传统教育数百场，受教育者共计三十余万人。张顺京还经常被邀请到机关单位、学校进行党日活动宣讲，有时宣讲活动比较多，家人担心他的身体吃不消，他总是说："只要能将红色故事一代代传承下去，我累一点不要紧。"当谈及他在战场上的经历时，张顺京的眼眶瞬间红了，他强忍着泪水哽咽道："回忆战争是一件痛苦的事，我从未忘记那些牺牲的战友的一言一行，只要我还能动，就会一直坚守在陵园。"

每年清明节之际，是张顺京最忙碌的时候。他自愿为学生们作爱国主义报告，用亲身经历告诫学生，要好好学习，做一个对家人、对社会有用的人。他将个人利益置之度外，把毕生的精力奉献给了国家。疫情防控期间，作为一名全国模范退役军人，一名共产党员，他心里一直挂念着抗疫一线的人们，坚持要在抗疫战场上贡献自己的力量。张顺京委托儿子向湖北省慈善总会捐款一万元，以实际行动抗击疫情。

传承精神强少年

今时今日，祖国发展的脚步飞快，当代青年应感激无数像张顺京一样为国家奉献的革命前辈，他们的无私和大义是使祖国繁荣富强的重要力量，他们的信仰和坚定立场是国家亘古不变的宝贵资产，他们的崇高精神将会激励我们前进。张顺京信守对烈士的承诺、对国家的忠诚，义务守陵四十余载，他的义举激励着青年矢志报国强军，汇入新时代中国昂扬奋进的洪流。

路漫漫其修远兮，吾将上下而求索。作为新时代青年，我们要传承前辈的革命精神，从中汲取更大的前行力量，激发更大的奋进斗志，肩负起重大的责任，以实际行动来传承红色基因，在新征程上立志做有理想、敢作为、能吃苦、肯奋斗的新时代接班人。

（指导教师：赵　欣）

王慧瑛：谁是最能"跑"的人

上海财经大学　刘　溢

"我就是一个给学校资深老教授跑腿的工作人员……""我就是一个为学校老师服务的普通职工……"一个"跑腿"、一句"普通"，显露出上海财经大学王慧瑛老师低调务实、一心为公的奉献精神。从抗美援朝的战场到后来工作的校园，王老的身影见证了共和国从站起来到强起来的历史。

抗美援朝不世功，中华儿女展雄风

王慧瑛生于1935年。1950年夏，还不满15岁的她参军入伍，同年10月随中国人民志愿军入朝参战。她曾经历第二、第五次战役及华川阻击战，是在朝鲜战场最艰苦的时候坚持在前线未回国的女兵之一，荣立三等功、四等功各一次。

最令王慧瑛不能忘记的，是在朝鲜五十年未遇的极寒天气下，于冰天雪地里夜行军和在黄草岭下碣隅里执行兵团命令，为在第二次战役中牺牲的烈士组织追悼会的经历。

1950年11月初，第一片雪花落下，而后短短半个月时间，朝鲜北部地区的气温就降到了零下三十摄氏度，寒风如刀割剑刺一般，这是一股百年不遇的强冷寒潮。王慧瑛和战友们一步一步拼命在没过膝盖的雪地上行走，即便两条腿都没有了知觉，也咬牙不肯掉队。

"有一天晚上我们文工团接到紧急任务，开车去目的地。那时候开车不能够开灯，但那天晚上的月亮很亮，一边是烧毁的坦克、坠毁的敌机，另一边是白骨露野、马革裹尸。"王慧瑛和文工团的队员们用带来的侧幕和在阵地上捡来的松枝连夜赶制成黑袖圈发给活下来的战士。在追悼会上，首长讲述着长津湖战斗中志愿军的英勇事迹，王慧瑛和战友们唱着哀乐，有人号啕大哭，有人默默垂泪。

一句"不肯掉队"，说出忠诚革命的铿锵；一场月夜哀悼，唱响铭记英烈的执着；一声："我留下"，种下无愧于党、无愧于人民的信念。

春蚕到死丝方尽，蜡炬成灰泪始干

1978 年 12 月，王慧瑛来到上海财经大学基础部工作，曾任计算中心党支部书记，也参与了信息管理与工程学院建院的工作。在校工作时，她因为经常主动去解决那些别人不想管的难事杂事，被称为"不管部长"。她一直在校勤勤恳恳工作至 1991 年 3 月，才从世界银行贷款办公室的岗位上退休。

"1978 年上海财大刚复校，学校非常需要一个搞具体工作的同志，我是一个参加过抗美援朝的老兵，就被财大聘用了。"王慧瑛回忆起刚进入财大时的光景，"那个时候刚复校，条件很艰苦，教室空空的，什么都没有。没有教学设备，我们就组织学校后勤部的工作人员一起到中山北一路 369 号校区，把之前藏在操场底下防空洞里的桌子椅子一张张抬到教室；没有老师，我们就动员原先在财经大学教书的老教师、老教授返校授课。"没有条件也要创造条件，这种迎难而上的品质正是在抗美援朝的战场上磨砺出来的。

王慧瑛回忆起学校最初的发展，提到由财政部牵头的两期世界银行贷款资助，当时她从学校基础部调到了专门成立的世界银行贷款办公室。"第一个贷款项目不大，从日本进口了一些机器。当时日本人很保守，装机的时候也是遮遮掩掩的，我们的老师很聪明，边看边学，才有了学校第一批技术骨干。第二个贷款项目主要是筹建两个中心——电话中心和计算中心（现教育技术中心）。除了这两个中心，还配套建设了图书馆（位于现校史馆位置）、红瓦楼、阶梯教室等建筑。"在这两个贷款项目的资助下，原本"阡陌交通，鸡犬相闻"的田地渐渐变成了"十年树木，百年树人"的国定路校园。

在两次贷款项目中，王慧瑛负责档案管理和人员对接等行政工作。从师生规模到财务状况，王老师需要事无巨细地统计出学校的各项数据交给世界银行。当时办公条件非常简陋，没有电梯，没有微信，更没有办公软件辅助统计数据。王慧瑛的身影就穿梭在办公楼的楼道之间、学校的各个部门之间、白天和黑夜的交替之间。王慧瑛进校以来勤恳工作、默默奉献，甚至曾经病倒在办公室。她参与并见证了学校的建设与发展，而从战士到教师，始终不变的是她坚韧不拔的毅力与舍己为公的精神。

财大的发展伴随着王老师从青丝到白发的人生历程，王老师也见证了财大校园的欣欣向荣。回顾学校的发展，王老师的脸上洋溢着欣喜与自豪。我们一边听王老师述说学校历史，一边参观财大信息管理与工程学院的"师名树"——那是一面为了感谢每一位为学院建设作出贡献的教职工而专门打造的纪念墙。王老师如数家珍地为我们介绍树根处的一个个名字，那些她和同事们共同为学校的发展而奋斗的日子都如昨日般重现。

读懂王老师，仿佛阅读了一段身边的党史。她为新一代青年学子树立了一个老共产党员的良好榜样。习近平总书记说，中国共产党人的初心和使命，就是为中国人民谋幸福，为中华民族谋复兴。今天这份使命已经到了新一代青年的手里，活力四射的青年们应当赓续红色基因，以梦为马，不负韶华，为全面建设社会主义现代化国家、为实现中华民族的伟大复兴贡献自己的力量。

（指导教师：刘资颖）

李杭：烽火难改巾帼色，一生坚守报国心

江南大学　阮佳伟

　　战争年代，她奔赴朝鲜战场，烽火连绵难改她报国本色；和平年代，她投身基础教育，人生起落难变她奋斗轨迹。一辈子，她坚守着身为共产党员的光荣信仰；一辈子，她践行着身为共产党员的为民初心。她就是抗美援朝退役老兵、无锡市"五好"离休干部党员——李杭。

　　初晨时分，火红的太阳伴着朝霞在天空闪烁着光芒，我们见到了年近九旬的李杭奶奶。尽管已过耄耋之年，老人仍然步履矫健，神色怡然，谈笑风生。李奶奶热情地同我们握手相拥，拉着我们在床榻边坐下，向我们慢慢讲述她的故事，回望她一生激情似火的岁月。

奔赴朝鲜，在硝烟战火中磨炼铁血品格

　　1949 年 5 月，在李杭 14 岁之际，她做了一个大胆的决定——加入中国人民解放军。奶奶回忆起参加的第一场战役时，眼里仍然充斥着消灭敌人的坚毅和决绝，"不到最后一刻决不罢休"是她从 14 岁开始就牢记在心底的信念。

　　讲到抗美援朝战争，老人铿锵有力地说出了"保家卫国"四个大字。1950 年，李杭根据调令紧急搭乘火车奔赴朝鲜战场，这一路的经历，到现在都令李杭记忆犹新。"驶出国境时，我们都挤到车厢门那里看，权当最后一遍看我们亲爱的祖国，做好了再也无法回来的准备。"一别万里，前往他国时哪能舍弃对祖国的思念？当离别的火车缓缓驶出国界时，人民志愿军的心情又怎能平静？当时的车厢里，战士们高唱着《共青团员之歌》："再见吧，妈妈，再见吧，亲爱的故乡，胜利的星会照耀我们！"他们不知道是否还能再回到这片土地，只能用歌声与心爱的祖国告别。

　　我们询问过李杭奶奶是否会感觉害怕？她坚定地回答我们："不怕！共产党的战士从来没有退缩过！"回忆起朝鲜战场，她讲到美国的飞机就像起

床号，6点之前就要准备好一切东西躲进防空洞。尽管战争危急，粮食供应不足，吃住只能在用矿道泥土堆砌成的床上，但战士们永远保持着乐观向上的精神，相互扶持，相互鼓励。抗美援朝这一战，真正打出了我们的气势。在大大小小的战争中，李杭立三、四等功各一次，获得了抗美援朝纪念章、为人民服务纪念章等。

转战教育，在育人实践中践行为民初心

谈到为什么会选择老师这个职业，李杭两眼闪烁着坚定且自信的光芒。在抗美援朝战争时期，她观看了一部名为《桃李满天下》的影片，便萌生了成为一名教师的想法，想要用知识改变更多孩子的命运。1955年，李杭放弃了在上海的福利待遇，只身前往无锡投身教育，开启了她人生的崭新篇章。对于三十多年的教学生涯，她无比自豪："我是全能教师，我教英语的时候，许多教师都来听我的公开课，我很骄傲。"

在三十多年的教学生涯中，难免会碰到几个调皮捣蛋的孩子，李杭说，作为教师最重要的是理解孩子，要相信每个孩子都是好的，要去好好地发现和引导。以前她的班上有两个十分调皮的孩子，为了让孩子不放弃学业，她坚持开展家访，长期做孩子们的工作，中考的时候，两个孩子逆袭成功，都考出了不错的成绩。"做教育工作，最重要的就是走进孩子们的生活，走进他们的心，只有真正理解孩子们的想法，才能实现教学相长的良性互动。"李杭如是说。

步履不停，在服务群众中实现人生价值

尽管自身的工资并不高，但李杭一直坚持做慈善。她曾资助过3个孩子，帮助他们成长成才。在工作岗位上，她从不在意金钱和名利，更在意是否能够再多帮助一个人，再多教孩子们一些道理。她总是把党徽别在胸前，她说："我不是给别人看，我是给自己看，我要时刻提醒自己，要一辈子对人民群众好！"

离休之后，李杭奶奶的脚步仍未停止。她积极参加老干部局的工作，担任老干部艺术团的团长，组织各类活动。尽管已经年近九十，李杭奶奶仍然会扶起倒下的自行车。她非常自豪地对我们说："在我扶自行车的时候，总

会有年轻人热情地帮助我,我真的很高兴啊!这样一来我就做了两件好事,一是扶起了倒地的车子,二是我真正把这种公德心传递了下去。"

青春昂扬,在赓续传承中谱写崭新篇章

与李杭奶奶交谈过后,我的心中升起了翻腾的火焰,这是传承和理想的力量。在老人的人生故事中,我真正感悟到了保家卫国的火热情怀,从始至终为人民服务的坚定,以及处处为他人着想的善良。作为新时代的青年学生,我们要以英雄们为榜样,接下赓续发展的火炬,筑牢自身的理想信念之基,在新时代的征程中唱响嘹亮的青春之歌!

(指导教师:周 琳)

黄为生：百淬英雄钢，凝铸青年魂

西南财经大学　牛诚琳　秦奕伟　吴文钰
蒋一凡　蒋聂阳　刘晏林

2023 年是中国人民志愿军抗美援朝战争胜利七十周年。七十年前，中国人民志愿军与朝鲜人民军并肩作战，赢得了战争的胜利。七十年后，中国共产党正带领人民全面建设社会主义现代化国家，以中国式现代化全面推进中华民族伟大复兴。在这特殊的日子里，西南财经大学经济与管理研究院青年学生采访了学校抗美援朝老战士、退休老干部黄为生，聆听了先辈辉煌事迹。

少年从戎——驱马天雨雪，军行入高山

黄老虽已年近九十，但精神矍铄，目光炯炯有神。谈起当年参军的峥嵘岁月，他依然豪情万丈。据黄老讲述，他出生于四川一个极度贫困的农民家庭。中华人民共和国的成立、共产党的好政策让老百姓过上了好日子，他也在中华人民共和国成立后接受了正规教育。抗美援朝战争爆发后，为保卫和平、反抗侵略，时年 16 岁的黄为生毅然报名参军。

1953 年 2 月入朝后，黄为生和战友们每天一边躲避轰炸机的轰炸，一边挖战壕、修工事、铺设马路和排除地雷，组织的关心、保家卫国的决心使他们飞快地成长。"经过一两个礼拜的锻炼，我们就把生死都置之度外了，想的就是一定要完成任务，一定要取得胜利！"后来，黄为生被分配到高炮部队。"八五高炮是专门打飞机的！"黄为生介绍起当时的技术手段和战斗流程，是那么自豪又熟练。战场上，黄为生他们吃的是压缩饼干和炒面粉，睡的是树叶加油布，艰难的战斗使战士们经常连续几天无法入睡休息。死神也数次和他擦身而过，一枚将全班掩埋的炸弹，给黄为生身上留下了至今仍十分清晰的伤痕。在高炮部队时，黄为生用出色的工作、准确的数据为打击敌机提供支持，有力保卫了桥梁、医院和交通要道等重点设施和场所。1955 年，黄为

生随所在部队参加了解放大陈岛、小陈岛的作战任务，后被调任团指挥连文书驻扎福建省东山岛，直至复员。

投身事业——莫道桑榆晚，为霞尚满天

1957年6月复员返乡后，黄为生在乡政府担任文书。1958年9月，他被县委保送到四川财经学院（现西南财经大学），就读于农经系。在校期间，黄为生认真学习专业知识，保持优异的成绩，积极投身学生工作，先后担任了学习代表、组织委员等职务，获得了三好学生、优秀学生干部等省、市、校各级表彰奖励。在采访当天，黄老手腕上还戴着当年在学校获得的奖励——一块印有"四川财经学院"字样的手表。手表的边框早已有些褪色，但那份青春年华中的热忱却会永久留存。

1961年毕业后，黄为生选择留校工作，先后在党委办公室、组织人事部、综合档案室任职，直至1996年10月退休。从参军、复员、求学到在高校工作，变的是奋战的地点，始终不变的是黄为生为党和人民奉献的信念和决心。黄老以坚定的决心和持久的毅力，几十年如一日地做好档案工作，亲眼见证了我国教育事业由旧到新、由小到大的非凡历程，亲眼见证了西南财经大学的改革发展。当被问及工作生涯中是否有带来特别的成就感的事情时，黄老开怀大笑："那时候进行档案评比，全国省属院校一起评比，我们学校经常获得优秀单位称号。其实我做的是很简单的事情，但是能把各方面那么多的信息收集好，为学校的建设和发展贡献自己的力量，对我来说就是最大的成就了！"

退而不休——离岗不离党，关心下一代

见面当天，黄老亲切地询问同学们就读什么专业，课业是否紧张，目标和就业方向是什么等，神色和言语中饱含着对下一代青年的关爱。正所谓"退休不褪色，离岗不离党"，退休近三十年，他从未停止自己的奉献，仍在发挥余热，尽自己的力量为教育事业添砖加瓦。黄老认真参加党组织生活，积极为学校的发展建言献策，给青年学子讲党课，带头为灾区人民捐款。黄老从自己有兴趣、擅长的领域出发，关注青年的身心健康，并将其积累所学撰写成两本百万字的读本，免费分发给青年学生。

黄老的一生，是奉献进取的一生，即便年近九十，他仍关心关怀着社会主义接班人的健康成长。在采访的最后，我们问黄老对如今的青年学生或者青年工作者有什么寄语和祝愿，黄老说："对我本人来说，生活在现在的时代，已经非常非常满意了。希望我们的青年们，积极地好好学习，听党的话，毕业以后好好为祖国服务，为祖国的强大贡献更多的力量……"

透过历史的尘埃，感受那深处的余温，黄老所说的桩桩件件尽显那个年代的厚重与沧桑。英雄们抛头颅、洒热血，为我们打拼下和平与安宁。站在新的起点上，作为新一代有志青年，我们应当全面贯彻党的教育方针，弘扬爱国主义光荣传统，在国家富强和民族复兴的伟大进程中开好顶风船，在中国大地上描绘出波澜壮阔、气势恢宏的新画卷，奋力书写推进中国式现代化的新篇章。

（指导教师：苏明淘）

倾身许国写华章

老院士篇

孙逢春：电车峥嵘逢盛世，乘风御奔越春山

北京理工大学　王喻霞

"远望号"疾驰山河远阔，电车安装"中国心脏"驱动奥运，全气候新能源汽车纵横冰雪……它们见证了中国新能源汽车产业从无到有、从有到优的历史嬗变。而这巨变的铸造者，就是为电车打造"中国心脏"的科学家、中国工程院院士、北京理工大学教授孙逢春。

耕读逢改革，捧书踏春风

"改革的春风，让我走出大山，结缘电车。"

1958年，孙逢春出生于革命老区湖南临澧，在当地，红色根脉厚植人心，孙逢春的三伯曾参加红军长征，父母也常说："有了共产党才有了我们的家。"

自小受到熏陶的孙逢春，一心向党，怀青山风骨，持卷苦读，终于在1978年走入大学。"国家给了像我这样求学无望的农家子弟，还有我们那一代的人，一个完全不一样的人生！"

1982年，大学毕业的他考入北京工业学院（现北京理工大学）继续攻读硕士学位、博士学位，1987年前往德国柏林工业大学进行联合培养，1989年在北京理工大学博士毕业后，他选择留校工作。

留洋积学识，学成报家国

"我们这一代人，选择留学的初衷，无一例外都是希望能以学识报效祖国。""在德国吃的那次'闭门羹'，我至今记忆犹新。"孙逢春回忆道。1988年的冬天，一次他去汽车厂参观，被毫不留情地挡在门外，原因是"里面在研究'新概念车'"。中德汽车工业的云泥之别让孙逢春暗下决心，誓要填平鸿沟。

在德国学习期间，他勤学苦读，于青灯黄卷中奋楫笃行，在笔画图纸中

臻于至善，以优异的成绩备受导师的青睐。学成之时，德国的多家公司先后向他抛出橄榄枝，他全部拒绝了。

"出国留学就是想为中国汽车业做点事情。"1989 年，在每月 6 000 马克（当时约 28 800 元人民币）和每月 92 元人民币的薪资之间，青年孙逢春毅然选择后者，踏上了归国之路。

在党员登记表上，他以纵横凌云的笔势慷慨书写："正因为国家汽车工业薄弱，我才要回来。一个青年的前途、人生的价值成功与否，并不在于过多么舒适的生活，拥有多少物质财富，而在于他对祖国的回报，对人民的奉献。"

起笔，便是世界眼光；落笔，便为时代标杆。

创新逢挑战，自力越春山

1992 年，经过孙逢春及团队夜以继日地研发，中国首部纯电动公交车"远望号"试车成功。驾驶着"远望号"的他，好似跨马携酒，春风得意游长安。

然而，满心的喜悦却在转瞬间一扫而空。1996 年，中华电力公司（中国香港电力供应商之一）希望采购"远望号"，已付定金。然而"远望号"的动力系统由美国研制，美国方面知晓后坐地起价，项目被迫终止，定金被原路退回。孙逢春遭到沉痛一击，深刻认识到：手握核心技术，才不受制于人；坚持独立自主，方能长远发展。

于是在国家政策支持下，孙逢春带领团队重整旗鼓。四套桌椅，一台电脑，手绘图纸上千，验证计算万余，试车常有磕碰，身上淤青发紫。"做科学家也好，做工程师也好，专心把一件事做好、做透，就足够了。"1997 年，孙逢春团队成功研制出电机驱动系统，成为我国电动汽车的"中国心脏"。

科技逢双奥，强国绘春景

早年的北京，大气污染严重，同"绿色奥运、科技奥运"的理念不适配。有人质疑"车轮上的北京如何驶向 2008"，孙逢春用行动给出了答案。

"我清楚地记得，时任国家副主席的习近平同志来考察时对我说，车不能出问题，因为二十四小时在运行。"为此，孙逢春常常奔波在北京的密云、通州、丰台三地之间，严抓每一个细节。

"对于我们来说，北京奥运会绝不是一场'汽车秀'，而是一个展现中国标准的机会。我们要告诉全世界，电动汽车应该这样运行。"最终，孙逢春带领北理工团队，研发出55辆中国自主创新的纯电动大客车，提供全天候服务，实现了世界奥运史上首次电动汽车的大规模投入使用。

"要冻透了，数据才有说服力！"2018年起，孙逢春连续三年都带领团队前往海拉尔，深夜在零下三十七摄氏度的冰面上试车。检修设备时必须摘掉手套，透骨的寒意只能靠意志克服，电脑要放在保障车里的空调下，贴满暖宝宝，保温1小时才能运行10分钟。雪虐风饕，却保证了中国自己的全气候电动汽车在零下四十摄氏度的环境下放置七十二小时后仍能够正常驱动运行。

2022北京冬奥会结束，孙逢春兑现了十年前的承诺："办一届精彩卓越的冬奥会，让新能源汽车在中国再无禁区。""我们实现了！"

粉笔写春秋，学子寄深情

讲台三尺写电车史诗，粉笔一支续科教兴国，培养时代新人也是孙逢春的教育追求。对青年学生，他一边严格要求，一边满怀期望，"国家需要青年在科技上、理想上引领世界""希望青年人能让中国更加富强，实现百年梦想！"

"我把自己分成黑白两半，白天抓教学，晚上搞科研，和时间赛跑！"他身体力行，教会青年学子，要博观约取、厚积薄发。

沐浴党的二十大春光，致政之年的孙逢春仍在岗位上精进不休。从整车制造到核心技术攻关，从平台打造到产业链标准形成，他驾驶新能源汽车，于时代号角中鸣笛声声，在复兴道路上烙印车辙。

踏遍沧浪，回首半生，孙院士带领青年学子，共话拳拳家国情，共勉赤诚报国心，红色血脉汇于心、表于行，让中国电车驶向世界，让中国高精技术家喻户晓。

（指导教师：朱贵楠 辛丽春）

印象初：志之所趋，无远弗届

河北大学　祁佳慧

年近九旬的中国科学院院士、河北大学终身教授印象初曾言："作为共产党员，响应国家号召，向科学进军，是我一辈子的使命。"言行合一，印象初院士也确实是这样做的。

年近九旬，耄耋之年，对蝗虫的研究依然热情不减、爱得深沉。在采访印象初院士的那天，我们看到客厅的角落摆放着科研用具，家里的柜子里还有一摞摞装着蝗虫标本的盒子。据他老伴所言，他能在电脑面前坐一天而不知疲倦。

回望过去，19岁的印象初就与蝗虫结下了不解之缘。那个时候淮阴地区的蝗灾很严重，这一问题关乎民生社稷、百姓冷暖。1952年毕业后，印象初被分配到苏北泗阳负责治蝗工作，见证了农民把柳条绑上鞋底，一个一个挨着扑在地上，用鞋底"啪嗒啪嗒"把蝗虫打死的辛苦。在洪泽湖边，县委书记、县长、区委书记、区长全都亲自带队治蝗，他们在与争夺粮食的敌人作战，此时有专业知识的印象初就是其中的"治蝗参谋长"。在治蝗的两年时间里，洪泽湖周边75公里的湖堤上都留下了印象初的足迹。也正是那一次全民行动让他印象深刻，更在他的心中埋下了研究蝗虫、为民服务的种子。

由于在治蝗工作中的突出表现，印象初被推荐上了山东农学院，还因表现优异，成为一名中共党员。1962年他调入中国科学院西北高原生物研究所，开始从事蝗虫分类研究工作。

从此，择一事，终一生。

青藏高原的工作环境恶劣难耐，印象初一年中多半时间需要在野外采集标本。翻雪山，过戈壁，穿越无人区，高原缺氧，似乎已成了家常便饭，但印象初如同战士一般，不打胜仗决不收兵，在青藏高原一待就是38年。

38年，那是最美好的阶段，最璀璨的年华。幸而时光不负有心人，1982年，印象初在《高原生物学集刊》上发表了《中国蝗总科分类系统的研究》

一文，标志着一种以全新理论为依据，建构于中国青藏高原上的蝗总科分类系统的诞生，把蝗总科分类学科带入一个更加广阔的领域和更为科学的时代，也结束了长期搬用外国分类系统的历史，中国在这一领域的研究跃居世界先进水平。

从青藏高原起步，印象初的研究视野逐步拓至全国，扩大至欧亚大陆，乃至全世界。1996 年，他出版了《世界蝗虫及其近缘种类分布目录》以下简称《目录》，这本用英文写成的巨著，共 1 266 页，200 余万字，记录了从 1758 年至 1990 年所有已知的蝗虫类 2 261 属、10 136 种，是目前世界上最全面、最系统的同类专著，被世界直翅目学会网站引用，成为全世界蝗虫分类研究者公认的权威工具书。"上一本同类型书籍是外国人在 1910 年编纂的，已经过去了 80 多年。"印象初说，《目录》的出版算是为国家、为民族争了口气，"外国人能做到的，我们中国人也能做到，而且某些方面还超过了他们。"

功成名就，奔劳了一辈子的印象初院士，并没有功成身退，而是继续奋斗着，他在科研的道路上铿锵前行。1996 年，印象初被河北大学聘为终身教授，他拒绝担任领导职务，只因他希望专心致志地搞科研。

"印象初院士的到来极大地促进了河北大学动物学专业的发展，河北大学相继成功申请了动物学硕士点、博士点，前几年生物学还成为一级学科硕士学位点。"河北大学生命科学学院教授李新江说。印象初院士以身作则，其认真钻研、吃苦耐劳的科研精神，亦薪火相传，影响着代代青年科技工作者。

印象初院士有勇争世界先列的志气、不怕磨难的骨气、中国五千年大国的底气，他不怕压力，知难而进、迎难而上，全力战胜前进道路上的各种困难和挑战，依靠顽强斗争打开事业发展的新天地，

（指导教师：冯麒凤　王军超）

唐任远：攻坚的榜样，育人的楷模

沈阳工业大学　朱龙飞

唐任远是沈阳工业大学德高望重的老教授。他是中国工程院院士、电气科学家，曾获得"全国模范教师""全国五一劳动奖章""全国优秀科技工作者"等三十余项荣誉。

他先后主持完成"75KVA 稀土钴永磁发电机""高效高起动转矩钕铁硼永磁同步电机及其共性关键技术"项目，分别于 1985 年和 2001 年两次获国家科技进步奖二等奖。

攻坚克难，科研创造奇迹

1978 年，第一机械工业部下达研制一台高速发电机的任务，国内实力雄厚的大学都望而却步。唐任远深知用常规设计法很难做到，只有采用稀土永磁方案才有可能完成。当时，我国根本没有这方面的技术和资料，但唐任远义无反顾地承担了这项任务。他和科研小组的同志们边学习、边实践，将设计、计算、材料采购、工艺准备和工程制作同时交叉进行，没有周末节假日，元旦、春节也不休息，每天工作 14 小时以上。最终，创造了各个关键技术环节一次性成功的奇迹。1979 年，我国第一台高速、高效稀土钴永磁发电机问世，填补了我国在这一领域的空白。

唐任远还与企业联合，首创了当时世界上容量最大的稀土永磁副励磁机。这项成果使原拟从国外引进传统副励磁机变为向国外输出技术，也使采用该技术的汽轮发电机得以出口，创汇 2 000 万美元。

2001 年，唐任远教授当选中国工程院院士，2002 年担任"国家稀土永磁电机工程技术研究中心"主任。他开发出 17 项拥有自主知识产权的永磁电机的新产品，替代了进口，为国家节约了大量的外汇。

唐任远院士说，他选择科研之路并风雨无阻地一直走下去，就是想证明中国人的能力。外国人能制造的产品我们也能制造，外国人不能制造的我们还能造出来，就是要为国家争一口气！

倾心尽力，育人硕果累累

唐任远院士将最新的科技成果和内容引入教学，及时地给学生补充国内外最新研究成果。《交流电机统一理论：在实际问题上的应用》（*The General Theory of Alternating Current Machines: Application to Practical Problems*）是一本英国出版的教材，唐任远院士专程去北京图书馆借到这本书，回来后夜以继日地翻译，利用一个暑假的时间，将其全部翻译成中文并引进出版，后来被很多高校选为研究生教材。

他的学生能及时地掌握本学科的最新发展趋势，学到电机学科的最新理论和现代分析方法，很受用人单位欢迎。

"实践"和"创新"是唐任远院士培养学生时最注重的两个方面。他让研究生一入学就接触生产实践，第一学期就参加科研项目，以此来培养他们的科学研究能力。有两名硕士研究生因为一入学就真刀真枪地参加了东方电机厂副励磁机的设计工作，很快就掌握了设计计算方法，还在工作中有所创新，提出了独到见解。他们第一学期期末就撰写出了具有一定水平的学术论文，并在第七届稀土永磁及其应用国际学术会议上发表。

唐任远院士就是这样"授之以渔"，让学生去实践、去思考、去创新、去成才。

老骥伏枥，育人不止

唐任远院士惜时如金，他认为："节约时间，就是使一个人的有限生命更加有效，也等于延长了人的寿命。"

一次，78岁高龄的他和一位年轻的同志出差，为了节省时间和经费，他在火车上度过6个晚上，与他一起去的年轻同志很心疼，觉得这么高龄的老专家出差不住宾馆，在火车上过夜，太辛苦了。唐任远院士说："晚上在火车上也可以休息，一则节约时间，二则节约住宿费用，这样白天还可以工作，一举多得啊！"

带病工作更是家常便饭。一次唐任远的腰病发作，他咬着牙从家里一步一步"挪"到学校，身边的工作人员只好用三轮车接送他上下班。2006年，唐任远院士做了胆囊手术，住院期间还在为学生修改论文。手术后第三天中午出院，下午又出差了。

唐任远说："我之所以能坐得住、吃得了苦、受得了委屈、经得起考验，关键是一心想为国家建设多做点贡献。"

唐任远是助人为乐的典范。一位正在攻读博士学位的学生要结婚，但拮据的经济条件使他一筹莫展。唐任远知道后，毫不犹豫地赞助了他一部分结婚费用。唐任远还是全校为患白血病的年轻教师的孩子捐款最多的人。

类似的事例有很多，在他身上，学生感到了家一样的温暖和父亲般的关爱。

现已92岁的唐任远院士每天照常到办公室，照常关心学科建设，照常做关心下一代的工作。

在2023年学校毕业典礼上，他用自己的亲身经历，勉励同学们"立鸿鹄志，矢志报国；做奋斗者，奋力开拓；当实干家，不负韶华"，感动了所有毕业生。

他捐资资助学校关工委工作，用于购买办公设备和为校、院两级关工委成员订购《心系下一代》杂志。

唐任远院士最常说的一句话是："我的知识是党和国家给的，一定要把所学到的知识全部回报给党和人民。"

作为他的学生，我无时无刻不为他惜时如金、不辞劳苦、一丝不苟的精神所感动。他身上那种高尚情操和博大的胸怀深深地感染着我，影响着我的一言一行，为我指明了今后学习和工作的方向，令我受益终身。

他现在仍精神矍铄、思维敏捷，问他秘诀是什么，他笑着说："我还能为国家、为学校做贡献，想到这些就特别开心，开心就不会老，开心就会长寿。"他还动情地说道："作为一名在沈阳工业大学工作了六十多年的老教师，我对工大、对学生、对教育事业，有着最深沉的爱。"

唐任远教授把这种"爱"融入科研攻关中，融入对学生的培养和关心下一代工作中。

他的精神像一面旗帜，激励着青年茁壮成长、奋力前行。

（指导教师：韩永强）

姜会林：聚光成炬，追光向党

长春理工大学　张　宁

　　长春——中国光学事业的摇篮。这座城市孕育了全国首家光机所和致力于培养光学人才的高校。在这块土地上，有一群勇往直前、追逐光芒的追光者，姜会林院士就是其中之一。作为中国工程院院士、应用光学专家，同时也是长春理工大学学术委员会主任，姜会林院士已经在光学领域奋斗了超过50年，成为新一代追光者的引领者，他追逐光，成为光，散发光。姜会林院士的口袋里总是装着几张纸，上面记录着每月的工作计划、待解决的问题，以及国内外科技界近期的前沿动向。如今年届八旬的他，依然充满热情，做事十分执着。始终不忘为国家的需要而努力，这就是姜会林院士对科研工作的激情和责任的真实写照。

　　"一束激光，1秒钟可以传输10G的信息。这种以激光为载波，在空间实现信息无线传输的通信方式，具有保密性好、抗干扰能力强、通信速率高、体积小、重量轻、能耗低、灵活机动的优点。"这是姜会林院士最新的研究成果。他带领团队深入研发空间激光通信技术，已经研制成功两代机载光端机，在国内首次实现了在强干扰下高速率双动态激光通信。这项技术在飞机间高速率激光通信距离上超过了国外报道的最佳水平，因此获得了国家技术发明奖二等奖。他攻破一个又一个科研难关，解决一个又一个设计上的技术难题，体现了他不服输的精神。他的足迹遍及全国30多个单位，进行调查和讨论，将许多看似无望的课题作为攻关对象。导师王大珩曾鼓励他："越是没有人做的课题，你就越应该全力以赴。"这激发了他不服输的钻研精神。凭借毫不妥协的态度，他精益求精地完成了硕士和博士课题的研究，开创了"衍生二级光谱理论"和"光学系统技术经济公差理论"。他撰写的相关论文被国际光学工程学会列为"里程碑丛书"，其成果也得到广泛应用。1996年，他荣获国家科技进步奖，这是他人生中一个重要的里程碑，也是他科研道路上的一个重大成就。之后，他不断刷新成就，破解难题。一直以来，他将国家需求作为出发点，在科技领域多次取得了重大创新成果，尤其在光电动态测试方面，他领导的团队成功研制出了"特种车辆动态性能测试系统"，其参数超越了美国"试验操作规程"的标准，进而成为国家标准的一部分。

科技上硕果累累，教育上桃李满天下。作为长春理工大学的教授和博士生导师，姜会林院士在忙碌的科研工作之余，也非常注重人才的培养。他已经培养出112名硕士、博士和出站博士后，其中一些已经成为知名学者、中青年学术带头人。长春，这座光学事业的摇篮，孕育了姜会林院士这样一位充满热情和激情的追光者。他的故事不仅展现了科学的辉煌，更是对真情实感的见证。姜会林院士担任校领导期间，和班子成员及广大教职工一起努力奋斗，主持申报成功学校第一个国家重点实验室、第一个博士学位点、第一个国家重点学科，并将"学院"更名为"大学"。他努力改善办学条件，帮助学校扩大了占地面积、建筑面积、固定资产。长春理工大学的巨大发展离不开他的努力，立德树人扎根教育，桃李满天下，一代又一代的长理人为着中华民族的复兴而努力奋斗，坚韧不拔，筚路蓝缕。

姜会林院士经常宣传王大珩、蒋筑英的先进事迹，教育年轻的学生。近年来他还组织开展"学政治、学政策、学业务、学管理、学做人"（五学）活动，教育青年教师。他还为部队科技人员当"带教导师"，在航天科技集团五院508所设立院士工作站，在北京理工大学、吉林大学等高校招收博士研究生，在清华大学等高校和中国科学院长春光机所等单位的重点实验室任学术委员会成员，既评审项目又培养人才。

每一个伟大的科技成果背后都凝结着执着的治学精神。姜会林院士作为一位杰出的科技工作者，继承了王大珩、薛鸣球等前辈的智慧传统。他带领的科研团队不畏劳苦，克服重重困难，为这个领域的研究带来了一个又一个重要的突破。有一次，他的团队前往戈壁滩进行试验，寒风凛冽，大家守在实验室里，一边吃着简单的晚餐，一边专心地观察着测试结果。还有一次，在高海拔的西藏，团队克服了严重的缺氧问题，一同坚守在试验现场。姜会林说："搞科研是充满艰辛的，但我们怀揣着将中国光电事业发展壮大的信念，毫不畏惧地面对挑战与困难。"

经过五十余年，姜会林院士用心血和汗水铸就了一条不平凡的科研之路。他主持完成了78项国家重大重点项目，获得了国家技术发明奖二等奖、国家科学技术进步奖二等奖和三等奖，还获得了何梁何利基金科技进步奖，并荣获 9 次部省级科技成果奖一等奖。他的发明专利共有 91 项，发表学术论文共计 430 篇，还出版了 9 本学术著作。他被国务院学位委员会授予"做出突出贡献的中国博士学位获得者"称号，被中国科协授予"全国优秀科技工作者"称号，并被吉林省授予"特等劳动模范"称号。

面对这些荣誉，姜会林院士表示："我将始终保持科技报国的初心，为祖国的光学事业不断创新，坚定地奉献。"他的故事鼓舞着我们，让我们明白，只有艰苦付出和拥有创新精神才能铸就辉煌的未来。

（指导教师：赵崎策）

陈香美：人生巅峰永无止境

白城医学高等专科学校　纪政序

陈香美院士曾于 1967—1968 年在白城地区卫生学校（现白城医学高等专科学校）医士班学习，2018 年陈香美院士被白城医学高等专科学校聘为名誉校长、特聘专家，2023 年被学校聘任为学术委员会主任委员、校友会名誉教授。陈香美院士的生活节奏好似一曲贝多芬交响乐，除去过渡部分偶然的舒缓，其余时间都在高亢、激越地行进。人生短短几十年，她要在有限的生命时间内发挥最大的生命能量，造福更多的人。就是这样一个朴素的人生观，促使她一刻不停地努力去攀登科学高峰。

八小时内出不了科学家

熟悉陈香美的人都知道，陈香美有一句常说的话："八小时内出不了科学家。"可以理解为，科研成就这枚甘甜的圣果，绝不是一朝一夕所能摘得的，它需要长久的耐力与恒久的坚持。在陈香美这里，这句话还有另外一个诠释方式——仅仅靠八小时的工作时间，是成不了科学家的。陈香美本人则是每天用两个八小时，甚至更多的时间埋首工作。她每天的休息时间不超过五小时，其余的时间，她全部交给工作。

收获在艰辛地付出之后。曾经只有 12 张床位的小科，在陈香美的带领下，逐渐建设成为集临床、实验室、透析室于一体的全军肾脏病中心，实验室从只能做简单的尿常规检查，到全军重点实验室。经过他们的努力，1993 年肾科以独立学科顺利通过硕士学位授权，1998 年成为博士授权点，1999 年成功申报为博士后流动站。2001 年，在国家重点实验室评审中，由科技部组织的来自全国的 11 位著名肾病学专家，深深为总医院肾科取得的成绩而震惊，高度赞扬说：你们的技术水平是国内一流的、领先的，已具有与世界最高技术水平竞争的实力。

同时，陈香美领导的肾科也成为培养医科人才的"黄埔军校"。几年来，陈香美共培养博士后 3 名，博士 16 名，硕士 15 名，进修医生 180 名，他们个个成绩优异，有的已在医学界崭露头角，7 名科室成员破格获得副高职称，还向其他科室输送了 4 名护士长。"一花独放不是春，百花齐放春满园。"为了在肾病研究中取得进展，陈香美不仅把工作外的休息时间让位于科学研究，她自己的生活空间也全部被工作填满。

全身心奉献科研的奋斗狂人

陈香美经常和她的学生说："我和你们在一起的时间要远远超过我和我女儿在一起的时间，甚至超过百倍，我和你们一天相处 10 个小时，我和我女儿可能不到 10 分钟。"

她的女儿曾经在一次作文中，深情地写下："我的梦想是，妈妈能带我去一次公园。"相较于其他孩子的梦想，这个"梦想"太过容易、简单，却由于妈妈是陈香美而变得遥不可及。简单朴素的话语让老师看了也忍不住泪水涟涟。

而关于她出生前后的经历，小姑娘也是在慢慢长大后听别人说的，这些经历乍一听像故事，却实实在在发生在陈香美身上。

由于投身工作，时间太紧张，陈香美直到 40 岁，才决定要孩子。40 岁的高龄产妇在妇检门诊是高危人群。陈香美却把怀孕的消息隐瞒着，在肾科忙忙碌碌工作的她，风风火火的她，整天穿着白大褂的她，在众多医生护士面前，竟然成功隐瞒了 9 个月，没有人发现她的异样。她太忙了，节奏太快了。直到临产前 20 天她去做产前检查时，才意外被护士长和协理员得知。产前 10 天，有一个学术会议在四川召开，陈香美怀着即将出世的女儿，坐飞机、汽车，一路奔波，开完会后又直奔实验室。有人心疼她，有人担心她，她笑笑说："没什么事啊，我的孩子结实着呢！"产前 3 个小时，她还在为实验室的事情忙碌着，当生产的阵痛一阵一阵地袭向她时，她才从实验室直接到产房，接受剖腹产。家人、亲友、同事都以为这下陈香美能好好休息了，却不知，在产后第七天，得知科里正在抢救一名肾功能衰竭的患者，她冒雨赶到病房，亲自为病人做肾穿刺治疗，硬是把这名被其他医院认为无法挽救的危重患者从死亡线上拉了回来。

伟岸的医学院士也有遗憾

一个遗憾一直深埋在陈香美心中：1999 年 6 月，陈香美八十多岁的老父亲去世，而她正远在日本的国际讲坛上。老父亲为她照看了三年多孩子，她没带他在自己工作的医院检查过身体，更没让父亲在自己工作的医院住过院，而父亲临终前想见女儿最后一面的愿望也没能实现。

每每念及此事，陈香美的眼泪总是在眼眶中打转。她有时也会自责，作为女儿，她没能尽到孝道；作为母亲，她也并不合格。但是，她坚信，在天堂的父亲，会对她赞许有加；她的女儿，也会以她为傲。她相信，献身科研事业，为造福人类做贡献的妈妈，也会成为孩子心中的榜样。

（指导教师：张莉莉 刘 峰）

刘忠范：矢志不渝家国梦，敢凭烯碳赌人生

长春工业大学　杨书宇　经　朗　杨馥榕

"虚怀千秋功过，笑傲严冬霜雪。一生宁静淡泊，一世高风亮节。"在北国春城南湖岸边的吉林工学院（现长春工业大学），怀揣梦想的刘忠范秉承着科学报国的决心走进校园，踔厉奋发，艰苦奋斗，潜心科研，深深扎根在国家科技创新的事业上。

不忘初心，坚持热爱追寻梦想

习近平总书记说："只有不忘初心、牢记使命、永远奋斗，才能让中国共产党永远年轻。"何谓初心？在刘忠范院士看来，就是一个人在起点时的承诺和信念。何谓定力？就是一个人干事、工作、创业的心力和毅力。刘忠范院士说自己是一个很简单的人，"出于对化学知识的兴趣，喜欢什么，就做什么。"1979年的刘忠范作为一名大学生，一进入校园便铆足了劲头学习科学知识，1983年毕业时，获得了全校唯一的"优秀毕业生"荣誉称号。这段求学经历不断激励年轻人坚定信心、持之以恒地追求梦想，陆续有不少青年在刘忠范的影响下走出农村，考上大学。

满载而归，为祖国科研做贡献

刘忠范深知科技发展是国家建设的核心，必须到科技发达的地方学习先进的科学知识，于是他在大学毕业后选择去日本留学深造，先后在日本横滨大学、东京大学获得硕士、博士学位，并在东京大学和日本分子科学研究所从事博士后研究工作。20世纪90年代的中国正处在科技腾飞的前夜，科研条件相对落后，但刘忠范不忘科学报国的初心，毅然决然地回到祖国，开启了纳米攀登之旅，将所学的创新技术抓紧时间奉献给祖国的发展。2009年，刘忠范被评为"科学中国人年度人物"，2011年当选中国科学院院士，2012年获得中国化学会—阿克苏诺贝尔化学奖。在他心里，学者应该专注于学

问，院士只是一个崇高的称号，选上是件"水到渠成的事情"，而不应是功利的目标。他希望自己还是最初的那个"自己"，做好学问，在推动学术发展的同时把年轻一代带起来。身教胜于言传，刘忠范的以身作则，点燃了一批批学生对科研的兴趣。刘忠范的学生绝大多数都在国内外高校和科研院所从事科研工作，其中已经有 60 多位教授或研究员，包括 1 位院士、5 名领军和拔尖人才、9 名"国家杰出青年科学基金"获得者、8 名"国家优秀青年科学基金"获得者，还有 10 位企业高管，他们都在各自的领域里为科学研究和国家发展贡献自己的力量。伟人有担当，意味着他们把国家和人民的利益置于至高无上的地位，勇于承担重任和压力，并愿意为实现国家和民族的伟大复兴而努力奋斗。

潜心研究，不断探索石墨之路

作为世界纳米材料研究领域的先驱，刘忠范主要从事石墨烯等纳米碳材料研究，在石墨烯、碳纳米管的化学气相沉积生长方法研究领域做出了一系列开拓性和引领性的工作。为了真正往前走，做核心技术，做规模化的制备，刘忠范带领团队在 2018 年成立了北京石墨烯研究院。刘忠范强调："没有针对性的基础研究，就很难带来制备上的真正突破，我们的目的就是要打造未来石墨烯产业的基石。"石墨烯研究不断取得新突破，某型号特种石墨烯材料，成为石墨烯新材料的第一个"撒手锏级"应用，在大国国防中发挥着重要作用。同时，石墨烯的应用型研究飞速发展，超洁净石墨烯薄膜、蒙烯玻璃纤维等产品也陆续进入市场。刘忠范坚持通过发展科技力量，为提高国家综合实力和国际地位而不断努力，促进了国家在科技领域达到世界先进水平。

回首相望，滴水之恩涌泉相报

拳拳之心，殷殷之情。刘忠范的科研事业拥有了如此成就，却始终把对长春工业大学的母校情怀放在心上，他一直在密切关心、大力支持母校的发展，关心着学生的学习生活，不辞辛劳地多次带领团队回到母校给予指导、开展交流，为长春工业大学材料科学高等研究院的成立和发展倾注了大量心血。刘忠范取得的成绩是母校的骄傲与自豪，他也是广大师生学习的楷模。

2012年，刘忠范获得中国化学会—阿克苏诺贝尔化学奖。在学校60周年校庆之际，刘忠范将所获奖金捐赠给母校，并设立励志化工奖学金。近年来，在刘忠范的积极奔走下，"烯望之星"奖学金、"HORIBA"奖学金等多个奖学金纷纷设立，支持那些成绩优异而经济困难的同学勇敢地追逐梦想。

习近平总书记说："新时代的伟大成就是党和人民一道拼出来、干出来、奋斗出来的！"刘忠范院士始终以饱满的热情为科技创新事业开拓广阔的天地，更牢记科技报国的使命，为祖国的纳米科技领域的人才培养奉献力量。作为新一代的青年，我们不仅要有刘忠范院士在科研道路上不怕苦、不怕难的学习精神，更要做有鸿鹄之志的新时代好青年，赓续国家科研栋梁力量，为社会进步、国家发展奋斗终生。

（指导教师：张亮亮 王颖群）

祝世宁：追光路上的逐梦人

淮阴师范学院　井　鹏

不久前，淮阴师范学院迎来了大家十分仰慕的杰出校友和老学长——祝世宁院士。他那清癯和蔼的面庞、睿智的目光和深入浅出的讲述，深深地印刻在了我的脑海中，也让我萌生了追寻这位老学长人生之路的想法。

邂逅淮师——"读书学习的好地方"

"淮师以前校园面积很小而且都是平房，房子还有草顶，记得有一年下大雪，屋顶都压塌了，幸好没有人伤亡。"祝院士这样回忆道。

1977年，是祝世宁人生的转折点。在一次出差途中，他突然得知国家恢复高考的消息，一直向往大学生活的祝世宁，怀着激动的心情报名参加了恢复高考后的第一次考试，并被当时的南京师范学院淮阴分院（不久恢复为淮阴师范专科学校）录取。提到这段经历，他笑着说："当时真是求知若渴，只要有机会上学就感到无比幸运。现在看来，如果没有当初在淮阴师专物理系学习的那段难忘经历和刻苦学习打下的基础，就没有我今后的发展，应该心存感激啊！"

1981年，祝世宁毕业之后留校任教。他说："那个时候的学习条件虽然很苦，但大家并没有觉得苦，好不容易获得的学习机会，大家都非常珍惜。"当时不光学生刻苦，老师也很刻苦，为了备好课、讲好课，常常忙到深夜。有时没有教材，就自己编写讲义。祝院士给我们分享了他的体会："在淮师最大的收获，就是体会到人生的每一个环节只要有机会都要牢牢地抓住，好好地珍惜。"2011年，淮阴师范学院院士工作站揭牌后，祝院士一年要有两三次回到母校。他从内心发出感慨："现在学校的条件比我们当时好多了……"他深情地勉励母校学子，"要珍惜淮师这个读书学习的好地方"。

勇攀高峰——"艰难困苦，玉汝于成"

人生没有平坦的路，科研更需耐得住寂寞。

祝世宁对科学的好奇和热爱，自他年幼时便已显露。炎炎夏日，当大人们都在空地上乘凉的时候，他便架起自制望远镜仰望星空。然而，正当这个探寻之梦开启的时候，祝世宁和他的同学于1968年年底，一起去了苏北泗洪县的农村插队。两年后，他又到了沭阳马厂柴油机厂当了一名普通工人，从最初的翻砂、抬铁水，到开机床、搞机修，一干就是5年。由于工作需要，他将中学时学到的电阻电容知识运用到工业生产中，有效地提高了生产效率，因此被工友们称为"小发明家"。这让他备受鼓舞，也坚定了他从事科研工作的决心。

1985年，祝世宁考取了南京大学物理系研究生，并进入著名晶体物理学家闵乃本院士领导的研究组，投入研制新型介电体超晶格材料的"攻坚战"中。在闵院士的带领下，祝世宁与同事们常夜以继日地泡在实验室里，如痴如醉地潜心研究，他们边摸索边调整，边研究边改进，经过近二十年的努力，终于研制出世界上第一台光学超晶格全固态红、绿、蓝三基色激光器样机。"介电体超晶格材料的设计、制备、性能和应用"课题组，荣获了2006年度国家自然科学奖一等奖，实现了对这一奖项连续两年空缺的突破。此后，祝世宁带领的团队又将研究拓展至量子光学领域，利用光学超晶格研制成功全球首枚高速调控的光量子芯片，祝世宁院士成为名副其实的"追光者"。

作为共和国的同龄人，祝世宁人生的每一个选择，都与国家的发展息息相关。站在科学巅峰的祝世宁，时常回想起在苏北的那段经历，正是这种种艰难困苦，成就了他淡泊名利、甘坐冷板凳的科研精神。

化身为光——"俯首甘为孺子牛"

"我形容自己是个追光者，同时我也希望你们都能成为追梦人。追什么梦？追强国梦、科技梦。"对于青年学生，祝世宁总是寄予厚望。在日常工作中，祝世宁将大量精力投入对年轻人才的培养上："我总说，要保护好年轻人的创造力，要尊重他们的首创精神，给他们创造条件，做他们的

'梯子'。"

曾任南大物理系主任的祝世宁,在潜心科研的同时,不仅承担着高年级本科生和研究生的教学工作,还指导着十几名博士、硕士研究生。他履行着学者、师者与管理者的三重使命,每年还要在国内外进行大量的交流和讲学活动,日程总是排得满满的。但他表示,只要淮安需要、母校需要,他愿意为淮安和母校的发展作出自己的贡献。他说:"作为半个淮安人,我有这个义务。"

在为母校师生开的学术报告讲座的过程中,祝世宁饱含深情地对淮师学子寄语:"大家年轻的时候,都觉得时光太多了,可以奢侈一下、浪费一下。但是我觉得任何时候都要提醒我们的同学,你们要珍惜现在所处的时代,要珍惜时代给你们的条件,好好学习吧!要为今后自己人生的发展而努力,利用淮师给予你们的优良的条件,不断地充实自己、提高自己,今后为国家、为社会、为地区、为家乡作出贡献!"他以自己的言传身教引导着我们不断进步。

在中华民族走向伟大复兴的征程中,闪耀着一代代科学家奋力前行的夺目光芒。作为莘莘学子,我们当不负祝院士之希望,力争学有所成,同做一名追光逐梦人,为中华民族的伟大复兴,发光发热!

（指导教师：顾建国　陈华庆）

李俊贤：胸中有誓深于海

河南科技大学　李路衡

平原西南，岷江中游，山川秀丽，人杰地灵的眉州，缓缓诉说着峨眉山脚下的故事。

而黎明化工厂，位于青海的一处山沟沟，海拔超过 2 400 米，氧气稀薄，高原反应强烈。这是一个原本不被人期待的地方，却成为孕育中国第一颗人造卫星"东方红一号"的地方。

1966 年，李俊贤放弃了北京优越的物质生活，只身一人背着小挎包来到青海的小山沟。

"俊贤，我听别人说，青海那边只能吃青稞饼，米饭也煮不熟，你老实告诉我，你的胃病是不是又严重了？""你的关心我是知道的。但我们现在都希望能把国家迫切需要的东西给搞出来，为国家争口气呀。我们这些科研人，不管做什么事情都要从国家需求出发，这才是第一位的。至于身体嘛，我自然也会重视，不让你操心……""李老师，车间那里出了点问题，您快去看看吧。""好的，我马上去。大云，我先挂了，你不用担心我，能为国家争口气，我觉得值。我会照顾好自己的，你也多保重。"李俊贤急忙起身赶往车间，而妻子丁大云只能放弃辞职去陪伴他的想法，操持好这个家。

而李俊贤这边正在安慰濒临崩溃的团队成员。不怪大家失落，使用气相法制备偏二甲肼已经失败了成百上千次，这条路根本就行不通。李俊贤没有胆怯，他说："现在国家急需高性能燃料，在整个系统工程中，如果没有，那就像汽车没有汽油。没有汽油的汽车就是废铁。我们搞科技发明，唯一的目标就是报效国家，只要推进剂的研究工作有进展，一切责任，我来承担。"在场的团队成员纷纷被鼓舞，再次投入高强度的工作中。实验室条件并不好，甚至可以说十分简陋，没有先进的实验仪器和设备，常常需要自己动手制作实验装置，甚至把家用电器改装成实验设备。就是在这样艰苦的环境中，1968 年 2 月，中国第一套偏二甲肼装置顺利投产。1970 年 4 月 24 日，我国第一颗人造卫星"东方红一号"成功发射，"东方红，太阳升"在宇宙中唱响，而它所使用的推进剂，正是偏二甲肼！

中国工程院院士、中国高性能燃料创始人之一、中国聚氨酯工业奠基人之一、中国著名化工合成专家……这些是我们为感谢李俊贤院士为国家作出突出贡献而对他的尊称，可是当年的他们不知道什么时候才能成功，甚至不确定是否真的能成功。大家见了面不会谈困难，只谈任务完成了没有，都希望为国家争口气。而在所谓的"功成名就"之后，李俊贤院士依旧一心为了国家。他读报纸用的尺子是一张嘉宾证，装自己员工卡的袋子竟然是一个药包，他的家被同事们笑称为"旧家具博物馆"。他并不追求物质享受，却拥有无比富足的精神生活。在回应别人的敬仰和称颂时，他说："我只是为党和国家做了一点事。"

他说："工作是大家一起做的，功劳是大家的。"

他说："不管做什么事都要从国家需要出发，这是第一位的。"

他说："要搞就搞世界一流的。"

他说："要做一名成功的科学工作者，就要耐得住寂寞，甘于奉献，一生都要保持勤奋、严谨的作风。"

当我问到李院士有什么想对我们说的，他没有片刻犹豫，说："你们要听党的话，永远跟党走。"

永远跟党走，这是千千万万如同李院士一般奋斗一生的科研工作者的心声。而如今的我们背负着时代的重任，我不确定自己什么时候才能摸着胸口说："我也为党和国家做了一点点事。"但我知道，我也会为了这"一点点事"而奋斗终生。

5月的洛阳到处是秀美的风光，我相信祖国的河山终有一日会留下我们的脚印。我们将传人民之声，谱时代华章，不负时光，不负山河。

（指导教师：崔瑞红　赵康迪）

沈志云：为了让"中国速度"领跑世界

湖南网络工程职业学院　沈明俊

每当我出行时坐在宽敞、舒适的高铁上，总会产生一种不同寻常的自豪感，我为伟大祖国的飞速发展而自豪，同时为我的家乡长沙县出了一位被誉为"高速轮轨之父"的大科学家沈志云院士而自豪。

"我对铁路早就情有独钟"

采访伊始，沈志云就对我们说："我对铁路早就情有独钟。"1949 年 8 月，20 岁的沈志云报考了当时云集了国内外铁路专业知名专家学者的唐山工学院，成为机械系的第一班学员。因为当时国家急需人才，他提前一年毕业。1954 年因表现出色，他光荣地加入了中国共产党。1957 年他赴苏联留学，在莫斯科荣幸地受到了毛主席的接见，毛主席"希望寄托在你们身上"的亲切嘱咐，更增强了他为祖国奉献的责任感和使命感。1961 年获得副博士学位后，他肩负着为国争光的民族重托回到祖国任教，从此确定了"车辆动力学"这一主攻方向。

"没想到中国人的研究水平这么高！"

经过十多年潜心研究，在多次失败、反复实验、屡次建模后，1979 年，沈志云完成了"韶山 4 型电力机车的动力学性能研究及参数优化"课题研究，其论文《两轴转向架式机车的数学模型及数值结果》于 1981 年 8 月在第七届国际车辆系统动力学年会上发表。这篇论文的问世让世界同行刮目相看，国际车辆系统动力学协会主席威根斯教授对此高度赞许："在这个领域，没想到中国人的研究水平这么高！"从此，中国机车车辆动力学名扬天下。

随着沈志云在国际车辆动力学界的影响日益扩大，他的国际交流活动日益频繁。1981 年起，沈志云连续参加国际车辆系统动力学协会学术讨论会并宣读论文，于 1987 年起连任该协会学术委员会委员，1993 年还担任了该协会第十三届学术讨论会主席，先后到美国、英国、德国、荷兰等国讲学。1986 年，英国南岸大学研究生西蒙慕名来到中国就教沈教授，成为一个由中国教授培养的外国博士。1987 年 9 月，沈教授受邀参观西蒙家乡格温特郡的议会大厦，议会大厦专门为他升起五星红旗。据说，专门为一名外国人升一天国旗，这在格温特郡历史上还是第一次。沈志云非常激动地说："我为自己是一名中国科学家感到自豪和骄傲！"

"中国一定要有高速铁路"

1981 年，沈志云在英国德比铁路研究所观看了时速 160 千米的城际快铁列车试运行，并试乘了磁浮试验车。当时他就明确了中国铁路的发展方向："中国一定要有高速铁路。"为了心中的"高铁梦"，1982 年，已过知天命之年的沈志云再次走出国门，去往美国麻省理工学院进修。一年的进修时间里，他以常人难以想象的毅力涉猎八门研究生课程，完成两项科研课题。在长达五个多月的时间里，他每天夜以继日地计算，曾经五天五夜没有离开实验室，最后完成了日后被誉为"沈氏理论"的"非线性轮轨蠕滑力模型"。后来正是这一模型的应用，让我国的高铁具有国际领先的运动稳定性和运行平稳性。1984 年回国后，他一直担任机车车辆研究所所长等职，1989 年成功研制出我国第一台迫导向货车转向架，开创了无轮缘磨损新纪录。同年启动牵引动力国家重点实验室建设，经过四年艰辛的研究与奔波，成功研制出机车车辆整车滚动振动试验台。该试验台至今已经完成数十种新型机车车辆试验，直接参与了"和谐号""复兴号"高速列车研发，为其提供核心软件，还承担了所有型号的参数提供和出厂实验，成为牵引中国机车速度的重要法宝。

"轮轨天下，超导未来"

早在 20 世纪 80 年代末，目睹我国铁路严重滞后于国民经济发展的现状，沈志云就极力呼吁发展高速铁路。1998 年中央筹划修建京沪高铁，进行技术论证时，沈志云又极力主张采用轮轨技术。他以严谨的科学态度表明自己的主张："轮轨技术已经成熟，而且造价仅为磁浮的三分之一。磁浮技术现在还不成熟，不能工程化。"直至今天，沈志云仍坚持他的观点："轮轨天下，超导未来。"2006 年国务院通过京沪高铁立项，沈志云便以满腔的热情投身建设，指导团队进行高铁技术研究，收集高铁运行动态数据，参与通车验收。终于，中国高铁科技成果惠及亚洲、欧洲、北美洲和非洲，成为走出国门的耀眼名片，沈志云院士无疑是主要的推动者和功臣。

"应当继续引领后高铁时代"

如今，在中国高铁广受世界瞩目之时，年高 94 岁的沈志云院士敏锐地看到，铁路接下来的第二次颠覆性技术革命是超高速，即时速达 600 千米以上，这是后高铁时代。他认为："我国已经在高铁时代引领世界，还应当继续引领后高铁时代。好在国家已经在关注后高铁时代，我对此感到十分欣慰。"

与沈志云院士对后高铁时代充满期待一样，沈院士对年轻一代也充满期待。他叮嘱我们青年人要把知识和技术用在"科教兴国"的关键处，在刀刃上下功夫。聆听着沈志云院士的教诲，我们深深感到了灵魂的触动和心灵的升华。党的二十大报告指出："必须坚持科技是第一生产力、人才是第一资源、创新是第一动力，深入实施科教兴国战略、人才强国战略、创新驱动发展战略，开辟发展新领域新赛道，不断塑造发展新动能新优势。"作为新时代的青年学子，我们当学习沈志云院士为国奋斗的精神，用科学知识来服务社会，在全面建设社会主义现代化国家、实现中华民族伟大复兴的中国梦的新征程上有新的作为，铸就新的荣光。

（指导教师：戴　科）

田金洲：习得八方九州技，妙手仁心追忆人

北京中医药大学　吴春媛

在北京市东城区海运仓 5 号东直门医院门诊楼二层，有间不起眼的诊室，两台电脑、两张桌子、几把椅子便是"全部家当"，一位老人正伏在桌子上"画手表"。这是这间"神经心理学测评室"日常的开展"认知测评"中的一幕，中国工程院院士田金洲带领团队在这里，每年都能筛查近万名痴呆患者。

由博返约，一生只做一件事

成功没有捷径可以走，田金洲能取得今日的成就，既离不开他的坚持和努力，也离不开社会的需求和人民的需要。他常说，个人命运与国家紧密相连，作为医生要始终面向国家重大需求、面向人民生命健康。

从湖北中医学院（现湖北中医药大学）到北京中医药大学，他考上了当年东直门医院唯一的博士生，跟随董建华和王永炎两位院士学习，奠定了良好的中医基础。临床一线工作期间，他接触了大量老年病患，认识到进行老年病的研究是时代的必然需求。在国家和学校的支持下，他在 20 世纪末留英深造，学习欧美前沿研究成果，发现当时我国对痴呆的认识和研究以"血管性痴呆"为主，而欧美国家以"阿尔茨海默病"为主。认识到我国在痴呆研究领域的误区和不足，在王永炎院士的指导和鼓励下，他最终将阿尔茨海默病研究作为博士期间的攻读方向。在英国求学期间，由于语言不通、生活拮据，牛高马大的他常常吃不饱，但这些困难都打不倒他，他最终克服万难，跟随导师完成了学业。之后田金洲拒绝了英国的留校邀请，毅然回国，以期为我国的痴呆患者带来更全面合适的诊疗方案。当世界卫生组织的年度报告指出中国人阿尔茨海默病患病率居于高位时，田金洲便下定决心一生致力于这个方向的研究，在阿尔茨海默病这个我国的痛点、难点上有所突破。

从血管性痴呆到阿尔茨海默病，田金洲是首位将中国对该病的诊断和治

疗与国际标准接轨的学者。他建立了中国的记忆门诊，实现了阿尔茨海默病早期筛查在中国的从"0"到"1"。40年的职业生涯中，他从来没有因为困难而改变研究方向，对于治疗困难的阿尔茨海默病来说，中西医结合治疗是延长疗效、缓解病情的突破口之一。经历过无数次摸索、失败后，田金洲提出"肾虚／证候级联假说"，并基于此项假说设计了"早期补肾，中期化瘀，晚期解毒固脱"的疗法。其后7年间，他带领团队对5种疗法进行反复重组验证，组合成治疗方案，经过同行审议，最终形成了目前最佳的中医药序贯方案。从9个月，到1年，再到2年，大大延缓了阿尔茨海默病的进展。2021年11月，田金洲获得了一个新的称号——中国工程院院士，这对他而言不是结束，而是新的开始。为患者找回丢失的记忆，是他终生奋斗的目标。

怀赤子之心，秉超群之哲

"如果我能多付出一分，多做一分，他们就能多安心一分，我只是关照了子女对父母的一份孝心而已。"因为自己的母亲也患有该病，田老踏上医学之路的部分初衷就是为了帮助像他母亲一样的病人。他以赤子之心，感受天下痴呆患者家庭的痛苦，努力为他们提供更好的医疗服务。外地患者加号就诊是常态，并常常因此延长门诊时间，放弃午休，甚至自己眼疾手术后，也决不停诊。

每年的阿尔茨海默病月，他都带领团队举行义诊活动，受益患者超5 000人。主题宣讲、义务筛查、就医指导、家庭照护，患者和家属需要的，就是田金洲要做的。年复一年地坚持，使得越来越多的人关注认知功能，使得"老糊涂"们在早期得到了治疗。数日义诊，数月回访，数年坚持，只为坚守初心，只为服务人民。

田金洲也常常鼓励青年学生在国家发展、民族复兴的大命题中找到自己的命题。"青年学子要将个人的短期目标如'毕业''求职'等与长远的科研目标相结合，始终明确长远目标为'满足日益增长和变化的人民健康需求'，探索个人兴趣与个人能力结合的最优解。"

在实现中华民族伟大复兴的百年道路上，无数像田院士这样的英雄在各行各业贡献着自己的力量，默默地燃烧自己，奉献光和热，来见证和参与党和国家的成长。如今，时代的接力棒已经交到了我们手上。继承先辈的事业，发现自己的命题，奠定后辈的幸福，更好地为人民服务，既是我们的使命所在，也是我们的追求所在！

（指导教师：杨　洋）

张立同：向北望星提剑立，一生长为国家忧

西北工业大学　张杰克　刘自力　唐　舒　程　晓　马雪寒

张立同，西北工业大学教授，中国工程院院士，著名航空航天材料专家。她曾先后荣获国家科技进步奖一等奖和国家技术发明奖一等奖，被誉为中国陶瓷基复合材料的开创者，被人们称为"巾帼院士"。她用一生的奋斗，为我国航空航天事业作出了卓越贡献。那么，到底是什么信念，支撑着她不断攻克难关、创造辉煌？让我们一起走进她的科技创新之路。

1938 年，张立同出生在重庆，在日本飞机的狂轰滥炸中成长。她常问父亲："中国为什么没有飞机？"父亲说："中国造不出飞机来！"流离失所的逃难生活使年幼的她懂得"没有国哪有家"，同时也埋下了航空报国的种子。1956 年张立同考入北京航空学院，1958 年随国家专业调整，西迁到西北工业大学。毕业后张立同留校任教，扎根西北，为我国航空航天事业默默奉献。

20 世纪 70 年代，张立同带学生去工厂实习，她得知熔模精密铸造的镍基高温合金叶片普遍存在变形问题，致使叶片报废率高达 50%。而当时叶片所用的金属镍是我国用"60 吨掐头去尾的对虾换 1 吨镍"从苏联换来的！这让张立同触动很大，她立志一定要解决这个问题。

经过半年上千个试样、上万个数据分析，张立同最后找到了陕西铜川的高岭土，终于做出了报废率极低的无余量叶片。当时做出世界王牌材料"莫来卡特"的英国罗罗发动机公司在精确的测试面前不得不承认，张立同团队做出的材料是"高级莫来卡特"。无余量熔模铸造叶片技术的突破，将我国的熔模铸造水平推向了国际先进行列，1985 年张立同一举获得国家科技进步奖一、二、三等奖等多项荣誉。

卫星上天、太空探索，一次次成功的背后都有一种特殊的材料在默默支撑，它就是陶瓷基复合材料，也被称为"摔不烂的陶瓷"。它具有耐高温、寿命长、重量轻、韧性强和抗氧化等优异性能，是航空、航天等前沿科技领

域的明星材料。20世纪七八十年代，这种特殊陶瓷材料只有法国、美国等少数国家有能力制备，其核心技术更是严格保密。为了迎头赶上，满足国家重大战略产业需求，怀着报效祖国的憧憬，张立同决定研发中国自己的陶瓷基复合材料。

然而，在此之前，张立同在传统金属材料领域已取得骄人成绩，如果转到陶瓷基复合材料领域，必将是白手起家，重新创业。但是心怀空天报国理想的张立同毅然决定迎难而上，全身投入该领域的研究，因为在日本飞机的狂轰滥炸中成长的她知道，一定要把核心技术掌握在中国人自己手中！

想打破国外"卡脖子"技术的封锁谈何容易？一次次失败几乎使课题组丧失信心。然而，失败更能增加强者的斗志。张立同带领学生夜以继日地泡在实验室，他们先后做了四代设备，试验了400多炉次，整整用了"一千个日日夜夜"，在1998年年底终于制备出第一批性能合格的试样，拿出了"摔不烂"的陶瓷基复合材料。

张立同领导的团队成功研发出高性能陶瓷基复合材料，并建立了具有自主知识产权的可工程化的制造技术、制造设备和应用考核三个技术平台。这一重大突破打破了国际高技术封锁，为我国的科技创新事业注入了强大的活力，对国防科技工业和国民经济的发展产生了积极的影响。2005年3月28日，在全国科技奖励大会上，张立同团队凭借其比铝更轻、比钢更强、耐高温、性能优异的陶瓷基复合材料荣获已空缺6年的国家技术发明奖一等奖，再次登上科学的巅峰！

获奖后没有庆功，也没有停息。张立同院士带领团队再次确立新的目标：通过产学研结合，打通整个产业链！目前，他们已成功构建了以超高温结构复合材料重点实验室为材料基础研究平台、以陶瓷基复合材料制造技术国家工程中心为工程转化平台，为产品的研制与应用奠定了坚实的基础。2018年12月，由张立同院士领导的创新团队获得"国防科技创新团队"荣誉称号。

2022年10月16日，习近平总书记在党的二十大报告中指出：以国家战略需求为导向，集聚力量进行原创性引领性科技攻关，坚决打赢关键核心技术攻坚战。

在科技创新的新征程上，张立同院士也寄语青年一代：欣逢盛世，大有可为。

　　一代材料、一代装备。我们青年一代要坚持学习老一代科研工作者的奋斗精神，面对新时代新要求，志存高远，脚踏实地，让青春在全面建设社会主义现代化国家的火热实践中绽放绚丽之花！

（指导教师：张　曦）

林鸣：至善情怀化彩虹，创新精神向远方

东南大学 孟 臻 刘承灿

他是学弟学妹们眼里亲切的林学长，是稳健务实、心怀家国的林校友，是潜心科研、敢为人先的林院士。他就是东南大学 1978 级校友林鸣院士。我国境内连接香港、珠海和澳门的桥隧工程——港珠澳大桥岛隧工程，就是由他主持修建的。这座大桥凝聚了他呕心沥血的七年时光。

"与其犹豫踌躇，不如选择出发，我喜欢出发"

港珠澳大桥是目前世界上最长的跨海大桥，被誉为"桥梁界的珠穆朗玛峰"。这座大桥的构想刚面世时，很多人都觉得难以实现。其地质结构之复杂、技术要求之高，在世界同类工程中无人敢想，更无人敢做。港珠澳大桥的规划路线，不但会经过中华白海豚的生活区域，而且和香港的航空航线有一定重合。考虑到尽量减少对中华白海豚的影响，兼顾海面航空限高硬性规定，"建造海底隧道"成了最优解。

但是，对于海底隧道工程来说最关键的"外海沉管隧道"技术，我们并不擅长。当时，全中国的沉管隧道加起来都不到 4 千米。真正掌握这项核心技术的是外国的公司。想要引进对方的核心技术，对方却狮子大开口。林鸣想要讲讲价，还受到对方的嘲讽。

没有到达不了的远方，只有不敢出发的心。林鸣就这样带着团队走上了自主创新的道路，自己创造"神迹"——"快速成岛工艺、半刚性沉管结构、复合地基处理、深水深槽沉管安装施工"4 项核心技术，开创世界先河，体现大国智慧。

"每一次困难都是一次机遇，我相信天道酬勤"

按照规划，岛隧工程将在海底 50 米处安装 33 节沉管，每节重 8 吨、长 180 米、宽 38 米、高 11.4 米，最终形成一个长约 6.7 千米的海底隧道。林鸣

院士曾经有过这样一个比喻："33 节沉管，装上去，对接好，像连续 33 次考上清华，难度可能还要高。"安装时，第一节很顺利，第二节很顺利，第三节很顺利——到了第十五节，林鸣院士第十五次考清华失败了。海底基槽出现了异常回淤现象，边坡位置也出现了回淤滑塌。这个情况，是此前从未遇到的。如果不先清淤，基槽不平整，哪怕现在安装了日后也容易出问题。

外面的狂风巨浪猎猎作响，身边是同事工人的殷殷期望。林鸣院士做每一个决定时，都是站在物理意义和精神意义上的"风口浪尖"。但面对前所未有的问题，林鸣并没有轻易退缩，而是决心运回钢管，重新安装。他带领项目技术团队自主研发一整套沉管隧道的浮运和安装技术，同时建立沉管的对接窗口预测系统和管节姿态环境实时监测系统，以科学地掌握每一节管节沉放的最佳时间。此外，为了避免海底淤泥对隧道基床的影响，该项目还探索了世界上首个回淤预警预测系统，为沉管隧道的施工提供了决策依据。

"桥的价值在于承载，人的价值在于承担"

他的同事们看着陆陆续续宣告完工的其他项目，感觉十分羡慕——港珠澳大桥这个工程看起来遥遥无期。但是，很多时候不是因为有了希望才坚持，而是坚持下去才有希望。林鸣常常把一句话挂在嘴边："做工程，就是以成败论英雄。"

2013 年年底，正是筹备 E8 沉管安装的关键时期，林鸣院士因劳累过度，鼻腔大出血，四天内实施两次全麻手术，他醒来后的第一件事便是详细了解沉管安装工作进展情况，未等身体恢复，便回到工作岗位。昼夜接续，焚膏继晷，他用病体撑起这一节节沉管。

林鸣院士从没担心过身体问题，他担心的只有工程成不成功。港珠澳大桥建成后，原本就不胖的他瘦了整整 40 斤。

"我们能不能把它真正做成一个领先于世界水平的工程"

当时，整体工程只剩下最后一步：安装最后一个接头，实现整个大桥的彻底贯通。这是一个相当折磨人的工程。

团队经过近 17 个小时的调校，接头和两边的沉管顺利合龙。测量偏差为 16 厘米，在水密工程合理范围之内。很多外国专家也认为可以保证滴水不漏，但林鸣院士却不满意，他以实际行动阐释了母校东南大学的校训——"止于至善"。他下了命令：把接头拉上来，我们重新调校！

这个近乎苛刻的决定，起初并未得到其他工作人员的赞成。重新调校，意味着前期的一切努力被全盘推翻，而且不一定能比现在的结果更好。第二次调校并不顺利，好几个小时过去了，依然没有找到合适的位置。那个时候，林鸣心态开始有些崩溃，甚至担心，此前的付出会打水漂。

作为总工程师，他必须保证这个项目的完美进行。又经历了四十多个小时的努力，接头终于对接成功。经过测试，偏差降到了不到 2.5 毫米，缩小了几十倍！这样精准的把控，无异于"海底穿针"。但是，他成功了。

中国工程师依靠自己的智慧攻克了全新的建设难题，这是大国工匠实力的体现，也让中国更有底气屹立于世界民族之林。港珠澳大桥是林鸣的精神寄托，也是他的愿景："我只是一名普通的中国建设者，港珠澳大桥岛隧工程是我建筑生涯的尖端梦想。我想，如果每个行业都能做一两个世界尖端梦，那么我们的国家就能更好地实现中国梦。"

（指导教师：周润瑄　张　航）

向仲怀：蚕丝之光

西南大学 温 岭 蒋杨林

在中国中西部地区蚕桑种植地，常常有一位头发花白、精神矍铄的老人，带领团队深入桑园、蚕房，察看桑蚕生长情况，与蚕农促膝交谈，询问蚕农遇到的难题，针对家蚕养殖、防病等问题提出指导意见。这位老人就是国际著名蚕学专家、西南大学教授向仲怀院士。

六十多年来，向院士一直奔走在振兴中国蚕业的路上，为恢复中国蚕业在世界上的领先地位、推进蚕桑产业多元发展作出了巨大贡献。

一心为农，艰苦求寻

"用科学造福农民"是向院士耕耘了六十多年的梦想，而他科研生涯里的第一个"逆流而上"，就是深入灾区苦战 4 个月，找到了灾害性蚕病根源及防治办法。

20 世纪 50 年代，川北的重要蚕桑基地连年暴发灾害性蚕病，蚕农遭受巨大损失，年仅 22 岁的向仲怀被派往射洪县攻克难关。由于始终找不到蚕病泛滥的原因，许多研究人员相继离开，唯有刚毕业不久的向仲怀坚持留下。他和同事每天坚持找标本、查病情，不放过任何一个细节。功夫不负有心人，经过长达 4 个月的观察、分析、研究，他们终于找到了病原——此前我国尚无记录的、寄生在家蚕身上的壁虱将毒素注入蚕体内致蚕死亡。正是这个发现，为肆虐多年的蚕病找到了防治方案，填补了国内蚕学研究的空白。由于防治及时，该地区当年蚕茧产量由每张 5 千克增加到 25 千克，增加收益累计超过 5 亿元。

此次难忘的经历，让向仲怀第一次体验到原来自己的知识可以改变蚕农的命运，他更坚定了为蚕农服务的决心。

矢志报国，奋力赶超

我国曾是世界蚕业的发祥地和生产中心，由于科技滞后制约了蚕桑产业的健康发展，蚕业科学研究在 20 世纪一度落后。21 世纪初，个别国家单方面终止原定合作协议，抛开中国启动基因测序工作，挑起了蚕业科学的科技战。

面对这场严峻的国际竞争，向仲怀决定破釜沉舟、背水一战，赶在日本之前完成家蚕基因组测序。为此，他辞去西南农业大学校长职务，押上自己一手组建的实验室，贷款 1 000 多万元投入科研攻关，全身心扑在了与国家利益关系重大的家蚕基因组测序研究上。他带领团队不眠不休，苦战 100天，完成了 10 万条 EST 测序，绘制出世界上第一张家蚕基因组框架图。其后，又完成了家蚕基因组精细图、遗传变异图、桑树基因组、家蚕微孢子虫基因组等一系列研究，从而确立了我国蚕业科学的世界引领地位。

这是我国科学家继完成人类基因组 1% 计划、水稻全基因组计划之后取得的又一里程碑式成果，标志着我国蚕业科学研究步入世界领先水平。

重访丝路，立桑为业

向院士既捍卫"丝绸之路"的荣耀，又关心蚕桑业未来的发展。他将"科技服务人民"视为科学家的根本，他要利用自身所学，增加蚕农收入，提高我国在全球蚕桑产业的话语权。

为推进"东桑西移"国家战略的实施，向院士带领团队于 2006 年踏上了"古丝绸之路"，深入新疆实地考察了中国科学院策勒沙漠研究站以及米兰、若羌、且末、尼雅等古丝绸之路重镇，了解现状，指导沙漠桑、药桑的嫁接和培育，行程达四千多千米。接着，又开展了全国范围的调研考察，历时 3 年，行程达数万千米，足迹遍及 24 个省（区、市），收集了解各地蚕桑业发展信息。在广泛调研的基础上提出了"立桑为业，多元发展"的现代蚕桑产业发展方向，并在全国各地建立蚕桑基地，推动中国蚕桑产业的复兴与发展。

2018 年春，在向仲怀院士工作站的指导下，在四川南充新建成的全国最大茶桑基地仅收购桑叶嫩芽嫩叶一项，就为当地老百姓增收 1 000 多万元。

多年来，向仲怀还带领团队全力帮助广西发展蚕业，部分村屯农民的全年纯收入中蚕桑收益就占了 87%，成为他们脱贫致富奔小康的好途径。已是耄耋之年的向仲怀还给生态桑做"代言人"，广泛运用桑树在重庆、广西、贵州、湖南等地进行石漠化治理，成功让重庆黔江区濯水镇农村基岩裸露度由原来的 60% 以上降至 30% 以下。

"斧斤留得万枯株，独速槎牙立暝途。饱尽春蚕收罢茧，更殚余力付樵苏。"南宋诗人范成大的《科桑》是向仲怀的座右铭，也成为他为蚕桑业不竭奉献的真实写照。除了在科学研究和社会服务方面的突出贡献，向院士在人才教育方面也作出了重要贡献，为国家培养了一大批"蚕桑人"，他用自己的一言一行为后辈诠释着学高为师、德高为范的榜样示范作用，用自己的切身体验嘱咐学生："读书学习和搞科研一样，没有捷径可走，唯有不畏劳苦、勇于攀登、坚忍不拔，才能达到光辉的顶点；唯有钩深索隐、甘于寂寞、淡泊名利，才能创造出不平凡的成绩。"听到这里，我们顿然醒悟：向院士对学生的嘱咐也是对我们采访者的期望。

历史烛照时代，榜样传承精神。

向仲怀院士扎根西南，劝课农桑，坚持前沿创新，荣获国家自然科学奖二等奖等十多项重大奖项，耄耋之年依然坚守在教学科研一线，完美诠释着一名共产党员的崇高境界与精神风范，展现着对国家、民族和人民的担当。

在这场老少对话中，我们深深感受到满满的正能量、鲜活的价值观，我们要继承老一辈科学家胸怀祖国、服务人民的优秀品质和敢为天下先的自信、勇气和担当精神，像向老那样为祖国富强、民族振兴、人民幸福贡献出自己的青春智慧和力量！

（指导教师：娄 霞 蒋 伟）

李天来：党和人民的合格教师

沈阳农业大学　王锦涛

　　千百年来，中国北方的冬天都非常冷，蔬菜难以在这样的环境下生存。而这个困扰了中国两千多年的问题，被一位教师解决了，他就是李天来。他和他的团队研制出的日光温室蔬菜生产技术体系，结束了千百年来我国北方地区冬季不加温不能生产蔬菜的历史，不仅丰富了北方冬春两季的"菜篮子"，还促进了菜民增收，撑起了菜农的"钱袋子"。

　　李天来，中国共产党党员，沈阳农业大学教授、副校长，中国工程院院士。他是我国最早研究日光温室蔬菜的设施园艺专家之一，为我国设施园艺学科的发展作出了重要贡献。李天来曾先后两次赴日本留学和合作研究，面对国外导师的挽留和母校的召唤，他毫不犹豫地选择了后者。回国后，他不知疲倦地工作在三尺讲台上和蔬菜大棚里。李天来一生都致力于做一位让党和国家放心的教师，他是这样说的，也是这样做的。

　　李天来将自己的成就归功于党和人民的教育和培养。家人以及身边的人都教育他爱党爱国爱人民，教育他听党话、跟党走。留学毕业回国后，李天来始终牢记党和人民的教育培养之恩，兢兢业业育人授业。他要求自己坚持做勤奋刻苦的表率，每天工作十四五个小时；坚持做诚实守信的表率，做老实人、办老实事、说老实话，言行一致；坚持做严谨求实的表率，事事一丝不苟，求真务实；坚持做团结奉献的表率，凡事多从他人角度想；坚持做责任担当的表率，做任何事情都尽职尽责，以身教育学生。

　　李天来以教书育人和科技富民为己任，致力于研制乡亲们用得上、用得起、用得住的温室设备和配套的蔬菜生产技术，年过花甲依然奔波在田间地头。李天来说："无论何时何地，都没有任何理由不把党和国家交给我的工作做好。作为一名教师，必须把'做一名让党和人民放心的合格教师'作为毕生追求。"

　　李天来说："教师是一种责任重大的职业，不仅承载着传播知识的责任，更承载着培育祖国人才的责任。"他一直觉得，教师的一言一行都必须为学生们做出榜样，否则就是一种"犯罪"，教育关乎国家、民族的发展前途，只有良好的育人环境，才能熏陶出优秀人才。李天来在培养学生的同时不断成长进步，达到了教学相长。在多年的工作实践中，他给他的"设施园艺创新团队"总结出一个核心理念，那就是"厚德博爱、勤学笃行、团结奉献、传承开拓"，并用这个理念鞭策自己，要求团队成员这样教育和熏陶学生。

李天来辛勤工作的动力源泉是让更多的乡亲过上更好的日子！他说："如果能通过自己的科技成果促进农民增收，我就会感到欣慰，就会愈加有动力。"每当研究成果得到应用，看到乡亲们丰收后喜悦的表情，他就会感到无比幸福和欣慰。

三十多年来，李天来坚持勤奋刻苦工作，为加快建设创新型国家尽可能地多作贡献。他觉得作为祖国骨干人才的高级知识分子，有责任为祖国作出更大贡献，这样才无愧于我们所处的美好时代，无愧于党和人民的培养教育，无愧于父辈对我们的期望。他时刻牢记党和人民的培养教育之恩、家乡父老的养育之恩和师长朋友的关爱之恩，为辽宁振兴实实在在地贡献自己的力量，积极推进农业供给侧结构性改革和对辽宁新一轮振兴发展发挥重要作用的农业现代化建设。在科研方面，积极推进蔬菜产业提质增效和蔬菜产业现代化也成为他的历史使命和追求。

李天来院士认为，学生要有"五心"：一是有爱心，要孝敬父母，关爱家人，帮助同学，做一个品德高尚的人。二是有包容心，做到严于律己，宽以待人，善于换位思考，多为别人着想。一个人心有多宽，就能够做多大的事。三是有感恩心，做到帮助别人，不求回报；而受助于人，一定要记得感恩。四是有进取心，学习、工作都要积极进取，无愧于心。有些事儿努力了不一定必有回报，但不努力一定无回报，"努力争取，顺其自然，保持心态平衡"。五是有恒心建设，做科研工作要树立正确目标，耐得住寂寞，持之以恒、坚持完成才能取得成功。

李天来院士认为，一个大学生需要时刻受到熏陶，校园里的一草一木、一砖一瓦、一言一行无不影响着一个人的品行。育人不是孤立的，不是说教，要将育人融入整个教育教学过程，融入学生的日常生活、学习、研究中。他桃李满园，为农学领域培养了一大批人才。他深夜秉烛，悉心指导学生的学业；他关爱青年教师，甘为人梯。他用满腔的工作热情和实际行动诠释了"奉献"的真正内涵。

（指导教师：高　爽）

郭柏灵：赓续"两弹一星"精神，矢志科技自立自强

中国矿业大学（北京） 刘 晟

那是一个曾被我们提起的名字，也是三个曾经被核爆的烟云模糊了的字眼，直到那天的午后，他又浮现在我的脑海。

——题记

2023 年 3 月，一个一如往常的午后。春风吹动夹道的翠绿，树影婆娑，新叶将阳光剪碎零落在柏油路上，此时的我正百无聊赖地走向礼堂，不承想却与他产生了交集。

我是去听讲座的，在橡木的讲台上，有一道挺拔又和蔼的身影，他简单地做着自我介绍："大家好，我是郭柏灵。"刹那间，五年前我初入高中时的记忆便汹涌而来。"这位是从我们学校走出的一位核研究的老专家，'两弹一星'工程的重要参与者，郭柏灵院士。"校长指着校友榜上那张照片自豪地向我们介绍。"郭柏灵"这个名字曾无数次在大会上被提及，今日一见，心中那道身影与面前的他重叠，让我激动得难以言表，思绪也随着他的讲述飘到中华人民共和国成立初期的北京。

那是战火平息不久的年代，毛主席曾说过："在今天的世界上，我们要不受人家欺负，就不能没有这个东西。"感受到了党与国家的号召，一批有志青年从五湖四海来到了北京某个无人知晓的角落，郭院士的身影便在其中。皎洁的月芒洒落在华北平原，在第二机械工业部初建的土墙上，时针已然指向凌晨，昏黄的灯火却映照出他忙碌的背影，朴素的木桌上堆满了灰暗的铅笔稿，不时能听见算珠对碰的脆响。"当时国家困难，我们的很多数据都是用算盘打出来的。"郭院士和蔼地向我们讲述。这段困苦的时光于他而言是一段弥足珍贵、永不褪色的回忆。没有先进的设备，没有前人的经验，一切都是从一张摊在木桌上的白纸开始的。就是在这样艰难的环境里，一群

同郭院士一样的有志青年废寝忘食、夜以继日地攻坚克难，无数个日夜的辛劳，换来了护卫共和国的坚盾。戈壁大漠上空的两朵蘑菇云，炸碎了欧美列强核讹诈的美梦，也炸开了中华民族伟大复兴道路上的重障。

"我寄希望于你们年轻一代，你们拥有比我们更加优越的条件。"郭院士语重心长地对我们说道，"国家需要你们挑起大梁，正如同曾经的我们。"说到国家的需要时，郭老的语气明显更加激动，此时的礼堂安静得针落有声，所有人都为郭老的爱国情怀所动容。他鼓励我们青年勤学创新，勇于拼搏，党和国家为我们提供了如此优越的条件，我们要对得起党和国家的付出。郭老的谆谆教诲在偌大的礼堂里不断地回响，言语中流露出对下一代青年的殷切期望。透过他的目光，我们看到了曾经朝气勃发的他，曾经废寝忘食的他，曾经百折不挠的他，也看到了他所期望的青年的样子。

就是这样一位青年，这样一群青年，这样的共产党人，从青年至耄耋，为祖国的事业奉献了自己的青春，成为如今的"老专家""老干部""老教师""老战士""老劳模"。他们的韶华随着共和国的崛起而流逝，岁月的大雨滂沱，他们的痕迹渐渐褪去，可他们的精神和期望却始终烙印在华夏的每一寸土地上。从那段赤红年华中走出的青年，他们脉搏的每一次跳动，都是对祖国最为深情的回应。作为新时代的青年，我们要勇挑重担，到党需要的地方去，到祖国和人民需要的地方去，接下他们的接力棒，用尽全力跑好属于我们的每一场比赛。

讲演结束，礼堂的大门外，金黄色的夕阳仍旧璀璨生辉，最后的光芒驱散了天穹上云层的氤氲。在几个时辰后，朝阳一定会从东方升起，将以更加耀眼的光芒照耀中华大地，周而复始。

（指导教师：朱梓玥）

钟南山：芷兰盈袖，是奋斗依旧

重庆第二师范学院　杨世强

奋斗是石，敲出星星之火；奋斗是火，点燃熄灭的灯；奋斗是灯，照亮前行的路；奋斗是路，引你走向成功。习近平总书记强调，奋斗是青春最亮丽的底色，民族复兴的使命要靠奋斗来实现，人生理想的风帆要靠奋斗来扬起。

谈到奋斗，最令我感动的是他。他年过耄耋，却仍英勇无畏，两度带领白衣天使站在抗疫第一线，彰显中华民族最美的精神。他目光坚定，不懈努力，呈现时代之品格、中国之力量。他本该过着"采菊东篱下，悠然见南山"的闲适生活，却毅然决然地走上"春蚕到死丝方尽，蜡炬成灰泪始干"的无私奉献之路。他就是中国工程院院士钟南山！

十余载风雨飘摇，不忘初心；从医之路漫漫，奋斗依旧。出身医学世家，又是北京医学院最优秀的学生，钟南山的医学之路本该是一片坦途。但在那个特殊年代，个人的命运只能任凭时代大潮裹挟。毕业后，钟南山当过校报编辑、下放农村锻炼、烧过锅炉……整整 11 年，他都没有从事临床工作。尽管如此，他并没有向所谓的命运低头。经过不懈地努力，他从北京调回了广州，成为广州第四人民医院的一名医生。一天，父亲钟世藩忽然问他："南山，你今年几岁了？"钟南山不假思索地答道："35 岁。"此时，父亲意犹未尽的一句话"35 岁了，真可怕……"让钟南山深受刺激，35 岁没有临床经验的大夫能做什么呢？也正是这句话，更加坚定了他对医学事业的强烈追求。从那天起，钟南山仿佛变了一个人似的，每天寸步不离地跟着医院的主治大夫学习诊断和治疗，为了将每个病人的治疗过程都详细记录下来，时常连饭都顾不上吃。晚上回家还会继续做功课，在有疑惑的地方做上标注，并翻阅各种医学典籍解决自己的疑惑。同时，父亲提供了大量医学书籍和资料，帮助他重新打好基础，并与他一起复习和讨论医学知识。品德培养方面，父亲教导他诚实守信，尊重他人，关心病患，用医学知识造福社会。积累了一定的经验后，他开始参与临床实践，观察和治疗患者，不断提升自己对呼吸系统疾病的认识和理解，最终成为著名的呼吸病学专家。父亲的谆谆教导，如同无声的细雨，不仅在言传身教中教会他扣好了人生的"第一粒扣子"，更在润物无声中帮助他立起了人生标杆，让他在迷茫中坚定，在困顿中坚强，在奋斗中追梦。

主动请缨，勇当抗"非典""排头兵"。2003年，67岁的他主动要求承担广东省"非典"病人的救治工作。为了能尽早发现治愈的办法，他冒着被传染的风险，近距离观察患者，在连续高强度工作三十多个小时之后，他病倒了，高烧不退，当时怀疑是"非典"。为了保障大家的安全，同时不影响大家抗击"非典"的士气，他坚持在家输液。家里条件简陋，没有输液架，他就用长钉往门框角上一钉，制成了简易的输液架，输了几天液后，身体才有所好转。同事们纷纷劝他再休息几天，他说："我等得起，可患者们一刻也等不起呀，早一天打败'非典'，患者们就能早一点脱离危险。"此外，他还让同事们把危重病人都送到他这里来。一次又一次的研究失败不仅没能将他打垮，反而让他在探索之路上越挫越勇。经过不断尝试，他终于研究出了行之有效的治疗方案，拯救了被"非典"笼罩的人们。

疫情袭武汉，最美逆行是南山。"没有特殊的情况，就不要去武汉了！"迷雾笼罩的春节前夕，钟南山让人踏实的声音响起。84岁的他一面提醒着大家，一面奔赴武汉防疫最前线。由于事发突然，当天的机票已经买不到了，此时，正值春运高峰，火车票也异常紧张。临时上车的钟南山被安排在了餐车一角，刚落座不久，他便立刻拿出资料看了起来。了解相关情况之后，便倚在座椅靠背上闭目养神，稍作休息，因为接下来迎接他的将是一场硬仗。抵达武汉，已是晚上11点，听完相关人员的汇报之后他才肯休息。第二天一早，又赶往医院探望并观察患者。随后，他频繁出现在媒体前，告诉人们发生了什么，该怎么办。在媒体采访中，令我印象最深的是他几度哽咽，眼含泪花，他说："有全国的帮助，武汉是能够过关的，武汉本就是一个英雄的城市！"一字一句，都充满着力量，给人民带去无限的希望。

每个时代都需要英雄。而所谓的英雄，也不过是平凡的人做出了不平凡的选择。钟南山本是一位普通的老人，但只要生命不息，他定奋斗不止。

（指导教师：王雪雯）

陈亚珠：立德树人六十载，医工交叉领军人

上海交通大学　郝宇婷

"人生是大自然赐予的一块高雅的宝石，人在漫长的岁月里对它精琢细磨。只有那些不辞辛劳的人，才能使它发出耀眼的光辉。"这是诺贝尔奖创始人写下的一首诗，也是中国工程院院士、上海市科技功臣、上海交通大学讲席教授陈亚珠六十多年来胸怀祖国、立德树人的精神的真实写照。

年少立志，敢为人先

陈亚珠 1936 年出生于浙江宁波。正值抗日战争年代，父亲因医治不及时而痛苦离世的经历，在她心中埋下了一个治病救人的医生梦。正是年少时的梦想促使她在未来的人生中百折不挠，奋勇向前。

抗美援朝给她带来了深刻的教育，她目睹身边的师生踊跃报名上前线，舍小家为国家，内心受到了强烈的震撼，逐渐萌生的家国情怀凝聚成一种坚定的报国之志。她暗暗立下志向："一个人活着应该让更多的人生活得更好，长大要为祖国争光。"有志向便有动力，高一时的她接受了校共青团组织委托，成为一名初中一年级的少先队辅导员，后被评为"上海市青年社会主义建设积极分子"。早在中学阶段，她就这样用实际行动诠释着对爱国情怀的理解：爱国情怀和报国之志并不只表现在烽火战场上与敌人的拼杀中，也表现在为国家强盛、社会进步而作出的努力中。

医工交叉，奋起"一跃"

20 世纪 80 年代，我国的肾结石发病率高，患者需要开刀取石，而一台从德国进口的肾结石体外粉碎机价格高达 120 万美元，这对于患者和国家而言都是巨大的负担。因此，"研发中国人自己的碎石机"激起了陈亚珠和老师唐耀宗的巨大兴趣，她回忆说："唐教授那股巨大的热情和一马当先的精神鼓舞了我，使我心中燃起了火一般的热情，开始了医学交叉工程的奋起一

跃。"但在当时的条件下，想要自主研发肾结石体外粉碎机不啻天方夜谭。

为了筹集资金，陈亚珠和导师"跑断腿，磨破嘴"，最后师徒二人的坚持感动了上海市科学技术委员会，获得了40万元低息贷款作为启动资金。临床试验初获成功以后，技术改进、外形改观等问题又让他们面临着困境。为了化解医院方的担忧，尽快把成果用于临床，陈亚珠在和医院签订的合同上追加一句："如果我方提供的设备达不到临床指标和使用要求，愿全额退款并付利息。"就这样签署了这份押上身家性命的合同。终于，陈亚珠和她的团队经过数以千计的技术攻关、数以万计的工程实验及动物试验，成功研制出具有国内知识产权的肾结石体外粉碎机，数百万肾结石患者得以无创伤治疗。陈亚珠和他的团队开了我国自主研发高端医疗器械之先河。

她总说："人是要有点精神的。"正是这种精神激励着她在医工交叉领域继续开拓，进入医学超声新领域。晚年她又致力于物理治疗肿瘤技术的临床应用与开发，研制大型相控型多模式聚焦超声治疗设备，取得了创新性、前瞻性的研究成果，并将这些研究成果转化为社会生产力，服务于民。

饮水思源，桃李芬芳

陈亚珠院士是一名成就卓越的科学家，更是一名桃李满天下的老师。1996年，陈亚珠当选为中国工程院院士，她心想："我更应不负其名，继续坚持跨学科的研究，坚持在生物医学工程领域中作出新贡献。"于是，她毅然从电气工程学院转入生命科学技术学院，并组建新的科研队伍，从无到有，把精力和工作重心集中到生物医学工程领域。进入新领域，要探索很多未知的东西，花费的精力是难以估量的。当时没有声功率检测仪器，团队就购买几个塑料盆，开个孔把压电陶瓷片嵌入盒中，周边封住不漏水，再往塑料盆里装上水，就这样在实验室开展科学研究工作。

"交大哺育我成长，给我知识和智慧，给我力量与勇气，又是交大给我荣光。"1962年陈亚珠在毕业后留校任教，六十多年来始终坚持立德树人。她对学生们倾注父母般的爱心，培养了不计其数的学生，他们大多成为国家生物医学工程领域的优秀人才和行业翘楚。如今耄耋之年的她，依然奋斗在健康中国的第一线。她以点点星光照亮了中国生物医学工程领域，并激励着新时代的年轻人继承并发扬科学家精神，终汇聚成璀璨的星河。

谆谆教诲，寄语青年

陈亚珠院士始终以高标准要求自己，她总把成绩归功于好的时代和机遇，归功于她的老师和关爱帮助过自己的人，归功于她的团队和年轻人。她认为："做科学研究要有风吹不动的定力，相信真金不怕红炉火；要有跑马拉松赛的耐力，成功来自不懈地坚持；要有万无一失的作风，生命科学研究不容一丝一毫的疏忽；要有甘于做小学生的心态，不断拓展自身的知识广度与深度。"

陈亚珠院士对新一代交大人提出了殷切期望：交大学生要秉持"上善若水、厚德载物、求学精进、奋勇创新"的人生信条和科研准则，扎根医、理、工学科沃土，面向国家战略需求、国际学术前沿和国民经济主战场，努力建设创新高地，推动"健康中国"事业蓬勃发展。

党的二十大报告指出，青年强，则国家强。作为新时代青年，我们生逢其时，要以陈亚珠院士为榜样，学习、践行和传承陈院士的精神，在广阔舞台上施展才华，彰显青春力量。

（指导教师：刘燕芳 罗九甫）

周翔：做时代科技"大先生"，谱写纺织新华章

东华大学　赵赛雨

周翔，1934年生，纺织界首位中国工程院女院士，东华大学教授、博士生导师，东华大学国家重点学科"纺织科学与工程"（一级学科）和"纺织化学与染整工程"的学科带头人。她的主要研究领域为纺织品功能整理、新型纺织化学品、染整加工与环境等。她主持完成了五十多项科研项目，多次获得国家级和省部级科技进步奖。

从"填补国内空白"到"引领国际研究"

每一个"从0到1"的突破，都凝结着科技工作者的辛劳，也闪耀着科技工作者的功勋。20世纪80年代，周翔作为访问学者赴美国进行合作研究，一次偶然的机会，她在当地简报上读到一篇有关我国纺织品防皱整理的文章，文章表示中国几乎没有这方面的技术。周翔的第一反应是惊讶："这项技术我国早在20世纪50年代就开始研究并在生产上得到了应用，怎么能说没有呢？"

事实上，我国这项技术起步虽早，后来却长时间处于停滞状态，研究进展几乎为零。通过在美国的访问经历以及对纺织业未来的前瞻考虑，她决定将有利于环境保护的新一代超低甲醛免烫交联功能整理作为研究的首选方向，回国后立项申请了"超低甲醛DP（耐久压烫）功能整理"项目，并被列入纺织部重大科研项目。

作为我国纺织品超低甲醛整理研究领域的开拓者，周翔在攻克这一科研项目时，思考缜密，路径独到。为提高工艺优化的研究效率，她还采用了当时在纺织化学界很少应用的计算机技术。她带领课题组取得了成功，成果为国内首创，超过国际先进水平。项目获得纺织部科技进步奖二等奖和国家科技进步奖二等奖，并受到了国内外学术界的重视，美国的《国际纺织技术》杂志还主动向她约稿。

自己办企业，将成果从实验室搬到生产一线

从创新链到产业链，打通科技成果转化通道，实打实提升产品质量。20世纪80年代，我国的纺织品曾一度处于中低档水平，科研成果转化率很低。周翔认真分析了国内的纺织行业现状，认为企业在得到科研成果技术转让后，要么没有进行二次开发，要么二次开发不彻底不成功，导致科研成果真正转化为生产力的比例不高。

当"超低甲醛DP功能整理"这项有着应用前景的科研成果问世后，要求技术转让的单位很多。但周翔认为：一定要将成果按原来所应具备的水平转化为现实生产力，才不会浪费技术的含金量。因此周翔作出了一个重大决定——自己办企业。有人劝她："办企业可是要担当风险和花费精力的。"可周翔认为，要做成一件事，哪有不担风险不花时间的？于是，1989年，沪港合资的由中方拥有完全自主知识产权的"上海新力纺织化学品有限公司"诞生了。

在创建和管理企业的同时，周翔建立了"研究—开发—产销"机制，将实验室科研成果与现实生产力结合起来，当实验室研究取得成果后，就组织企业的技术力量进行产品开发，直至产品进入市场。

春风化雨，桃李芬芳

功以才成，业由才广，培养造就大批德才兼备的高素质人才，是国家和民族长远发展大计。周翔从事纺织高等教育67年，先后指导了120多名博士、硕士研究生，为我国纺织业科技人才的培养作出了重要贡献。

周翔平时对学生关怀备至，又严格要求，她几十年来一直强调，在人才培养方面，首先是培养学生的为人素质和能力，因此无论是新生的入学仪式，还是毕业生的毕业典礼，她都语重心长地告诉学生："在提高技术创新能力的同时，也必须重视不断提高自己的思想道德素质，这是一名合格的科技工作者所不可缺少的品质。"

2023年3月，周翔将多年积蓄捐赠给东华大学并设立"周翔院士创新专项基金"，用于培养创新人才，鼓励年轻人投身纺织化学与染整工程学科的发展，为国家科技创新作出更多贡献。

衣襟染霜华，青丝成白发。周翔坚持在科研一线，也坚持在教学一线，研究探索创新，传道授业解惑，为纺织行业树立一座又一座的创新丰碑，为祖国和全世界输送一批又一批的科技人才。如今，周翔依旧对自己的研究领域充满了浓厚的兴趣和饱满的热情，依然执着、优雅地在她热爱的纺织化学领域和教育事业上发光发热。

周翔身上的故事和科学家精神鼓舞了一大批青年学子追逐自己的科学梦，践行自己科学报国的理想。在她的引领下，新时代青年意识到使命在肩、责任重大，只有敢为人先、敢于突破，以聪明才智贡献国家，以开拓进取服务社会，才能在真刀真枪的实干中成就一番事业。

2023 年，是全面贯彻党的二十大精神的开局之年。习近平总书记在党的二十大报告中强调："培育创新文化，弘扬科学家精神，涵养优良学风，营造创新氛围。"我们将会接过时代的接力棒，在祖国大地上续写科技报国的答卷，将"青春"的小我融入"祖国"的大我，为祖国的未来发展与繁荣昌盛贡献自己的力量。

（指导教师：陶　莉　马时雨）

陈子元：开拓"核农"荒域，许身"三农"事业

浙江大学　杨紫涵

作为中国核农学的先驱者和奠基人之一，中国科学院院士陈子元一生以身许农，耕耘于核农学，是我国最早把同位素应用于农药残留研究的专家之一，同时也是一位功绩卓著的农业教育家和德高望重的社会活动家，以其卓越的成就被誉为"中国核农学领域的大师泰斗"。他主持编制了《农药安全使用标准》，为安全合理使用农药，促进农业生产和国际贸易，减少环境污染作出了贡献。执教从研七十余年的陈院士，虽已年届百岁，但仍孜孜不倦地追求学术精进，铸强中国核农学之梦的愿望尤为强烈。

启航核农，潜心科研

1956 年，32 岁的陈子元受组织派遣，带领几位年轻教师到上海参加苏联主办的原子能和平利用展览会，他初次见识了"原子能技术在农业方面的广泛应用，及其在农业生产中的广阔应用空间"。这次参观，使陈子元萌发了在我国发展核农学的想法，这也成为他开启核农人生的第一步。

回校后，陈子元立马向学校作了汇报，并提出了开展核农研究的建议，这一提议得到学校的大力支持。但要把想法变为现实谈何容易？实验室组建后困难很大，条件简陋，仪器短缺，没有任何经验可循，其困难可想而知。那个时候有一句流行语叫"有条件要上，没有条件创造条件也要上"。陈子元就是凭着这种锲而不舍的精神，带领团队克服了重重困难，建立了我国高等农业院校中第一所同位素实验室——浙江农业大学原子能利用所（后更名为核农所），从此我国核农研究有了重要基地。依托实验室，他静心笃志、潜心研究，逐步揭开了核技术的面纱，解开了核技术在农业生产应用方面的一个个难题，为我国农业发展和粮食安全保障作出了杰出的贡献。

功不唐捐，硕果累累

农药残留是陈子元院士研究的重点项目。难题是放射性同位素标记农药在国内没有现成品，全部需要进口，不仅价格昂贵，而且不能及时供货。于是，陈子元院士决定自己研发！化学专业出身的他，做实验有着得天独厚的优势。陈院士先后用氢-3、碳-14等多种放射性核素，成功合成了有机磷、有机氢等15种同位素标记农药。这不仅节省了大量外汇，而且填补了国内空白，研究成果"放射性同位素标记农药的合成研究"获得1978年全国科学大会优秀成果奖。

科技创新道路并非坦途，而是充满艰辛与曲折。陈子元院士带领团队迎难而上，不断从失败中汲取经验，在挫折中寻找突破。回忆过去，陈子元院士笑着说："实验失败多少次了，我们日日夜夜地干，没有晚上白天。"看似云淡风轻的一句话，隐藏着科研探索道路上多少不为人知的艰难险阻。不论是面对技术难题、学术争议还是资源匮乏等问题，陈子元院士始终坚守初心，也终于在无数次黑暗过后迎来拨云见日的时刻。

1973年年初，全国农药安全使用标准研究课题正式设立，这是一个需要全国农业及有关系统科研人员协作的大课题，农业农村部决定由我校负责，统领全国有关科研机构协同作战。在陈子元院士的带领下，中国攻克农药残留问题的大旗竖起，全国43个单位的一百多位科研人员一起整整用了6年时间，编制出29种农药与19种作物组合的69项农药安全使用标准。1978年，该项目荣获全国科学大会优秀科技成果奖。1979年，我国第一部农药安全使用标准草案编制完成。1984年，国家正式颁布该标准，这部农药国标一直沿用至今。陈子元院士曾说："美、英、德等先进国家发展得早，但是后来我们奋起直追，在农业特别是育种方面取得了许多成果，如今全世界几千个育种新品种，四分之一是我们国家的。"

1985年至1988年，国际原子能机构聘任陈子元为该机构科学咨询委员会成员，他成为该机构科学咨询委员会唯一一位中国科学家。时任中国常驻国际原子能机构代表团参赞的傅济熙曾评价说："陈教授在该委员会的最后一届任期中出色地完成了任务，为我们国家赢得了荣誉，也成为他的一段可引以为傲的人生经历。"如今，中国核农学已具有较高的国际地位，中国也受到了世界认可，被国际原子能机构指定为亚太地区核农学研究的牵头国。

抱拙守一，人才辈出

享誉国内外的陈子元院士依然保持科学家的风范，潜心科研，专注于人才培养。在他的带领下，1984年2月，原浙农大核农所生物物理学科被批准设立全国高等农业院校该领域第一个博士学位授予点。

他曾说："科技的发展是不断更新的，而科技的发展基础在于人才。年轻人学习，要明确目的是什么，不仅仅是自己个人的职业、个人的出路，国家培养我们，更重要的是为了国家、为了人民！"这一字一句的教诲，饱含着他的家国情怀，也蕴藏着他对青年人的期待，不论岁月如何变迁，陈子元院士始终如一，牢记作为教育者和科学家的使命与责任。

早在1960年，陈子元院士就负责筹办了浙江农业大学农业生物物理本科专业，已培养了一批核农学高级专门人才。1981年起他作为博士生导师，先后指导培养了甘剑英等10名优秀博士生。他治学严谨，基本上一年只招收一名研究生，培养出来的学生"如淬过火的钢材，功底扎实"。作为学科带头人，他带领核农所在开展服务"三农"科学研究过程中培养锻炼了一大批核农学（生物物理学）科技人才。

历史川流不息，精神代代相传。作为新时代的年轻人，我们将以陈子元院士为永远的榜样，用坚持信仰、胸怀家国的奉献精神，用勇攀高峰、敢为人先的奋斗精神，用淡泊名利、潜心研究的协同精神，在奋斗的道路上永不止步。

（指导教师：李 曦）

张勇传：信仰执笔书水电前沿，使命化镜守杏坛初心

华中科技大学　崔子龙

　　每一名中国共产党人的信仰都源于远大理想的召唤与初心使命的鼓舞，他们用崇高的理想凝聚信仰的旗帜，在各行各业书写着最具代表性意义的时代建设篇章。华中科技大学土木与水利工程学院党员张勇传院士便是其中的一位，他六十余载初心不移，献身国家水电事业。

　　躬身水电数十年，岁月催人白发添。已经 88 岁高龄的张勇传院士，在每天早上 8 点前，就会出现在土木与水利工程学院水工楼的办公室里。1957年毕业于华中工学院（今华中科技大学）水动专业的张勇传院士一直从事水电能源的教学和科研工作，在水资源和电力能源领域鸿儒硕学、居安资深，将毕生心血奉献给了我国水电能源领域的建设。"新旧水电楼，几人今尚留。迎青缘送走白头，人事更替新迭旧。忙春种，盼秋收。"张勇传院士低头吟咏曾经写下的诗句，只见数十年时光流逝，而初心不移，一生信仰坚守。

　　风风雨雨几十载，张勇传主动投身社会主义建设，以共产党员的信仰作笔，一直书写着中国水电事业的科技前沿，创造了多个中国第一。在六十多年的科研工作与生活中，出版著作《水电能优化管理》等 16 部，发表论文两百余篇。曾主持多项重点科技开发与攻关项目（包括两项中欧能源合作研究项目），成果获国家科学技术进步奖一、二、三等奖各一项，省部级二等奖以上的重要奖励十余项，2022 年还获得湖北省第一届杰出人才奖。在水电能源领域有深厚的造诣，从 20 世纪 50 年代末就开始水电能源的开发规划、调度管理和实时控制的研究。1984 年，他被国家人事部授予"国家有突出贡献的中青年科技专家"称号。1997 年 12 月，张勇传当选为中国工程院院士。

　　他擎举着科技的火把，心怀红色信仰，竭力照亮水电发展的美好蓝图，是中国大地上的明亮星火。在张勇传的一生之中，他珍惜共产党员的称号，自觉展现党员的先锋模范作用，做了许许多多有意义的事情。

1954 年，长江暴发百年一遇的全流域性大洪水。这一年暑假，还在读大学的张勇传和同学们放弃假期，毅然响应学校的号召，参加抗洪抢险。

1956 年，张勇传在已有的"水能算法"基础上，提出"图解法"以避免试算过程，并将其写成论文发表。这是张勇传发表的第一篇学术论文，也是他学术创新的开端。

1979 年，张勇传主持和负责的"柘溪水电站优化调度"，使柘溪成为我国第一个实现优化调度的大中型水电站，成果被水电部国家科委在全国 34 座大中型水电站推广应用，水电站效益大大提高。

当时，中国的计算机技术发展缓慢，研究条件普遍艰苦，使用的大部分机器都是手动操作，计算机没有显示屏，结果只能打印出来。技术的困难是对他们意志的考验。张勇传和他的课题组成员睡在机房，提出多个方案，在经历无数次的挫败后，柘溪水电站的最优调度方案成功诞生。随后，江西上犹江水电站等多个水电站专门邀请张勇传上门"诊断"。上犹江电站实施优化调度方案仅半年，产值同比增加 1 400 万元。

基于大量第一手资料，张勇传对优化调度理论进行总结，提出并证明了水库优化调度的三个定理，编制出了我国第一个水库优化调度程序，并将这一理论成功引入优调实践，满足了经济效益和可靠性的统一，实现了理论上的创新。

改革开放后，国家重心转移到经济建设上来，电力作为经济发展的基础保障，至关重要，解决能源不足、电力不够的问题迫在眉睫。张勇传走遍各地实地调研，许多水利工程项目都有他的身影。1984 年年初，张勇传和同事们在华工校园里，建立了我国第一座水电站经济运行计算机控制实验中心。

随着现代信息技术的不断发展，张勇传率先提出数字流域、三维水网等概念，在国内首次将博弈论、控制论、不确定性理论运用到水电运行管理中。这些理论随后广泛地应用于丹江口、三峡梯调中心等特大水库和水电站。

杏坛初心，师爱无尘。"我虽是一位院士，但同时也是一名教育工作者，培养人才是我的责任和使命。"张勇传用这样一句话总结他作为华科大教师的为师之道、党员使命。从 1957 年留校任教至今，张勇传带过的学生不计其数，为我国水利水电事业输送了大量人才。张勇传倡导"问学"，并把

"欲知则学，欲学则问，不问不学，不学不知"作为做学问的必由之路。

张勇传的第四本诗集《曲水流觞》中"此生既结缘于水，就甘做其中一滴。无声地润泽土地，望其能滋养桃李"一句，解释了他耄耋之年未安于居室享受晚年生活，仍心系学科发展和学生培养的原因。千里之任，行思行远，张勇传带领团队的青年教师加入学院"大师引航名师工作室"，只因青年学生的培养仍是他最牵挂的事情。他愿以党员信仰为光，成为青年的指路明灯。

文末，致敬优秀共产党员张勇传，致敬每一位坚守信仰、默默奉献的科技工作者！

（指导教师：何 春 宋绍萍）

吴硕贤：半世追求谋致用

华南理工大学　张　阳

1947 年出生于福建泉州的吴硕贤院士是华南理工大学建筑学院的教授，是我国建筑声学界培养的一位博士，在我国建筑声学领域享有极高声誉。

吴硕贤出身于书香门第。祖父是晚清贡元；父亲是复旦大学中文系古典文学教授、现代作家、书法家、诗人。母亲长期担任中学语文教师，通词章翰墨之学。吴硕贤从小立志要成为一名科学家。他从小阅读《说岳全传》等古典文学作品，深深被抗金英雄的气节所打动，内心也希望自己于国家危难时能挺身而出。立志攀登科学高峰的他不仅学习许多数理知识，也积极参与学校的科学竞赛。他常说："中学时在数学、物理上所下的苦功，至今令我印象深刻。"1965 年，他被清华大学建筑学专业录取，并成为少数几位受到时任清华大学校长蒋南翔接见的新生代表，他鼓起勇气说出了"想成为科学家"的志向，校长的鼓励让他更加坚定了理想。

进入清华后，吴硕贤学习十分认真刻苦，从不懈怠。1970 年，他以优异的成绩毕业，被分配到西安铁路局基建处，成为施工技术科的一名技术人员，承担桥梁和隧道设计任务。吴硕贤干一行，爱一行，因工作的需要，他自学了很多结构方面的课程，把结构力学、钢筋混凝土结构、测量学研究得明明白白。1974 年，他调到南昌铁路局，先后在第二工程段和福州铁路设计所工作。1978 年，国家恢复招收研究生，他考入清华大学攻读建筑技术科学专业建筑声学方向的研究生，师从张昌龄教授。报考研究生的时候，考虑到自己在古文方面的优势，初试时，他报考的是建筑历史方向。到复试阶段，建筑物理教研室的老师听说吴硕贤数理功底扎实，就动员他换一个方向，参加建筑声学专业的复试。研究生阶段改学建筑声学，是吴硕贤人生的一次重要转折。硕士毕业后他又继续在清华攻读博士学位。

1984 年，吴硕贤博士毕业，进入浙江大学任教。当时的建筑热潮已经初见端倪，但他所从事的建筑声学的研究热潮还远未到来。当时处于改革开放初期，中国的城市化快速发展，一座座高楼拔地而起。与建筑设计相比，建筑声学确实略显"边缘"，但吴硕贤选择"甘磨板凳守清贫"，他所提出的"混响场车流噪声简洁公式""厅堂响度评价新指标和计算公式"等学术成果为建筑与环境声学领域作出了开拓性的贡献。对此吴硕贤表示："我的研究领域就是建筑声学，自然要用自己所学为国家和社会作贡献，如此才不辜负导师的栽培。"

　　1998 年，吴硕贤调到华南理工大学。此时国内的剧院、音乐厅、会议厅迎来建设热潮，这些建筑对声音品质要求高，建筑声学等来了春天。他的团队陆续承担过包括人民大会堂、广州大剧院、广州白云国际会议中心、广东粤剧院在内的近百项工程的声学研究与设计任务，填补了建筑声学领域的多个空白。其中广州大剧院被评为"世界十大歌剧院"之一，是亚洲国家剧院中唯一入选的剧院。白云国际会议中心在首届世界建筑节上摘取公共建筑类的最高荣誉，成为我国参评建筑中唯一一个获奖项目。2005 年，吴硕贤当选为全国建筑技术科学领域首位中国科学院院士。他心情平静地写下《当选中国科学院院士感怀》一诗："半世追求谋致用，平生研究贵坚持。"2007 年，吴院士 60 岁，科技部批准在华南理工大学建设中国建筑学领域唯一的"亚热带建筑科学国家重点实验室"，由吴硕贤担任该国家重点实验室首任主任。实验室围绕绿色建筑和生态宜居城市开展系列研究，并作出了重要贡献。吴硕贤作为"建筑环境声学边缘领域的开拓者"，入选"南粤英杰——新中国影响广东 100 位贡献人物"，并随之获得"全国先进工作者""全国优秀科技工作者""广东省劳动模范"等殊荣。吴硕贤著作颇丰，并在美、德、英等国内外刊物上发表论文 152 篇。他提出城市交通噪声预报、仿真及防噪规划的理论与方法，阐明声学虚边界原理，推导出混响场车流噪声简洁公式，较好地解决了国际上二十多年未解决的问题。

　　吴硕贤在幼年看到国家科学落后的现状后，就立志要为祖国的科技事业作出贡献，通过刻苦努力考入清华大学。毕业后没有因为工作与自己所学专业的差异就放弃对科研的追求。博士毕业后又正值建筑行业的大发展时期，虽然建筑声学领域相对较为冷门，但他还是醉心于自己的研究，不为金钱利益所动，甘守清贫，这种可贵的精神值得当代每一位科研工作者学习。而他心系家国、淡泊名利的崇高精神，在党的百年奋斗历程中默默地奉献自己一份力量的光辉事迹，对广大的青年学生更是具有重要的启示意义。

（指导教师：陈　莹　周恒洋）

白首不改

桑榆志

老楷模篇

孙丽华：劳模精神永不朽，时代使命在心中

天津医科大学　迪力亚尔·阿不都克热木

习近平总书记在河南安阳红旗渠考察时强调："年轻一代要继承和发扬吃苦耐劳、自力更生、艰苦奋斗的精神，摒弃骄娇二气，像我们的父辈一样把青春热血镌刻在历史的丰碑上。"孙丽华的故事充分阐释了新时代的劳模精神。这名党旗下的"排头兵"用实际行动，给我们树立了劳动标杆。

孙丽华目前是天津市河西区友谊路街道浏阳里社区党委纪检委员、党支部书记。她原来是天津市河西环卫局职工，从 16 岁成为一名环卫工人开始，她就把环卫这份工作看得十分重要，春夏秋冬，她加班加点，保证自己负责的区域的卫生。作为扫了 30 多年马路的城市美容师，她对薪资、待遇并不计较。就是这样的一位劳动者，获得了全国劳动模范、全国先进工作者、五次市级特等劳动模范等称号，还被授予全国三八红旗手、天津市三八红旗手称号并获得全国五一劳动奖章。

孙丽华从环卫工人的岗位上退休后，并没有选择待在家里。她看到自己小区杂乱的环境，便当起"编外主任"，带着"七件宝"——红袖标、小喇叭、三轮车、小桶、海绵、铁铲和扫帚，每天早上 5 点钟起床，擦一遍垃圾桶盖子，整理整理小区内的杂草。很多居民一开始并不理解她的行为，认为她在作秀，随着时间的推移，大家都开始效仿她，越来越多的人参与到对小区环境的治理中来。

孙丽华后来被选为河西区第十一、十二届人大代表，天津市第九、十届政协委员。因为职务的关系，她承担了很多的社会职责，为了不让社区工作因自己的社会活动而受影响，她主动辞去居委会的工作，但辞职后，仍坚持每天到居委会上班，一如既往地按照自己定下的标准义务做好社区卫生工作。看到社区内灯光照明条件差，孙丽华立刻向相关部门提出申请。当相关单位施工期间与居民出现矛盾时，孙丽华也第一时间了解事情原委并妥善处理，得到了大家的一致认可。

　　这位乐于奉献的社区干部，对自己也有着严格的要求。几年来，街道办事处始终坚持按居委会副主任待遇发给她工资，她坚决不要，还经常参加社会捐助活动。于是，街道办事处将她每月的补贴设立为"孙丽华基金"，让她能够按心愿帮助别人。她每年资助 3 名困难学生；拿出 2 400 元捐赠给友谊扶贫助困中心，为社区图书室购置书架和书籍；捐出 1 600 元为社区制作了统一的自行车架。

　　"奉献小于索取，人生就暗淡；奉献等于索取，人生就平淡；奉献大于索取，人生就灿烂。"孙丽华曾经说过："奉献是我一辈子的追求。"在得知四川汶川发生大地震的消息后，她自己省吃俭用，每天傍晚到菜市场买剩下的蔬菜，把节省下的养老金和生活费 1 850 元捐给灾区人民，表达爱心。她的行动带动了社区居民。每天早上 7 点到晚上 10 点，孙丽华在社区组织宣传献爱心活动，居民群众纷纷响应，她所在的浏阳里社区居民捐款 4 万余元，为灾区人民奉献了一份爱心。

　　我们可以从孙丽华身上看到"五老"精神：她亲手制作丝网花送给备战全运会的天津排球队成员；她和天津医科大学弘毅学社工作室学生一起到血液病医院为白血病患儿送去温暖；她在疫情防控期间，不顾自身身体状况，成为志愿者参与抗疫；她还成立首个退休劳模护河护绿志愿队，为中国的绿水青山而付出努力。

　　孙丽华以"一次当劳模，终身做奉献"的信念继续在全心全意为人民服务的道路上前进，新时代的我们更应薪火相传书写新篇章，锐意进取奋进新征程。让我们传承弘扬劳模精神、劳动精神、工匠精神，奉献热血和生命、青春和才智、辛劳与汗水，脚踏实地把每一件事做好。新时代的每一位劳动者将牢记习近平总书记嘱托，开启新征程，扬帆再出发！

（指导教师：茹则古丽·艾则孜　章军凤）

顾秋亮："两丝"精神践使命，大国工匠勇担当

无锡职业技术学院　施佳乐

他用眼看、手摸、心悟，就能判断发丝五十分之一的误差；他技艺超群，用灵巧双手筑就梦想；他坚持实干，以敬业之心爱国奉献；他心系教育，着仁爱之心诲人不倦。他就是大国工匠，我的钳工实习指导教师——顾秋亮。

学院组织的"我与大国工匠面对面"活动中，我有幸与顾大师进行了更为深入的交流。身形瘦小却精神矍铄，身着工装却干净整洁是我对顾老的第一印象。桌面上摆满了顾老从业近五十年来的各项荣誉，他如数家珍。年近七十的顾老，依然思路清晰、激情昂扬地向我们讲述着属于他那个年代的青春岁月，与我们分享了自己追梦路上的点点滴滴，介绍了"蛟龙"号载人潜水器研制项目，还从"耐心、精心、尽心"几个方面为我们阐释了他对工匠精神的理解。尽管时过境迁，山陵浸远，我们仍能从顾老字里行间的描述中感受到不懈奋斗的磅礴力量。顾老告诉我们钳工锉磨要领，情深之处，顾老直接卧躺在地，亲身还原工作场景，我们的敬佩之情也油然而生。他说，自己穿着最舒服的衣服，还是单位发的蓝色工装，因为随时可坐可躺，随时能为工作、为国家奉献自己。

17岁的顾秋亮高中毕业后就当起了钳工学徒，因年少好动，心性不定，经常被师父批评。男儿仗剑酬恩在，未肯徒然过一生。他苦练基本功，渐渐地，顾秋亮做的工件全部免检，"顾两丝"的名号也被叫响了。顾老感慨："站得腿麻，锉得手酸，筷子都拿不住，白天练，晚上练，双手都磨得没有指纹了，锉刀都用断了几十把，很苦，但是坚持下来很有成就感。"

2004年，顾秋亮凭精湛的钳工技术被任命为7 000米级潜水器"蛟龙号"的装备组组长。顾秋亮深情地回忆道："当时领导给予我充分的信任，我得把我的工作做好，认真履行岗位职责，不辜负领导的支持、信任和团队的付出。"那时候最大的困难就是安装载人舱观察窗的玻璃，也是组装载人

潜水器时最精细的活儿。观察窗的玻璃不能与任何金属仪器接触，因为一旦摩擦出哪怕是小小的划痕，在深海几百个大气压的水压下，玻璃窗很可能漏水，甚至破碎，这会危及下潜人员的生命。顾秋亮说："他们的生命都交给我了，我必须负责。"在整个试验和装配过程中，顾秋亮几乎每天都要工作到凌晨。在装配中，除了用精密仪器，顾秋亮更多的是靠自己多年来的经验，靠眼睛看、用手反复摸，最终使球体跟玻璃的接触面达到70%以上，最终达到了密封性要求。顾秋亮全程参与"蛟龙"号载人潜水器四个阶段的海试。最后一次海试刚上船，他的妻子因疑似患了恶性肿瘤而打电话过来。一面是相伴数十载的亲人，一面是伴随其成长成熟的"蛟龙号"的"成人礼"。跟随海试队南征北战多年，从未因工作上的困难皱过眉头的顾秋亮犹豫了，这位皮肤黝黑的"老战士"眉头锁成了一团。组织上的宽慰和帮助让他毅然选择奔赴"前线"。海试结束回家后，顾秋亮和妻子抱头痛哭。

一把锉刀一握就是四十余年，一头黑发如今已是霜白。参与了多项国家重大装备研制任务的顾秋亮退休后被无锡职业技术学院特聘为产业教授，继续为职业教育发挥余热。顾老说到学校来的想法很简单，就是想培养一代又一代的工匠，希望我们的国家从制造大国走向制造强国。学校为鼓励青年学生创新创业，特组建"顾秋亮创新班"，并创立"大国工匠工作室"，组建以顾秋亮为核心的"金牌教练"团队，指导优秀青年教师和青年学生参加各项技能大赛，并获省级以上荣誉数十项。顾老笑着说，最喜欢听学生亲切地喊他"顾老师"，在单位带徒弟，在学校带学生，道理都一样。他总结自己的经验，说可以用"三心"来概括：耐心、精心和尽心。

第一届顾秋亮创新班学生张宇回忆道：当时要参加"大国工匠杯"钳工技能大赛，没想到大国工匠顾老师会来亲自指点，他和蔼可亲，丝毫没有架子，严谨却不失亲切，务实又指导有方。在工匠精神激励下，张宇勤学苦练，终于获得了大赛一等奖，并主持或参与发明专利6项、实用新型专利23项。

青年教师苗盈说："一次测量，怎么摆放、什么身法、紧松分寸、目视角度，顾大师都有讲究，令人叹为观止。"苗盈团队在备战全国信息化实训教学比赛时，经过顾大师指点，最终将先进的测量技术和传统测量方法相结合，一举逆袭成功，获国赛一等奖。

我们和顾老一起回看了央视新闻频道《大国工匠》栏目，感今怀昔，顾老偷偷抹了几次眼泪，个中辛苦不言而喻。

累累硕果满载希望，顾老用一生见证了祖国深海事业的发展，他们孜孜以求驶向深蓝，挺进深海，顾老说期待祖国一次又一次长风万里。如今顾老依然活跃在学校关工委活动中，用行动告诉年轻师生们，有匠人如斯，国必强也！读"中国故事"，扬"中国精神"，新时代的中国青年生逢其时，在我国迈入全面建设社会主义现代化国家的新征程、向第二个百年奋斗目标进军的关键时期，受惠于职业教育的青年学子，更应该在大国工匠精神的指引下，深刻领会习近平总书记关于职业教育的重要论述的精神要义，为我国经济社会高质量发展贡献职教力量！

（指导教师：靳丹丹 张 静）

毕孔彰：情系中华大地，谱写地质华章

中国地质大学（北京） 李思佳

在中国地质事业发展过程中，有这样一位老人，用澎湃的热血与挺起的脊梁，扛起山水林田湖草沙的担当；用满腔的热情与坚实的脚步，奔向地学哲学教育的远方。他就是中国地质大学原党委书记毕孔彰，倾尽毕生只为地质！

情系大地，立青云之志

1957年，刘少奇同志在接见北京地质学院应届毕业生代表时曾说："地质队是建设时期的游击队、侦察兵、先锋队，地质工作者是社会主义建设的开路先锋。"那年毕孔彰还在上高二，正值雏鹰少年满腔热血之时，一心想为祖国建设添砖加瓦，这句话让正站在重要人生岔路口的他找到了奋进的方向——地质报国。

1958年，毕孔彰以优异的成绩考入中国科学技术大学稀有元素地球化学系。在校期间，他以校训"红专并进，理实交融"为目标严格要求自己，努力学习专业知识，积极参加实践活动。经过五年的求学经历，他对"什么是地质，地质要说明、解决什么问题"有了更深刻的认识，更坚定了要从事地质工作，要找到矿，为经济建设提前一个五年、十年准备好矿产资源的决心。

择一事，终一生。毕孔彰本科毕业后又拜入研究变质岩的鼻祖程裕淇老先生门下，潜心研究变质岩，进行更深度的学习与研究。

正所谓年少立青云之志，往一生上下求索！

投身地质，辟荒芜之境

矿产资源是工业的粮食，而地质调查研究则是找矿的前提。20世纪60年代，社会主义建设经历了前所未有的困难时期，一些稀有元素极其匮乏，严重影响着工业生产。作为我国最早一批研究铬铁矿的地质工作者，毕孔彰与科研团队深入祁连山、青藏高原等苦寒之地，在紫外强光下测量，在深山老林里找矿，在狂风暴雨中穿行，在冰天雪地里采样，荒芜与汗水作陪，风吼声与机器声交杂……

他先后进入燕山、祁连山中西段以及西藏藏北地区对几个铬铁矿区矿床成矿规律进行研究，发表了《铬铁矿矿床科学预测的基本原则理论预测前提》等文章，弥补了我国铬铁矿相关研究的空白，推动了我国矿产资源普查工作的开展，让大家对矿产资源的家底有了更明确的认识。

我们问毕老，地质工作如此艰辛，您有没有想过放弃？毕老摆摆手笑道："总要有人做的，既然选择了地质，我便已然做好了积极战斗的准备。"原来，这是一个地质工作者与天空、与大地浪漫的约定。

正所谓坚毅与实干付诸地质，青春与热血奉献给祖国！

培根铸魂，传教育之道

在毕孔彰的职业生涯中，先后担任过地矿部人事教育司副司长、中国地质大学（武汉）党委书记、中国地质科学院党委书记兼常务副院长、中国地质大学（北京）党委书记，为地质科技体制改革和地质教育付出了极大心血。

毕孔彰任中国地质大学（北京）党委书记期间，正值学校恢复办学最困难之时：无北京"户口"、无完整校园、校园内单位众多无统一领导。恰逢邓小平视察南方谈话，国家加快改革步伐，实施科教兴国战略，毕孔彰深刻领会到发展才是硬道理，他跑北京市委、教育工委取得上级支持，终于争取到招生指标，使学校在北京正式落了户；他跑地质矿产部相关部门联络交涉，亲自带人到各单位现场解决问题，终于清理了校园环境，保证教育教学用房用地，强化了基础设施建设；他带领班子组织专家和联席会分析学校优势、实力与不足，研讨如何调整学科专业结构，优化学科群体，提高教学质量和研究生教育水平；他关心青年教职工思想生活，解决住房等实际问题……在他的努力下，学校的发展迎来了重大转机。

毕老认为地质教育要牢牢把握培养专业学生、搞好科学研究、服务奉献社会、传承地质文化四项任务。"我们培养出来的学生一定要贯彻地质'三光荣'精神，这是我们热爱的地质工作的核心价值观。"他激动地说道。

正所谓春风化雨润物无声，传道授业育芳满园！

老骥伏枥，谱地哲之歌

退休后的毕孔彰，受聘成为北京市委党建专家、自然资源部咨询委员、地学哲学委员会副理事长兼秘书长。秉持有一分热发一分光的态度，他认真对待自己的每一项工作，在哪个岗位都干得有声有色，开启了精彩的第二职业生涯。

工作性质的转变使毕孔彰加深了对地学哲学的研究，他善于发现问题、积极思考、提出对策，发表了《关于"地质找矿改革发展大讨论"的思考》等系列文章，其撰写的《就矿找矿理论与实践》一书也为广大地质工作者提供了找矿实践的指导。

谈及地质工作在国家建设中的地位，毕孔彰认为，地质是山水林田湖草沙之基，是生态文明建设之基，是实现中华民族伟大复兴之基，是构建人类命运共同体之基。谈到此处，毕老眼中微微泛着泪光，这是他的地学哲学之思，更是一名地质工作者对自身职业的骄傲与敬仰。

正所谓秉持初心系地质长情，不忘使命载地哲新篇！

眼前的这位鹤发老人，温暖的笑容让人如沐春风，坚毅的神情令人肃然起敬。他尽管身份多变，但又始终如一，将奉献与实干的基因刻进骨骼、融入血液。

（指导教师：杨光坤）

冯健：一辈子传承雷锋精神

长沙学院　杨　嘉

在长沙市望城区一间小小的宿舍里，我们很荣幸地采访到了被雷锋称为"健姐"的冯健老人。

与冯健老人交谈时，她向我们提起了她与雷锋相识、熟知的点点滴滴，谈起了弘扬雷锋精神。86 岁的老人精神矍铄，话语真诚。她说："我这一辈子就是在学习雷锋精神，宣传雷锋精神、传承雷锋精神。"

初　识

冯健老人告诉我们，她是 1956 年在时任望城县委书记张兴玉家中与雷锋初次相识的。当时，19 岁的冯健已是望城县西塘高级农业社第二社长、养猪场场长、全国青年社会主义建设积极分子，还受到了毛主席的亲切接见。冯健的先进事迹已被广泛传播，当时还在上小学的雷锋将冯健视作自己的偶像，在班级的黑板报上宣传冯健的事迹。

那天，冯健去张书记家拜访，刚敲开门，就看到一个十五六岁的男孩正手把手地教张书记的女儿系红领巾。

"小冯，这是县委新来的雷锋同志。"张书记向冯健介绍。"冯健姐姐好！我是小雷。"说完雷锋便向冯健敬了个礼。他们双目相对，都不由得笑了。

因离开张书记住处时天色已晚，雷锋便主动提出送冯健回宿舍。路上，雷锋竹筒倒豆子般地将自己的身世和经历和盘说出。"小雷，你是孤儿，但不要难过，我比你大几岁，以后你有什么事需要帮忙可以随时来找我。"听了冯健这番暖心的话，雷锋感动地叫了一声"冯健姐姐"。从此，雷锋便一直称呼冯健为"健姐"，而冯健就叫他"小雷"，俩人如姐弟一般亲密无间。

冯健老人对我们说，雷锋曾不解地问过她："健姐，你在农业社是干部，为什么要去养猪呢？"冯健笑着说："小雷，养猪是大有可为的事业，一吨猪肉可换回六吨钢铁，既能支援国家建设，又能提高社员的收入。""只要党和国家需要，我们就应该尽力去做！"

　　冯健老人说起这件事时语气坚定，目光坚毅。也许，就是这段话，为以后雷锋全心全意为人民服务、无私奉献的行为增添了一股精神动力。

互　动

　　1958 年 9 月，冯健被保送至湖南农学院读书；雷锋则选择北上当工人，不久后又参军了。在姐弟俩分开的日子里，俩人仍利用书信谈工作、谈学习，鼓励对方不断进步。1961 年，冯健看到报刊上报道雷锋在部队的先进事迹后，给雷锋写了祝贺信，表示要向雷锋学习。雷锋很快回了信，还特意寄给冯健一张他擦拭解放牌汽车的照片，并在背后写下自己的留言："冯健姐姐，我永远向你学习，为共产主义事业奋斗终生。"1962 年"五四"青年节前后，冯健给雷锋写过一封信，但两个月过去了，却迟迟没能收到回信。直到她偶然间看到《中国青年报》长篇通讯《永生的战士》一文，才得知雷锋已因公殉职。

　　谈到此处，冯健老人的眼泪夺眶而出，情不自禁地脱口说道："可爱可敬的小雷虽然走了，但他一直活在我心里。"

　　"小雷"离开了。但是，"冯健姐姐"对"小雷"的怀念却永远没有终点，传承雷锋精神便成了她一生的愿望。

重　生

　　雷锋殉职后，各地记者不时来访，他们都想听听"冯健姐姐"口中的"小雷"故事。这让冯健觉得，这些故事不仅属于她和"雷锋"，更属于全社会。因为这些故事中蕴含着一种永远不灭的精神和蓬勃向上的力量。

　　雷锋应当"重生"！雷锋精神应当永生！冯健暗下决心。

　　从此，她开始接受媒体采访，编写雷锋故事书籍，担任雷锋宣讲团义务宣讲员。"冯健姐姐"几十年如一日，向世人呈现她眼中可爱可敬的"小雷"。不管是做农村基层技术员，还是当省直机关领导干部，她不仅宣传雷锋事迹，还坚持以雷锋为榜样，干一行爱一行，做好本职工作。

　　为了给大众呈现一个真实而鲜活的雷锋，2011 年，从省总工会副主席岗位退休 14 年的冯健开始写书。她整理了几十年来积累的资料，撰写自己与雷锋的过往故事，访谈与雷锋生前有交往的人士……"冯健姐姐"在晚年把对雷锋相关史料的挖掘和记录当作她生活的全部。她白天亲身走访，晚上则伏案一遍遍梳理采访所得。心脏搭桥手术、严重颈椎病甚至老伴右眼失明都没能动摇她还原一个真实的雷锋的决心。短短两年，她撰写出史料翔实的《雷锋从这里起步》一书，紧接着又自费出版《雷锋在湖南》《雷锋人生三部曲：望城起步》。

她作为长沙市雷锋精神宣讲团的义务宣讲员，足迹遍布全国。"我今年86岁，还不算太老。只要走得动、说得出，我就一定坚持宣讲，为雷锋精神代代传承继续做些力所能及的工作。"冯健老人坚定地对我们说。

"纸上留声终不空，百代千秋有共鸣。"一张纸、一支笔、一辈子，名人为人杰代言，劳模为英雄歌唱。冯健老人这一生，就是在用纸笔带我们跨越时空，经历一场雷锋的大爱人生，让雷锋精神永存！她在厚植群英的沃土上，为弘扬正气、净化民风、提高精神文明而鼓与呼。

结束采访，我们陷入了沉思。青春是美好的，无论是雷锋，还是冯健，在青春年代，他们都用自己的奋斗，生动展现了"最亮丽的底色"。一代人有一代人的使命，一代人有一代人的担当。青春，就是我们这代人勇担责任和使命时的底气；奋斗，更是我们这代人践行党的二十大精神时最大的锐气。我们坚信，中华民族的伟大复兴定将在我们这代人的接力奋斗中成为现实！

（指导教师：林　涵　许艳文）

许月华:"板凳妈妈"的无疆大爱

湖南理工职业技术学院　张　奕

那天,落日的余晖给福利院镀上了一层耀眼的金色,将她也笼罩在金色之中。她唇角挂着淡淡的微笑,手撑着两条板凳"行走"在院子里。她就是湖南省优秀共产党员、湘潭市劳动模范、孤儿的"板凳妈妈"许月华。我们慕名来到许月华家中,聆听她感人的故事。

反哺报党恩

听说我们要来,"板凳妈妈"早早地在家门口等候。见到她的第一眼,我们都有些吃惊,两条板凳就是她的双腿,上坡也能熟练地行走。"板凳妈妈"微笑着接待了我们,和蔼是她给我们的第一印象。

许月华说起自己的坎坷经历,充满了对党和政府的感恩、热爱之情。她年少时父母先后病逝,自己的双腿被火车碾断。在她最无助的时候,湘潭市社会福利院收养了她。"我自从到了福利院,就再没挨饿受冻了。"许月华幸福地告诉我们。虽然失去了双腿,但她深切地感受到党和政府的温暖,为了报答党和政府的养育之恩,她向院里提出帮助照顾孩子的请求。当时的院长看着没有双腿的许月华,心里也没底,婉拒了她的请求。但她三番五次向院长表达自己的想法,院长说:"要是你能走路,我就给你安排。"为了能为社会做点事,许月华没日没夜地练习用板凳走路。她伤过、疼过、跌倒过,但从没后悔过。她不断摔倒,又不断地爬起来,手掌磨出了血泡,血泡结成了老茧,直到她可以用板凳走路。学会走路后,她如愿以偿地成了福利院的编外保育人员。从此,她就奔波在福利院的各个房间,无微不至地照顾着孩子们。

忠心献给党

"老天只给了我半截身子,党和政府却给了我健全的灵魂,感恩报国,我要用一辈子来践行。"加入中国共产党，成为她心中最大的理想和追求。1985年，"板凳妈妈"被评选为湘潭市劳动模范。借着这个机会，她向党组织递交了入党申请书，此后的每一年都向党组织提交申请。当时一位市领导了解她的事迹后指示有关部门，作为特殊情况，可将她转为福利院正式职工。"板凳妈妈"听说后，主动找到这位领导说："我衣食住行都是党和政府给的，转为正式职工，还要给我发工资，我不想给党和政府增添负担。我心中只有一个愿望，就是加入中国共产党，可我没读过书，又怕自己不够格。"最终她光荣地加入了中国共产党，实现了自己梦寐以求的理想。

微行筑大爱

至今，"板凳妈妈"仍不是福利院的正式员工。近四十年来，她不求回报地哺育照料了138个孤儿，一直用自己感恩、坚强、甘于奉献的心，给予福利院的孩子们完整的母爱。她常说，这是一名共产党员应该做的。随着时间的流逝，"板凳妈妈"抚育的"儿女"也越来越多，最多的时候，她要同时带着15个。为了照顾方便，她让孩子们都睡在自己的床上。床铺太窄，就不断加宽，最后加宽到了5米，她那张大床几乎成了一座小型幼儿园。日子一天天过去，一批孩子走了，又有一批孩子来了。现在，这些孩子不少都已成家立业，他们在履历表"母亲"这一栏里，写的都是同一个名字：许月华。

"板凳妈妈"为了哺育照料这些孩子，历尽辛劳，付出了大量心血。白天给他们喂奶换尿布，陪他们玩，逗他们笑，常常忙得连吃饭的时间都没有。晚上，这个刚睡着，那个又醒来了；这个刚哄好，那个又扯开嗓子哭了。她几乎从没睡过一个安稳觉，一天下来常常累得精疲力尽、腰酸背痛。而最难的是照顾生病的孩子。她回忆起有一年夏天，小女孩湘秋因肠道畸形转慢性肠炎、慢性痢疾，日常护理需要面面俱到，"板凳妈妈"便主动提出去陪护她。从早到晚，不论是打吊针还是睡觉，都抱着、陪着小湘秋，时刻关注着孩子。湘秋笑了，"板凳妈妈"就开心；湘秋哭了，"板凳妈妈"比她更难受。夜晚湘秋频繁拉肚子，又哭又闹，"板凳妈妈"便轻轻哼着曲子、轻轻拍着湘秋的背哄着她入睡，屎尿常常弄到自己身上，她也不在意，清理自己身上的脏物总是她一天里的最后一步。"板凳妈妈"说："虽然辛苦，但我吃苦是为了孩子不用吃苦。"看着孩子们一天天长大成人，她觉得这是她人生中最幸福的事情。

"板凳妈妈"的无私付出感动了无数人，在湖南省群众推荐"我身边的优秀共产党员"活动中，她的票数遥遥领先。

落日余晖下，板凳又在大地上敲响了爱的音符，这动听的音符已在小小的福利院里传响了 38 年。"板凳妈妈"将对共产党和社会主义的热爱转化为行动，倾注在 138 个孤儿身上，将最美的母爱化为雨露，滋养着这些干渴的心田。

与她作别时，她诚恳地说："党的二十大要求我们加强学习，提高自己，以饱满的精神风貌，迎接未来的挑战，努力为全面建设社会主义现代化国家贡献自己的绵薄之力。我将继续做好本职工作，并激励更多的人投身福利事业，让我们的社会变得更美好。你们年轻有为，是国家的有用之才，一定能做出更大的贡献。"

（指导教师：谢　旺　李　强）

杨德俊：风吹岭南，"牛"动乡村

湘南学院　李沐子　陈昇博

在湖南省郴州市苏仙区堆上村食用菌种植基地，人们常常能看到一位头发花白的老者穿梭忙碌于菌林间，他就是获评"2019 年度全国科技助力精准扶贫工作先进个人"的湘南学院化学与环境科学学院退休教授杨德俊。假期里，我们怀着崇敬的心情采访了这位大半辈子倾心助农、尽力扶贫的老教授。

杨德俊出生于长沙县青山铺镇，因身材高大、体格健壮，大伙都叫他"大牛"。采访中，杨德俊告诉我们，他这一辈子对农村发展情有独钟，他这头"大牛"，就是要以习近平总书记倡导的"三牛"（孺子牛、拓荒牛、老黄牛）精神鞭策自己，尽自己绵薄之力，为农村发展、为精准扶贫做点实事。

服务于农的"孺子牛"

1985 年，杨德俊从湖南师范学院生物系毕业后，就立志在教书育人的同时，结合所学专业，开展以服务"三农"为目标的科研工作。于是，杨德俊深耕于发酵工程、微生物学，致力于食用菌生产技术、生物反应器等领域的创新，完成了活性污泥干燥方法及其干燥设备等一系列发明，凭着那股潜心科研的"牛劲"，杨德俊成了同事们非常崇敬的科研"大牛"。

38 年的长久坚持，杨德俊笃行不怠，取得了丰硕的科研成果。发表高质量学术论文二十余篇，获省科技进步三等奖等奖项 3 项，获发明专利 17 项。主持研发的"杏鲍菇工厂化生产技术""无菌冷却工艺"和"通道式高压灭菌锅技术"被广泛应用于食用菌行业。

杨德俊告诉我们，搞科研就要以"俯首甘为孺子牛"的精神，用科研创造财富，带动成千上万户农民致富。不仅如此，他还带领学生参加科研，引导众多"小牛"走上科研之路，其中就有以第一作者身份发表三十余篇 SCI 论文的华中科技大学同济医学院副研究员蒋丁胜。

精准扶贫的"拓荒牛"

谈到扶贫，杨德俊对我们说："贫困户的期盼十分急切，帮扶就要帮到点子上、扶在精准处。"他自己就是用科研这个点去开拓精确扶贫的新路的。

2015年，世纪工程脱贫攻坚战全面打响，杨德俊甘当"燃灯者"，毫不犹豫奔赴第一线。

安仁县九妹仙村是湘南学院对口扶贫的省级贫困村，也是杨德俊最初开展扶贫实践的地方。通过实地考察，杨德俊发现当地土壤富含硒元素，适宜发展富硒水稻，便精心指导贫困户成立农业合作社。贫困户有顾虑，他耐心解惑；贫困户技术难掌握，他言传身教。同年，村里的富硒稻产品很快脱销，全村40户贫困户成功脱贫，老百姓对他无不交口称赞。

随后他转战国家级贫困村——宜章县杨梅山镇驼背岭村。该村唯一的产业是橡子豆腐干加工，但产品带有涩味，一度滞销。为解决这个难题，杨德俊带领团队日夜攻关。经过不懈努力，终于找出了问题所在，于是采用科技手段除去了涩味来源，产品豆干从"出涩"走向"特色"，畅销省内外，63户贫困户顺利脱贫。

脱贫攻坚期间，杨德俊足迹遍布郴州全市11个县市区，请他进行技术培训、产业指导的村民遍布全市，光直接帮扶脱贫的贫困户就有500多户800余人，受益农户更是不胜枚举。

杨德俊成了村民心中的"明星"。他一到村里，村民们都会放下手中的活计，赶着去见他。他动情地对我们说："老百姓是很重感情的，脱贫后，见到我和团队就像见到亲人一样。"

乡村振兴的"老黄牛"

"要让脱贫户稳定脱贫、长效脱贫，实现乡村振兴。只有通过建立一套以优质企业为核心、以科研机构和高等院校为技术支撑、联系贫困户、面向市场的长效机制，才能从根本上解决问题。"这是杨德俊在多年科技扶贫实践中总结出来的经验。

郴州芝草农业科技开发有限公司的起死回生是杨德俊探索科技助农、赋能乡村振兴的成功范例。这家公司过去从事传统农业项目经营，濒临绝境。

杨德俊深入这家公司，潜心研发低温诱导出菇技术。经过几百个日夜的刻苦攻关，终于实现了工厂化反季节秀珍菇生产。在他的助力下，企业走出困境，逐步发展为湖南省农业龙头企业。

杨德俊还引导公司无偿为249户贫困户提供技术支持与原料，以保底价格进行产品收购，带动800多户农户投入种植。通过"公司＋基地＋合作社＋农户"的发展模式，农户实现了长效脱贫的目标。

"有了杨教授的悉心帮扶，我们在乡村振兴的道路上，越干越有劲。"望着大棚里满地的菌子，嘉禾县向阳村村支书雷柏胜深有感触。

是的。杨德俊就像勤勤恳恳、埋头苦干的老黄牛一样，科技扶贫已深深烙在他的骨子里。他的科技扶贫模式也硕果累累，画出了科技助农、乡村振兴的"同心圆"。

我们被杨教授的精神深深感动。临走时，杨教授嘱咐我们："科技助力精准扶贫，这是以习近平同志为核心的党中央治国理政的英明决策，希望你们继续奋斗，发扬光大，传承下去，把我们国家建设得更富有更美丽。"远望着食用菌种植林中杨教授那向我们招手的身影，我们感觉到他已与种植基地融为一体。我们深信，杨教授寄予的厚望与重托必然会化作我们这一代人前行的动力。

（指导教师：邓慧爱　江华丽）

胡升校："中国好人"的"童乐园"

常德职业技术学院　董媛媛

父亲节这天，我们如约来到澧县甘溪滩镇丰年村，拜访了优秀共产党员、常德市首届"最美新乡贤"、2021年"中国好人"胡升校老人。

穿过挂着"童乐园"鎏金牌子的大门，我们在简陋的教室里看到了戴着老花镜、佝偻着身子正在黑板前给20多名学生上阅读写作课的胡老。胡老的身影，宛如太青山上傲然屹立的不老松，令我们动容。

为留守儿童创办"童乐园"

胡老今年86岁，原是澧县八中的语文教师，从教41年。他于1987年、1989年两度被评为"湖南省劳动模范"。出身农家、信奉"知识改变命运"、关心农村孩子教育的他1997年退休后，不顾年迈，毅然决定将大山深处的老宅改造成一座"童乐园"。老房是建于20世纪80年代的土砖房，堂屋改成了教室，左厢房是图书室，右厢房是音乐室。图书室陈列着上万册图书，音乐室摆放着电子琴、钢琴、二胡等乐器。购买这些乐器几乎掏空了他的老底。

村里的留守儿童假期没人照顾，胡老开办的"童乐园"让孩子们既有人看护，又有地方学习。刚开始，只是接纳本村的孩子，后来周边五六个村的留守儿童都被吸引过来了。最多的时候，"童乐园"有40多名学生。

胡老辅导大家学习语文、数学、英语，孩子们非常喜欢这位和蔼可亲、幽默风趣的老师，由衷而自豪地说："胡老师上课态度很温和，就像我们慈祥的爷爷一样。"

胡老多才多艺。他注重让孩子们多元化发展，发现孩子的音乐兴趣后，毫不犹豫地办起了二胡、小提琴、竹笛特长班，耐心教孩子们视唱练耳和乐理知识，手把手教乐器演奏。他二胡拉得好，一曲《二泉映月》如泣如诉；他会弹钢琴，经典的《牧童短笛》弹得如行云流水，听得孩子们如痴如醉。

每个周末下午，是"童乐园"的艺术课堂，来上课的不仅有小朋友，还有"大朋友"。67岁的村民张业党说："听胡老师吹笛子，我们都听得入了迷，我就向胡老师请教，逐渐成了这里的一名老学生。"对此，胡老乐得呵呵笑："独乐乐不如众乐乐嘛。"

孩子们的快乐是最好的回报

"童乐园"图书室有一副胡老自己撰写的对联："给童乐享童乐与童共乐，悦其人乐其事劳而不倦。"

胡老深情而自豪地说："孩子们的每一点进步，都是我最大的快乐！"他把教育当成了生活，把教书育人当成了毕生的使命，并安享着这种怡然自得的幸福。

对自己，胡老从来都很吝啬。衣服一件穿十几年，他也舍不得扔，夏天两三件旧背心反复穿。他义务辅导学生26年，分文未收，总是自掏腰包给学生送小礼物。他说："我老了，穿着就不必讲究了，希望能让孩子们有一点进步，孩子们高兴我也就开心了。"

有人问胡老，你辛辛苦苦办"童乐园"，得到的回报是什么？他说："孩子们在学习上进步，在艺术上得到了长进，这就是对我最好的回报、最大的回报。"

在胡老的悉心教导下，今年读小学三年级的陈思涵只学习了一个月的电子琴，就在县级"三独比赛"中获得了一等奖。这让胡老异常欣慰，比自己获奖还高兴。

26年义务辅导，胡老的头发全变白了，身体也更加瘦弱，行动开始变得有些迟缓，但不变的是他关爱孩子健康成长的初心。

祖孙三代赓续教育梦

80多岁的胡老上课常常用一只手撑着桌子，站着讲课20多分钟就得坐下，几堂课下来，他常常累得满头大汗，气喘吁吁。家人担心他的身体吃不消，劝他上医院检查。胡老怕耽误孩子，总推诿不肯去医院，好说歹说，最后由外孙女陈星霖代课，胡老才同意去医院。经过检查，他的血压达到170/105。儿子孙晓波眉头紧锁，劝告父亲控制教学规模，但是胡老仍对来

"童乐园"学习的人来者不拒，热情相迎。

胡老坚定地说："蜡烛不灭，我就要一直发光！我 1986 年入党，入党的时候宣过誓，要为党的事业、为共产主义奋斗终生。孩子们是共产主义接班人，党的二十大也强调要实施科教兴国的战略，所以只要我还有一口气，我就应该有这种为国育才的担当。"

在胡老的影响下，大儿子孙晓波成为甘溪滩镇中心小学的教师，一直扎根基层，坚守山区。他理解父亲的追求，同时希望父亲过得轻松一点，于是全力支持父亲，尽可能给父亲提供教学和生活上的帮助，减轻老人的重压。

胡老的外孙女陈星霖每年寒暑假都要来外公家里，耳濡目染之下，也爱上了教师工作。她于 2016 年考入湖南师范大学，成了一名准教师后，也常常帮助外公上课。她明白外公不仅是作为一名教师、一名党员在实现自己的人生价值，更重要的是，这里有乡村的孩子需要他老人家的帮助和陪伴。大学毕业后，陈星霖义无反顾地来到"童乐园"代课，后来也成了外公那样扎根在这大山深处的一名园丁。

这次对胡老的拜访也让我深受教育和感染，懂得了人生价值之所在，明确了自己的人生之路该怎么走，那就是到国家和人民最需要的地方去，一辈子做利国利民的好事，为建设新时代的中国贡献自己的全部力量。

（指导教师：杨　娟）

任剑波：命案必破，别无选择

海南政法职业学院　　陈茜悦

任剑波，1956年3月生，吉林省公安厅原副厅长，是公安部特邀刑侦专家，从警生涯中曾四次参加和指挥涉枪战斗。2017年退休后担任海南政法职业学院特聘教授。

自从跨进海南政法职业学院大门，成为公安司法系的一名学生，我们就知道学校有一位特聘教授叫任剑波。他是共和国赫赫有名的刑侦专家，在职时曾出版两部专著，至今还经常奔赴全国各地重特大刑事案件的现场。

2023年6月30日下午，任教授以"命案必破，没有选择的选择"为题，在学校的千人礼堂，给我们全系学生进行了一次既生动又深刻的演讲。

20世纪90年代末，我国东北松嫩平原连续发生多起跨省市灭门杀人案件，由于发案时间密集，案发地域跨度大，被侵害对象全家被杀，惨不忍睹，一时间闹得人心惶惶。时任松原市公安局刑侦副局长的任剑波受命负责此系列案件的侦查。那是一个缺少科学技术支撑的年代，破案主要是依靠群众，摸排线索，尤其是破大案命案，拼的就是信念和毅力。

任教授详细地讲述了当年的破案经过：先是反复分析本地四起案件的异同点，理出头绪；再对最近一起案件进行数十次的现场复勘、痕迹比对，终于发现了蛛丝马迹。在这一过程中，有太多太多不为人知的故事。一张从卫生间垃圾桶里提取的破报纸，刑警们不知看了多少遍，上面模模糊糊的阿拉伯数字，经过七拼八凑，反反复复地验证，竟然是犯罪嫌疑人之一的妻子单位的电话号码！兴奋的刑警们再去发动群众，顺藤摸瓜，寻找线索，两天两夜不眠不休，终于确定犯罪嫌疑人及其家庭住址、亲属关系。经过725个日夜的奋战，这起犯罪团伙杀害8家19人的灭门惨案终于告破。

抓获犯罪团伙首犯，押解回归，已是深夜，但是整个城市灯火通明，无数群众涌向冰天雪地的大路两旁，敲锣打鼓，燃放鞭炮，高呼共产党万岁！任教授深深感怀道："只有亲身经历过这725天艰苦破案历程的人们，只有百折不挠的专案组成员，只有面临大案责任如山的公安机关，才能深刻体会到做成这件事是何等的艰辛！"

适逢学校开展"读懂中国"活动，任教授讲座之后的第二天，学校关工委组织全校各系二十多名学生代表，与教授一起座谈。座谈会上，任教授首先畅谈了他学习党的二十大精神的心得体会。接下来同学们踊跃提问，大家的问题不约而同都集中到了教授从警生涯的奋斗经历上。

像邻居家大爷一样的教授，目光犀利而慈祥。他用受过刀伤的右手端着茶杯，轻轻打开了回忆的闸门……随着教授的叙述，我们仿佛与他一起走进了祖国改革开放之初，那个万物复苏的激情岁月，仿佛看到一个大学刚刚毕业、投身警界的热血青年，在基层刑警队里摸爬滚打、成长进步。我们仿佛看到刑侦前辈爱徒如子、近于严苛的"传帮带"，感受到空手夺枪夺刀、血染警服的现场惊魂，感悟了"屡战屡败，屡败屡战，直至胜利"的坚韧不拔的刑警精神。

教授讲道：那一年春天，一群歹徒暴力阻碍公安执法，抢夺两名民警枪支，致其一死一重伤。危急关头，他赶到现场，只身进入屋内与犯罪分子谈判。话没说几句，一支枪管在他对面第二排的黑脸男子手中慢慢抬起。"完了！"说时迟，那时快，他和歹徒同时向前一步，夺枪的左手还没抬起，枪口就顶住他的左胸，并且"咔哒"一声，扣动了扳机。

双方一愣，哑弹！

他迅速反应过来，立马双手扣住歹徒的右手向外翻转别腕，同时抬起左膝结结实实地顶在对方脸上，对方哼都没哼就倒下了。转眼枪到了他的手中，他身子一侧，后背靠在墙上，同时左手迅速拉动套筒，哑弹跳出，另一粒子弹顶上枪膛，"蹲下！双手抱头，谁动打死谁！"他威严断喝。还没完全缓过神来的暴徒们，立马乖乖地趴在地上。

事后检验得知，那支手枪是 7.62 口径，因持枪人维护保养差，又巧遇一发 7.63 口径的子弹，这万分之一的概率致使枪没响。"否则，30 年前我就是烈士了！"教授平静地调侃道。

这个空手夺枪、制服群匪、惊心动魄的故事，让我们听课的同学震撼不已！

教授深情地说，是党培养教育了他，是祖国给了他成长进步的舞台；是前辈和师傅传承他红色基因，让他懂得了"人民警察，人民在前，警察在后"的顺序定位；也是年复一年、日复一日案件侦查的艰难困苦，培养了他不屈不挠的职业精神。

最后，有同学提问："请问任教授，您能否以您自己的传奇经历，讲一讲我们公安司法专业的毕业生，今后怎样才能成为一名合格的警探？"

教授微微一笑："没有传奇！我也曾是一个胸怀理想、自信满满的热血青年，长年累月与死亡和犯罪打交道，干着永无止境、看似无用和琐碎的工作，在漫长且痛苦的过程中不断地打磨着自己。有的人选择了离开；但是，还是有许多人坚持下来了！我，就是其中之一。"

历史让我们记住前辈的使命和荣誉。当代的我们站在巨人的肩膀上，享有更多更好的条件，我们没有理由不好好学习。我们要坚定不移地听党话、跟党走，怀抱梦想又脚踏实地，敢想敢为又善作善成，让我们的青春在全面建设社会主义现代化国家的火热实践中绽放绚丽之花。

（指导教师：徐乃龙）

王如柏：一生赤诚，让"三线"历史如柏长青

六盘水师范学院　杨志连

王如柏是著名诗人、书法家，中华诗词学会理事。他历任六盘水市人民政府办公室副主任、六盘水市地方志办公室第一任主持工作副主任，还是六盘水市书画院创始院长，六盘水市诗词学会、市老年书画研究会的发起创办人。

风雨人生，辗转多地，务农、做工、经商、从政、办学、修史、著书，一路成长，一路辉煌。历经困难、坎坷，也与善意、荣耀不断相遇。

其人如柏，其魂如松，永存光热。

前行者："一个学字随身带，顶风冒雨走天涯"

王如柏这一路行来太过漫长，曲折传奇，寥寥数字道不尽。

从云南到贵州毕节，从毕节到六盘水，王如柏由山野牧童成长为初入社会的商铺学徒，再蜕变为深谙经商之道的商人，受至亲挚友影响入党、从政，亲历三线建设。

"一个学字随身带，顶风冒雨走天涯。"12岁离乡当学徒时王如柏与伙伴作别的一句山歌，竟成了他沉浮半生的真实写照。

三年时间，他从一无所知的学徒成长为通算数、精计算、写字好的成熟店员；七年时间，他自学完小学和初中数学课程，通读几遍《经济常识读本》，读完苏联版《政治经济学》，熟练背诵《唐诗三百首》大部分篇章，《红楼梦》中的大部分诗词可随手写出。阅读大量书籍的同时，他还练习书法、公文写作等。

面对质疑，他不争辩，沉默着用实际行动证明实力作为回应；面对赞扬，他不骄不躁，沉默着保持谦卑之心继续向前走；面对敬仰，他不卑不亢，沉默着以谦和的心诚挚而无保留地与人交谈。直到今天，他仍保持谦逊，与时俱进地学习着。

他这一路太过艰辛，却不过寥寥数字——如松如柏。

亲历者："不能忘记的一段光辉岁月"

六盘水流传着一句话："六盘水是火车拉来的城市。"这句话是说六盘水的三线建设以修建贵昆铁路为先导。

1960 年，贵昆铁路六枝到水城段陆续开工，毕节地区迅即成立"支援铁路建设委员会"，征召 2.1 万名民工、抽调数百名在职职员奔赴水城县支援铁路建设。

时任毕节地区统计局副局长的王如柏被抽调到支铁委负责后勤保障工作和统计业务，民工队伍的物资保障、伤残处理等很多任务落到王如柏负责的后勤组。

王如柏负责的后勤办公室，十多名工作人员挤在几间简陋的办公室里，楼下办公、楼上睡觉。所谓的楼却没有楼梯，晚上睡觉就站在办公桌上两手一撑，一跃而上，一跃而下。大家互相打趣着，却无一人抱怨。

员工们的条件更艰苦，粮食供应没有保证，肉油更难吃上，有的工地没有磨，食堂就把玉米煮熟给民工当饭吃。民工的被子要从家里带，家里没有的就以草席当被。冬天气候严寒，没有棉被的民工只能靠披毡过夜，半夜冷得瑟瑟发抖，时睡时醒，第二天照样接着干。在民工们的心里，再苦再累也要干，因为"这是国家的事情"。

"那真是一段峥嵘的光辉岁月啊！感人肺腑，催人泪下。"工地处于悬崖峭壁间，峡谷幽深，沟壑交错，地质构造复杂，施工难度巨大，王如柏多次乘坐运送物资的车到施工现场，目睹了民工们挥汗如雨、攻坚克难的场面。"今天的人们，驱车经过二塘、发耳，进水钢，游明湖时是否知道，这些矿区公路是 50 年前毕节地区 8 000 位民工用手工工具、拼血肉之躯，为后辈们筑成的康庄大道？"

修缮者："此生最后一件大事"

他坐在阴影下，我们看得清他的脸，却始终看不清他身后那群人。

2013 年《六盘水三线建设志》出版，贵州三线博物馆建成，却未提及当年周边地区民工支铁支矿，为三线建设所作的奉献和牺牲。

历史见证发展的荣耀，文字承载时间的重量。

"对于三线建设伟大成就背后周边支援大军的丰功伟绩缺乏记载，这是重大的遗憾，也是重大的历史遗漏。"于是，王如柏决心提笔书史、奔走呼号，开启了他为之"正名"的呼吁之旅。

从 2014 年起的两年时间内，他写了近 10 篇追忆文章。2023 年，95 岁的王如柏编写了《三线记忆》，从三线建设的亲历者、参与者的视角出发，用纪实的手法，详细记录了毕节、安顺、兴义 3 个地区二十多万劳动大军参与三线建设的情况，填补了那段历史的空缺。他力求描绘那段被埋藏在历史缝隙间的光亮——十余万字的作品不是为自己，是为让牺牲者含笑九泉，让伤残者慰藉余生，让健康者分享荣誉，让后来者有史缅怀。

他的声音、他的文字，让那段艰苦的峥嵘岁月中周边地区近 20 万建设者奔赴三线前的决心、建设中的艰苦和热血为人知晓；让他们随着时代远去、在历史里销声匿迹的身影得以重现；让后来者明晰重要历史背后的故事，意识到历史对于后辈的重要性；让后来者明了历史修缮的意义。

王如柏还在继续奔走。

他站在光里，我们却看不清他的脸，但他背后那群人，也许不久后将清晰可见。

故事有终章，山歌有尾声，可这精神如松如柏，光热永存；三线建设的历史篇章仍有续集，不止不休。

作为后来者，我们都将参与书写这续集。

（指导教师：钟　敏）

徐荣兰：退休续谱夕阳曲，大山深处育芳华

大连理工大学　王　犇　王文韬

在巩固拓展脱贫攻坚成果同乡村振兴衔接的新阶段，云南龙陵迎来了一位特殊的支教老师，她就是大连理工大学驻核桃坪村第一书记张永达老师的母亲，大连商业学校的退休教师徐荣兰教授。

前段时间，一则"驻村第一书记携母支教"的新闻在大连理工大学学子的朋友圈里刷了屏，也让我们有机会结识到这对携手驻村助力乡村振兴的母子。大连理工大学与龙陵的定点帮扶工作已经开展十年，张永达老师担任驻村第一书记也有一年多的时间了，我们对"驻村""支教"这样的字眼并不感到陌生，但"携母支教"还是第一次听说。于是，怀着敬意与好奇，我们专门拜访了徐荣兰老师。

退休不退志，援教亦圆梦

"志之所趋，无远弗届，穷山距海，不能限也。"从大连到龙陵，这4 000千米的距离不仅是路程上的跨越山海，更是观念上的翻山越岭。已经为祖国教育事业贡献半生的花甲老人为何不选择含饴弄孙，颐养天年，而偏要到僻远的大山深处援教帮扶呢？当我们问及徐老师支教初衷的时候，她谦虚地表示，千万不要把她宣传得多么高尚，自己不过是做了一名教师力所能及的事情。徐老师回忆道："当时儿子和我在电话里聊到他驻村的情况，提到当地小学教师严重不足——原本就只有五位老师，还赶上一名女教师休产假，他和校长都在为找不到老师上课发愁。"听到这个消息，徐老师自告奋勇，第一时间联系儿子到核桃坪村公益支教。她告诉我们："我年轻的时候下过乡，在农村生活过一段时间，后来我返城当老师，一直都想着找机会再回到农村支教。"也许，正是"一辈子需要支教一次"的梦想让她在走出大山后，又毅然决然地回到了大山。她只觉得是龙陵圆了她的支教梦，但我们知道，她是在用一个人的梦想点燃山里几十个孩子的理想。

躬身于讲台，奔走于山间

"召之即来，来之能战，战之必胜。"在乡村振兴的新战场上，徐荣兰老师是以文化人的"全能战士"形象，扛起了当地文化振兴的大旗。

在核桃坪村小学，徐老师主要负责的科目是信息技术。考虑到当地教师紧缺的情况，她顾不上一路的奔波劳顿，克服了气候上、饮食上和生活中的种种不适，立即开展备课工作。对于有着 38 年教龄的老教师而言，知识点早已烂熟于心，但看到机房里落满灰尘的电脑和墙上安逸爬行的壁虎时，她知道这门课对孩子们来说实在是太陌生了。"其实国家给学校配备的硬件设施都很先进，只是没有老师上课，这些资源都没有利用起来，有些孩子连最基本的打字输入都不太会。"从徐老师无奈的语气中，我们也深深地感受到乡村教育资源的匮乏更多的在于人而不在于物。她来了，带来了新的课程，也为这里的孩子们打开了一片新天地。除了信息技术，徐老师还主动承担起科学课、道法课、体育课、地方特色课程的教学工作。支教是能力与体力的双重考验，要面对多重身份之间的不断转换、一周 12 节的大量排课，但徐老师从未抱怨过辛苦。她告诉我们："看着孩子们天真、稚嫩又充满求知欲的眼神，我真的觉得能够在孩子们的心中种下希望的种子，这辈子再没什么遗憾了。"

徐老师的支教生活并不局限于"一根教鞭，三尺讲台"。在课堂之外，她还经常到学生家中走访，深入了解孩子们的生活情况和当地的发展状况。徐老师语重心长地和我们说："你们学这个专业，更要好好读党的二十大报告，有机会也要多到基层走一走、看一看，要知道党和国家事业发展对教育的需要、对科学知识和优秀人才的需要是多么迫切，那里的孩子们和你们一样，都是未来的希望。"徐老师的脚下是泥泞的山路，心中却充满了爱与阳光。聊到山里的生活，徐老师激动地拿出手机，给我们翻看相册里的照片："你们看，那里多美啊！"透过这一张张照片，我们仿佛与她一同来到了那座遥远却美丽的大山，她带给这座大山的是先进的教育理念，是山外有山的生活智慧，是厚德载物的人文精神。美的不只是大山，更是挂在她脸上欣慰的笑容。

莫道桑榆晚，为霞尚满天

　　"老骥伏枥，志在千里；烈士暮年，壮心不已。"人们常感叹岁月催人老，但对于徐老师而言，时间的沉淀带来教学经验的积累。为了能从根本上提升学校的教学质量，她常到各个班级听课，为老师们的教学指出不足、提出建议，帮助当地的老师们把热爱的事做得更好。她不仅是教书育人的先行者，也是学生成长的引路人。她常常引导孩子们思考自己的梦想是什么："你们要好好学习啊，将来考进大学，一定要告诉我，老师请你们吃饭。"徐老师总是这样鼓励孩子们努力学习。我们和徐老师一样期待着越来越多的孩子能够来到她的家乡，来看看高楼林立的现代都市，来感受海风拂面的惬意浪漫，来体会高等学府的文化熏陶……

　　在访谈的过程中，徐老师总是强调自己只是做了一些微不足道的小事，但她所谓的平凡之举不仅生动地诠释着"老当益壮"的精神内涵，也让我们感受到了教育领域的"银发"力量。我们相信，随着国家银龄教师行动计划的实施，将有越来越多的退休教师在"老有所为"的平台上发挥余热，为教育强国赋能添彩！

（指导教师：马　宽）

杨隆骞：用生命书写教育赞歌

西北师范大学（甘肃） 蔡家琦

杨隆骞教授今年80岁，依然幽默健谈、精神矍铄。他是商科教授，也是少儿益智教育专家；是大学教师，也曾创办社区"四点半学校"。退休20年，3次获得全国关心下一代先进工作者称号，并获得全国老有所为楷模、全国"最美五老"荣誉称号，60余次获得省区市各类表彰。他说，自己一生最自豪的就是退休后所做的事情。

退而不休，把关心下一代的事情做成科研

快退休了，杨隆骞把研究重点从商科转向青少年教育。1998年，他创编幼儿手指操和手指算法，五年内相继发表研究论文《幼儿指算法的构想与意义》《巧手健脑启智的手部小肌肉运动操》，出版专著《杨隆骞指算法》，退休时已经是名副其实的少儿教育专家了。2008年获批中国教育学会"十一五"研究课题"数学启蒙新教法"，2016年《数学启蒙新教法》在兰州大学出版社出版。他的研究成果先后获得首届全国高校教师教学创新大赛一等奖、安徽卫视"金点子行动"大奖、甘肃电视台公共频道年度创意发明奖等十多项奖励。

2003年退休后，杨隆骞全身心推广手指算法和手指操。最初他一个一个走访中小学、幼儿园、街道、社区、少年宫，不厌其烦地讲解、示范、培训、辅导……几年后，邀请他讲学的单位络绎不绝。他去过甘肃省大多数市（州）和青海、内蒙古、河南、江苏、北京、黑龙江等省（区、市）上百所中小学校，培训学生数以万计。截至2013年，仅《甘肃日报》就先后6次报道过他的"数学启蒙新教法"。

领航引路，帮助青少年扣好第一粒扣子

认识的中小学生和家长越来越多，杨隆骞开始关注手指算以外的东西。

"行动从思想来，而思想从何而来呢？"这个问题时常令他感到困惑。后来杨隆骞猛然发现，手指算法不应该成为自己退休生活的全部，他还可以做更多对儿童成长有益的事情。

他开始研究教育学、儿童心理学、幼儿教育学、社会主义核心价值体系、形势与政策等，在培黎社区创办"四点半学校"和家长学校，辅导孩子们作业、疏导情绪和心理问题，为家长们解答孩子教育面临的困惑。他边讲边学、边学边讲，把部分讲稿汇编成《青少年社会主义核心价值体系宣讲材料》（约20万字），为家长学校编写了13万字的材料《思维转换与观念的更新》。他说自己越来越坚信，与手指算和手指操相比，加强社会主义核心价值观教育才是促进未成年人健康成长的当务之急。他重新开始主动联络大中小学校、街道、社区……而这次是为了解决思想问题。

有了手指算、手指操积累的人气，举办社会主义核心价值观和形势政策、心理健康讲座就容易多了。领导们信任他的专业能力，学生们喜欢杨老师的幽默风趣，效果自然令人欣喜。杨隆骞没想到，他的心理辅导和形势政策宣讲比手指操更受欢迎，邀请函和电话越来越多，皋兰县第一中学、兰州石化职业技术大学、兰州市第五十七中学、第六十五中学、华侨实验学校北辰分校……他去过的中小学、街道、社区、少年宫、戒毒所有近百个，有的单位尽管已经讲过，但收到邀请，他依旧欣然应约，且分文不取。

杨隆骞长期担任甘肃省老教授协会教育委员会委员、甘肃省老教授协会青少年关爱团团员、兰州市安宁区培黎街道培黎社区关工委常务副主任，被安宁区教育局和七里河健康路小学、兰州市第六十五中学、兰州石化职业技术大学等学校聘为校外辅导员。2017年，他应邀参加兰州市第四届少先队代表大会，是年龄最大的与会代表；2019年，参加兰州市关工委思想政治理论教育百场巡讲；2020年，受邀参加全国第八届少代会开幕式。80岁的老人，思维依旧敏捷，与不到18岁的孩子交流完全没有代沟。《甘肃日报》《兰州日报》《兰州晨报》《兰州晚报》《西部商报》《天水日报》《金昌日报》《白银日报》《格尔木日报》和甘肃卫视、安徽卫视、兰州电视台等省内外新闻媒体对他的事迹进行了广泛报道。

忍痛割爱，从病魔手中争取时间

幸福，就是做自己喜欢的事情。作为教师，杨隆骞对立德树人矢志不渝。帮助青少年成长，这是杨隆骞当前生活的最大意义，也是退休后全部的信念和目标。他说，如果不是病痛干扰，他会做得更多更好，会生活得更加幸福。

2001年，杨隆骞确诊再生障碍性贫血，需要持续服用环孢素类药物。由于长期服药，后来相继查出糖尿病和肝硬化。最近几年，他的身体每况愈下，通情达理的老伴和两个乖巧孝顺的儿女不得不开始反对他四处奔走。也因此，他的生活中增添了与爱人和孩子们谈判博弈、"斗智斗勇"的新内容，每次出奇制胜，说服家人同意他外出工作，他都高兴好几天。老伴和孩子们发现，他对青少年的事儿"上瘾"了，接听街道、社区、学生和家长的电话时两眼发光，若不让去就闷闷不乐。最后，只好无奈妥协，但也约法三章：按时服药，到点吃饭，定期检查。

闲暇时，杨隆骞经常为自己"不听话"而感到内疚。他常对家人说，自己正在从病魔手中争取时间，多抢回来一些、多做点喜欢的事情，他就赢了。他说，人就像一根蜡烛，总有燃尽的一天。多为青少年成长做事，就是他和病痛斗争时的信念，也是延长生命的药方。

（指导教师：李振江）

赵亚夫：地无言民有声，要致富找亚夫

南京农业大学　明　璇

　　他是第十四届、第二十届全国人大代表，是 2007 年度全国十大"三农"人物，被授予"时代楷模"和"全国脱贫攻坚楷模"荣誉称号，是当之无愧的最美奋斗者，他就是农业技术专家赵亚夫。

　　今天，在江苏镇江赵亚夫事迹馆里，通过一件件珍贵的旧物、一张张照片，我慢慢了解了赵老不平凡的 63 年。

青年立志："为农服务一辈子"

　　高中毕业前夕，青年赵亚夫曾聆听杨之华讲述瞿秋白烈士的事迹。当晚他就立志"做一个和秋白同志一样的人"。大学时他曾经历过灾荒，百姓吃树皮充饥的场景，让他下决心一定要解决农民吃饭问题。在雷锋精神感召下，1963 年，他递交了入党申请书，立下了"为农民服务一辈子"的初心。1966 年，他正式成为一名共产党员，并主动要求到农村一线去锻炼，先后在武进、宜兴等地蹲点 7 年研究水稻与小麦种植技术，与农民同吃同住同劳动。他和同事们推广的小麦、双季稻一年三熟制曾创下南方稻麦单产最高纪录。

中年求索：带回农业致富经

　　1982 年，他远赴日本留学。在日本爱知县的渥美半岛，他看到了和故乡镇江山区相似的气候和地貌。渥美半岛到处郁郁葱葱，美不胜收。可当时的镇江到处是荒山秃岭，农民生活贫困。这巨大的反差，让他久久不能平静。他意识到，不仅要学习水稻技术，更要学习农业现代化的理念和做法。当时，他已是不惑之年，却坚持从学习日语开始，拼命钻研水稻、草莓、无花果等作物栽培技术，每天学习工作超过 16 小时。他的精神感动了农场主人，破例赠送给他 20 棵新品种草莓苗。回国时，他就带着那 20 棵草莓苗和用节省下来的外汇换成的 13 箱农业书籍。

1984 年，他在镇江市句容白兔镇解塘村开始了人生第一次农业种植探索。从"以粮为纲"，转变为"水田增粮、岗坡致富"，从草莓入手发展经济林果和畜禽。那 20 棵草莓苗在他手中繁育成了 6 000 株，后来增加到 80 000 株，培育草莓园 7 000 多亩，创利 8 000 多万元。2003 年，句容被国家农业部门命名为"草莓之乡"，自此句容贫困面貌再也不见，赵老把富裕送进了农民家中。

晚年奉献：创建致富示范村

2001 年，当他从岗位上退下来时，提出的唯一要求就是到茅山老区最穷的村庄去带领村民致富。

刚到戴庄的赵老先生，工作开展得并不顺利，农民都以为他是农科所退休后来推销农药的，不相信有人愿意帮别人赚钱，自己却不收费。提及这段"逆行""自讨苦吃"的经历，赵老先生总会笑眯眯地说："农民朋友们不信，那就做给他们看，带着他们干，帮着他们销，领着他们赚。"但在实际工作中"做给农民看"并不容易，最后还是赵老承诺农民"亏了是我们的，赚了是你们的"，有位农民才勉强种了九分地的桃子、一亩一分地的越光水稻。直到他后来赚钱了，赵老的技术才得以推广。

2010 年，戴庄有机农业合作社被确定为全国农民合作示范社，戴庄成了第一个基本实现农业现代化的村落，"戴庄经验"在江苏全省得到推广。2018 年戴庄村农民人均纯收入达 2.7 万元，2022 年更是达到了人均 3.75 万元，比 20 年前提高 12 倍。

夕阳无限：助力"三农"绘新篇

赵老的心愿是用自己的技术和新品种让更多的农民收益。2008 年四川汶川发生特大地震。震后一个月，年逾七旬的赵老在刚做完手术、腿脚不便的情况下就拄着拐杖到达了灾区。两年间他先后 18 次往返于江苏镇江和四川绵竹，不仅给绵竹带去新的农技知识，还把刚刚从国外引进的新品种无偿转赠给绵竹。在一次支援途中，赵老不幸遭遇车祸，腰部严重受伤。当时正值农忙，他不顾周围人的劝阻，拄着拐杖、扶着腰，吃力地用脚调配种子，自始至终没哼过一声。2009 年，经过赵老的技术指导，从事果蔬生产的农户，年收入都达 10~20 万元，比前两年翻了两番。至今，赵老仍在推进东西部对口扶贫工作，为农村培育科技人才 1 200 名。

2018 年，亚夫团队工作室成立，赵老亲自担任总顾问，为句容 100 多个合作社、45 万农民提供技术支持。目前实行"三新"农业的农田面积达 30 万亩，惠及农民 4 万余户，助农增收近 30 亿元。2021 年，由赵老多次改进的有机越光水稻再生稻技术规模化种植获得成功，稻田亩产大幅度提高，且种植一次能收两季，农民经济收益又大大提高。

从业 63 载，入党 60 年，在妻子眼中，他是一个地地道道的农民，不干农活就心慌；在同事眼中，他是一个从不喊一声苦、不叫一声累的人；在果农眼中，他是能帮农民致富的活财神，"要致富，找亚夫"的赞誉始终在广大农民中传颂；在我眼中，他更是一个用行动践行自己"为农民服务一辈子"诺言的伟大榜样，是当之无愧的"时代楷模"，他的精神永远激励着我们青年一代踔厉奋发。

（指导教师：梁宁怡 李 轲）

李东生："鹰"从这里起飞

华南理工大学　冀怡欣　张民阳　汪雨霖

"红楼巨匠多，杰筑布山河。"在华南理工大学东区美丽的榕树旁，矗立着一栋民国时期的建筑，红墙绿瓦，蓝底白字的"东二"字样在阳光下分外耀眼，后来享誉全国的"501771超级班"的学子就曾在此生活。沿青石板路拾级而上，当年的男生宿舍楼早已变身为办公楼，李东生入住的202房被改造成了标准的格子间，桌上铺满了各色建筑图纸。如今的华工学子已难以想象，这里曾经充塞了组装收音机的调频声和成功后的欢呼雀跃，那些响当当的名字，将与整个时代和中国的实业联系在一起。

他是全国工商联副主席、全国人大代表，是TCL创始人、董事长，是在电子产业打开国际市场的"改革先锋"、2021年"十大经济年度人物"、华南理工大学的荣誉校友。时空暌违，吾辈亦是隔着光阴的"同学"。鹰从这里起飞，这里是家，是校园，更是时代。我们希望，风云际会，有机会与这位前辈在红楼前相逢，听他讲述"鹰"的过往，去追寻那一代人的初心使命，去理解他和"92派"企业家们的理想主义和家国情怀。

爱校荣校，是李东生不变的情怀。

2003年第八届大学生"挑战杯"科技竞赛在华南理工大学圆满落幕，此后该赛事落户华工，延续至今。据熟悉内情的一位老师回忆，当年能从西安交通大学那里夺过"挑战杯"，离不开李东生等校友的鼎力支持，"当时我们去TCL找李东生'化缘'，他一口答应，立即兑现30万元人民币"。

2007年5月21日，李东生应胡惠兰老师的邀请前往励吾科技楼国际会议中心为世纪木棉学术讲座做校友报告会。尽管大雨倾盆，但慕名而来的学生早已把场馆内外围得水泄不通。此次报告，他专门就大学生的成长和成才提出了自己的见解和期望——"确立目标，认清现实，选择判断，立即行动"。十六字箴言，言简意赅，是李东生一以贯之的风格。李东生不像其他演讲者那样慷慨激昂、热情洋溢，而是一如既往地低调务实，"有一种云淡风轻的姿态"。活动当天，他以个人名义捐赠 10 万元人民币，用于资助贫困学生。

2010 年 9 月 20 日，在 TCL 的艰难时刻，李东生依然兑现承诺，他代表华萌基金将 3 000 万元的支票交到学校党委书记王迎军、校长李元元手中，将该笔经费用于支持华南理工大学发展建设。"教育从来都是一个国家最为重要的事业。一日华工人，一生华工情。我的捐赠对于母校的建设所需是微不足道的，我希望有更多的华工人可以以各种方式支持母校的发展。"这是他最诚挚的祝愿。

2020 年 1 月，他再次为学校建设捐赠 3 000 万元人民币和价值 1 000 万元的设备。当时学校计划把"2 号楼"更名为"东生楼"，但被李东生拒绝，后来采纳了他取名"笃行楼"的提议。在揭牌仪式上，他如此解释："'笃行楼'取自华工校训，希望在支持母校教学与科研上尽我绵薄之力。"

几十年来，李东生总是在母校最需要的时刻出现，大力支持华工发展，与学校同频共振。他认为人才是这个时代的最大财富，所以一如既往地重视人才引进和人才培养。言必信，行必果，爱校爱才是他一生的执着。

一次，他将 TCL 集团新入职员工的培训地改在华南理工大学。那天，励吾科技楼里，近 1 400 名新入职 TCL 的员工第一次见到了李东生。面对众多初出茅庐的"雏鹰"，李东生和他们一同回顾了 TCL 的创业历程，将一件件学生时代的往事娓娓道来。五年的学习生活赋予他坚韧的品格，他塑造着 TCL 的"鹰之精神"，也影响着一代代雏鹰，使其振翅飞翔于更广阔的天空。

"华工为国家、为社会培养了大批创新型、复合型人才……很多华工学子走进 TCL，成为企业的中坚力量。"也许在他心里，母校是工程师的摇篮，回到原点可以为新人接上地气，赓续学校务实、低调的老传统。李东生之于母校，正如李元元校长所说："他的善举不仅是在物质上，更是在精神上，带给我们全体华工人巨大的激励和鼓舞。"李东生的反哺，于母校既是荣光，也是鞭策。

回母校办入职盛典，出席周年庆典，参加校友报告会，为学弟学妹们办讲座，资助青年教师人才，为实验室、笃行楼和广州国际校区的建设捐赠资金……屡次回校，数次捐款，母校之于李东生，或许正如他自己所言："如今我能够有所成就，也是因为当年在母校奠定了基础……我（对母校、对社会）有一种使命，一种责任。"无论是对母校，还是对社会，李东生始终用实际行动去诠释属于他们这一代的"理想主义"。带领 TCL 成为"中国电话大王",打响"TCL 彩电王牌",不惧困难挑战进行并购,改革理念制度实现重生……征程漫漫,其艰如海,李东生将 TCL 集团董事长作为自己一生的事业,用实实在在的奋斗,回馈教育之恩,国家之恩。

（指导教师：储冬爱）

王永利：擎灯引路，皓首穷经

河北医科大学　翟奕蕑

在党的百年奋斗征程中，一代又一代的专家学者心系祖国和人民，无私奉献，踔厉奋发，为人才培养、科技进步、社会发展作出了重要贡献。河北医科大学的王永利教授正是他们中的一员。他职业生涯中有"五重身份"，为青年师生照亮了前行之路。

王永利教授出生于 1947 年，河北省定州市人。他的一生中有许多名片，工作时他是国家二级教授、博士生导师、药理学专家、药学院院长……退休以后，他依旧奋战在教学、科研和社会服务一线，真正做到了"退岗不褪色，退职不退责"。

坚守三尺讲台，潜心教书育人

教育是国之大计、党之大计，要坚持为党育人、为国育才。作为一名"老教师"，王教授在四十多年的教学生涯中，时刻注重教书育人，走上讲台亲自为本科生、研究生授课，并紧跟时代发展改进教学方式方法，受到学生"听王老师讲课是一种享受"的一致好评。他于 2007 年被评选为全国优秀教师，他所在的教研室首批获评河北省精品课程，主持的教改项目获得省级教学成果奖。他还十分重视学术著作和教材编写工作，主编了《中国药物大全》第二、三版，参与了 11 部国家级规划教材的编写。在人才培养上，他为国家培养了 5 名博士后、21 名博士、74 名硕士，指导本科生多次获得省级挑战杯科技作品奖项。他在教学方面所作的努力和贡献在学生的成长路上留下了坚实的足迹。

深耕科研一线，营造良好氛围

要坚持创新在我国现代化建设全局中的核心地位。作为一名"老专家"，王教授在四十多年的职业生涯中也是这样做的。在新药研发上，他经过二十多年的努力，完成了具有自主知识产权的一类新药的临床前研究，并先后获得河北省自然科学基金、河北省科技厅和国家高技术研究发展计划等多项资助课题，曾获河北省科技进步奖二等奖和三等奖各1项。在基础药学研究上，他曾获两项河北省科技进步奖三等奖。他的研究得到了国内同行的认可，受邀担任5种学术刊物编委，并获得"河北省有突出贡献中青年专家""石家庄市劳动模范""省管优秀专家"等称号。在他的带动下，学院及教研室的科研氛围良好，组建了多个优秀科研团队，培育了多名科研骨干，并产出了多项重要成果。

推行教学改革，促进学院内涵式发展

要深化供给侧结构性改革，坚定不移推进经济社会高质量发展。作为一名"老干部"，自2002年由基础医学院副院长兼基础医学研究所所长调任药学院院长后，王教授通过学科调整、人才引进、实验室改造、新药研发、强化管理等措施，对学院进行了大刀阔斧的改革，使学院面貌焕然一新。他在省重点实验室的建设和省重点学科建设中倾注了大量心血，筑巢引凤，培养和引进人才。2006年年末，学院具有博士学位的教师增加了6倍，具有硕士学位的教师增加了2.5倍，科研室面积在总面积不变的情况下增加了4倍，科研经费增加了4倍，超过了学院历年所获科研经费的历史之和，在药学院50年的发展史上留下了浓墨重彩的一笔。

立足反哺社会，助力科研成果转化

要提升科技投入效能，提高科技成果转化和产业化水平。作为一名"老模范"，在他的领导下，学院"三下乡"社会实践小分队将专业教育与社会实践、革命传统教育相结合，在革命老区阜平县黑牙沟村建立了"河北医科大学中草药种植示范基地"，帮助贫困地区脱贫致富，为地方经济和社会发展做出了贡献，并获得了良好的人才培养效益。《人民日报》等各大新闻媒体对他的事迹予以了广泛报道。他还反哺家乡医疗建设。2000年起，他指导定州县医院开展银杏黄酮类研究，帮助县医院先后两次获省科技厅共120万元资助。

发挥自身优势，服务教育事业发展

作为一名"老战士"，王教授退休后仍奋战在教育一线。他被学校聘为专职督导专家组组长，个人每年通过线上、线下听课 200 多学时，有针对性地辅导青年教师 350 余人，为提升教学质量作出了突出贡献。他深知药学类民办教育师资力量薄弱的痛点，2017 年，71 岁高龄的他出任石家庄医学高等专科学校教师发展中心主任。"条件艰苦，那就从零开始奋斗！"经过近两年的不懈努力，他使该校教师发展中心从无到有，成了现代化的教师发展中心，指导全校教师培训竞赛及教师团队建设，有效地提升了民办院校教学质量和水平。

1947 年至今，王永利教授是国家发展的见证者，是党的事业的建设者、贡献者。他亲历过中国的贫苦、医药水平的落后，毅然决然走到了医疗事业的前线。他立足教育，深耕科研，培养出一代又一代专业人才。愿薪火相传，美德不灭，以"五老"之榜样助青年之成长。

（指导教师：张丽影　郭　炜）

魏黎波：弦歌不辍谱新曲，红色旋律润杏坛

燕山大学　郑佳欣　李　卉　郑紫钰　霍佳思　侯　璐

"'红色旋律'是燕山大学一个响当当的校园文化品牌……燕山大学马克思主义学院的教师们以实际行动践行着习近平总书记提出的政治要强、情怀要深、思维要新、视野要广、自律要严、人格要正的殷殷期望。"这篇由《光明日报》首次报道、题为《燕山大学：奏响"红色旋律"，打造思政"金课"》的文章，先后被中国共产党新闻网、党建网、中华人民共和国教育部政府门户网站、光明网、河南机关党建网等多家官方媒体转载。2010年，时年55岁的魏黎波教授不负众望地登上"红色旋律"讲坛，以一篇《人与神的博弈——我们如何认识宗教》的精辟论述一炮走红，反响热烈。

2010年6月10日晚，燕山大学东校区大学生活动中心209室人潮涌动，掌声如雷。同学们求知的眼神中满是好奇与振奋，目不转睛，手中的笔更是写得飞快。讲坛首秀《人与神的博弈——我们如何认识宗教》中藏着魏黎波的巧思："首先要分清人的学说和神的学说即各种宗教，然后才能在人的学说中选出最科学、最高明、最进步的马克思主义，循序渐进，基础才打得牢。"博学儒雅的魏黎波给同学们留下了深刻印象，也使同学们喜欢上了这个第二课堂。

学生喜闻乐见，教师润物无声。"红色旋律"就这样在燕园谱出曲曲新词，接力传唱13年。忆起讲坛初办，魏黎波娓娓道来："大家觉得我在同学中影响力比较大，由我打头炮不至于冷场。讲坛的成功是马克思主义学院领导和各位老师共同努力的结果。"作为国家机械工业委员会"教书育人优秀教师"和省、市、校级优秀教师，魏黎波曾主持国家社科基金课题、省级科研课题，发表论文40余篇，创建了国家级精品视频公开课、省级精品课。荣誉满身的魏黎波从不提起自己的成就，正所谓才愈高者人愈谦。

"红色旋律"是燕山大学马克思主义学院的特色校园文化建设项目，答课堂疑问、解时政热点，被誉为思政课的第二课堂、主旋律的分战场，是燕

山大学思政课改革的成功范例。它的形式多样，有讲坛、读书会、报纸、红歌队等，其中讲坛是系列活动最主要的形式。讲坛举办至今，得幸于魏黎波敢为人先，锐意创新。

思政课课程改革启动时，魏黎波审时度势，率先迈出教学改革一大步，提出"史改论"主张，并在学校支持下大胆试点，成果卓著。教改的成功离不开魏黎波的苦心孤诣。为探明大学思政课与高中历史课的异同，魏黎波曾在中学兼课数月，精读课本，深谙其教学方法。思政课课程改革是"红色旋律"创办的契机，而魏黎波创新的姿态与实干的内核使"红色旋律"讲坛成为现实。

魏黎波在教学过程中发现，他主研的中共党史、毛泽东思想和中国传统文化有着内在的联系。中国共产党带领中国人民建立中华人民共和国时始终不忘结合中国国情，吸取中华优秀传统文化，毛泽东思想就在此基础上诞生，成为中共党史的一部分。这一观点完美契合了习近平总书记在党的二十大报告中"只有把马克思主义基本原理同中国具体实际相结合、同中华优秀传统文化相结合……才能正确回答时代和实践提出的重大问题"的论断。1995年，魏黎波投入巨大精力开办中国传统文化系列课程，以优秀传统文化为底蕴，融合多年教研成果，新颖别致又与高校引入传统文化相呼应，其敢为人先的洞察力可见一斑。这门课程入选第八批国家级精品视频公开课，深受学生喜爱。"红色旋律"正是在这样肥沃的文化土壤上生根成长起来的。

讲坛传承至今，留下许多佳话。某次从讲坛预告中同学们得知是魏黎波主讲，争先恐后提前占座，门后窗前都挤满了人。魏黎波旁征博引，正讲到引人入胜处，突然灯灭了，话筒也没了声，教室遭遇意外停电。500多名同学憾声连连，魏黎波提议另找时间，谁知同学们不想浪费难得的"黄金座位"，不约而同鼓掌呐喊"继续"，魏黎波颇受感动，不忍辜负同学们的信任，遂提高声音替代扩音器，手电微光权作引路灯，成竹在胸何须看讲稿，数百名同学再次沉浸在讲坛之中。事后同学们对讲坛喜爱尤甚，魏黎波更是赢得了大家的一致称赞。

善歌者，使人继其声，善教者，使人继其志。某年一名毕业生几经辗转见到魏黎波，诉说了自己投笔从戎的心愿。数年后的教师节，该学生再次致电魏黎波时，已是一名"手中电击倚天剑，直斩长鲸海水开"的人民海军！

面对来采访的我们，魏黎波充满自豪地说："他来听过我的南海局势的讲座，没想到一直记在心里！"

退休后魏黎波跋涉未已，"红色旋律"传唱不休。从学校到社会，从专职到志愿，魏黎波身虽不复好青春，心怀千里志不坠。他作为市委宣传部党史宣讲团成员和"银龄专家"，多次参与宣讲党的十八大、党的十九大、党的二十大精神，一年间要讲三十余次。

采访结束后，魏黎波握着同学们的手，温声道出一名老党员的嘱托："今后 20 多年是你们最年轻力壮、精力旺盛的时候，能否在两个 15 年到来之际，让中国达成党的二十大设定的目标，就是你们的历史使命了。"

（指导教师：徐　敏）

周之良：万折必东志高远，守正育人谱新篇

北京师范大学　黄雯穗　燕永辉　罗梓叶
李佳宁　余秋萍　郭　婧　刘万君　杨　琛

年逾九秩，周之良教授仍然精神矍铄，乐于学习新事物，步履不停。将同学们迎进由两面书墙占据的书房后，他兴致勃勃地向我们展示他新做的课件，讲如何"以文化人"。周老师入党、为师七十载，与共和国共征程；在关心下一代的岗位上耕耘至暮年，以坚定的政治信仰言传身教，影响着一代代青年学子，感召桃李满园。

求知岁月，深植红色情怀

在周之良高二时，北平和平解放，英语教材被授课老师更换为《论人民民主专政》英译本，他一边学习英文单词，一边接触政治观念，对重要概念的仔细阅读启发了他对政治学的兴趣。一位同学赠予他一本《唯物史观精义》，使他得到了观察社会、思考人生的新启迪。后来周老师才得知这位同学是中共地下党员，并在该同学的介绍下加入共青团。北平的解放带给周之良很大触动。在西单新华书店，他站着读完了赵树理的小说和阮章竞的长诗《漳河水》，了解了解放区积极向上、朝气蓬勃的生活。读过这些好书，他心情格外激动，逐渐成为书店常客。

读大学后，周老师接受组织的培养，如愿成为一名光荣的中国共产党党员。时逢抗美援朝，一位前线战士到学校为学生们做报告，但返回战场不久后就传来他牺牲的消息，周老师十分悲痛。想起在劳动人民文化宫参观美军细菌战罪行展览时，看到那些基于日本"731部队"的罪恶研究制成的一个个细菌弹壳，他清醒地认识到：胜利是用烈士的鲜血换来的。周之良在成长初期就受到了革命的启蒙与精神的洗礼，"为人民服务"的思想由此扎根在他的心底，成为他一生前进的方向与动力。

执鞭杏坛，引领坚定信仰

毕业后，周之良留校成为人民教师，长期潜心于德育事业，这是他填报大学志愿时选择教育系的初心。20 世纪六七十年代他被调离教师岗位，到系资料室做资料员。他不气馁，利用资料室的便利，认真研读马列著作，被师生称为学习马列原著的"活词典"，这让周老师愈加坚定了对马克思主义的信仰。正如习近平总书记指出的："理论上的成熟是政治上成熟的基础，政治上的坚定源于理论上的清醒。"

1982 年学校创办"共训班"，周之良开始为师生讲授党课。从在院系任职到担任学校的党委书记，从退休之初到如今耄耋之年，他一直坚持为师生讲党课。讲授党课四十余年中，各种思潮干扰接连不断，思想教育工作面临众多挑战，他却认为这是磨练立场、观点、方法的好机会。周之良喜欢与青年对话交流，在思想交锋中他总能鞭辟入里，带领学生用马克思主义理论观察社会、思考人生。比如 20 世纪 80 年代一名学生提问："韩国 GDP 现在比中国高，已经是发达国家了，您如何看待？"他答道："韩国的大小只相当于中国一个省，一个省发达，只要几个大公司就可以实现，而中国幅员辽阔、情况复杂，这是无法相提并论的。""我们要宏观地看待历史，才能看清历史发展趋势。"他引领学生更加深刻地理解社会发展之进路，从而坚定理想信念，明确责任担当。

为了让学生更好地理解主题报告，周之良的课程内容和授课形式一直在变化。从改革开放的经验讲到东欧剧变的教训，从社会主义现代化建设的发展讲到新时代大学生的使命和责任，他的课程与国家的征程同频共振。他收集的材料从一摞摞卡片变为电脑中几十个文件夹，讲稿从手写稿变成多媒体幻灯片，如今他仍坚持每天阅读、更新自己的课件。立根铸魂，他以真知付诸躬行；信仰弥坚，他以大道育人向明。

对话青年，激励使命担当

周之良受邀分享党的二十大报告学习心得，不仅给同学们思考的路径，更深深激励着同学们。在"推进文化自信自强"的探讨中，他指出："回头审视中华传统文化，影响人们最深刻的还是其精华——人本、仁爱、集体主义，这些都与马克思主义的价值取向存在着契合点。我们应当认识到中国特色不是西方的翻版，而是我们闯出来的。"一语中的的分析，让同学们深刻领悟到自己肩负着传承中华优秀传统文化、坚定中国道路、发出中国声音的重大使命。面对同学们"认识国家命运与个人命运的关系，把握人生方向"的迫切与迷茫，周之良语重心长："目前社会上仍然存在着一些落后的、不健康的文化，而社会风气的改革、文化的变革尤为困难，面临的情况也更复杂，但年轻人就应当是移风易俗的骨干。所谓'国之大者'，即国家的大局。我希望大家看得远、看得大、看得清、站得稳，尽力去影响更多方面，影响更多人！"周之良这棵大树轻轻摇动着我们这些小树，将信仰种植，将迷津吹散，将使命唤醒。

　　周之良坚守关工委岗位三十载，在思想教育第一线热忱传薪火。"关心下一代是我们的天职。"他如是说。他寄望于我们青年。作为实现中国式现代化的主力军，我们应接续奋斗之志，勇承时代重托，如习近平总书记所说："在实现中国梦的生动实践中放飞青春梦想，在为人民利益的不懈奋斗中书写人生华章。"

（指导教师：刘咏梅）

李春秋：永感党恩守初心，为党育人担使命

北京师范大学　王天泽　秦涵秋　田　懿　赵　乾

"你们作为年轻人，要好好奋斗，好好干！"

这是李春秋在访谈过程中反复激励我们的话。李春秋已经年过八旬，花白了头发，但岁月仍未褪去他的炽热激情。在学习宣传贯彻党的二十大精神之际，他向北京师范大学的青年学子分享了自己入党的心路历程、从事教育的不改初心和他在新时代的新思考。

时代召唤，中国共产党指引人生之路

李春秋 1937 年出生于广西陆川，一个现在享有"温泉之乡"美誉的旅游小城。在旧社会，他的一家人经受了残酷的压迫。他眼睁睁地看着地主夺走了全家唯一的牲口，家里人为了偿还高利贷到处筹粮，父亲又被国民党政府"抓了壮丁"。而改变他悲惨命运的正是中国共产党，革命的胜利让穷人获得了解放。当我们问李春秋为什么要入党时，李春秋十分激动地说："因为党让一个穷苦的孩子翻了身、能上学。"为了能够加入中国共产党，刚成年的李春秋写了 16 份申请书，终于在 1956 年投入党的怀抱。

李春秋自青年时代起就有远大和坚定的理想信念，1957 年，他成为那一年家乡为数不多的入京读书的考生。进入大学后，李春秋更是一头扎进书堆里。自那时候起，他在对党的感激之外，还建立起了对党的目标与事业的理性认识和坚定信仰。李春秋表示，在过去的几十年里，无论我国社会发生什么变化，无论他个人遇到多大的逆境和挫折，他的共产主义理想信念始终未曾动摇。特别是在新时代这不平凡的十年间，李春秋更加坚定了他的理想信念。在党的二十大胜利召开的背景下，回顾党的百年岁月，李春秋感慨良多，2023 年，他作诗一首，既回顾了党的历史，又展望了党的未来：

奋楫新征途
——庆祝中国共产党成立 102 周年

红船风雨中启渡，

"两个结合"开新路。

革命、建设奠根基，

改革开放揭序幕。

十年开创新时代，

"两个确立""两个维护"。

不忘初心记使命，

奋楫强国新征途。

十年树木，投身课堂的教育信念

自 1961 年本科毕业留校工作以来，李春秋在北师大作为一名教师兢兢业业地工作了数十年。在党的二十大报告中，教育占有单独的部分，可见教育在党和国家的全局工作中的基础性、战略性地位和作用。李春秋选择的人生道路，正是一条为党育人、为国育才的教育工作者的道路，他用一生践行了党的教育工作者的使命，将自己的生命与教育融为一体，努力成为一名"四有好老师"。

习近平总书记在党的二十大报告中指出，教育是国之大计、党之大计，育人的根本在于立德。作为一名教师，李春秋始终将立德树人放在第一位，他以身作则，以自己的奋斗精神和无私关怀感染着身边的青年学生。李春秋回忆道，多年前他曾带领学生出去进行社会实践，由于当地条件太差，他特意在旅馆外搭起了炉灶为学生烧水，还冒着炎炎烈日徒步两千米买玉米面为学生煮粥。2003 年，李春秋没有选择在北京安度晚年，而是不远千里来到珠海，投入北师大分校的政治理论教研部的筹建之中。因为他深知教育对于党的事业的重要性。尽管年事已高，他仍坚持亲自授课，从不懈怠。他也很喜欢与学生们探讨问题，为同学们答疑解惑，指引其人生的方向。因此李春秋也被同学们亲切地称为"春秋爷爷"。说到这里，他动情地说道："下辈子我还想当一名教师！"

心系青年，耄耋老者的殷切嘱托

2010 年，李春秋从珠海分校返京，担任哲学与社会学学院离退休支部书记。在此期间，特别是党的十八大以后，他先后到全国各地大中小学、机关、社区开设讲座，将自己的成长之路与中国特色社会主义现实情况相结合，教导鼓励青少年刻苦学习，努力奋斗，增强为人民服务的本领，在奋斗中展现人生价值、创造人生幸福。虽然已经退休，但是李老师仍笔耕不辍，响应党的二十大"用社会主义核心价值观铸魂育人"的号召，积极思考新时代思政教育模式。

回首从牛背牧童到大学教师的经历，李老师满怀感激地说道："没有共产党，没有社会主义，就没有李春秋。"而他回馈党和国家的方式就是教育一批又一批的青年寻得"人间正道"，并为之奋斗。

采访中，李老师为新一代的青年提出了六点要求：第一，要有理想信念。"什么是理想信念？"李老师掷地有声地说："理想信念是对某种理论的信从并为之不懈奋斗！"第二，要有刻苦钻研精神。第三，要有科学方法，树立和坚定马克思主义世界观和方法论，要一切从实际出发，实事求是。第四，要注意身心健康，胜不骄，败不馁。第五，要学会做人，不断加强自我修养，提高自身思想道德品质。第六，要有坚定正确的政治方向，听党话，跟党走。

"学为人师，行为世范"是李春秋毕生不懈奋斗的真实写照。党的二十大报告指出："青年强，则国家强。"我们青年同志要向李老师学习，用党的科学理论武装自己，立志做有理想、敢担当、能吃苦、肯奋斗的新时代好青年。春秋几度，风华不减，李春秋激励着我们后辈，我们要在实现中国式现代化的伟大征程上，书写我们这一代人新的华章。

（指导教师：楚　轲）

柳百坚：初心不改，矢志报国；
吾辈青年，当图自强

北京化工大学 毛奕涵 呼 啸 张家漩

"读懂中国"活动开展之际，2023年6月，我们特邀柳百坚老师进行访谈。柳百坚出生于1940年，亲眼见证了中华人民共和国站起来、富起来、强起来，而他也几十年如一日投身于北京化工大学的教学科研工作之中，默默奉献着热情和才智。访谈中，他娓娓道来，为我们讲述了他一生中许多难忘的经历。

赤诚少年献花领袖，铭记关怀激励一生

柳百坚在父亲柳溥庆的影响下，从小就深爱着祖国。1952年春天，还是一名小学生的柳百坚被选为全国少年儿童代表，登上天安门城楼向敬爱的毛泽东主席献花。柳百坚说，这是令他无比骄傲的回忆。在他激动地跑向天安门城楼向毛主席献花的时候，毛主席俯下身来，微笑着叮嘱他："要好好学习！"那亲切的话语，至今仍回响在柳百坚耳边。感受到领袖对少年儿童的深切关爱和无尽激励，从那时起，柳百坚就下定决心，要努力学习，像自己的父亲一样，为祖国的建设贡献自己的力量。

投身革命，宣传真理，学习先辈爱党报国初心

柳百坚的父亲柳溥庆12岁到中国图书公司印刷所当铸字童工。他经常阅读《先驱周刊》《新青年》等进步刊物，耳闻目睹了洋人的横行霸道、军阀政府的卖国无能、百姓的怨声载道后，决心走革命道路，为中华民族的解放奋起斗争。16岁时他就参加反袁和反日活动。五四运动时，他和工人们以美术和印刷为武器参加示威游行。他刻苦学习法语、英语和印刷技术，1924年3月去法国勤工俭学，其间参与创办《赤光》杂志，积极宣传革命真理。他于1926年加入中国共产党，1928年参加了在莫斯科召开的中国共产党第六

次代表大会。先辈用自己的青春和行动诠释了拳拳爱党报国初心，坚定信仰，矢志革命的精神也深深地激励鼓舞着我们。

不畏牺牲，完成印刷任务，继承先辈砥砺前行的精神

抗战期间，柳溥庆在上海的家成了地下党的联络站、仓库和招待所，秘密掩护了我党多名干部。1939 年年初，柳溥庆机智勇敢地完成了新四军交付的印制江南商业货币券的任务，对革命根据地的经济发展作出了特殊贡献。他还出生入死，为新四军创办江淮银行印钞厂，印制出被陈毅军长称为"一流水平"的江淮银行钞票。1946 年，他成功保护了印刷机器设备，使《解放日报》在上海一解放就及时和读者见面。在中华人民共和国成立前夕，当时在香港从事地下工作的柳溥庆为香港群众印制了庆祝中华人民共和国成立所急需的毛泽东和朱德彩色标准画像。一张张老照片带着同学们进入一幕幕昔日场景，无论多么艰难，先辈们都能勇敢面对、一往无前，让同学们深受感染，纷纷表示要继承先辈砥砺前行的精神，牢固信念，坚定信心，战胜今后的各种困难。

刻苦钻研，创新印刷技艺，汲取前辈勇于探索的动力

1934 年，柳溥庆创造了"红墨水"修版法和平凹版制版印刷新工艺。1935 年，他创造发明了世界上第一台汉字照相排字机，被当时的《申报》称为"划时代的创新"。1950 年，他用两周时间研创出"先印金后压印"工艺新流程，印出国徽图案精准、富有立体感的请柬，得到周恩来总理的赞誉。1951 年，他提出了"逆转擦版法"的创新方案并试印成功，使中国率先在世界印刷领域解决了 500 多年来未能解决的一项技术难题。他还研制出我国印票史上首批"五星古钱水印钞票纸""天安门图像水印纸"，后又研创成功钞面施胶新工艺，使钞票纸张的耐折度超过苏联的同类产品。当时用这种纸印制的第三套伍圆券人民币，被国际印钞界誉为"举世公认的纸币精品"。柳溥庆一直孜孜不倦地钻研印刷工艺和技术，并不断开拓创新，在节假日几乎没有休息过，把所有的时间都奉献给了印刷事业。他以创新工艺极大提高了我国的印刷造币水平，作为 20 世纪"中国印刷的泰斗"享誉世界，为我国出版印钞事业的发展作出了历史性的贡献。一张张证书和一个个发明创造，

让同学们赞叹不已，更让同学们敬佩的是先辈的刻苦钻研精神，这也成为同学们汲取前辈力量、勇于探索的动力，为今后的学业职业发展注入了新的动能。

青春当奋斗，不负新时代

柳百坚殷殷寄语同学们：青年学子要树立远大理想，始终不忘初心，在信仰信念的指引下奋力拼搏，坚定前行，不仅要学习文化知识，还要融会贯通；不仅要宽厚待人，还要能够吃苦，真正做到坚韧不拔。

在无数激昂而又深切的话语中，我们深深感受到柳百坚老师对国家的热爱、对父亲的敬仰以及对同学们的殷切期望。从柳百坚老师和他的父亲身上，我们切实感受到了前辈榜样的力量和革命精神的传承。中国步入新时代新征程，确立了建成社会主义现代化强国的目标，吾辈青年，幸逢其时，心向往之，当图自强。唯有奋发图强，才能不负青春、不负时代。在先辈们秉持初心、艰苦奋斗、开拓创新、矢志报国的精神的感召下，我们将接过先辈的革命火炬，勇敢担当起我们的责任，以火热的青春全力奔跑在新时代的征程上，为国家的发展贡献力量。

（指导教师：靳万民 黄 卓）

王唐兴：青蓝共携手，奋进新征程

上海电力大学　车语辰　顾舒婷　刘　佳

"莫道桑榆夕照晚，红霞遍布洒余晖。"这是对"五老"精神的生动描述，也是对与祖国同龄的老党员王唐兴老师为下一代事业不顾年高、不图回报、尽挥余热精神的真实写照。初识王老师，是在学院关工委"青蓝共育"活动上，他作为优秀党务工作者，与我们开展了一场给予青年学生启示的座谈会。

胸怀教育志，心系学生情

这天中午，轻柔的春风伴随温暖的阳光，缓和着我紧张又激动的心情。这场座谈会我期待已久，我十分珍惜与王唐兴老师结对交流的机会。

会议中，我悄悄打量着他。王唐兴老师稍稍欠身入座正中，七十余载的岁月给他脸上留下了些许皱纹，他头发花白却精神矍铄，深邃和坚定的眼神正呼应着我心中的党员形象。

"我在高校工作了三十多年，将人生最美好的一段年华，献给了学生辅导员工作，为教育事业和学生成长奉献青春和热情……"他讲述着曾经担任辅导员的经历，声音深沉而有力，"那时啊，我从教师转为专职辅导员，也是学校恢复高考后的第一批辅导员。"彼时的上海电力学院，占地不到80亩，一栋楼当作三栋楼用。王唐兴老师住在与学校隔了一条江的浦东农村，每天上下班来回摆渡过江要两个多小时，天刚亮就出门，天黑透才到家。后来学校为王老师安排了辅导员宿舍，王老师经常在孩子熟睡后赶回教室工作，连孩子醒了哭闹都来不及照顾。他知道辅导员岗位上承载着千千万万个家庭的希望，便也不觉得生活苦，甚至有点甜。

王老师向下扎根，却向上托举起沉甸甸的教育梦想。他满头银发，却将知识的光芒与关怀的温暖献给年轻的一代。

知行育桃李，温情唤党心

说起那段当辅导员的生活，王老师感慨道："我一直坚持用心用情做好学生工作，当好学生成长路上的引路人。我曾经也担任了校党委专职组织员，算了算，也给七十多名优秀学生党员当过入党介绍人咯！"他在工作中与学生谈心谈话，谈人生，谈自己知青生活的经历，他将所知所感倾情奉献。在他看来，作为一名老党员，为青年一代树立好榜样是他的责任。他发挥余热，带领青年党员共同奋进，万众一心，众志成城。

他谆谆告诫同学们，作为党员，就要做个有用的人，去做有益于人民、有益于国家的事情。他说："每个人都有自己的作用，只要发挥好自己的特长，实事求是，就可以作出自己的贡献，成就自己的人生价值。"

"未来属于青年，希望寄予青年。"王老师的殷殷期盼，也是国家和民族对我们青年提出的要求，这进一步端正了我的入党动机，使我明确做党员是一项有着极高荣誉感的使命。以身作则，在工作中有着更高的标准和行为要求，方不负老师们"扣好人生第一粒扣子"的嘱托。

砥砺铸气节，接续传党恩

自1977年起在高校工作直至2009年退休，王唐兴已扎根一线为党育人三十余载。退休后，王老师仍一直不忘初心，用心用情默默坚守在教育前线。会后，我仔细找寻了王老师的个人事迹，一种敬佩之情从我心底油然而生。

和学生在一起是王唐兴老师最爱做的事，他喜欢深入学生中讲党课、讲党史。王老师陪同学院中刚入学的新生在上海四行仓库抗战纪念馆参观学习，并作为主讲人在"四史"教育专题讲座活动中与同学们分享感悟。他向同学们讲述了当年八百战士保卫四行仓库的英勇事迹，他满怀自豪地说："八百壮士岿然不动！淞沪会战不朽丰碑！"

王唐兴带着"未进党的门，先做党的人""读懂世界，读懂中国，读懂未来"的寄语，悉心教导着每一位青年学子。回顾过去，王老师守初心，担使命，铭记关工委工作职责所在，培育着一代又一代接班人。"光荣在党五十年"不仅是一份荣誉，更体现了王老师为共产主义事业奋斗终生的责任。

　　在这位老党员身上，我看到他用情怀之光，照亮每一名学子的梦想之路；我看到他以身作则，用实际行动践行党的宗旨和要求；我看到他深入基层，扎根于学生中默默奉献。我们青年一代沐浴着余晖，并一同发光发热。

　　青蓝共育，青出于蓝。忠诚、关爱、创新、奉献，"五老"精神的时代底色历久弥新，也是王老师作为党员教师一直坚守在教育一线的精神色彩。他倾尽一生，陪伴青年学生漫步在校园里，引导青年学生走在五星红旗下，目送青年学生走到人民群众中去。"中国青年的奋斗目标和前行方向归结到一点，就是坚定不移听党话、跟党走，努力成长为堪当民族复兴重任的时代新人。"这是党的二十大对新时代好青年的要求。我们将与王老师这位老党员青蓝携手，响应党的时代召唤，回应党的殷切期盼，用实际行动感恩党的关怀。

（指导教师：马安奕）

金树德：关心下一代是我毕生的事业

江苏大学　谭慧怡　张新月

"漫漫人生，沥尽多少心血；年至耄耋，不负胸中豪情。怀一片赤心，深耕关心下一代园地；掬一抔仁心，雕琢芳华岁月。夕阳无限好，枫叶经霜红。"这是第五届"感动江大"人物——金树德老先生的颁奖词，也是其真实的人生写照。

"五老"精神的蕴意乃"忠于职守，关爱后代，求实创新，无私奉献"，短短十六个字却代表了伟大的力量。而金树德老先生，就是我们身边的"五老"模范。这几十年里，他在工作岗位上为学校的学科建设、办学发展奉献出了自己的力量，二十余年来先后获得江苏省关心下一代先进个人、中共中央组织部授予的全国离退休干部先进个人以及两次全国关心下一代工作先进个人等荣誉称号。

立志报祖国，于岗位耕耘半生

金树德小时候家庭条件并不富裕，但在国家助学金的帮助下坚持完成了学业，这也坚定了他服务教育事业、献身祖国发展的崇高理想。20世纪70年代，我国的水利事业被美苏投置于"技术真空"中，金老的科研团队毅然着手研究节水灌溉技术，这在当时的环境下极大增强了我们的民族自尊心与自信心，更让我们见识到一位中国大专家该有的志气、骨气和底气。改革开放之初，他们开始技术提升，专注研究微型泵、小型潜水电泵系列。21世纪初，金树德团队加入了国家南水北调的研究工作。讲到科研经验，金树德的回答也非常质朴："坚持实践，在实验室里头多做实验，到农村到工厂，切实地应用，这条路是一条很踏实的路。"这也进一步展现了金树德实事求是、与时俱进、助推祖国稳步发展的实干精神。

退休不褪色，余热尽献映初心

退休以后，金树德也未曾放下肩头的责任，又投入江苏大学关工委的工作当中。凭着多年的工作经验，他积极动员离退休老教师，分别组成教学、科研、青年教师队伍等多个调研组，分门别类进行深入调研。为直接听取学生对后勤生活的意见与建议，他发动一百多名老同志开展"三走进"活动，随学生吃同样的饭菜，实地查看饭菜的营养搭配、质量价钱。金树德不仅仅关心青少年的健康成长，也十分重视青少年思想政治教育，及时促成和创办了以培养"青年马克思主义者"为目标的江苏大学"菁英学校"。他还倡议成立"马克思主义最新成果研学会"，打造开展理论学习和培育社会主义核心价值观的校园阵地；组建"关爱合唱团"，在重大纪念活动中让学生传唱革命歌曲，对其进行革命传统教育。金树德说："做这些事情的时候，我充分感受到我身体里的每一个细胞都在发光发热，我的心是满的！"

晚霞更生辉，为后辈奔走忘我

金树德强调："孤儿是寒门学子中的特殊群体，他们不仅仅需要物质帮助，也需要精神上的关怀。"孤女李雪梅只身一人前往江苏大学报到面临困境的事情，在社会上引起了强烈反响。报到的当天，金树德带着老伴立刻到李雪梅的宿舍去看望这位勇敢的孩子。满头银发的金教授拉住李雪梅的手亲切地说："雪梅，从今往后这就是你的家，我们就是你的爷爷奶奶……你的新家我们已安排好了，明天就带你回家包饺子。"雪梅哽咽了，一直强忍着的泪水还是流了下来："我又有家了！"在关工委工作过程中，金树德也越来越看重革命老区的情怀，他说道："我感念老区人民在革命战争时期作出的重大牺牲和贡献，希望为今天的老区人民做些实实在在的事情。"在金树德的倡议下，自2001年起，驻镇高校联合开展"百名教授老区行"活动，该活动已经连续开展19年了，为老区人民送科技、送文化、送医疗，捐助贫困学子和革命家庭。该项活动获评镇江市2006年"十大文明新事"，2020年获评首届全省"最佳老干部志愿项目"，金树德本人作为项目的突出贡献者也受到了表彰。

在金树德的认知里，尽管离开了科研的岗位，但还是能够将自身的光和热发散出去，不断地为国家的建设、为学校的发展贡献出自己的一份力量。"一晃几十年过去了，"金树德感叹道，"自从我参与到关心下一代工作以来，精神振奋了，身体健康了，伴随着年龄的增长，生命在延续，事业在继续，并且在发扬光大。"

金树德对青年总是慈祥而报以殷切期望的，他欣赏青年的朝气，也肯定青年的正确理想与抱负。在接受志愿者采访的尾声，他笑道："我要和你们年轻人多接触一点，这个有好处。你们勇往直前的这种精神，是我们这些老一辈可以学习的榜样。"在和金老的对话交流中，我们也深深地感受到他对下一代的无限关心和付出，他毅然将本应悠闲的退休时光奉献给了对下一代的培养，为我们树立了榜样。

时光摇曳在风中，青丝染成了白发。金树德以实际行动诠释着他的选择，用奉献践行了自己的初心，以不断创新书写着关爱下一代的华章。他将关心下一代工作作为事业的延续、为党和人民作贡献的平台，为青年大学生的成长成才贡献了全部的智慧和力量。作为新时代青年的我们，也必将在这种温暖的关怀下笃定前行。这次的采访不仅让我们对金树德老先生有了更加深入的了解，也让我们更加坚定了向金树德老先生这样的"五老"典范学习的决心。我们当怀赤子之心、凌云之志，以奋斗为笔，一笔一画擘画人生蓝图，一撇一捺书写民族复兴。

（指导教师：金丽馥）

严公宝：矢志传播马列，倾心铸魂育人

扬州大学　谢知宸　王　成

他从教近六十载，一辈子矢志传播马列，倾心铸魂育人！

他坚持退而不休，二十余年间撰写讲稿约四十万字，为青年学生做报告四百余场，听众近四万人！

近十年，他先后与5个学生班级结对共建，缔结了深厚的老少情谊！

他，就是扬州大学关工委理论宣传组（讲师团）成员、退休教授严公宝。

严公宝，1940年10月生，1964年7月于华东师大政教系毕业后被分配到河南省新乡市第十中学担任政治教师，一干就是16年。1980年，他调入原扬州工业专科学校（扬州大学前身六所院校之一），先后任教马克思主义哲学、政治经济学、马克思主义基本原理、毛泽东思想和中国特色社会主义理论概论等课程，1997年晋升为教授，2001年光荣退休。

从教学一线退休的严公宝并没有真正歇下来，他受聘担任校关工委讲师团成员，一干又是二十多年。他紧密结合国际国内形势，聚焦时政热点和青年关注的话题，先后为全校二十多个学院的学生做报告四百余场，深受广大师生好评。翻开严老师书桌上一沓沓厚重的教案，有纪念马克思、毛泽东、邓小平等无产阶级领袖诞辰的，有培育和践行社会主义核心价值观的，有纪念红军长征胜利80周年、抗战胜利70周年的，有庆祝改革开放40周年和中华人民共和国成立70周年的，有宣讲党的十八大、十九大、二十大精神的，等等。严公宝的每一篇讲稿，都能与时俱进、有的放矢。他积极唱响主旋律，持续传递正能量，教育当代大学生爱国奋斗。严公宝的每一次讲座，犹如春风化雨、点滴入土，帮助大学生拨开成长道路上的迷雾，滋润着青年的心田！有一次，在做完报告后，有4名学生留下来追问他："老师，您的信仰何以如此坚定？"严公宝答道："首先，我一以贯之学马列，从思想和理论上坚定共产主义信仰。"接着，他又从新旧社会人民生活对比和改革开放前后祖国的变化，以及社会主义与资本主义两种社会制度的比较的角度，阐述了自己坚定信仰的历程。严公宝指出："一个社会的寿命与一个人的寿命的跨度是不能类比的。在欧洲，奴隶社会替代原始社会存在了三千年，封建社会替代奴隶社会存在了两千年，资本主义社会替代封建社会已有五六百年，但它现在已日薄西山。然而社会主义、共产主义在中国，犹如初升的太阳，喷薄而出，放射出万丈光芒，社会主义战胜资本主义是不以任何人意志为转移的客观规律。为此，我们要高举中国特色社会主义伟大旗帜，代代相传，接续奋斗。"这使提问的学生豁然开朗，深受启发。

在扬州大学工作、生活四十多年来，严公宝不仅矢志传播马列主义，而且先后担任过三届班主任，直接培养出一百多名学生，他们中的绝大多数均已成为岗位上的栋梁之材，时至今日，师生之间依然保持着经常性联系。他为学生们能洁身自好、勤奋工作、多作贡献而倍感欣慰和自豪。退休之后他先后与广陵、新闻与传媒两个学院的 5 个班级开展共建，助力青年学子成人成才。举办"读红书、怀先烈、悟思想、树信仰"学习交流会是老少共建的一项特色活动，每到寒暑假前夕，严老师就会通知班长到他家，领取他精心收藏的各类书籍，如《火种》《苦难辉煌》《居安思危》《大国崛起》《青年毛泽东》等，嘱咐同学们利用假期开展阅读并写好笔记，开学后再举办读书汇报交流会，以便青年大学生不断提升思想境界、培育家国情怀。

2022 年 9 月，严公宝收到一封寄自贵州的信。原来，这封信来自新闻与传媒学院共建班吴世慧同学。吴世慧在信中深情地说："严老师，我已经光荣地成为学校第 25 届研究生支教团的一员，正在贵州省镇宁布依族苗族自治县的一所学校实习任教。您指导咱班的这几年，曾带着我们参观革命烈士纪念馆，走访抗战老英雄，与退伍军人共庆党的百年华诞，在我的灵魂深处埋下了红色的种子。如今，我又把这颗种子带到贵州山区，播撒在黔南大地，去照亮更多山区的孩子一路前行。"

严公宝在宣讲时，常常回忆起苦难的童年。那时候，他吃不饱、穿不暖，一家七口挤在仅六平方米的"鸽子笼"里。后来，在国家助学金的资助下，他先后考上了中学、大学。他说："回望一生，没有党的培养就没有我的一切，我对党的感情浓得化不开！"确实，他在传播马列主义的过程中，时刻不忘歌颂我们伟大的祖国、伟大的党，歌颂中国特色社会主义制度的无比优越；时刻不忘立德树人初心，注重教育和引导广大青年学子坚定信念听党话、矢志不渝跟党走。

几十年来，严公宝始终以实际行动自觉践行"任尔东西南北风，宣传马列不放松"的人生信念。他常常自豪地说："人要活出生命的价值！退休后打牌下棋、旅游休闲，也不是不可以，但社会价值不大。我退休后坚守马克思主义思想阵地，继续为党育人、为国育才，活出了生命的最大价值！我对我的选择无怨无悔、倍感骄傲，因为我从事的是人类最光荣而又崇高的事业！"

（指导教师：刘长平　生永明　戴世勇　刘汉柏）

诸葛毅："老教授"的科技下乡路

衢州职业技术学院 陈 洁

在 2020 年 9 月 11 日的科学家座谈会上，习近平总书记指出，一代又一代科学家为科学技术进步、人民生活改善、中华民族发展作出了重大贡献。而在我的身边也有这样一位"守护地方，提升农村卫生服务水平"的职教专家，他的名字叫诸葛毅，今年已经 64 岁了，是衢州职业技术学院的老师。他是二级教授、主任医师，更是在 2018 年被评为浙江省突出贡献科技特派员。2019 年 6 月 2 日，《衢州日报》头版刊登了展现诸葛毅事迹的《行走在乡村的大学教授》一文。2006 年，诸葛毅获得了全国"五一劳动奖章"。诸葛毅大半辈子都奉献给了农村医疗基础的改善，是我们优秀的道德典范和精神楷模！

"俯首甘为孺子牛，累并快乐着！"诸葛毅老师对乡村心怀热爱，作为科技特派员，他竭尽自己所能，努力靠自己的力量提升农村卫生服务水平。他向记者娓娓道来自己十几年来"上山下乡"的经历。在几十年前，他也曾是一位上山下乡的知识青年，心怀热血，奔赴星辰大海。在 2007 年 7 月，他作为一名科技特派员，对接开化县杨林镇和音坑乡。他对农村有着一种特殊的感情，他说："再次回归熟悉的农村，我心里怀有一种亲切感。"

诸葛毅不忘初心，一直为乡村医疗事业奔走。开化县的每一个乡镇卫生院，都留下了他为山区群众问诊把脉、指导基层医务科研活动的身影。在诸葛毅刚去杨林镇卫生院时，卫生院里连一名有中级职称的医生都没有，只能提供一些最基本的医疗服务。面对如此艰苦的条件，他行程达数万里，走田间访地头，在为乡村百姓带去医疗服务的同时，也积累了大量的一线资料。他印象最深的一次是一位孕妇因身体不适来到卫生院。接诊医生推断为心脏病突发，不敢采取治疗措施，诸葛毅根据经验判断孕妇并非心脏病，并在询问了孕妇症状后判断出孕妇只是喉咙发炎了，就开了些消炎去火的药，嘱咐她清淡饮食并复查。三天后孕妇症状改善了不少，专程来向诸葛毅道谢。

　　诸葛毅任劳任怨，一生都和乡村人民紧密联系在一起。2022 年 6 月，开化县持续强降雨，区域性山洪引发灾后疫情的风险极高。诸葛毅放弃暑假休息，与派驻地医务人员一起积极参与洪灾后的生产恢复与灾后防病工作，进村入户，开展健康教育宣传，确保人民群众洪灾后的生命健康。

　　这些事件让他深深体会到基层医疗资源的欠缺。他暗自下定决心要改善基层医疗服务。因此，诸葛毅先后担任开化县多家基层医疗单位的科技顾问，还赠送医学专业书籍给基层医务人员，教导开化县各个乡镇在职医务人员学习，提高了基层医务人员素质和农村社区卫生服务工作质量。他还主编出版了多部基层医疗培训教材，主笔完成了《农村社区卫生服务质量规范》地方标准的编写，为乡村医生提供更丰富的医疗知识。

　　不忘初心，方得始终。诸葛毅一直在用他的方式守护开化，他不仅做到了提升农村卫生服务水平，还时刻心系驻地农村居民的安危。桐村镇川南村的一户畲族家庭在生活中遇到困难，诸葛毅在当中牵线，让我校与该困难户结对，教育帮扶长达八年；他还帮助川南村的石蛙养殖大户解决难题，通过寻找、整理文献，为农户节约了实验室测试的高昂费用；派驻地有位 20 岁的姑娘患了"高血压"，病因不明，经检查发现患者疑有主动脉病变，他马上联系了市级医院专家诊治，让患者获得合适的治疗，病情得到控制……诸葛毅日夜操劳，毫无怨言，大家都知道他是群众的贴心人。

　　"当下针对失能老年人群体的专业护理知识和护理队伍缺乏，已成为一大社会问题。"诸葛毅说，他正在开展"农村失能老年人照护技术"课题研究，同时编写一本与失能老年人护理相关的教材，希望能为农村社区失能老年人医疗与护理探索出一条切实可行的路子。

　　诸葛毅将高校教学与服务地方科研紧密结合。他作为大学教师，将来自基层的具体案例带进课堂，丰富了我们的教学内容。同时，他开设了省高等学校精品网络在线开放课程"健康评估"，让乡村医生能接受到最新的医疗知识培训。他还受单位委托，主编编写了《乡村护理员（初级）》《乡村安全员（初级）》《乡村营养师（初级）》三部农民培训教材，融入科技特派员在农村基层的工作经验，得到时任浙江省省长夏宝龙的批示："很好的教材，实用性强，可继续总结提高。"而他在长期实地调研的基础上，还牵头组织了具有丰富临床工作经验和社区卫生服务工作经验的医疗青年骨干，历时一年，编写了《慢性阻塞性肺疾病社区管理实务》。此外，他还为音坑乡、池淮镇、马金镇卫生院提供了电子血压计、血氧监测仪、峰流速仪等体检器材，大力开展农村社区慢性阻塞性肺疾病的筛查。

教师是太阳底下最光辉的职业，是人类灵魂的工程师。诸葛毅不仅在学术方面有很大成就，在学校工作中也兢兢业业。在学校承办衢州农民学院期间，他为了整理相关材料，过度劳累，导致双目半失明，仅能看见眼前10厘米的字，后来经过手术才得以恢复。

夕阳无限好，余热写春秋。眼下，诸葛毅正为音坑乡青山头村的血吸虫病防治、查杀钉螺的事情忙前忙后。同时，他还着手开展"农村失能老年人照护技术的研究"科技特派员项目，他主编的《老年护理技术》已由浙江大学出版社出版。他总是说："健康是促进人的全面发展的必然要求，农村居民的健康是农村经济发展与文明进步的基石。我愿意为当下相对薄弱的乡村医疗事业贡献自己的绵薄之力。"他希望能为规范化管理农村社区失能老年人医疗与护理服务探索出一条切实可行的路子。

诸葛毅是育人的模范、师德的楷模、我们的榜样。他谱写了一曲曲爱岗敬业的时代最强音。他无私奉献、锐意进取的精神值得我们学习！

（指导教师：张文强）

蔺佩鸿：夜来风雨声

福建医科大学　黄越舟

1955 年，一个新生命降生在湖北河口镇，陪伴着同样年轻的中华人民共和国一路成长。在他眼里，疾病或许就如夜里的疾风骤雨，常常来得措手不及——只要他听见了就不能不管，要管到病好，管到人好。从此便风雨无阻，济世为怀。

佩玉行江东，江东谢客行；征鸿斜阳里，所到是春归。他是蔺佩鸿。

从"小药箱"开始——山路上的赤脚医生

"湖海相逢尽赏音，囊中粒剂值千金。"1973 年，还是农村知青的蔺佩鸿在机缘巧合下被选送去培训成为一名赤脚医生。20 世纪 70 年代资源匮乏，村民家中很少备药，蔺佩鸿背着一个装有纱布、分配的抗菌药的小药箱，成了山野农家间移动的诊所。

预防和治疗疾病是赤脚医生的主要工作，在发放预防药物时，常有一些村民不愿服用而悄悄把药倒掉。注意到这种情况，蔺佩鸿每天都把药送到村民家中，采取"送药到手、看服到口、不服不走、吐了再补"的措施，一定要亲眼见到村民吃了药才算数，保证了预防用药的有效执行，节省了紧张的医药资源。几十里的山路，药物发到深更半夜他才能回家，他就高唱着戏曲给自己壮胆——奔波了一整天的青年披星戴月，不辞辛苦，乐在其中。

几年后蔺佩鸿到鄂西化工厂当操作工。易燃易爆的硝铵车间，工人烫伤、腰酸背痛是常事。蔺佩鸿见之不忍，申请外出学习中医理疗，回厂后为工人推拿、针灸。他还向护工学习如何照顾病人，向护士学习采血、注射，向下乡的老教授请教专业知识，为将来的临床学习打下了坚实的基础。

高考恢复后，蔺佩鸿走进了同济大学的医学殿堂，于 1982 年以优异成绩毕业。意外的是，年过古稀的母亲突然中风在床，蔺佩鸿为照顾父母，谢绝留校邀请，选择了离家近的医院，正式任职心内科医生。

"像对待父母那样对待病人"——心内科的蔺佩鸿

张仲景曰："当今居世之士……上以疗君亲之疾，下以救贫贱之厄，中以保身长全，以养其生。"蔺佩鸿走的便是这样一条顾亲顾患、济民济世的路。

母亲病重并未挫败蔺佩鸿，他一边悉心照顾父母，一边尽职尽责工作。他在病人家属与医生的角色互换中不断思考：患者卧病需要事无巨细地照顾，怎样的治疗才能减轻病痛？怎样的照顾才足够让病人安心？当面对恶化的伤口、茫然的家属、当下技术无法救治的病情，医生怎样做才算得上尽心？

有了这样的体会，蔺佩鸿在工作中多留了一份心。他设立家庭病房，到行动不便的老人家中诊病，年三十的夜晚坚守岗位，风雪夜里骑车到山村里治病，拿自己的粮票救济病人，为经济困难的病人募捐，陪悲伤的患者聊天，鼓励绝望的患者坚持治疗——除了诊断治疗，更多的时候他像一盏路灯，散发着不微弱也不刺眼的光，被疾病打乱阵脚的人们跟着他，就能回到生活的正轨。

"安全而又温暖的急诊科"——德高望重的蔺主任

古语有云："善为医者，行欲方而智欲圆，心欲小而胆欲大。"

蔺佩鸿也告诉学生，一个好医生"要胆大心细，要比前一天进步一点，把病人当亲人，把职业当事业"。到福建医科大学附属第一医院（以下简称"附一医院"）急诊科后，成为主任医师的蔺佩鸿更是将这四句箴言落实到每项工作中。

蔺主任认为，急诊科医生什么科的抢救技能都要会。1997年，就在蔺佩鸿调到附一医院的第一天，他就接收了一名心跳呼吸骤停的患者。不等护士打电话通知麻醉科，蔺佩鸿就麻利地完成了气管插管、迅速电除颤和心外按压，过了不久，病人苏醒了。他对急诊科的同事和学生们提出"急诊医生在抢救病人的时候既要能独当一面，又要十八般武艺样样精通"，把浑身解数毫无保留地教给同事和学生。结合心内科专长，他引进"床边非漂浮电极的心内膜起搏"技术和深静脉穿刺置管，使得心脏病急诊的抢救成功率上提了一大截，而每个经过三年培训的急诊科医师，都能够熟练运用这项技术和其他多种急救技能。今日的附一医院急救医学中心已经成了福建省急救方面具有举足轻重的影响力的单位，为患有严重创伤及心脑血管疾病和各种急危重症的患者提供快速、精准的治疗。

二十多年急诊练就蔺佩鸿过硬的临床能力，同时他也非常关注急诊患者的心理问题。一天晚上，一个17岁女孩与父母吵架后服毒自杀，被送到急诊科，在快速的洗胃和药物治疗后，孩子终于慢慢清醒。蔺佩鸿不忍心看着女孩困在极大的悲愤之中，也担心她再做出不可挽回的举动，便到床边耐心询问——或许是终于找到一个平等的倾诉对象，女孩一点点诉说内心的委屈，方才吐露出家里的许多难处。蔺佩鸿慢慢开导、鼓励她，告诉孩子会有人支持她，而这个人就在她面前，只要需要，他随时会成为她的力量。同时他也主动找女孩的家长沟通，交流如何正确教育和关爱子女。在出院时女孩问蔺佩鸿："主任，您能抱我一下吗？"蔺佩鸿毫不犹豫地给了她一个拥抱，而女孩也走上了回家的路。

"先发大慈恻隐之心，誓愿普救含灵之苦。"大抵说的就是蔺佩鸿这样温暖而有力量的人。他总是能悲人所悲，急人之困，二十多年来带出了一个安全而又温暖的急诊科。

夜来风雨声，有花开花落，有人来人往。疾病难料，但因为有蔺佩鸿这样的力量在抵御着周遭风雨，去治愈、去关怀，叫人心安，春天就一直在。

（指导教师：吕报春　林　岑）

洪英俊：献了青春献白发，余晖熠熠映朝阳

华东交通大学　赵　欢　黄　慧

迎面走来的这位和蔼可亲的老人，是从华东交通大学马克思主义学院退休的洪英俊教授。昔少壮之时，他用自己的青春热血践行着使命与担当；今古稀之年，他仍用自己的熠熠余晖指引着后辈们砥砺前行。今天，我们怀着崇敬的心情采访了洪老教授。

回首：勤勤恳恳中绽放

勤勤恳恳，为国效力。洪英俊出生于秋收起义的发源地修水，他在具有革命传统的氛围中成长，也见证了中华民族从"站起来"到"富起来"再到"强起来"的伟大蜕变！回首过往，洪英俊始终勤勤恳恳地工作，用自己的青春热血向我们展示了老一辈知识青年的责任与担当。

改革开放前，洪英俊怀揣着理想信念，深耕于基层沃野，默默奉献。下乡期间他上山烧炭，下地种茶，到工地修水库，却不曾感到一丝辛苦。后来组织上根据农村缺医少药的情况，安排他到医院学习。为了提升自己的诊治能力，更好地为人民群众服务，他在认真向省人民医院高干病房的袁中平大夫虚心求教的同时，还注意对临床实践进行深入思考，并且经常看医学著作到深夜。这样高强度的学习只为能更好地服务当地村民，保障当地村民的生命健康。有一次，一位大叔右腿受伤严重，由于交通通信不便，洪英俊为了不耽误大叔的治疗，立马背着他上公社卫生院处理。事后大叔感激地说："旧社会病家用轿接郎中，新社会医生背病人上医院，感谢党和毛主席！"洪英俊吃苦耐劳，用自己的一言一行诠释着仁爱与担当。

改革开放后，洪英俊应聘到高校任教，用思政课铸魂育人，润物无声。洪老跟我们说道："要胜任这份工作。我当时经常有一种危机感和紧迫感，也感到责任的重大。"为此，他勤奋刻苦，学校原本规定50岁以上的教师可以不参加计算机学习和考试，但当时已年过50的他仍旧报了名，并顺利地

通过了考试。后来为了提高文字输入的速度，他又学习掌握了五笔输入法。他勇于创新，虽然家里经济条件并不宽裕，但仍自费数万元购买了制作多媒体课件需要的设备，将互联网融入教学中。他是江西省最早将网络教学引入思想政治教育课堂的高校教师，还荣获了江西省第二届省级教育名师称号。他兢兢业业、孜孜不倦地投身育人工程。有一次洪英俊不小心脚踝骨折，为了不影响教学，他坚持拄着拐杖进教室，从未请过一天假。洪英俊以自己的实际行动回馈党、国家和人民。

今朝：熠熠余晖中发光

老当益壮，志向犹在。洪老虽然现在退休了，但是仍然在发光发热。他退休后便加入了"五老"宣讲团，完成关工委、老科协支部等单位布置的任务，给学院学生和退休支部上党课。

洪老对我们说："养老重在养心，要老有所为。"他认为通过授课交流可以修养自己的心性，同时更重要的是把知识、人生感悟传授给新一代青年。曾有学生在听完洪老的宣讲课后，敬畏地说道："黑板上的俄文与物理公式、信手拈来的诗句与历史细节，洪爷爷丰厚的知识底蕴令我心生敬佩。"今朝，洪老依然活跃在退休教师队伍中，默默奉献自己的力量。

我们的采访历时一个多小时，可洪老从未停歇过一分钟，饱含着热情与关怀，轻声细语地向我们娓娓道来，连准备好的水都未曾打开喝过一口。正是这样一份热忱感动了我们，同时也影响了我们，老一辈知识分子尚且如此，当代青年更是责无旁贷。

展望：踔厉奋发中前行

心系学生，满怀期许。人生壮年，洪老用青春热情谱写了一篇慷慨激昂的人生华章；年迈之时，他退而不休地继续用激情与责任照亮我们青年的健康成长之路。在访谈的过程中，洪老表露出对当代青年的期许，用生动的语言授予我们一堂别开生面的思政课，激励我们勇担历史使命，以踔厉奋发的姿态勇毅前行。提及新时代青年，洪老不由自主地感慨道："你们年轻人都赶上了一个好时代，机会虽然有时不能强求，但是偶然中又带着必然，机会总是留给有准备的人。"继而洪老又以成功与能力和动机的关系激励我们，

"成功＝能力 × 动机。能力很强，如果动机为零，成功还是零；如果能力为 1，动机为 100，则成功为 100。如多年前某专业有一个班，在班上高考成绩排第一名的一位同学，入学后因动机缺失而挂科太多被退学，而高考成绩排班上最后一名的一位同学，珍惜学习机会，学习动机强，后来读硕读博。"面对我们所提及的学习困惑，洪老还以阿基米德浮力定律、凯库勒苯分子结构式的科学发现过程为例启发我们："比学习专业知识更重要的是培养科学的思维方法和良好的文化素养。"洪老虽已退休，但仍心系学生未来，对新时代青年满怀期许。

献了青春献白发，余晖熠熠映朝阳。洪老一生都在为祖国作贡献，一直都是青年的榜样。昨日之中国，有洪老这般坚毅挺拔的榜样；今朝之华夏，需有我们这些意气风发的少年！一代人有一代人的长征路，一代人有一代人的使命。我们将从前辈们手上接过新时代的接力棒，以前辈们为奋进征程中的灯塔明珠，不断为实现中华民族伟大的复兴而努力奋斗。

（指导教师：舒　曼）

王炳诚：寻访先锋模范，弘扬石油精神

中国石油大学（北京） 王一杰 苏湘妮

　　"锦绣河山美如画，祖国建设跨骏马，我当个石油工人多荣耀，头戴铝盔走天涯……"《我为祖国献石油》这首歌传唱了半个多世纪，唱响了石油工人为祖国石油事业无私奉献的高尚精神，也唱燃了我们的敬仰之心。王炳诚，中华人民共和国第一代钻井工程师，一生都在石油行业一线艰苦奋战，他以亲历者的视角为我们讲述中华人民共和国石油事业艰难的发展历程与石油人辗转四方建设祖国的感人故事。

青年赴边疆，坚定报国心

　　2022年，曾任中国石油大学教务处处长的齐国光老师遇到了王炳诚。齐老师说："今年4月份王老师送给燕园的每位石油退休同志一本《石油情缘》，这本读本记录了王老师的先进事迹。我拜读了这本书之后，对他的敬畏之心久久不能平静。"他给予了王老师极高的评价：在他身上，你可以看到中华人民共和国第一批石油工人所有的优点。

　　王炳诚，1928年出生于天津，1948年考入国立北洋大学（现天津大学）采矿系。20世纪50年代，我国石油产量严重不足，中国贫油论大行其道，急需专业的石油人才。王炳诚积极响应党和国家的号召，毅然转入石油系读书。1951年8月，包括王炳诚在内的七位学生自愿报名，跨越大半个中国，支持新疆建设，王震将军亲自接待了他们。七人心潮澎湃，"生为新疆人，死为新疆魂"的誓言响彻云霄，誓要用自己的双手打破中国贫油的论断。从此，星星开始照亮大西北的夜空。

　　王老师在采访中说道："我们这一代人与祖国共同成长，中国共产党好，老一辈革命家伟大，我们发自内心地愿意到边疆、到基层，愿意一辈子参与到革命队伍中来。我们在革命征途上是坚定的、不屈不挠的，遇到任何艰难险阻，都会勇往直前地去奋斗。"

戈壁建伟业，石油铸英模

恶劣的自然环境、劳累的井队工作和艰苦的生活条件，无时无刻不在考验着这些初出茅庐的年轻人。王炳诚回忆道："我们脱下了学生的装束，穿上工作服，到了井队一干就是四年多，从普通场地工、井架工、副司钻、司钻，到最终成长为一名石油钻井技师。"困难不但没有打倒他们，反而激发了深埋心底的斗志，他们扎根于荒漠大地，孤独而又执着地探索着。

工作中每次发生紧急情况，王炳诚都临危不惧，亲临现场指挥作业，一次次化险为夷。在这样的磨练中，这些中华人民共和国的天之骄子正逐步蜕变成建设祖国的中流砥柱。

王炳诚参加过川中、大庆、江汉、塔里木四次石油大会战，先后在克拉玛依、大庆、塔里木等七个大油田工作。"头顶天山鹅毛雪，面对戈壁大风沙。嘉陵江边迎朝阳，昆仑山下送晚霞。"歌词所能展现的只是石油工人们足迹的冰山一角，而王炳诚四处辗转，奋战在祖国最需要的地方，直至1996年在新疆塔里木油田离休。

奋战未停息，奉献无已时

王炳诚退休后并没有离开石油事业，他一直在践行着石油人的初心与使命。用王炳诚自己的话来总结就是："作为一名石油老人，总要为石油行业贡献一份力量。"

于是，他开始走进荧幕、站上讲台，讲述"六上塔里木"的故事，陈述中华人民共和国石油事业的发展历程，让新时代的青年们了解那段艰苦峥嵘的岁月。为了重现石油发展史，王炳诚精心设计石油纪念系列邮票，生动描绘了十二个油田的发展历程；在电视节目中敏锐地发现描绘石油会战时的史实错误，亲自查阅大量档案和文献资料后，上交广电总局数千字的勘误建议书；将自己对石油行业的热爱汇编进《石油情缘》里，铿锵的文字诉说着中国石油行业的艰辛与辉煌。

尽管退休后无法在石油一线继续奋战，但他用自己的方式挖掘石油记忆，谱写着幕后新篇章。

吾辈承前志，砥砺谱新篇

采访过程中，当我们问到如何做一个对社会有用的人，王老师说："要把自己造就成一个有信仰的人，人没有信仰就没有灵魂，有信仰就有追求。"他鼓励我们，说要"理解国家，与国家同呼吸共命运，把这个重担勇敢地挑起来"。在得知我校克拉玛依校区 118 位毕业生选择奔赴新疆基层工作后，王老师感慨万千，随即提笔，以信件的形式对这些奔赴边疆的青年给予了鼓励与支持。

王老师对后辈的关怀体现在方方面面。访谈中，讲完如何做到爱岗敬业，王老师还不忘提醒"身体是革命的本钱"，叮嘱我们一定要重视身体锻炼。这位和蔼的长者，用朴实的语言把自己毕生的故事与经验娓娓道来，只为鼓励我们勇担时代重任，阔步远行。

数小时如弹指一挥，不知不觉间沉入那个蔚蓝时代中的我们，直到看见王老师脸上稍显疲惫，才恍然醒悟：这位老人已经 95 岁高龄，但他青年般昂扬的精神与那如火的热情深深感染着我们。

一代人有一代人的长征，如今能源报国的火炬已传递到我们手上，沉甸甸的责任让我们既惶恐又自豪。只要回想起王老师那个下午的关怀与期望，看到习近平总书记复信中的肯定与鼓励，我们便能再次坚定信念，在属于我们的战场上砥砺奋进。我将无我，不负人民。

（指导教师：刘　峰　李田放）

刘奉光：他的光从讲台照到另一个讲台

曲阜师范大学　刘成林

"学而不厌，诲人不倦。"这是《论语》里对正确的学习态度和教学态度的肯定，也是曲阜师范大学退休教授、"黄丝带帮教工程"创办人刘奉光师者仁心、孜孜讲学、无私奉献的真实写照。自1988年刘奉光创办"山东孔子专修学院"到2005年创办"黄丝带帮教工程"至今，他一直奔波在路上，风雨无阻，几十年如一日，走进监狱讲学、帮教服刑人员，退而不休，为国分忧。

我们提前一天在退休处见到了刘奉光老师，他向我们讲了黄丝带的故事，我们了解到他从1988年创办"山东孔子专修学院"开始，就坚持不懈地义务帮教服刑人员，并且开设多种课程，不限于他所研究的儒学，还有历史学、社会学、文学、电脑应用学等，两年一期，参与学习的服刑人员多达五千多人。在2005年5月退休后，他主动牵头，与11名老师和150多名研究生、大学生创办了"黄丝带帮教工程"，并组织教授、专家们不定期到监狱讲学，从社会帮教的角度配合监狱帮助教育服刑人员。久而不怠，焚膏继晷，18年来终始如一，"黄丝带帮教工程"志愿团队在七省市55所监狱举办培训班二十多个，作报告三百多场，直接帮教服刑人员达10万名，服刑人员出狱后重新犯罪率极低，成效卓著。直到如今，刘奉光教授仍然坚持自费抵达每一次的讲座讲台，用个人的退休金支持团队的运转，正其谊，不谋其利，守正为心。

第二天晨光熹微之时，我们便踏上了去往运河监狱的道路。在窗外呼啸而过的风声和高速路上的车流声里，刘奉光教授沉默地结合党的二十大精神写着他今天要授课的内容，写好后又紧接着创作下一首"新八佾之歌"。他依据《论语》里的八佾，联系监狱服刑人员的实际情况，创作出"新八佾"。八佾本涉及"礼"的问题，主张维护制度上、礼节上的种种规定。他在"新八佾"里融入礼义孝悌、修身立德、社会家庭和爱国爱党的内容，通过歌曲潜移默化地鼓励服刑人员慎厥身、修思永。

在新一期运河监狱孔子函授大学开讲的第一课中，刘奉光教授深入浅出，生动鲜活地把中国传统文化、优秀儒家文化结合国内外形势、我国国情、党的方针和社会新闻报道浅显易懂地讲解出来，把国际形势与爱国主义教育有机结合，以中国传统文化在国家民族命运中的重要性为主题，论证了全民弘扬中华优秀传统文化的现实意义，那就是在党的领导下，能够不断筑牢我们民族精神的高地，拒绝历史虚无主义沉渣的泛起，打碎企图瓦解信仰根基的图谋，铲除污秽、扬清抑浊，让中华民族在历史洪流中屹立不倒、挺立潮头。他从未将服刑人员以罪犯称呼，亲切地用"同学们""学员们"称呼所有听他讲座的服刑人员。他以文化人、以情感人，鼓励引导服刑人员重塑道德规范，修正价值取向，真正从心灵改造开始，加快回归社会的步伐。他所讲述的道理博大精深，信息精确丰富，演讲声情并茂，引起了在场民警和服刑人员的共鸣，掌声阵阵，收到了良好的效果。

"我做的这一切都是为国分忧，我无怨无悔。"在回来的路上，刘奉光对我们说，他作为退休人员主持这份工作是发挥余热、奉献光明，并呼吁广大退休同志行动起来，拓展黄丝带帮教工程，走进监狱去矫治犯罪，走进社区、走进学校去预防犯罪。他希望有更多的人投入进来，为党、为人民、为社会、为国家作贡献，能够帮助青少年树立正确的人生观，让红色江山永葆青春。正午的阳光照在他的身上，深深地印在我的记忆里，那样伟大和不凡。

日新为道，行而不辍。他从学校的讲台退休，却又不断奔波，跨省穿市步履不停，只为把光洒向另一方讲台。刘奉光就像他的名字一样——奉献光明，身体力行地践行着如他所言的那句话："在繁华富足的时代，我就是要刻意传承我党艰苦奋斗的优良传统。"

"同学们，共勉。"讲授结束，他起身抱拳，铿锵有力的坚定话语让人热泪盈眶。

包庆荣：忆往昔峥嵘岁月，踔厉奋发新征程

威海职业学院　杨文博

春，早已淡出人们的视野。盛夏已至，微风吹过了小村，吹动了清流，吹开了凝滞的云层，天空渐渐明朗起来。我们"星火"小队在这盛夏，走出校园，探访一名"老模范"——"兵妈妈"包庆荣。

车子缓缓地行进在村庄，我细细品味着这方世界。刚下过雨的村子是充满生气的。农田里不知名的鸟儿啾啾喳喳，与村子里的鸡鸣交相辉映。再往里些，树影渐渐淡了。一阵犬吠将我的思绪从远处飘扬的红旗上拉回来。我们将车停好，徒步拜访老人。

"山不在高，有仙则名；水不在深，有龙则灵。斯是陋室，惟吾德馨。"走在路上，这句话在我的脑海里不停地翻滚。在这如泼墨山水画般古色古香的一隅之地，我即将见到这一抹亮丽的红色。一进门，满墙的照片、锦旗不禁让人升起敬意。角落里的缝纫机和地上整整齐齐的鞋垫以及那满墙的荣誉，共同谱写出一曲新时代红色革命精神的史诗赞歌。

这史诗赞美的"英雄"正站在我们眼前，她消瘦却精神矍铄，脖颈上有些很深的皱纹，双手上有些褐斑。这双手，这双成年累月辛苦劳作的手，早已从光滑变得粗糙，变成了龙钟屈结、鳞甲斑驳的古老树根！正是这双手，纳出了六万多双鞋垫；正是这双手，种出了十多亩地；正是这双手，同时照顾四位老人；正是这双手，将红色故事、革命精神撰写得美丽动人、栩栩如生。

讲明来意后，包奶奶拉着我们促膝长谈。

"小同志，你们能来，我特别地欢迎，我特别喜欢当兵的，看见当兵的就高兴。"

"我没多少文化，就是想起什么讲什么，做了什么说什么，都是真事。"

"我早年丧母，是街坊邻居给我拉扯大的。冬天穿的是俺父亲给我编的草鞋，脚底板子都冻得全是口子。我这一辈子忘不掉那种刺骨的疼，咱老百姓能力有限，我就会点缝纫的活，那咱就给战士们送鞋垫子吧。"

"我第一次给战士们送鞋垫子是我儿子刚入伍时，当时恰逢香港回归，举国上下欢庆。我也想为国家做点贡献，但是我能力有限，我想起我小时候冬天没有鞋穿的刺骨，那就给他们送鞋垫子吧。我紧赶慢赶，在香港回归典礼之前将鞋垫子送到了战士们手中。"

听她讲述革命时期的生离死别、中华人民共和国成立后的热火朝天，我的思绪又飘到了远处的红旗之上。在那烽火连天的岁月里，涌现出多少像包奶奶这样勤劳、奋斗、勇敢、求实、爱国的英雄模范、时代标兵。伟大的精神跨越时空，烛照永恒。革命精神犹如火种，在历史的迷雾里照亮前程。在精神文明高度发达的今天，革命精神具有不同寻常的意义。时光流转，我想，学习并发扬好革命精神，才是对历史最有意义的致敬。

"我能做到什么，就尽力去做什么，我就这么点本事，大了我也做不了。"

"孩子们，奶奶没有啥好东西给你们，你们一人拿一双鞋垫子，以后要为祖国奉献属于咱的一份力量。将来我去部队看你们。"

我们向奶奶敬礼告别。走出大门，我不禁回头再次看向那满墙的荣誉。恍惚间，那挂在墙上的不再是荣誉，而是一面鲜艳的红旗。

包奶奶送我们到路口，直到我们上车，她仍站在路口不愿离去。看着她那年迈的身影，我又想到她给我们讲的故事。那一幕幕好似我亲历一般，从记忆深处向外涌来。车子一摇一晃，我又回头望向她，她仍未离去，像是灯塔一般，指引我们脚下这艘小小"红船"扬帆远航。

人们赞美流星，是因为它燃烧着走完自己的路程。也许流星只是短暂地耀眼过，但当它划破暗夜时，人们无不惊叹那一瞬的光芒。人的生命在漫漫的时间河流中显得极其有限，但一个人倘若能在这有限的生涯中寻觅到热爱的事业并为之坚守与奉献，又何尝不是一种幸运？

理想是前行的方向，热爱为前行注入动力，坚守则让我们在人生之路上越走越远，开拓属于自己的广阔未来。在实现人生价值的道路上，我们既要有远大的理想，又要有不竭的动力源泉，最后坚定地朝着目标执着前进。作为新时代的青年，要是能将个人志向融入时代发展之中，我们便能进入更高的人生境界，让青春在火热实践中绽放绚丽之花。

（指导教师：张　翔　祝豫川）

张葆珺：春蚕丝未尽，桑榆正当时

江汉大学　王　兴

张葆珺，武汉市委党校原教授，被评为有突出贡献的中青年专家。2019年加入教育部首届银龄讲学计划，奔赴湖北省孝昌县（国家贫困县）花园镇澴西学校支教至今。2020年被湖北省教育厅评为"湖北省荆楚好老师"，2021年被评为孝感市"五老"先进个人。2020年《中国教师报》《中国民族教育》《长江日报》《湖北教育》、武汉电视台和"学习强国"等多家媒体陆续报道了她的支教事迹。

"春蚕到死丝方尽，蜡炬成灰泪始干。"教师的奉献精神是永恒不变的话题，桃李成荫中，张葆珺老师的传道授业之旅如一叶扁舟路行缓缓，或浅尝辄止，或上下求索，或来日方长。

三踏教师之路，披荆斩棘再启程

"我是一名退休的党校教师，可我的教师生涯却始于我的 19 岁，是一个中学的语文老师兼班主任。两年半后我幸运地成为恢复高考后的第一批大学生，毕业后依然站在三尺讲台。退休后一个偶然的机会，让我再次出发，奔赴教育之途。"这便是张葆珺老师一生中三段教师的经历。而退休后前往国家贫困县孝昌县的支教之旅，却是困难重重。

有数十年教龄的张老师下贫困县支教本应是一段佳话，可孝昌县的贫困状况与教育资源缺乏程度却远超张老师的预期。张老师与同事一同前往支教的澴西学校后，发现自己的宿舍"家徒四壁"，甚至连地都是潮湿的泥土地。张老师尽可能地自费采购一些生活设施，才勉强维系生活。解决完住宿问题，新的问题又接踵而至。初来乍到，张老师连给学生们上什么课都没准备好，校长便马上让张老师给同学们上课，张老师蒙了。原来，该小学师资匮乏，开学两个星期还在上"自习课"。虽然如此，但出于对教育质量的严格要求，张老师仍然没有同意校长的要求。既然要教书，便要教给孩子们有用的知识，如果草草了事，宁可不教。可既然来了，便要对学生们负责任，张老师了解到全校的学生中，留守儿童占大多数，于是，她向校长提出了自己的建议，在陈旧破败、不起眼的小教室中开放了一间"心灵驿站"。

用心发出光热，巧心寓教于乐中

"心灵驿站"被越来越多人了解，解决了学生的各种问题。同时，完成准备工作的张老师积极着手日常教学。而她遇到的第一个问题便是：课堂教学如何避免直白地说教？曾经的党课的教授对象都是各层级的领导，与小学生们的教学大相径庭。张老师深知教学不能是纯理性说教，而是要寓教于乐，于是她将新的教学观念渗透到教学中，带领学生们走出教室，让课堂回归现实，让孩子在活动中认知、体验、感悟、积累。张葆珺老师还新开设了书法、中外少儿经典电影赏析、中外少儿歌曲鉴赏及少儿与中国历史四门社团活动课，为乡村孩子们打开了一扇看五彩斑斓的世界的窗户。

张老师还努力为乡村老师提供机会去观摩省示范学校的教学来拓宽视野，先后带领乡村老师走进省示范学校的课堂，并请名师到乡下送课，改变教学观念，开阔眼界，受到了乡村老师的高度赞扬。她第一次帮乡村教师把文字变成铅字，编写了校本教材《美德课堂》，这在整个县引起了极大反响。

用爱传递温暖　春风吹入万户门

支教以来，张老师每学期都会家访，奔走在无数条坎坷曲折的乡村小路上，她用脚步走进学生家庭，用爱走进学生心里。数年来无论是寒气逼人还是热浪难熬，她都从未停歇，了解农村学生，走进农村家庭，了解留守儿童性格特点，有的放矢地帮助他们渡过难关。她听着孩子的稚嫩话语，感受孩子的喜怒哀乐，俯身问询时，始终关注孩子心中的酸甜苦辣，面对孩子缺失的爱，用一颗呵护、包容的心来修补。

在讲述家访的过程中，张老师回忆："二年级的一位小男孩，长年随着奶奶生活，除了吃穿，其他都是自己'料理'自己，每天放学回来做完作业还要帮奶奶做家务。老师问他最大的愿望是什么，他说：我只想好好学习，争取早日成为少先队员。"当时，我们所有人都被小男孩质朴纯真的愿望感动了，稚嫩淳朴的话语不禁让我们回想起百年前扬帆的小小红船，回想起无数为党和国家建设奋斗一生的先辈，也回想起我们曾经发出过的铮铮誓言。

不忘初心，砥砺前行。张葆珺老师一生都在用行动践行着她教书育人、为祖国建设献出自身力量的初心使命，正是秉持着这样的精神，张老师一生三踏教学之路，在退休后仍发挥余热，到祖国有需要的地方去，为祖国积极培养下一代。而在中国共产党一路走来的历程中，正是无数像张葆珺老师一样无怨无悔为祖国下一代事业而终生奋斗的教育工作者，用爱耕耘，无问收获，将孩子们心中那颗小小的红色种子细心呵护，将温暖的春风吹进每个孩子的心间，才换得如今巨树成荫。正是他们照亮了新时代的少年们前行的道路，推动着我们勇敢地面对新征程中的每一处艰难险阻。

（指导教师：位慧敏）

宋太伟：讲述红色故事，赓续红色血脉

湖北民族大学　袁艺榕　时吟吟

"我还是从前那个少年，没有一丝丝改变，时间只不过是考验，种在心中信念丝毫未减。"正如歌词中所写，在时代的车轮中，我们的容颜可以改变，但心中的信念永不褪色。

在湖北民族大学关心下一代工作委员会的一张书桌前，一群朝气蓬勃的大学生正注视着耄耋华发的宋太伟教授，他们认真地聆听着、思考着。精神矍铄的宋太伟正在给学生们讲述自己父亲的革命故事。

宋太伟的父亲——宋文光烈士把自己的一生都奉献给了中国共产党和中国人民伟大的解放事业。宋文光同志年轻时参加了广州起义，在一次受伤后回到无锡参加地下工作并组织民众抗日救国。1942年，宋文光不幸被捕，尽管受尽折磨，却仍然坚贞不屈，直至牺牲自己的生命。

宋太伟深情回忆自己的父亲："父亲是一位共产党员，当时党员的身份是秘密的，上不传父母，下不传妻子儿女。由于当时都是单线联系，所以他的身份一直不为人知。直到后来，一批老同志在'解放'后写回忆录，才根据线索调查取证，弄清情况。时隔四十年，父亲才于1981年12月26日被追认为烈士。现在，父亲的烈士墓碑在无锡锡北烈士陵园中央区第一排。"

父亲战斗的、革命的一生给予宋太伟莫大的精神力量。父亲执着的理想信念、大无畏的革命精神一直引领着宋太伟追求理想信念之光，接续奋进。1963年，宋太伟大学毕业，祖籍江苏的他放弃去大城市工作的机会，毅然选择到湖北西南部的山区工作，他被分配到恩施土家族苗族自治州咸丰县坪坝营林场从事基层林业生产工作。1984年4月，宋太伟调入鄂西大学（现湖北民族大学）负责筹建林学专业，此后一直在林学院任教。

宋太伟在工作岗位上兢兢业业，克难奋进。除承担多门课程教学任务外，他还担任林学院的领导工作。工作中，他废寝忘食、勤奋实干，负责的

"林木病理学"课程被评为校级优质课程,发表论文二十余篇,主持研究多项科研项目,曾十多次被州教育战线党委和学校评为"优秀共产党员""先进工作者""教书育人先进个人",荣获"湖北省优秀教师""全国优秀教师"以及"湖北省高校优秀党务工作者"等称号。

2001年,宋太伟光荣退休,同时又被学校返聘,从事教学督导与管理工作。在新的岗位上,他身体力行,言传身教,努力做好传帮带,关怀和帮助青年教师成长。2007年,宋太伟因年龄原因卸任学校教学督导和管理工作后,又投入学校关心下一代工作中,连续几届担任学校关心下一代工作委员会委员。

宋太伟积极开展关心下一代工作,对学校每次安排的工作任务从不推辞,任劳任怨。每一次为大学生进行专题宣讲前,他都要认真组织材料,撰写讲稿,力求把专题讲座和党课讲得更好、更生动。在"缅怀革命先烈,传承红色基因"的主题宣讲中,宋太伟总是深入浅出地阐述红色基因的深刻内涵和时代价值。为更好地做好红色教育,赓续红色血脉,已80岁高龄的宋太伟学会了制作PPT,他认真地将讲稿做成PPT,用图片将父亲的革命事迹生动形象地展现给大学生们,让他们更好地理解讲座内容,清晰把握历史故事脉络,产生共情共鸣,以增强宣讲活动实效。

宋太伟激情饱满的专题宣讲深受大学生们的喜爱,反响极为热烈。据统计,宋太伟给学生开展讲座和教授党课次数达四十余次,受教育学生达六千余人。2021年,宋太伟被评为"全国高等学校关工委先进工作者"。

宋太伟说,红色基因根植于革命先烈的英勇牺牲和无私奉献中,体现了为中国人民谋幸福、为中华民族谋复兴的初心和使命,是共产党人的生命密码,是中国共产党人信仰的种子,更是一种精神力量,鼓舞着一代又一代中华儿女为实现中华民族伟大复兴而坚强自立、奋发向上。"现在国家发展了,人民生活变好了,我们要饮水思源,不要忘记过去,不要忘记先烈,不要忘记我们党的初心和使命,不要忘记我们的革命理想、革命宗旨。我们要继承革命先烈的遗志,在实现中华民族伟大复兴的中国梦进程中深入挖掘、自觉传承红色基因,用红色基因凝聚精神力量,沿着党指引的方向前进,勤奋学习,争做有理想有担当的时代新人,为把我国建设成世界强国而奋斗。"这是宋太伟教授对大学生们的殷殷嘱托和深切期望。

　　十年树木，百年树人。在宋太伟等"五老"的努力工作下，青年大学生学"四史"热情高涨。他们缅怀革命先烈，赓续红色血脉，在学习、生活和实践中传承青春力量，在新时代书写下更加精彩绚丽的青春篇章。

（指导教师：戴　蔚　黎静文）

朱策：一生爱党向党，一心关爱青年

广东警官学院　林奕楷

91 岁高龄的老人慈眉善目，在家中等着我们的采访。客厅陈设简朴整洁，桌上堆满各种资料，一份手写材料字迹清晰工整。我们翻开他的履历表，两个关于党龄的细节令人称奇：他的党龄竟有 73 年之久；他的入党日期和出生日期又都是 9 月 19 日！

这是巧合吗？老人微微一笑，慢慢解释说，因为他和家人都不记得他的出生日期了，他就干脆将生日改为入党日期。这件事充分表明他对党的感情——他把自己的生命紧紧地和党联系在了一起。

这位老人就是朱策同志，广东警官学院离休干部、原党委委员、纪委书记、人民警察二级警监，离休 30 年继续发光发热，为关心下一代事业做出了贡献。

党的指引，奔向光明

每个孩子在成长中，都有一个立志、磨练与转变的过程。朱策在一个单亲家庭中长大，从小让母亲操碎了心。读五年级时他突然变得懂事了，其契机便是一位语文老师的点拨。这位老师名为李适存，颇有学识，且为人矜持温和，又循循善诱。在他的亲切开导和鼓励下，朱策从一个调皮的孩子，转变成一个学习勤奋、品行端正的好学生。李老师因故辞职后，还赠送给他一本巴金的小说集《光明》，寄语他"继续努力，更进一步"。朱策后来才知道李老师是地下党县委负责人之一，正是在李老师的指引下，他逐渐看见"光明"、靠近"光明"、融入"光明"。

此后，朱策以第一名的成绩考入当地一所中学，继续发奋读书。他反复阅读李老师赠送的《光明》，引发对社会不公正问题的思索，但又深感迷惘。为此，他写了一篇读后感《穷汉穷谈》。结果，这篇文章让他很快进入一个地下党外围组织，他和他们共同讨论社会出路问题，思想得到升华，走上了觉醒之路。1949 年 7 月，朱策秘密加入新民主主义青年团，参加了革命。

1950 年春天，中华人民共和国成立不久，广东小城乐昌就出现了一场暴乱。一股土匪势力趁驻军外出攻打县城，朱策冒着危险参加护城，事后还协助部队前往剿匪。经过这场战火的洗礼，1950 年 9 月 19 日，朱策光荣地加入中国共产党。"是党让我获得新生，党指引我迎来人生的光明。"耄耋老人激动地说出恳切的心声。

奋发图强，为党工作

1952 年 7 月，朱策从乐昌县公安局到省公安干部学校培训，因表现优秀，结业后留校工作。自此，他与这所学校结下了长达七十余年的不解之缘，见证了这所学校的筚路蓝缕与风华正茂。

省公安干部学校成立于 1949 年 11 月，其后几经更名，2004 年建立广东警官学院。在这所学校，朱策先后从事党史党建教学、教务、党务政工等工作，1993 年从纪委书记岗位上退休。在学校七十余年的校史上，很少有人像他这样转换过那么多的岗位，也很少有人像他那样知晓学校发展的深微细节。

朱策几十年如一日，始终勤勤恳恳、踏踏实实、坚定而执着地为党工作。他只有初中文凭，这无疑给他从事理论教学与高校管理工作带来了巨大挑战。他抓住一切机会学习，曾到中央政法干校师资班进修政治经济学，五次进省委党校学习，还经常去省委党校旁听。他认真学习、刻苦钻研，积累了丰富的政治理论知识。他特别重视教学的针对性，根据培训学员、失足青年、监狱犯人等不同的特点，因材施教，紧密联系实际，因此听课者反响强烈，好评如潮。他长期从事政工、党务工作，曾创造性地推出党支部目标管理考核制度，为此，省直机关工委召开现场经验交流会，对这一做法进行推广。

"党交给我的工作，我一心一意做好，不偷懒、不敷衍、不抱怨。"他心平气和地说出了这样的话。

退而不休，甘于奉献

离休后的朱策，不忘自己的党员身份，依然忙碌着、奉献着。他在省关工委（关协）工作二十多年，曾任常务副主任。他是学院第一届关工委（关协）主任，担任离休党支部书记更是长达 30 年。

朱策充分发挥长期从事党史党建教学和党务工作的专长，主动请缨，担任学校党建组织员，义务为大学生讲授党课，不论时间，不计人数，不讲条件，不要报酬，整整讲了 20 年。

在省关工委（关协）工作期间，朱策参加全国、全省有关会议，深入调查研究，撰写文字材料。有一年，朱策和一位老同志共同负责表彰总结的起草。不巧这位老同志患病住院，而朱策年迈的母亲也因急病住院。他把材料带进病房，白天在照看母亲之余阅读思考，晚上则执笔撰写。不久母亲病逝，他强忍悲痛坚持写完总结。这个总结，得到省关工委领导的高度评价，中国关工委首次在内刊上刊发广东的文章，有力地推动了省关工委工作。

离休三十多年，朱策做到了生命不息，奋斗不止。2020 年 8 月，中国关工委向 91 位从事关心下一代工作 20 年以上的省级关工委老同志颁发纪念章，朱策名列其中。在访谈中，我们真切感受到老一辈共产党人忠诚敬业、关爱后代、务实创新、无私奉献的精神，加深了对新时代关心下一代工作的理解。

朱策离休后写过一首《七一抒怀》："年年今日抒情怀，千言万语道不完。自从投入党怀抱，人生旧貌换新颜。"这首诗表达了朱策对党的深厚感情，写出了他为党的事业矢志不渝的心声。

（指导教师：韩帮文）

李烈：以人为本践医者仁心，教书育人得桃李芬芳

广州医科大学 吴秀坤

他原是香港同胞，紧跟党的脚步，"回"到内地，几十年来一直在为粤港澳大湾区工作；他从医大半辈子，参与创立广州金域医学检验中心，将专业知识送到了基层；他教书育人数十载，桃李芬芳，是学生赞不绝口的"好老师"。他就是李烈教授。

紧跟党的脚步，做时代需要的人

"一个人，要按照党的指引走路。""还有一点很重要，那就是忠诚。""我最初的时候，对党并不了解很多，但是我要忠诚，一心跟着共产党。"在采访中，李烈教授跟我们这样说。

李烈教授家里几代人都在香港生活长大。

20世纪中叶，正在读中学的少年李烈受到革命思想的影响，同当时一些有进步思想的小伙伴一起在香港的街道上义卖《大公报》。那一份薄薄的报纸，是少年李烈的革命读物，也是助燃他踏上内地的柴油。

1951年，少年李烈参加中华人民共和国成立后的第一次全国统一高考，毅然决然地背上自己的行囊踏上了"回"内地的路，开始了他学医救人、教书育人的征途。他说，这是他生命的第一次启动。

在结束了求学路后，他没有回到香港，当时广州需要大量的医学人才，他来到了新成立的广州医学院参与建校。经济困难的时候，他下田种红薯。在外上课住宿条件不好时，便和大家席地而睡；没地方上课，就带个小凳，在郊区新建的猪圈里教书。甚至是建教学楼时，李教授都参与工地的劳动。

在我们问及他关于创立广州金域医学检验中心背后的故事时，李教授带着回忆跟我们说："把专业知识送到基层，是我老师的心愿。"在创立之初，李教授就按照老师以前所说的，把重点放到农村去。他曾多次到农村基层推广病理诊断。

他曾是学院的常务副院长，退休后，还在继续为大湾区工作。谈及退休，他说："当时我认为我应该做生命的第二次启动了。"

在采访途中，李烈教授的同事提到，李教授退休后有段时间去地市级的医院工作，并把自己的报酬都捐给了希望工程。一开始李教授没想起来，后来笑着解释道："我算是医院的顾问，本来就有一笔工资。那时候便将奖金包括所有的福利，都放在了一个工商银行的储蓄本里。我走前留给院长一封信，说很感谢你们给我一个机会为社会服务，也感谢你们给我这么丰厚的报酬，我会分文不取，送到有需要的地方。"

注重人文培养，以"育人"为旨

2022 年，习近平总书记在中国人民大学考察时指出："培养社会主义建设者和接班人，迫切需要我们的教师既精通专业知识、做好'经师'，又涵养修养、成为'人师'，努力做精于'传道授业解惑'的'经师'和'人师'的统一者。"

李教授是一名精通专业知识的"经师"。他从专业方面来培养学生，重点强调对思维理性、思维判断、学习能力的培养，而不是简简单单地学习知识表面。采访时，李教授的一位学生也在场，他和我们说："李教授可是当时最受欢迎的老师之一。他的课堂氛围很活跃，专业知识很牢固，在我们同学那里，口碑很好，我们都说他是'问不倒'的老师。他的教学给我们留下的印象很深刻。"李教授提到了他认为在教学过程中很重要的三点。其一是要让学生找到正确的、适合自己的自学方式方法；其二，要让他们懂得在确定好自己的目标之后就要为之好好地努力，不要担心在实践过程里头可能会出现问题，遇见问题就积极解决，一直在原地踌躇不前是不行的；其三，教会他们对自己的"知识库"进行自我更新。

同时，李教授也是一名有良好修养的"人师"。他较早意识到对人的素质的培养。他认为医学生需要具备一定程度的艺术修养。李教授去过几十个国家，每到一个地方，博物馆、美术馆、当地的学生饭堂、学生的活动中心，他是一定要去看一看的。李教授谈论他感兴趣的哲学，还引出"除了医学知识体系本身外，还要进行一种更深层的对人的理解"。在采访过程中，李教授很关心我们的学习，他对我们说："多读点书，不光是医学方面的。"

李教授活到老，学到老，知识广博，在80岁那年修得了法学硕士学位。

"三寸粉笔，三尺讲台系国运；一颗丹心，一生秉烛铸民魂。"李教授是"经师"与"人师"的统一者，是精通专业知识的授业者，是塑造学生品格、品行、品位的"大先生"。

关注未来医疗，注重以人为本

李教授当了大半辈子的医生，就医生这个职业，他跟我们强调了三点。一是，做医生，人是要放在第一位的。不要把人当成一个工具来修理。二是，我们都应该坚守医师执业道德。三是，学术不要作假。如果你作假了，你自己也真不了。

当问及李教授对于未来医疗发展的看法时，他说："未来的医疗发展，中国应该把更多的时间和资源给农民，让农民得到更好的医疗。这一点很重要。"中国现在的医疗发展还存在缺口，还需要后人不断努力。

（指导教师：梁凯涛）

吴兆昌：矢志献身育桃李，初心不改报党恩

佛山科学技术学院　丘军保

为有牺牲多壮志，敢教日月换新天。从浙江嘉兴的一艘小小的红船到如今引领中华民族伟大复兴的巍巍巨轮，从风雨飘摇到全面建成小康社会，这短短一百年，为赢得民族解放，实现国家富强和人民幸福，一代又一代共产党人前仆后继，舍生忘死，在祖国的大地上谱写出一篇篇壮丽的诗篇。

在我身边便有着这样一位出身寒微却心系国家，为祖国的教育事业添砖加瓦，退休后仍旧无私奉献、为祖国发挥余热的共产党人。他，便是吴兆昌，原佛山师范专科学校（现佛山科学技术学院）经济管理学院创始人，他不忘初心，立志终身献身党和国家的事业，在祖国的大地上挥洒青春热血。

不忘初心，永念党恩

"没有共产党就没有新中国。"吴兆昌老师动容地说道。那一刻我们从吴老师坚定的目光中感受到了一位共产党人的本色。

1930 年，吴兆昌老师出生在广东中山的一个贫困家庭，那时的中国风雨飘摇，山河如晦，日本侵略者的残暴和国民党反动派的不作为在年幼的吴兆昌心里留下了深深的痕迹，自那时起，加入共产党就成了吴兆昌心中坚不可摧的信念。

怀揣着这样的信念，吴兆昌力争上游，不断提升自己。凭借着优异的成绩，1957 年吴兆昌毕业后被分配到湖南大学任教，那时的吴兆昌便以党员的标准要求自己，在自己任职的岗位上默默奉献，艰苦奋斗。功夫不负有心人，两年后吴兆昌便因为表现优异而成为一名光荣的共产党员。

谈及入党时，吴兆昌仍难掩激动："听党话，跟党走，感党恩。"讲至尽兴处，这位年至耄耋的老人双手颤颤巍巍地捧着"光荣在党 50 年"纪念章向我们展示："是党培育了我，我选择了党，就要终身追随党，为了人民的利益毫不动摇，为党工作一辈子。"这既是吴兆昌党员生涯的总结，也是对

我们青年人的谆谆教导。

为人师表讳不倦，为国育才桃李满

1957 年，毕业后的吴兆昌听从国家安排来到湖南大学工作。那时的中国百废待兴，吴兆昌怀着满腔的热情教书育人，三尺讲台是万千学子心心向学所在，更承载着一位老党员的一片赤诚之心。吴兆昌在心中说："我一定倾尽我所学教好学生，不负党的信任，不负万千学子所托。"

1964 年，第一颗原子弹试爆成功，举国欢腾。说到这里，吴兆昌眼中难掩欣喜："中国人终于有了自己的原子弹！"那时候的吴兆昌在日记本上写下了"科教兴国"四个字。他深深认识到："没有强大的国防，祖国就会挨打，中华民族就难以真正地站起来。"国防之关键在于科技，而科技之基又在于人才，在于教育。这些更坚定了吴兆昌教书育人的信念。这一教便是 30 年，数十年如一日，孜孜不倦地为祖国培养了一批又一批的人才。

1985 年，吴兆昌响应党的号召，来到佛山科学技术学院工作，他因地制宜向学校建议"三年规划"，不仅创立了经济管理学院，还为祖国培育了一批批专业型人才。吴兆昌始终坚守在教育一线，他因材施教，让每一个学生都能发挥所长，纠正学生错误时从不大声呵斥却能做到润物细无声，和学生之间更是亦师亦友。

"年轻人嘛，就该趁着年轻多学点东西，将来才能更好地报效国家。"听到这里，我们不由得肃然起敬。春蚕到死丝方尽，蜡炬成灰泪始干。我想唯有这句诗才能配上吴兆昌为祖国教育事业奉献出的青春岁月。

信仰难改弥久坚，岁月难改爱国情

老去的是岁月，不变的是信仰。共产党人的信仰在时间的长河里熠熠生辉，历久弥坚。

退休后的吴兆昌，牢记入党的誓言，不忘入党的初心。他专心于公益事业，热心参加志愿活动。吴老感叹残疾学生的困苦，曾捐款 5 000 元给中山大学学生会用以资助残疾学生，鼓励学生好好学习，将来报效祖国。

莫道桑榆晚，为霞尚满天。当我们感动于吴老从个人退休金中挤出 8 万元用于资助山区希望小学建设时，吴老只是笑道："既然选择了成为一名党员，那无论何时何地，都不应该去计较得失，而是要时时刻刻以党员的标准要求自己，甘于奉献。"

在吴老的身上，我看到了一个在教育一线奉献自己青春年华的老师，我看到了一名共产党人的满腔爱国情。吴老更像一座信仰的灯塔，照亮了我们青年前进的道路。今日之中国有像吴老一般的万千灯塔甘于奉献，这万千灯塔凝聚在一起，才照亮了中华民族伟大复兴之路。

（导教师：邓日昌）

邱蕾：让壮乡的孩子自信走向未来

南宁职业技术学院　陆娇颖

　　抛绣球、踢毽子竟然是南宁市体育中考项目？外省的朋友听到后通常会大吃一惊。是的，没错，南宁市于2006年首次把抛绣球、踢毽子等民族传统体育项目列为体育中考的考试项目，这在全国属于首创，当时《人民日报》《中国青年报》《南国早报》等媒体对此作了报道。广西民族体育从此开始走出去，让全国人民都领略到了壮乡体育运动的魅力和精神。而在背后默默推动这件事的人就是南宁沛鸿民族中学体育特级教师——邱蕾。

　　亲和的微笑，开朗而健谈，中等个儿……初次见到邱蕾老师，很多人都难以把她和印象中高大健壮的体育教师联系起来，但是她在体育教育事业上所取得的成就却比肩巨人。

她是深耕体育教学的园丁

　　升入初中以后，同学们渐渐把重心放到了文化课程上，从而忽略了体育课，为此邱老师把终身体育观融入日常教学中。对于害怕上体育课的同学，她进行鼓励和陪伴，不把一次体育测试成绩作为最终成绩；对于不理解体育课的同学，她用生活中的案例生动形象地解释"小动作大用处"；对于上体育课懒惰的同学，她在寒暑假也布置体育作业，旨在让大家养成科学锻炼的方法和长期锻炼的习惯。正是邱老师的不懈坚持与付出，同学们在锻炼中受益匪浅，不仅能更加自信地面对中考体育，还体会到了运动的快乐，锻炼了吃苦耐劳的精神。广大家长也对邱老师的做法表示认同和赞赏。

她是民族体育教学的领跑人

　　1987年起，邱老师开始将民族体育项目引入体育教学及课余体育活动当中。这种生动有趣且富有特色的体育运动深深吸引了众多的学生，短短几年时间，毽球运动风靡了整个学校，连学校老师也参与其中，那一上一下飞舞的毽球和一师一生跳动的身影是校园内最美丽的风景。2001年，邱老师抓住课改机遇，结合中学生的特点，将广西民族体育运动开发成校本课程，把毽球、珍珠球、竹铃球、抛绣球、板鞋、跳竹竿、跳大绳、滚铁环、打手毽等十多个教学项目作为丰富的课程资源，把民族体育与竞技体育紧密结合。

邱老师所负责的民族体育校本课程的成功开发，推动了广西民族体育的发展，以该研究成果为基础，南宁市体育中考把踢毽子、抛绣球列为考试项目。直到今天，抛绣球还是南宁体育中考项目，走进中学校园依然可以看到同学们在操场上苦练抛绣球的场景。民族精神的传承和发扬也在这一个小小的绣球里生根发芽，开出一朵绚烂的民族文化自信之花。

她是诲人不倦的教育者

2014年退休后，邱老师持续为民族体育事业做贡献，到广西各地中学推动民族传统体育发展，参与制定国家舞狮标准，促进壮族舞狮事业建设。每年中考体育考试到来之际，她都会返校给沛鸿学子讲解体育中考技巧和鼓舞士气。她还带着年轻体育教师继续研究广西民族传统体育，把校本课程继续做深做实。在邱老师的指导下，南宁沛鸿民族中学的体育教学硕果累累，获得过南宁市教学成果奖一等奖、自治区教学成果奖特等奖，2022年更是获得国家级教学成果奖二等奖。邱老师充分展现了一个特级教师的担当，充分践行了一个特级教师的使命。

在和邱老师的交谈中，她的话让我记忆犹新："工作以来，我一直在思考如何把民族文化和本职工作结合起来。民族体育是一个很好的契合点，我看到了民族文化传承的方式和途径，我坚持在民族文化传承上研究和努力。作为一个老师，我希望学生在运动锻炼中强身健体；作为一名教育者，我更希望学生能够学习到运动项目中流传千年的民族历史文化和精神。"

邱老师的话坚定有力，温暖人心。桃李不言，下自成蹊。邱老师几十年如一日坚持的体育教学事业，是由她对学生的认真负责、教学上的努力钻研、对家乡的教育情怀倾注而成的。

作为大学生，我们应该学习邱老师在教育事业上孜孜不倦的精神、认真负责的态度、坚定不移的信念，将其运用到学习上，延伸到实践中，传递到生活里。作为壮乡青年，我们应该拿起邱老师继承和发展民族体育的接力棒，在青春的赛道上奔跑，让一代又一代的壮乡孩子自信走向未来！

（指导教师：任　静　谭　畅）

邓怀财：敢为人先种下致富果，
接续奋斗铺就振兴路

西南科技大学　廖金花　孔塬森　何　嘉
高硼博　张俊巧

白玉出仙果，致富又兴志；若问玄机处，怀才（财）筑器成。

——题记

邓怀财，1994 年起担任江油市方水乡白玉村党支部书记，带领村民脱贫致富，振兴乡村，成绩卓著。白玉村先后获得全国文明村、四川省生态村、四川省乡村振兴示范村、四川省城乡环境综合治理示范村等荣誉，他先后被授予绵阳市"优秀共产党员""科技兴农标兵""实用科技先进个人"等称号。2000 年他获得"全国劳动模范"荣誉称号。近几年，白玉村的党建工作也持续受到党和国家的表彰。

身居穷苦则思变，心向百姓敢为先

1971 年，为响应毛主席"水利是农业的命脉"的号召，"水库搬迁户"邓怀财从安县来到了江油白玉村。在来之前，邓怀财对未来的生活充满信心，想着凭借自己的能力，还有自家兄弟的帮衬，应该能很快过上相对富足的生活。哪知道来到后完全傻眼了："养女莫嫁唐家坪（白玉村旧名），红苕芋子胀死人。"整个村子穷得叮当响，终日面朝黄土背朝天，贫穷鞭挞着人们的脊背。种粮养活了村民们，但只种粮也限制了村民们，脱贫对于跟粮食打了大半辈子交道的村民们来说，就是那无数次出现在梦中的粮食大丰收。

"工欲善其事，必先利其器。"致力于白玉村脱贫发展的邓怀财首先要做的就是找穷根。实践证明，白玉村要摆脱贫困的现状，就不能仅仅停留于原有的种粮食作物的老模式。1987 年，邓怀财得知成都龙泉驿的水果产业兴盛，在实地考察并请教相关专家之后，在白玉村进行水果种植的计划开始在邓怀财的心里酝酿起来。本着实践是检验真理的唯一标准的理念，邓怀财和他的三兄弟率先合伙，向村里贷款了 2 000 多元，种植了 4 亩葡萄。经过细心栽培，种出的葡萄收获了 5 元一斤的高价，一斤葡萄的价钱足足抵得上 12 斤大米卖出的价钱。一些村民也学起了水果种植的生意。

"价值先进、思想解放，是一个社会活力的来源。"1994 年，才高行厚、与人为善的邓怀财，凭着种姜的好技术被推选为白玉村村支书。他在担任白玉村村支书后，想推动白玉村向水果种植业转型，迎合市场需求，种植柚子、枇杷、桃子等。他深知，要带动白玉村村民种植水果，首先要把大家的思想从只种粮食上解放出来，让村民看到种植水果的好处。他积极宣传动员，在大会上给村民讲解水果种植，让村民对水果种植有一定了解。但是，反对的意见仍如舟中敌国。于是，他先是做好老党员的思想工作，再一户一户地谈心谈话，并邀请专家、学者、外地的水果种植户来到白玉村宣讲，把水果种植的种种情况一一说明，消除村民们的顾虑。他并不止步于此，又提出"解放思想，眼见为实"，带着持反对意见的群众、党员干部等 50 多人去往龙泉、仁寿、成都青石桥市场实地考察，感受柚子卖到 5 元一个、10 多斤枇杷卖到 287 元的巨大经济价值。回来后连开一天大会谈论感想，把大家的思想从粮食的束缚中彻底解放出来。

白玉村的发展伴随着氤氲的果香飘香各地，成了全国闻名的典型示范村。而作为"领头雁"的邓书记，于 2000 年 2 月 23 日，受到时任国家副主席胡锦涛的亲切接见与高度赞扬。邓老书记也笑着给我们分享道："现在白玉村的劳动力俏得很！凌晨三四点各地货车向我们这里涌来，卖苦力装扛水果的，人均都是每天 700~800 元。"白玉村与研究所、高等院校合作，向专家学习，将理论与实践相结合，村民们也摇身一变成了水果专家，不仅改善了自己的果树种植，还能靠技术培训获得每天一两千元的报酬。真是想不富都难啊！

踔厉奋发谱新篇，接续奋斗向振兴

"苟日新，又日新，日日新。"岁月斑驳了老书记的脸颊，也拂起了白玉村的阵阵果香，和着男女老少大丰收后的欢声笑语，在绵阳市脱贫攻坚史册上留下了浓墨重彩的一笔。"我年纪大了，申请辞职了，但是老党员的余热还在，要积极配合党建工作，继续扎根乡村，服务人民！"老骥伏枥、志在千里，邓书记选择新赛道，继续为白玉村的美好明天发力。现在的白玉村，通过"1+3"党员教育、新时代文明实践站、农民夜校、道德大讲堂、组建文艺表演队、征集家风家训、评议"白玉好人""文明家庭""好公婆、好媳妇、好儿女、好妯娌""十星户"等形式，正在积极推动实现乡村振兴，加快全面振兴发展的脚步。不仅家家"仓廪实衣食足"地"富口袋"，还人人"知礼节明荣辱"地"富脑袋"。

而对于致力于投身农村基层工作的青年，邓书记言近旨远地叮咛道："听党的话，为人民办事。"他鼓励大家在加强理论学习的同时多干、实干，将理论和实践紧密结合，既要做人低调，又要提升内在涵养……谆谆教诲牢记于心，纤纤身躯为民谋大计。我们怀着崇高敬意目送着这位饱经风霜的老人向自己家的方向走去，他与我们之间似乎完成了某种神圣的交接。

向前望去，那已是我们的"雄关漫道真如铁"，是我们青年的年少风华。我们当代青年在新时代加快建设农业强国的战略部署指导下，要持续巩固脱贫攻坚成果，笃行致远、踔厉奋进，书写好中华民族伟大复兴的"三农"新篇章！

（指导教师：严 实 程晓娟）

万志全：初心不变，夕阳更红

大连理工大学　武志刚　吉家熠

为了寻访我校老党员、老教师在党的百年奋斗历程中的感人事迹，我们采访了全国"双优"教师（全国优秀教师、全国优秀思想政治理论课教师）、大连理工大学马克思主义学院特聘教授万志全老师。

一进万老师的办公室，装满书和文件的大柜里，《毛泽东选集》《共产党宣言》《习近平谈治国理政》等书特别醒目。万老师微笑着迎接我们。古稀之年的老教师，头发全白但精神矍铄，亲切而和蔼的面孔，像在课堂上一样平易近人，只是现在我们更靠近他，没有距离感。两个小时的采访，老师的形象比在课堂上更高大，他数十年来教书育人，在大学生德育建设上努力和投入，是"忠诚党的教育事业"的一代人的缩影。

刻苦求知，青春无悔

万老师上大学前在本溪市化工厂工作，并担任工厂的团支部书记和青年突击队队长。"那个时候学习毛主席著作、学习雷锋，在工厂就要求自己做好工作，向工人师傅学习技术、学做人。"向我们讲述时，万老师满眼的追忆，"劳动是光荣的，创造是伟大的，从工人师傅们身上，我明白了劳动创造世界的道理。"由于表现优秀，万老师被推选为工农兵大学生，进入了当时的大连工学院（现大连理工大学）化工系学习。

大学期间，万老师不仅在学习上刻苦钻研，还时刻保持着对自己的高要求。寒冷的冬天，教室里温度低，他的手脚都生了冻疮。"当时又没有现在的暖气，就在100摄氏度的蒸汽旁烘一会儿，温度很快就下来了，条件无法和现在比。可是我们的学习热情却很高涨，每天在教室、图书馆学到熄灯。"说起这段经历时，万老师沉浸在对当年求学求知的沉思中，"在大学时期，我们都知道实现四个现代化是党和国家的目标，没有扎实的文化知识和技术，是无法担负社会主义建设者的使命的。"万老师的回忆让我们也感受到自己肩负的使命和责任。"我们那时是'人民送我上大学，我上大学为人民'，我必须尽力专注学习科学文化知识，不断提升自己的学习能力，丰富自身的知识，增长自己的见识，才能不负人民的期望。"万老师求学求知时展现出的坚韧毅力，可以自豪地告诉我们"青春无悔"。我们感到震撼，想想我们有时还会"倦怠""躺平"，惭愧之情让我们怯怯相视，无言以对。

教书育人，使命担当

大学毕业后，万老师留在学校担任辅导员，他以自己积淀的学识、青春活力，投身教育事业，培养学生。他恪守师德，深谙以人为本的精髓，坚定育人信念，遵循学生的成长发展规律，关注学生的全面发展。于是他带出了省优秀班级、优秀学生。多年以后，他的学生们也两鬓斑白，却仍时常想起老师的教诲，感激老师的关爱。

在从事德育工作后，万老师仍然坚持学习，以科学知识不断充实自己。他主讲的"思想道德修养与法律基础"被评为校级精品课，他还把所学知识应用在实践当中，在思想政治、心理学、法学、社会学等多种学科方向均取得斐然成绩，发表论文三十余篇。他为大学生开设了"心理健康""人生哲学""环境心理学""伦理学"等选修课程，也获得国家教育奖项的认可。

当了解到海南民办教育资源的缺失，万老师克服困难，毅然奔赴海南。"到祖国和人民需要的地方去。"他从头开始，将理论与实际结合，砥砺前行，营造出积极向上的学风环境，带出了优秀的教师队伍，获得了全国"双优"教师的荣誉。万老师始终用自己的实际行动践行着党的教育方针，为培养社会主义建设者和接班人燃烧自己，照亮学生们成长的路程。

初心不变，夕阳更红

党的二十大的胜利召开给德育教育工作注入了新的动力，万老师退休后继续受聘，在教育岗位上发挥余热。古稀之年的他经常辗转于大连、海南与盘锦等地。他希望能够让学生们了解思想政治理论课的重要性。教书于三尺讲台，是万老师一生的职责。习近平总书记在党的二十大报告中强调："培养什么人、怎样培养人、为谁培养人是教育的根本问题。育人的根本在于立德。"在大连理工大学，万老师教导我们："作为一名大工学子，要认真学习和传承学校的红色基因，切实加强理想信念教育，提振自己的精气神，汇聚起强大精神力量以感恩母校，回报大工。"在海南，万老师毫无保留地传帮带，帮助青年教师备课，辛勤指导当地学子，为海南的教育事业添砖加瓦。"我站在讲台上，坚持四十多年从未下岗，只有把优良传统继承下去，才能为我们国家立根固本。"万老师是从人民群众中来，接受了党和人民的教育，他们这一代老教师、老党员永远牢记着"忠诚党的教育事业"的初心，为党育人，为国育才，以德施教，立德树人。

采访快结束时，当谈到对大工学子的期望时，万老师深思一下说："要坚定我们的信念，包括我们的道德信念、政治信念，而且要坚定我们的心中所想、所追求的东西。"万老师的话语令我们心潮澎湃。我想，正是有了无数像万老师这样优秀的老教师、老党员，我们的事业才兴旺发达，人才辈出。

（指导教师：赵秋娜）

邱秀华：春风化雨润桃李，筑梦育人新征程

东北大学　刘丹怡

阳光透过初生的树叶洒向东北大学的校园，一阵高亢嘹亮的歌声随着微风缓缓飘来。沿着文管学馆的走廊一路向前寻找，便能找到声音的主人——邱秀华教授。"最后一尺布用来缝军装，最后一碗米用来做军粮，最后的老棉袄盖在了担架上，最后的亲骨肉送他到战场……"经久不息的掌声中，邱秀华教授用一首深情的《天下乡亲》结束了又一次主题党课。

今年是邱教授退休的第十个年头，她仍然选择继续奋斗在思政教育一线，慷慨激昂的育人热忱在岁月的打磨中越发凸显鲜亮底色。退休前，她是东北大学思想政治理论课第一位女教授、东北大学文法学院中国近现代史研究所原所长、张学良研究中心负责人、辽宁省高校思想政治理论教育研究会副秘书长、中国近现代史专业委员会副主任、辽宁省中共党史学会理事。退休后，她是东北大学关工委委员、马克思主义学院关工委常务副主任、东北大学理论武装宣讲团成员，宣讲足迹遍布校内外。为紧跟时代脚步，引领青年学生与时代发展同向同行，邱教授先后开展"改革开放 40 周年""中华人民共和国成立 70 周年""建党 100 周年""学习党的二十大精神"等主题讲座近 90 次。从新生入党启蒙教育到青少年理想信念教育，从东北大学各学院"青马工程"培训班到省内外思政课教师培训讲座，传播信仰、引航思想的育人理念从步入思政课教师行列的第一天起，就深深植根于她的心中。

躬耕乐道，德高为师

她是"开路的女将军"。从事高教工作 35 年来，邱教授始终坚守在思政课教学的第一线，先后为本科生、硕士生、博士生讲授了十几门课程。在此期间，她亲身经历了高校思政课三次历史性改革，在教学实践中，她以学生为本，不断创新教学方法，多次获得学校和省教育厅优秀教学改革成果奖。2002 年，她晋升为东北大学思政课第一位女教授。"这是从教以来最令我骄

傲和自豪的一件大事，也是有生以来最难忘的深刻记忆。"邱教授每每回忆此事，眼中都闪烁着青年人般赤诚而充满希望的光。

她是"笃行不怠的信徒"。"无岗有责献爱心，乐此不疲教育先，牢记使命心不改，立德树人永奉献。"邱教授把这首小诗作为退休后的讲座感言。退休十年来的每一次讲座，她都毫不懈怠，有时为了备课可以一夜不眠。为了解答学生提出的问题，即使不是自己的研究领域，她也要亲自与相关领域的学者沟通很久。一位学生这样表达听完邱教授党课后的感受："从邱老师充满激情的党课中可以充分感受到老师对党的热爱，那种由内而外迸发出的理论自信，是年轻党员学习的模范，这种坚如磐石的信仰值得每一位同学学习。"邱教授用自身对思想政治教育的热忱给予学生们充满温度的思想力量，引导着一代代青年接过老一辈手中的接力棒，继续把马克思主义的火种播撒在祖国大地上。

润物无声　灌溉芬芳

她是"滋润万物的春雨"。作为一位母亲，她深爱自己的孩子；作为一名大学思政教师，她尽己所能将爱与温暖洒向每一名学生。她曾任教的班级里有几十个维吾尔族学生，为了让远离家乡求学的孩子们感受到家的归属感，她在夜色中熟记每个人的名字，上课时她的"脱稿式"点名，让全体学生都感动不已。2010年玉树地震后，她立刻询问各教学班是否有同学家庭受到地震波及，在得知有位藏族特困生相依为命的唯一直系亲属在地震中不幸遇难时，她主动关心这位学生的心理状态，并为他送去生活必需品和1 000元钱。每逢节日，她总是主动邀请在沈未回家的学生聚餐，为不能及时回家过节的学生们送去家人般的温暖与关爱。她的关怀如春雨般润物无声，在潜移默化中感染着一批又一批学生。

弦歌不辍　育苗不息

她是"与时俱进的前行者"。"我一生就要做好一件事，就是把马克思主义的力量传递给一代代青年。"邱教授坚定地说。邱秀华教授是一位从业四十余年的高校教师，也是国家波澜壮阔的奋斗历史和时代发展进步的成果的见证者，更是紧随时代步伐传递信仰火炬的践行者。今年，邱教授亲身参与了许多"老少共话"系列活动：老少共话雷锋精神、老少共话思政课、老少共话校史故事、老少共话理想信念教育等。乘着东北大学建校 100 周年的东风，她不断向学生们进行理想信念与爱国主义教育。在马克思主义学院 2023 届毕业生最后一堂党课中，她将习近平总书记在二十大报告中对广大青年提出的殷切期盼与马院党员的专业素质要求相结合，联系马院毕业生党员的实际，鼓励学生用习近平新时代中国特色社会主义思想武装头脑，筑牢信仰之基，锤炼品德修为，继承前辈奋进精神，不负青春韶华，不负时代重托，以实际行动为东大增光，为党旗添彩。

莫道桑榆晚，为霞尚满天。邱教授的人生路途，无愧于她 21 岁入党时行而不辍的初心，无愧于她 60 岁退休时依然执着坚守的信念。她是无数优秀共产党员和思政教师的一个缩影，为在新时代新征程上走好每一步付出了自己的努力，并已然成为我们新一代青年的榜样。她对马克思主义终身不变的信仰，对马克思主义理论终身担当的宣传教育，对青年大学生健康成长的终身关注，将引导新时代的青年以信仰为基，以情怀筑梦，传承"五老"精神，无怨无悔奉献崭新征程。

（指导教师：赵兴宏　吕昫光）

苏克俭：一位老党员、老干部的不懈追求

青海大学　陈　芃

　　2019 年 1 月 9 日上午，青海省离退休干部先进集体和先进个人表彰大会在西宁召开。在先进个人中我们看到了一个熟悉的身影——2011 年"全国教育系统关心下一代工作先进工作者"、2018 年全省"最美老干部"提名奖获得者、青海大学医学院退休干部苏克俭教授。

　　苏克俭原任青海大学医学院学生工作处处长、外科学教授，是青海知名学者。退休后，他初心不改，历经十余年的磨砺、深造，又成为国际卫生政策资深专家，参加由中国政府、世界银行、英国国际发展部资助的中国基本卫生服务项目，担任青海项目首席专家十四年。苏教授不断追求新境界、勇攀新高峰的精神，让人感佩不已：作为国际卫生政策资深专家，为青海医改走向全国发挥了重要作用；作为资深教育工作者，为青少年的健康成长倾注着心血；作为老党员，把践行初心使命作为自己不懈的追求……如今已近耄耋，他的所有工作丝毫没有停歇的迹象。

　　苏老退休前所从事的专业为外科学，退休后开始做卫生政策研究——一个一般人不愿涉足的冷门专业。寒来暑往，苏老不知疲倦地"奔行"在这个新领域。苏老的作息和退休前是大不相同的：退休前是七小时工作制，退休后是五加二、白加黑。为把工作做实，退休后他跑遍了青海的每一个角落，尤其是偏远贫困地区。

　　退休以来，他主持、参与编著了《青海省常见妇幼疾病诊疗实用手册》《青海省乡村医生医技诊疗手册》《青海省乡卫生院医生诊疗手册》《青海省村卫生室医生诊疗手册（藏汉文对照）》《农村居民健康知识画册》《建立县级卫生规划体制的探索与创新》《基层健康促进工作指导手册》等一批针对青海的科普及专业手册。他指导、参与的多个项目获得省级各类奖项，如 2016 年荣获青海省哲学社会科学优秀成果奖一等奖，2019 年获全省优秀调研报告奖三等奖……

苏老除学术研究外，还拿出大量时间参与关心下一代工作。退休后，由苏老主持的多项卫生政策研究成果应用到实际中，取得了良好效果，使得青海卫生工作成为我国卫生工作的一面旗帜。这些成就也引起世界卫生组织、美国中华医学基金会等多个国际组织对苏老研究成果的高度关注，他多次被评为国际卫生项目工作先进个人。

别人退休后是发挥余热，苏老是在高负荷的工作中实现着第二个工作季。苏老的状态让很多人不知他已退休。

苏老不是哪一个关心下一代工作组织的工作者，但退休后的十余年当中，许多人都坚定地认为苏老干的就是这份活。

苏老说："十年树木，百年树人。关心下一代工作关系着一个国家和民族的命运，这是我们每个人义不容辞的责任。"他是这样说的，也是这样做的。

苏老退休前担任学生管理处处长，曾长期从事青少年教育工作，富有工作经验。

他自1997年开始从事关心下一代工作，从事这项工作是因为一个意外的刺激。1997年，苏老在受世界卫生组织聘用参与青海妇幼卫生工作的过程中走遍了青海的角角落落。在工作中，苏教授发现，乡村孩子的成长环境令人担忧。不到十岁的孩子嘴上叼着烟，过半数接触过烈性酒……重男轻女、失学……看到这些情形，痛心疾首的苏老开始关注关心下一代工作，身体力行地做一些工作。

越贫困、越偏远的地区，这种问题越严重，仅凭借自己的力量关注和干预这些问题，一切努力将会是杯水车薪。心急如焚的苏老从那时起就开始考虑，如何通过有效方式对这些不在少数的孩子的不良行为进行健康干预。

但一切谈何容易？！那么多的地方，那么远的农牧区，没有专用交通工具，没有专项经费，如何开展工作？

"什么都没有，但我有的是时间！"苏老给自己打气。自此他到青海边远贫困农村乡镇进行了多年的深入调研。调研中，苏老坐的是"三跳车"——车在路上跳，人在车里跳，心在怀里跳。到一些交通不便的村屯，只能靠两条腿步行。"在高原，一位年逾七旬的老人，吃力地行进在人烟稀少的边远农牧区，这是怎样的一幅图景？！"青海大学老干部处的同志不无动容地说。

　　苏老患有糖尿病，每次出门调研，他都会带足降糖药。但有时，由于对行程估计不足，又无法及时返回，为防血糖急剧升高，苏老只好采取"断粮"的方式解决。高寒、缺氧、断药、停餐对正常人都是难以接受的事，放在一个老人身上近乎残酷。

　　就是以这种"玩命"的精神，苏老拿出了数万字的高原农村儿童生长状况的报告。不仅如此，苏老还拿着这些一手材料到处奔走呼号。

　　功夫不负苦心人，通过青海省有关部门的全力支持，这些被关注地区获得了数百万元的经费支持，使十数万高原少数民族地区孩子得到了健康干预。

　　"老骥伏枥，志在千里。"如今的苏老虽然年龄越来越大，但工作热情丝毫不减，为解决开展关心下一代工作的效率问题，他在完成大量调研的同时做了许多电子课件用于讲座。尽管自己已是省内医学教育界的知名学者，但开展讲座前，他都要在自己的孙子面前进行试讲，看看自己所做的多媒体课件是否简洁精彩，看看自己是否能把"大道理"讲得更浅显些，看看自己所准备的内容是否遗漏了新观点、新内容……他不但要准备扎实的文字讲稿，还会把自己从省外带回的珍贵影像资料进行编辑整理，在课堂上播映。渊博的文化知识、严谨的治学态度、良好的教授方法，使苏老师的讲座好评如潮。孩子们反映说，苏爷爷的讲座内容丰富、翔实、生动，深入浅出，耐人寻味。在苏教授的讲座上，孩子们总是能被他的话深深吸引，饶有兴趣地探讨和争论着一个又一个问题，苏教授犹如一位在崎岖山路上的向导，熟练地引导着孩子们。对此苏教授认为，关心下一代就要以自己崇高的思想境界、良好的行为示范，无声地吸引和引领这些孩子完善自己的品格，铸就和历练他们的人生。

　　"关心下一代是全社会的事情！"苏老深情地说。在苏老的影响下，其所在单位的关心下一代工作取得了明显成效。认识苏教授的人都会被他那热忱、无私奉献的心感染。苏教授所在社区有一所高校，他经常深入到学生中了解帮助学生，小到学生能不能及时喝到开水，大到学生的思想问题，能做的尽力去做，做不了的就及时反映给有关领导。现在苏教授已成为学生爱戴的编外辅导员。

　　2014 年，70 岁的苏老被青海省卫生发展研究中心聘为资深顾问；2019

年，75 岁的苏老被青海省关工委聘请为宣讲团讲师；2020 年，76 岁的苏老又被青海省卫生发展研究中心聘为兼职教授……

"小车不倒只管推！"这就是年近八旬、丝毫没有停歇的意思的苏克俭的不懈追求。

（指导教师：郭永发 孙颜珍）

包起帆：一生的航程，从无到有的创新之路

华东师范大学　祁沈锋　祁心玥　王　淇　赵亚云　邢子萱

"同学们好啊！"整洁利落的夹克衫，和煦温暖的笑容，一双明亮智慧的眼睛，充满热情的招呼声，让我们从一进门就被深深感染。在一个阳光明媚的午后，我们来到包起帆教授的办公室，听他讲述他创新的故事。

这是一个普通工人在改革开放四十年中命运变迁的故事。

这是一个四十多年来获得一百三十多项技术创新项目、在国内外发明界如神话般的人物的故事。

读他的故事，就是在读当今的中国。现在，我把包起帆的故事说给你听。

立足岗位，创新发明不畏难

1951年，包起帆出生于浙江省宁波市。1966年，中央人民广播电台播出了《县委书记的榜样——焦裕禄》，焦裕禄一心为民、无私奉献的事迹深深打动了少年包起帆。再度回忆起当年的场景，他说："（我）一边听，一边在被窝里面流泪，总觉得长大以后，也要像焦裕禄同志一样，他在我年轻的心灵里播下了种子。"榜样的力量，是支持包起帆一路走下去的精神动力。

1968年，17岁的包起帆中学毕业，成为上海港白莲泾码头上的一名木材装卸工人。当时木材装卸全靠人力，险象环生、事故不断，从那时起，包起帆就立志要创新装卸技术。1977年，改革开放的春风吹到了上海的港口，包起帆被上海第二工业大学破格录取，开始了半工半读的生活。学习过程中他深受启发，学以致用，发明了"起重机变截面卷筒"。

1981年，包起帆顺利毕业，受聘担任南浦港务公司工艺科工程师。同年，他目睹了三名年轻的工人兄弟被"木老虎"夺去生命，这使他深受触动，开始潜心钻研抓斗技术。但是，从无先例，创新谈何容易？虽知前路布满荆棘，但包起帆并不退缩，经过无数次的尝试与失败，我国港口装卸史上

第一只"双索门机抓斗"问世，结束了人工装卸木材的历史。之后，他又先后发明了"单索多瓣抓斗""新型液压抓斗"等新型抓斗及工艺系统，这些成果不仅在国内得到广泛推广使用，还出口到了众多国家，创造了巨大的经济效益，推进了港口装卸机械化。包起帆也被人们亲切地誉为"抓斗大王"。

不忘初心，牢记使命乐奉献

包起帆的初心，是永葆对工人兄弟的真挚感情，是牢记为祖国繁荣富强奉献终身的使命。"我是党的一颗螺丝钉，岗位可以变，初心不能忘。"在加入中国共产党后，年轻的包起帆默默立下誓言，笃行一生。

20世纪90年代是国企改革攻关期，包起帆被组织任命为龙吴港务公司经理，解决企业改革难题。面对亏损严重的公司和传统落后的港口，初登管理岗位的包起帆提出了内贸标准集装箱运输模式的想法。面对同行的质疑，他先后攻克了设备、技术上的一系列难题，成功开辟出我国水运史上第一条内贸标准集装箱航线，不仅为龙吴码头带来活力，还帮助企业摆脱困境，将原本的"烫山芋"变成了金娃娃。包起帆因此被工友们亲切地称为"包吃饭"，只因有他在，大家就有饭吃。

包起帆对工人兄弟的真挚感情，是他推动港口由人力化向机械化变革的原动力。他说："我搞创新的初心就是为了解决生产难题，提高工人作业的安全度和效率，很少想到自己要多少好处，我的目标从不是功名利禄，恰恰是我和职工、和上海港的感情成就了我，是报效祖国、服务人民的理念坚定了我。"为此，他把每次获得的奖金和津贴中的绝大部分都分给了团队，属于其个人的部分也都送给企业伤残和困难职工。

"振兴中华、报效祖国，是我一生的夙愿。"

回首改革，继往开来立新功

包起帆曾在上海庆祝改革开放四十周年大会上发言："我走过的路，是一条改革开放四十年来一个普通工人命运变迁的路。"包起帆常说，是党和国家培养了他，他希望尽最大力量壮大创新队伍，为祖国建设做出新贡献，以此来回报祖国和人民。

2011年离开上港集团后，包起帆没有停下脚步，转而挑起了上海市政府参事的担子，同时还出任华东师范大学国际航运物流研究院院长。

谈及对这一身份转变的感悟，包起帆表示只要创新精神还在，在新岗位上依然可以做出新业绩。他和近百位专家学者一起，开展了新横沙成陆开发和深水新港建设可行性关键技术研究，希望在横沙建设上海新港。谈到对上海港未来的发展的寄托时，他表示："我们会继续站在改革开放的前列，勇立潮头、再立新功。"

在研究开发新项目的同时，包起帆也着眼于培养创新接班人，开拓产学研联合发展之路。他把自己获得的荣誉奖章都奉献给了母校上海第二工业大学，建立了"包起帆创新之路陈列馆"，以此激励更多年轻人突破自我，在创新的道路上谱写青春华章。谈到这点，包起帆激动地说："我觉得应该让劳模精神、劳动精神、工匠精神影响年轻的一代，只有更多的'包起帆'成长了，我们国家在创新的路上才会走得更好！"

"全国劳动模范""全国道德模范""全国优秀共产党员""最美奋斗者""改革先锋"……一个辉煌的典范，一位卓越的工程师，一位勇敢的创新者，一位心系社会的领航者——包起帆，他不仅在工程领域取得了卓越成就，更以不懈的追求和坚定的信念，推动了社会和科技的进步，改变了人们的生活。他是一位真正的时代英雄，当成为我们追随的那一道光。

（指导教师：张艳虹　王　旭）

张纪清：以爱之名托起新的朝阳

江南大学　冯　键

　　在时光的长河里，先辈用汗水与热血开山辟路，将一个崭新的中国带到我们的面前，前有抛头颅洒热血的革命先烈，后有一波又一波为改革开放而扎根基层的老一辈。作为中华民族的接班人，我们在享受这个荣耀时代的美好生活的同时，亦不能忘却为这个时代作出贡献的老一辈。尤其是以老干部、老战士、老专家、老教师、老模范为主体的离退休老同志，他们是党和国家的宝贵财富。借由这次"读懂中国"活动，我想来讲讲无锡江阴"五老"群体中的一员——张纪清老人的故事。

　　在2014年度"感动中国"人物颁奖典礼上有这样一段颁奖词："一个善良的背影，汇入茫茫人海。他用中国人熟悉的两个字，掩盖半生的秘密。他是红尘中的隐者，平凡的老人，朴素的心愿，清贫的生活，高贵的心灵。"

　　张纪清不仅仅是"感动中国"2014年度人物，也是德耀中华·第五届全国道德模范助人为乐模范候选人。张纪清出生于1941年，是放牛娃出身，家境并不富裕，也真真切切亲历了中华人民共和国的成立和改革开放的时代。张纪清自幼丧母，是在继母的陪伴下成长的，继母经常告诉他，要当好人，要做好事，张老也用一辈子记住了这句话，并付诸行动。

　　1987年，江阴祝塘镇政府收到了一笔用于敬老院建设的捐款，捐款金额为1 000元，这个金额放在如今或许不值一提，但在当时相当于一个人一年的工资。此后的27年间，贫困学生、希望小学、灾区等需要帮助的地区和人们陆续收到这样的捐款。在1995年，无锡市整座城市的人都在寻找这个默默奉献的好人，这样的热潮一波接着一波，但是始终无人知晓他是谁，又在哪里。媒体杂志上发表一篇篇关于他的好人好事的报道，企图寻到这位好人，但依旧石沉大海。

　　直到2014年11月，有一位老人在邮局汇款后，起身离开时晕倒在地，在寻找这位老人亲属的过程中，大家才知道他的真实身份，他就是古稀老人张纪清。当谈及为何要隐姓埋名做善事时，张老给出的回答是这样的：助人为乐不值得炫耀和大肆宣扬，他也不想让受助的人有负担。在身份暴露之后，张老还有些苦恼，言道："唉，没有隐藏好。"当大家赞扬他的善举时，他也只道都是小事，不足挂齿。

几十年间，张老从未停下慈善捐助的脚步。如今已经八十多岁的张纪清曾是改革开放后镇上首个万元户，这些年里为了多做善事，他的房子越换越小，从三间变成两间，后又变成一间。生活中的张老，每年家中吃肉不超过十次，日常吃的蔬菜也是自己种植的，也不曾给自己的孩子买过什么零食，他所捐出的每一分钱都是自己辛苦所得，也是一天天省下来的。

张纪清说："是国家和社会让我过上了好日子，我想把这种感恩化作实实在在的行动。"为了不暴露自己而隐姓埋名捐款的这些年，他像一名地下工作者，一次次巧妙地躲过大家的寻找，甚至其家人都不知道他的善举。张老是新时代的雷锋，他也在无形之中推进了新时代学雷锋志愿服务，用实际行动诠释着新时代雷锋精神的内涵。他的事迹也影响了很多人，越来越多的人加入行善的行列。

党的二十大报告强调，要在全社会弘扬劳动精神、奋斗精神、奉献精神、创造精神、勤俭节约精神，培育时代新风新貌。奉献，既是中华民族的传统美德，也是我们党的精神底色。伟大的事业需要伟大的精神，在实现中华民族伟大复兴的征途上，奉献精神熠熠生辉。张老用一笔笔爱心汇款帮助的人已经无法计算，在茫茫人海中，张老是渺小的，但他的行为又是十分伟大的，他用自己的行动诠释和响应着奉献精神和勤俭节约精神。

深入了解张纪清老人也让我颇有感受，我们在享受幸福生活的同时，也不能忘记这幸福的来之不易。落日余晖正在慢慢褪去，新兴的朝阳随之而来。我们新青年应当不断深入学习"五老"精神，以他们的精神为引领，接过前辈的接力棒，在漫漫征途上牢记使命和初心，有理想、有信仰、不负时代、不负韶华，更不负党和人民的殷切期望，把握机会、迎接挑战，以青春之名，谱写华章，努力成为新时代中国有担当有能力的青年，努力为祖国的繁荣富强，为实现中华民族伟大复兴的中国梦奉献自己的一份力量。

（指导教师：刘　震）

周申：一心向党，气有浩然

山东大学　于茗杨

2023 年 3 月 25 日 9 点 58 分，我们到达山东大学趵突泉校区东村 8 号楼。

走入这栋高大的居民楼，电梯按到 22 楼，深呼吸。

"咚咚咚——"

我们迎来的是周校长慈祥的脸庞，心情便随即放松了许多。周校长没有架子，十分热情地与我们握手，那是双饱经沧桑、坚定有力的手。

在向周校长进行了简单的自我介绍后，我们便开始了今天的访谈。

义无反顾，矢志不渝

我们首先邀请周校长与我们分享他的入党初心和入党故事。周校长回忆道："我入党的动机就是把国家搞好，把国家建设好。我记得那是 1948 年，我还年轻，对国家前路发展抱有极大的希望。对国民党及反动势力的诸多做法，作为年轻人来讲是看不惯的。所以出于自己内心的渴望，我认为只有共产党是可以依靠和追随的，于是，我 18 岁就入了党。这是我内心的实话，我就不打官腔了。"幽默的话语中带着十分的感慨与自豪。

1948 年济南解放，周校长 1950 年接受党的教育，1951 年就参加了共产党。"经过实践的检验以及自己的深切体会，我认识到，共产党确实是为人民办事的，自己从实践里有了更深的体会。"

坚定不移听党话，矢志不渝跟党走——或许，这就是老党员们始终不忘的初心和使命。

高风峻节，谦恭虚己

在第二军医大学上学时，周校长选择去学习防化防原子学，这是一门对人体有害的学科，其危险性让许多学者望而却步，但作为一名党员，周校长认为这是自己应该做的，就应当为祖国的事业作出贡献。我不禁深深感佩于老党员的担当和勇毅，我辈青年亦当以此为榜样，矢志不渝地投身国家建设，担当起青年一代的责任与使命。

不能更折江头柳，自有青青松柏心。作为全国核医学专家，周校长一生谦恭虚己，专注于核医学研究。他从不摆花架子，担任教务处长时，他每一次听课前都会翻阅全套书籍，了解每一个学科的来龙去脉。"如果一个人自满，认为非自己不行，那肯定不会成功，必然会导向失败。"他如是说着。

莫道桑榆晚，为霞尚满天。虽然已经退休，但周校长始终希望为党和国家的建设事业贡献自己的力量，他表示："首先要相信对方，相信现在的领导和同志们一定能够把工作搞好；第二，有些事情他看不到，我可以提出建议。就这两条，我认为是最重要的。"这便是周老先生为党奉献终生的坚定誓言与自我警示。

一心为民，躬行实践

"我加入中国共产党已经 72 年了[①]，作为老党员，我是名副其实的。我在党内当过小组长，当过组织委员，我给你们讲我的这些工作，不是宣扬我的过去，是说明我实践的过程。我在接受这些任务的情况下锻炼自己，始终抱着学习的心态和周围的群众在一块儿，将群众期盼与个人理想逐步融合到一起，通过不断努力，来达到自己、群众和党的要求。"

一草一木，无论是中心花园的布置，还是教学八楼前白求恩雕塑的陈列，周校长见证了山大的变迁。学校的发展是在党委的领导下进行的，是一代又一代党员接续奋斗、不断建设的结果，心系人民、躬行实践，便是他们一生践行的行为准则。

最后，在询问到周校长对青年一代，特别是对山大青年学子有哪些期盼和期待时，我看到周校长眼中流露出的殷切目光："联系实际，在实践中发展工作，提升自己。"一字一句，铿锵有力的声音叩击着我的心弦。我感到一种深深的触动，这是老党员、老校友、老教师对青年人真诚的教诲与叮嘱。是啊，唯实践方出真知，周校长是一个求实的人，他从不说假话，在今

---

① 采访时间为2023年。

天的谈话中我一直深深地感受着这一点。

今天让我感受最深刻的，是周校长身上那种老党员的坚定品格和老学者的坚毅风骨，他一身正气。我们很荣幸有这次机会寻访老党员周校长，我感到心中深深埋下了一颗"一心向党"的种子，等待着有朝一日能为党的事业发芽开花。

（指导教师：赵婧婧）

刘佩成：访山大人物，寻红色基因

山东大学　刘浩然

2023 年 3 月 28 日与 4 月 1 日，我们对山大党委统战部原部长、关工委常务副主任刘佩成老师进行了人物专访。

同学们感叹自己很幸运，正处于探索人生意义和寻觅人生理想的黄金年华，在这一人生的盛夏能够认识刘老先生，听他讲自己的故事，分享他的人生经验，也在追寻岁月往事中体会到党和国家发展的不易，体会到党和国家对人民的关爱和责任。正如刘老师所说："我希望你们这些青年，能够通过学习中国历史，学习党的历史，来了解过去苦难的中国，了解我们老一辈经历的痛苦，这样才能体会到如今幸福生活的来之不易，才能够知道自己肩上的历史使命和责任担当。"

青年人如何克服人生之路上的种种困难？坚持不懈地提升自己，使自己变得更加优秀，从而有更强的韧性和更大的智慧去面对和处理困难，这是刘老师通过讲述自己战胜病魔的经历给同学们的答案之一。抗日战争时期逃难的时候，他不幸患上类风湿关节炎，复发时疼得就像被锯子锯一样，是《钢铁是怎样炼成的》这本书伴随着刘老师熬过疾病的折磨与苦痛，并影响了他的一生。"人最宝贵的是生命，生命对于每个人只有一次。人的一生应当这样度过：当回首往事的时候，不因虚度年华而悔恨，不因碌碌无为而羞愧，在临死的时候，他能够说，我的生命和全部的精力都献给了世界上最壮丽的事业——为人类的解放而斗争。"同学们惊叹于刘老师对这本书的熟记程度，保尔·柯察金的磨难令他感同身受，其坚定不屈的意志、崇高的品格与追求更是升华了他的精神。刘老师在保尔这一榜样的指引下，重新思考人生的意义，他像一位战士一样站了起来，一次次和病魔作斗争，一点一滴地为党和人民作贡献，一步一个脚印地走到了今天，如同一棵不老青松，永远挺立在山顶。

此外，同学们还在刘老师的动情讲述中体会到他对党和国家的深厚感情。无论是读书时供他生活的那 60 斤粮食，还是在生病时，同伴和组织的鼓励与陪伴，都让他一辈子难以忘怀，也促使他后来立志成为一个对党和国家努力奉献的人。

刘老师谈到曾参与为无产阶级革命家、山大老校长成仿吾老先生恢复名誉的工作，工作过程中自己深受教育。1978 年 12 月初，刘老师陪同当时的山大组织部部长赶赴北京，把学校党委关于为成老恢复名誉的意见当面向成老汇报，征求意见。成老毫不犹豫地提笔在报告上签署了八个大字："我没有意见。成仿吾。"四十多年后的今天谈起来，已年逾耄耋、经历过人生风风雨雨的刘老师，依然有些激动："这八个字给我的震撼让我终生难忘！这是多么宽广的胸怀和气度！"一位爬过雪山、走过草地的老革命，一位为革命出生入死、为党的教育事业呕心沥血几十年的老战士，一位身居高位、担任要职的老干部，受了那么多的委屈，一句平平淡淡的"我没有意见"，就把一切个人恩怨一笔勾销，这充分体现了一个无产阶级革命家的精神境界和光明磊落的高尚情怀。"我一生都非常感动，我一定要把这件事告诉大家，让大家记住成老博大的胸怀！"

在谈到自己在关工委的工作经历时，刘老师结合自己的工作经历为同学们讲述了党和国家对青年的关心和期望，并为同学们留下自己的寄语，希望大家认真地学习，牢记习近平总书记对青年的热切期望和殷切嘱托。"青年强，则国家强""努力成为堪当民族复兴重任的时代新人"，刘老师希望大家永远豪情满怀向未来。

同学们和刘老师交流后表示："走出门，觉得肩上有一种沉甸甸的感觉，刘老师的话语给了我们很多的思考契机，一些新的责任、新的意义等着我们去承担、思考。作为建设者与接班人，青年不要辜负这份培育，要勇于担起新时代赋予的责任。落下的繁花化作泥，滋养新的生命，无数革命前辈的努力换来如今的盛世，青年当学习前辈们的革命精神，不辜负前辈们的期望，成就更好的自己，为民族、为国家继续奋斗！"

（指导教师：张　森）

赵庆礼：满怀热忱育新人，未应磨染是初心

中国海洋大学　张圣睿贤　孙加浩　潘　越　陈慧欣

五十年前，部队党组织批准了他的入党申请，他的入党志愿书里，铭刻着这样一句话："党是舵手我是船，时刻听从党召唤。"这既是他的入党初心，也是工作中和退休后的人生信念。从保家卫国的空降兵战士，到立德树人的党政干部，再到退休不退志、离岗不离党的关工委领导，他在"为党育人、为国育才"的道路上坚定前行，将峥嵘岁月奉献给了党和国家的教育事业。他就是"全国教育系统关心下一代先进工作者"获得者赵庆礼。

莫忘是初心，满怀家国热忱

已过立秋的 8 月，天高气爽，我们有幸作为小记者开展访谈，老师精神矍铄、和蔼可亲，光阴荏苒之间，初心未改，壮心不已。"无论学什么、做什么，目的在于应用，要为国家战略需求服务，不管是到海洋局还是地质系统，都是在给国家寻求和开拓资源。"忆往昔峥嵘岁月，他总是侃侃而谈。1970 年，高中毕业后的他应征入伍成为一名空降兵战士。在热血军营中，既强健体魄，又锤炼品格，部队首长言传身教，周围党员率先垂范，深深地影响、感染着他，激励赵庆礼成为一名积极向上的时代青年。

"1972 年 4 月，我成了一名光荣的中国共产党党员。我是 1975 年 8 月底来海大上学的，那时学校还叫山东海洋学院。"其实赵庆礼的专业并不是自己选择的，是国家分配和调剂到海洋地质专业的。随着在专业领域的深入研学，他在海洋地质专业的沃土上埋下了经略海洋的种子。"那时候大家都很努力，很刻苦，一心想为国家干点事儿。"学习是多么宝贵的机会啊，听到这里我深受鼓舞，因为我也是"调剂的"，但是我已下定决心畅游在这片知识的海洋，以努力奋进践行求学初心。

行远必自迩，深耕教育事业

1978 年，他从山东海洋学院毕业并留校工作，历经六个工作岗位，始终把"为学校服务、为师生服务"作为自己的行为准则。"我的工作理念就是干一行，爱一行，专一行。无论在哪个岗位，都要内化工作性质，抓住主要矛盾，从中找到解决问题的方式方法。"

他担任麦岛分部党委副书记兼党委办公室主任，从建章立制入手，着眼于管理的科学化、规范化；担任纪委副书记兼监察处长，完善了案件查处工作程序和实施办法，在全校开展了工作效能监察；任海洋地球科学学院党总支书记，采取"抓教学、促科研、抓管理、促改革、抓人才、促绩效"等措施，强化了师资队伍建设、学科建设、工作作风建设；担任生命科学与技术学部党委书记，合理调整人员，优化资源配置，显现出学校组建学部与整合学科群的前瞻性与优越性。水产学院党总支书记是他退休前的最后一个工作岗位，他主导和确定了"牧海唯真、敏学笃行"的院训及院徽，推动了教学评估中的各项指标达到优秀。任职期间，赵庆礼荣获山东省优秀共产党员、优秀党务工作者、优秀思想政治工作者等荣誉称号。

他在教育事业上一路求索和笃行，将"为党育人、为国育才"的初心播撒在祖国大地。从专业到职业再到事业，他经历了中国海洋大学的沧海桑田。从他的人生履历中我们体悟到"海纳百川"既是一种精神，又是一份胸怀，更是一种格局。无论做人还是做事，都要胸怀祖国，放眼世界，咬住海洋不放松，这是海大人共同的精神家园，一颗红心当报国，千重巨浪敢扬帆。

离岗不离党，永葆政治底色

退休后，赵庆礼依旧在发挥着一名党员的先锋模范作用，力争"离岗不离党，退休不褪色"，他担任学校关工委常务副主任，"这既是学校党委对我的信任与厚爱，也是我对教育事业和关心下一代工作的责任与义务"。他认真领会、努力贯彻上级文件要求，自觉团结带领关工委成员，充分发挥"五老"队伍的优势，教育引导广大青年"听党话，跟党走"，在立德树人的具体工作中发挥余热、尽职尽责。

　　饮水思源，同心同行育新人。"适应，融入，引领"这六个字是赵庆礼对我们的叮嘱。适应学习和生活的条件，进而响应社会的需要；融入集体的磅礴伟力，将"小我"融入"大我"；引领时代的风向标，成为行业的领军人物——这是每一位"海之子"应当追求的向海图强"三部曲"。"赶上百年校庆，是我们这代人的福气！"谈到学校的厚重历史，赵庆礼喜笑颜开，眉眼里都是对母校的敬意和自豪。他把对祖国的情怀、对于工作的热忱、对于广大青年的关心和期许，全部倾注在这风华正茂的五十年中，以初心为锤，以教育为鼓，敲响学校发展之路，为党的教育事业添砖加瓦。"我相信海大的未来，是党的建设更加坚强有力，党政干部更加有担当有作为，校容校貌焕然一新，'双一流'建设取得更大成就！"赵庆礼自信地说道。

　　"不忘初心，而必果本愿也。"赵庆礼在教育事业的耕耘中，初心如阳光般温暖、如玄铁般坚定。访谈在谈笑风生中落下帷幕，我们的初心也通透了许多，肩上的责任更重了些许。一朝受命，踵事增华启新程；向海图强，击鼓催征稳驭舟。他以爱党敬业为己任，书写海大人的家国情怀，践行教育者的使命担当。

（指导教师：王伟莉　范静蕾）

王玉德：退而不休，自找"苦"吃

华中师范大学关工委　文心悦　石　楠

习近平总书记曾多次提倡，青年人就要"自找苦吃"，在吃苦中寻觅自强之路，在困难艰苦中成长成才。在我们身边，就有这样一位老师，虽已年近七十，依旧在"自找苦吃"，主动请缨前往新疆援教，以身作则成为青年的榜样，他就是华中师范大学历史文化学院的王玉德教授。

王老师曾受教于国学大师张舜徽先生与历史学家章开沅先生，长期从事历史文献与文化研究，注重古籍史料基础，不断开拓治学规模，在文化史与环境史研究领域成果丰硕，撰写相关学术著作和科普读物近百种，并曾担任历史文化学院院长，积极推动文化遗产与文化产业学科建设，助力地方经济文化发展，曾多次做客央视等媒体，并受邀赴海外多国讲学。2019 年退休后，他仍治学不厌，育人不倦，不仅笔耕不辍，成果迭出，而且矢志援疆，默默耕耘，令吾辈钦佩不已。

尽职尽责，为学生甘于奉献

2020 年 3 月，教育部启动实施高校银龄教师支援西部的计划。得知此消息后，王玉德老师主动报名到新疆石河子大学马克思主义学院历史系援教。

2020 年上半年，疫情侵袭，线下停课，但石河子大学当时承担了国培计划，需要面向兵团百余名中学历史教师开展培训。王老师克服重重困难，通过题为"孔子的为师之道"与"史学研究中的田野方法"的两场线上讲座，给彼时处于疫情阴霾下的兵团送去史学芬芳。

石河子气候十分干燥，容易使人咽喉难受、皮肤干痒，但王老师勇于承担任务。刚一抵疆，他就对系主任季国良老师说："我来了，你就别客气，只管派任务。"本来，教育部出于对银龄教师的关怀，只要求每学期讲 32 节课，但王老师给本科生就讲了 84 节课，主要讲"中国古代史"和"中国文化史"，还根据需要开授新课"西方经典导读"。在全系师生的评课活动中，"中国古代史"课程得到了最高分。课余，王老师受邀为师生开展两场讲座，一场是在大礼堂，主题为"腹有诗书气自华"，现场有三四百人，线上多达6 000人；另一场是在图书馆，主题为"历史是最好的老师"。在这两场大型讲座中，王老师都展示了石河子大学的校训与兵团精神，讲座广受好评。

尽心尽力，为学科不辞劳苦

除了教学，王老师还参与了调查兵团所辖地区文化遗产的科研项目。他与石河子大学两位老师一起，顶着酷暑，到北疆塔城地区的裕民县和额敏县去调查岩画的保存情况，并撰写了考察报告。这让王老师感觉自己在支教工作中又做了一件有意义的事。

此外，与本科生和研究生人才培养相关的各项工作，王老师从不推辞。同时，他还关心培养青年教师，听他们讲课，并为历史学科发展撰写建议书，交给石河子大学领导。面对好学的学生，王老师也经常与之交流，为其提供方向指引。

2023年6月，华中师范大学党委副书记查道林等母校领导到新疆慰问援疆教师，得知王老师在该校做了这么多工作，母校领导老师们都感到十分惊讶。也是在这个时候，石河子大学的领导老师们才知晓一直低调忙碌的王老师是博士生导师，还曾担任院长，并已年近古稀。

支教一年期满，王老师本来计划返回，但石河子大学历史系希望他能留下继续工作。于是，王老师又续签了一年，并已领到了新一年的工作任务。"万里赴疆，无畏阻长；今虽白首，依做胡杨。"这是我们大学生在采访王玉德老师时的共同感受，也是王玉德老师支教工作的真实写照。

尽善尽美，为学术孜孜以求

援疆支教只是王老师退休生活的一个片段，事实上，王老师也从未停止自己的学术研究，退休四年来，几乎每年都写就一本著作。王老师治学的主要方向，一是弘扬传统文化的文化史，二是助力保护生态环境的环境史，两者的突出特点都是关注社会现实。

当提到习近平总书记在文化传承发展座谈会上的重要讲话时，王老师认为，历史学在这方面大有可为，要勇于担当。他在暑假参加了多个地方文化发展研讨会，积极建言献策；近年来又撰写了《中国传统家庭文化概论》等三部合计 76 万字的书稿。

文化求善，环境求美。作为国内环境史研究的先行者之一，王老师在退休后修改出版了《湖北科学技术史》等三本合计 140 万字的著作。其中，他主持编撰的多卷本《中国环境变迁史》，引起了学术界的广泛关注，还获得了 2022 年度河南优秀出版奖。

王老师认为，退休不但不是学术生涯的终点，反而有更多自由时间来专心写作，只要身体还好，就应只争朝夕，"自找苦吃"。王老师将这种生活形容为苦中有乐，乐中有得，他孜孜不倦，乐此不疲。他说："老骥伏枥，志在千里，如果天假数年，我将继续努力工作，克尽绵薄！"

作为新时代大学生，我们感受到了王玉德老师"自找苦吃"的奋进坚持，感受到他"为党育人、为国育才"的炽热之心。从王老师身上，我们学到许多，也希望有一天能够像他一样，传承"胡杨精神""兵团精神""华师精神"。

在采访的最后，王老师借用习近平总书记的两句话寄语我们青年学子，第一句是"扣好人生的第一粒扣子"，第二句是"青春是用来奋斗的"。对此，王老师不仅有言教，更有身教。面对现在流行的"内卷"与"躺平"现象，王老师用行动告诉我们：要奋斗，但不要为名利而内卷；要放下，但不要因懒惰而躺平。

（指导教师：王洪强　钟佩文）

周月梅：银龄心向党，筑梦滇西情

中南财经政法大学　王幸凯

　　最先出发，她于花甲之年远赴滇西；最快抵达，彻夜未眠的"高反"挡不住她奔向学子的步伐。退而不休，热情不减，她在应该尽享夕阳红的年纪，却把自己的余热带向高原。桑榆未晚，余霞满天，她于日夜坚守中扶起乡村教育的一角。她是洱海上高悬的月，是苍山旁绽放的梅。她就是首批支援西部的银龄教师之———中南财经政法大学统数学院周月梅教授。

百围之木，始于勾萌

　　对于周月梅来说，前往滇西支教从来不是冲动之举，而源于自己年轻时就已然种下的"因"。1974年，周月梅从武汉大学附属中学毕业，响应知青下乡号召前往湖北钟祥从事教育工作，担任当地数理化的教学和团组织工作。回忆起下乡教学的那段日子，周月梅眼看着一群热爱学习、渴望知识的孩子被迫放下书本，步入社会，感到十分无助。乡村的教育环境有限，经济条件也无法支撑年轻一代依靠知识走出大山。周月梅离校赴武汉读书时，当地的孩子都拉着她的手，她从这群孩子的眼底读到了不舍。从那以后，周月梅就一直惦记着农村学生，她常常说自己"最了解农村孩子对知识的渴望"，也最希望能为这群孩子做点什么。

　　工作后，周月梅任教于中南财经政法大学统计与数学学院，以数量经济学为主要研究方向，关注博弈论与信息经济学在各项经济工作中的应用前景，曾承担"博弈论""运筹学"等多门课程的教学，广受师生好评，多次获得校先进工作者、教书育人先进个人等荣誉称号。

　　2020年，教育部启动高校银龄教师支援西部计划，选派退休教师去西部高校支教。当时已经退休的周月梅第一时间了解到中南财经政法大学对口支援的是滇西应用技术大学。和老伴刘伟商量后，两人一致决定：到滇西大去发挥余热！

5月，周月梅作为中南财经政法大学首批前往滇西应用技术大学支教的银龄教师之一远赴滇西，《人民日报》、新华网等主流媒体予以专门报道。离开家乡与亲人，周月梅带着专业优势与教学科研经验毅然坐上前往滇西的列车。在晚年有机会实现自己惦念已久的支教梦，她说自己是幸运的。

以德而耕，以爱育人

辗转几个昼夜，看到洱海的那一刻，周月梅只觉得心底某处悄然开始结"果"。到达当地后，近两千米的海拔第一时间向周月梅发起了挑战。周月梅自诩身体素质向来不错，出发前更做好了水土不服的心理准备。但当血压计的数字不可控地上升，甚至一度飙至140多时，周月梅也不由得感慨："银龄追梦者面对漫漫滇西路，属实不易。"

环境差异大，生活保障不足，周月梅却丝毫不在意，只想尽快融入当地。滇西应用技术大学是为完善民族地区教育而设立的，多数学生来自偏远山区，基础知识相对薄弱，信息接受慢。凭着多年的教学经验，周月梅立刻意识到问题所在，第一时间着手调整授课方式、授课内容，制定与当地学生相适应的教学方案。

2020年上半年，滇西大停课了一段时间，在秋学期上岗的周月梅夫妇顶着学期短、任务重的巨大压力，一声不吭地接下了五个班、三门课的教学任务。教室、图书馆、宿舍三点一线的生活是夫妇俩的常态，授课、编写教案、课业辅导完全挤满夫妇俩的生活。白天的三尺讲台上，周月梅用自己的热情点燃课堂；夜晚的一方案桌前，她则独自规划知识楼层的搭建。银龄岁月没有使她丧失奋斗的热情与斗志，反而更加坚定了她对教育事业的热爱与执着。

行而不辍，履践致远

滇西山区，素有"天然氧吧"的美誉，然而，这片美丽的土地长期以来饱受教育资源匮乏的困扰。治贫先治愚，扶贫先启智，阻止贫困现象代际传递，根本靠教育，关键靠教师。周月梅带着一颗奉献的心来到滇西，扎根滇西，她的余热不仅散布在学生的课堂上，也传递给新一代青年教师。

高强度的教学工作外，周月梅时常组织面向青年教师的座谈与调研会，指导青年教师备课、授课、做科研、申报课题，用自己的经验帮助他们明确研究方向，润色课题材料。她倾心分享毕生所学，让银龄教师有限的"输血"得以向更多年轻师资无限地"造血"延伸，周月梅希望让优质教育资源更好、更长久地扎根西部。

在日复一日的教学中，周月梅以深厚的专业素养培育着滇西教育的树苗，银龄教师"老有所为"、情系教育的家国情怀与使命担当更滋养着滇西教育的土壤。2021年5月，云南大理发生6.4级地震，滇西大也在受灾范围内。周月梅和一行银龄教师连续几天都在户外避震，她一边安抚着电话那头担忧的亲人，一边仍操心着教学的进度。一些朋友看着周月梅如此拼命，也曾劝其早日回家，但周月梅在支教一年到期时毅然选择续约三年，她只说："能给西部地区师生分享知识、经验，陪伴他们成长，助力祖国的教育，是一件很幸福的事情。"

"无论能否再来大理，所有的过往，都历历在目；所有的美好，已铭记于心；祖国的召唤，令我们义不容辞；历史的责任，让我们走到一起。"这是周月梅在支教的日子里创作的小诗，她将滇西视为自己的第二故乡。银龄教师有一颗永葆年轻的心，用教育为国家脱贫攻坚尽心尽力。让教育的种子撒得更广一点是她前行的动力。再高的山，挡不住银龄人；再远的路，难阻教育的征程。

（指导教师：杨倩文）

胡跃荣:"五老"精神闪耀新疆

湖南大学　任载青　桂　斌

胡跃荣老师于 2023 年 2 月由湖南大学推荐、经教育部审批,前往新疆政法学院支教,教授数学、语文、诗词课程,助力国家和教育部为建设和治理新疆而施行的银龄教师援疆工程。

敢为人先,不忘来时路

炬炬目光,回望历史长河;澄澄双耳,聆听英雄壮语;拳拳丹心,感受时代脉搏。花甲之年主动援疆,尽显家国情怀!

谈起援疆初心,胡先生说道:"当年左宗棠是抬着棺材、抱着'敢为人先'的心态去收复新疆。前人为国为民而舍生忘死的英雄气概永远是后人临摹的榜样,前人为我们打下的基业需要后人去守护,我作为湖南人,更有责任和义务继承前人的衣钵去守护新疆、治理新疆、建设新疆。"

仅一纸使命召唤,能于万里山川之外敢为人先,负重前行。如此志系时代,葆真本心,不负盛世。

用心扎根,守实干之魂

胡先生年近古稀,而不减年少热血。他坚定地认为,教育是实现中国式现代化的根本,是民族振兴的精魂。由此,他迢迢入关外,兢兢事边教,深入当地实际,尊重文化差异,用真诚和耐心赢得了学生们的敬爱。学海之外,更以自身言行垂范,令学子以其为楷模。

采访中他心坚如金:"现在机会来了,国家需要我作贡献,而我正可以为国家守护和建设新疆这片土地,干一些实实在在的事。"

在询问援疆过程中那些动人、令人久久难忘的故事时,胡先生却说道:"新疆的人文意识较为薄弱,新办学校亦是如此。所以我很忙,没时间出门看风景。我只想在援疆期间,在荒原种出一片花海来!"字字蕴师德,句句展豪情，亮丽的景致未必只在门外，人心的高尚更为壮观。

突破桎梏，铸创新璞玉

弦歌不辍赓续千载，万里蹀躞开创未来。胡先生相信，从无教不好的学生，除非他自己不愿意学，而教师要真正地关爱学生、动之以情。因此，胡先生一直注重"教师将获取和创新知识的方法授人""而不是仅以结果授人"，他积极倡导和实践研究型教学，真切启发了学生的思维，使大学教育真正成为大气之学、大器之学。

涓滴汇海，便可成汪洋

初至新疆，胡老先生也只设想着"我要做什么"和"我能做什么"，以及"我可以怎么做"，却忽视了理想与现实的参差。但他及时调整心态：如果事情不难，那还要我来干什么？胡先生说道："事实证明，新疆需要我来，还需要更多的人来！我投入的只是余生，国家要奠定的却是千秋大业！"冀以尘雾之微补益山海，萤烛末光增辉日。此等觉悟令其一往无前、莫问牺牲。

艰难困苦，方玉汝于成

1949年，王震率部挺进新疆，呕心沥血巩固秩序，孜孜付出维护团结，积极发展生产，不懈兴办工业，在冰封的土地上一点一滴培育出十万朵怒放的蔷薇，他那自力更生、艰苦奋斗的南泥湾精神又一次照亮了新疆这一方土地。

无独有偶，时代给予了新疆这块宝地新的生命。到达新疆后，恶劣艰苦的生活环境并未使胡先生退缩，他坚信只有奋斗，才能在这片土地上播种希望，收获硕果。他努力适应教育部高校与新办学校的差距以及学生层次上的差距，因材施教，使教学更加贴近当地学生的实际需求。面对学生基础不好、学习兴趣不高的现实，他与学生做朋友，真诚以待，教学方式生动，激发了学生的求知欲。同行的教授们都笑道："胡先生讲课太有煽动力了！"

文理兼容，终臻于完满

胡先生专业虽为数学教师，却在文学上造诣颇高，问及对文学的看法时，他坦言道："知识总是相通的，数学与文学自然相通……我做任何事情只有一个追求：将事情做得更好，否则就不做。我的两本诗词理论专著和一本宋词选注在业内是很有影响的，独树一帜，在许多高校图书馆都有收藏，许多人用其作为讲学的蓝本。我通过网络帮助和培养了几十个文学爱好者，并为其中的一些优秀作者的著作写了序。上个月在帮助青年教师发表论文选择杂志时，看到第二届'最美中国'当代诗歌散文大奖赛的公告，偶然起兴投了一篇旧作，本月13日收到了组委会发来的通知：我获得了一等奖（三个之一）。"

逝水长流，其实不关清浊；岁月永恒，自然吐纳炎凉。以之和气立于身，悠哉论成兮败已，寡欲者无拘无束；以之洒脱见于文，淡漠笑是也非乎，得意时亦痴亦狂。

节选自胡跃荣获奖作品《扶夷江记》

胡先生说："成就了学生，便成就了自我！"

胡先生热爱教育事业，从不谋求任何个人利益。他平易近人，同学生亦师亦友。对待工作，他从不推诿，甘于奉献，牢记自己是一名教育事业的传承者，义不容辞。他的这份师心，让他生命里桃李满园、馥郁芬芳。

胼手胝足，以共克时艰

在新疆，胡先生并不孤单。他与当地教师和同行教授们组成了亲密的合作团队。大家共同商讨教学方法、办学思路和实施方案，共同研究解决学生学习问题的办法，共同承担起推动教育发展的重任。面对诸多困难，他们团结一心，携手前行，如此，新疆教育事业得以日益兴旺。

在党的二十大精神中感悟习近平总书记的思想伟力，做好援疆建设，这是新疆高质量发展的应有之义。

"要坚定推行国家通用语言文字教育""要加强对青少年的现代文明教育、科普教育"，2023年8月底习近平总书记在乌鲁木齐听取工作报告时的重要指示仍在耳畔回响。胡先生已在新疆这片沃土之上行之愈久，无怨无悔。

　　红旗下，春风里，有无数像胡先生一样的教授，退休后毅然投身边疆教育，用知识点亮学生们前行的路程，用精神燃起边疆希望的明灯。他们用心、用爱、用责任、用奉献、用团结，谱写着一曲曲感人肺腑的援疆故事，融汇大爱于时代的交响乐章！文化润疆，稳中求进，绵绵用力，久久为功，吾辈青年当赓续先辈精神，为推动中国式现代化教育事业高质量发展贡献自己的力量！

（指导教师：熊　雅　林　燕）

方凤富：学雷锋六十年如一日

西南大学　王洁萍

2023年3月5日——第六十个学雷锋纪念日，我们拜访了"雷锋教授"方凤富。

他，外表平凡，衣着朴素，普通的住房里除了书画，就是一些普通旧家具。如果不是书架上的奖品，很难猜到他是一位国画大师、当代杰出艺术家、全国岗位学雷锋示范标兵、西南大学美术学院教授……

"其实，学雷锋，我只做了一点力所能及的事，做得还不够，我会继续学下去。"方凤富老师看穿了我们的心思，直入正题。

"你们来得正好，今天是第六十个学雷锋纪念日。如今我老了，希望你们能把雷锋精神传承下去……"

一

1963年3月5日，毛泽东主席发出"向雷锋同志学习"的号召，这让一心助人为乐的方凤富热血沸腾，被雷锋精神深深感动。针对许多人喜欢画画，却苦于无人指导的现状，他决定开办"雷锋书画班"，用画笔诠释雷锋精神。说干就干，没有场地，他就用自己的宿舍作课堂，利用休息时间义务为美术爱好者传授绘画知识技能。

随着方老师学雷锋的事迹越传越广，找他学画的人越来越多。为让更多美术爱好者学习艺术，他送教下乡，自费前往云、贵、川、渝等地十多个市县开办"雷锋书画班"，笔耕不辍，无冬无夏。"雷锋书画班"不但不收一分钱学费，还为家庭困难的学员提供食宿及笔墨纸砚，甚至他还拿出并不宽裕的工资收入资助需要帮助的学员！

1987年暑假，方老母亲去世，他强忍悲痛，毅然按计划踏上去遵义的火车，绝不耽误雷锋书画班的教学。老师说："三个班180名学生不能没有我！"

　　方老师以饱满的精神和热情完成了半个月的义务教学，学员们十分感动。老师返程时，学员们不惧路远（100千米），把老师从教学点贵州铜仁一路护送到遵义，到了遵义火车站，仍依依不舍，久久不愿离去……

　　60年来，方老师为"雷锋书画班"开设讲座一千余场，免费培养美术人才近万名，学员中有工人、农民、医生、教师、青少年学生等，不少"弟子"成为著名画家，其作品数次获得国家奖、国际奖。

　　在"雷锋教授"方凤富的影响和带领下，西南大学美术学院师生组建义务画像志愿服务队，到街头、社区、农村免费为群众画像，半个多世纪来留下了八万余幅艺术作品；外国语学院开办免费"星期日英语班"，一办就是六十载；学生社团组建"红帽子"志愿服务团，下设乡村服务站、家电维修点等12个服务基地……

　　除了"雷锋书画班"，方凤富教授还相继在重庆北碚区澄江小学、忠县官坝镇中心小学、巫溪县下堡镇中心小学等十余所中小学建立了青少年"雷锋书画学校"，免费教授师生创作国画。下堡镇中心小学将国画作为学校特色，五百余名学生及全体老师均会国画创作，2021年获评全国第三批中华优秀传统文化传承学校……

　　"做一件好事不难，难的是做一辈子好事。"方老师语重心长地说，"虽然我学雷锋六十年，但我觉得自己还是学得不够，我会继续努力，只要我心脏还在跳动，就会一直为社会、为人民奉献自己的绵薄之力。"

二

　　是什么信念让方凤富教授学雷锋，行而不辍，六十年如一日？

　　"我出生在旧社会，家里很穷，12岁时就跟着父亲一起被迫给国民党背军粮，给地主当短工，被地主家的狼狗咬伤大腿，至今还留着一条长长的疤痕。"方老师边说边挽起裤腿让我们看，"是共产党救了我的命，上大学后义是共产党资助我上学的所有费用，把我从一个贫困山区的穷孩子培养成一名光荣的共产党员、大学教授，还给了我很多荣誉，我理当回报党恩，回报社会，为党奋斗终生！"

　　采访中，方老师一再嘱咐我们：做人要懂得知恩感恩。数十年来老师一直践行着感恩、助人的信念。他省吃俭用，过着清贫的生活，却先后向贫困的家乡、希望小学以及灾区困难群众和贫困学员慷慨资助，先后捐款三百余万元、价值数千万元的一百六十余幅画作以及绘画技能方面的书籍一千余册。

超乎常人的勤奋、超乎常人的拼搏、超乎常人的执着是方凤富教授的显著特点。上大学时老师初学音乐，后因嗓子变声转学美术。两年后服从组织安排提前毕业留校干行政工作。为了实现美术梦，他每天晚上把自己关在一间不足20平方米的房间里（配电房兼宿舍），苦练画技，常熬通宵，如饥似渴地临摹我国著名国画家苏葆桢先生借给他的画作，孜孜不倦，无冬无夏。从年轻时的临摹，到中年的求变，再到晚年的创新，他的国画葡萄堪称一绝——晶莹剔透，清新典雅，人称"中华葡萄王"，多次参加国内外重大展览和大赛，多次获奖。近三十年来他的作品先后赴加拿大、美国、法国、澳大利亚等二十多个国家，港、澳、台地区以及北京、天津、重庆、南京、广州、深圳等十多个城市展出。三十多幅国画佳作，由北京人民大会堂、天安门城楼、毛主席纪念堂、国务院紫光阁等收藏，多幅作品作为外交礼品赠送国外政要，他先后获中国文化艺术交流突出贡献奖、上海世博会金奖，被授予"当代杰出艺术家"称号。老师数十年如一日学雷锋的事迹被《人民日报》《光明日报》、中央电视台等媒体深度报道……

尽管老师成就辉煌，却依然初心不改，耄耋之年仍坚持学习雷锋不间断，他用一生的勤勉、善举、爱心、奉献践行着共产党员的初心使命、理想信念，展现着爱国情怀。作为新时代大学生，我们要接过老师学习雷锋的接力棒，把雷锋精神传承下去，让雷锋精神在新时代绽放新的光芒！

（指导教师：李 杨 蒋 伟）

钟家珍：春晖普泽红星闪，红烛精神代代传

陕西师范大学　张馨月

党的二十大报告对全党提出要求："要把青年工作作为战略性工作来抓，用党的科学理论武装青年，用党的初心使命感召青年，做青年朋友的知心人、青年工作的热心人、青年群众的引路人。"青年工作事关党和国家事业继往开来，事关中国特色社会主义前途命运，事关中华民族伟大复兴，党中央从党的事业薪火相传、后继有人的战略高度重视青年工作。

精雕细刻，春晖普泽

在我们外国语学院有这样一位特殊的青年群众引路人，她就是退休教师钟家珍老师。钟老师在职之时就是学院的优秀教师，她为人和蔼可亲、教学认真负责。有人对钟老师是这样形容的："钟老师是出色的工匠，不拘一格地雕刻着所有雕像。雕的不只是我们充实的知识，更是我们方正的品格。钟老师是世上最勤奋的工匠：一个字一个词，一条公式一个道理，孜孜不倦，精雕细刻，默默无闻。工作时比罗丹还要细心，比鲁班还具匠心。"钟老师退休之后，又与其爱人张悦光老师一同设立了"红星助学金"，以激励莘莘学子踔厉奋斗，帮助每一位青年人在建设伟大祖国的路上走得更远。

坚守初心，发光发热

百年赓续奋进，百年凯歌前行；时代各有不同，青春一脉相承。过去百年，一代又一代青年与国家同呼吸、与民族同命运、与时代同发展，谱写了气吞山河的壮丽史诗。钟老师早已不再年轻，但是她工作之初的那颗心却没有随着时间的流逝而消失，而是依旧生机勃勃地跳动着。在不同的时代，每一代青年都以建设伟大祖国和中华民族的伟大复兴为目标，总有一天他们会不再年轻，但是那颗复兴中华的初心定会一脉传承。在工作中发光发热的钟老师在退休后仍旧发挥余热，红星助学金的建立就体现了钟老师那颗生机勃

勃的初心，而我们则是从钟老师手中接过接力棒的一代青年，接过的不单单是助学金，还是上一代建设祖国的青年对下一代青年的勉励和支持，是一代人的梦想，是担起国家大梁的重担。

清澈的爱，只为中国

着眼现在，当代青年继续发扬"党有号召、团有行动"的优良传统，主动投身基层一线"接地气""长才气"，在苦干实干中成长成才。"清澈的爱，只为中国"成为当代中国青年发自内心的最强音。当代青年在基层一线奉献青春力量，在前沿创新中贡献青春智慧，用踔厉奋发奏响青春建功新时代的最强音。

时代造就青年，盛世成就青年。党的二十大报告指出："当代中国青年生逢其时，施展才干的舞台无比广阔，实现梦想的前景无比光明。"如今，我们比历史上任何时期都更加接近实现中华民族伟大复兴的宏伟目标：到2035年，我国将基本实现社会主义现代化；到本世纪中叶，我国将建成富强民主、文明、和谐、美丽的社会主义现代化强国。当代青年既生逢盛世，也重任在肩，到2035年正值壮年，到本世纪中叶仍年富力强，将与这一伟大的历史进程同频共振、同生共长。中国式现代化的宏伟蓝图已经徐徐展开，一方面中国式现代化的发展为青年干事创业搭建了更广阔的舞台，为青年建功立业提供了更丰富的机会；另一方面，青年始终是中国式现代化的生力军，青年的奋斗只有融入中国式现代化的宏伟蓝图中，才能发挥更大的价值。

在钟老师的眼里，我们是一颗颗闪耀的红星；在我们眼中，钟老师是将红星照亮的太阳。或许今天太阳会落下，但是明天依旧会升起，一代青年总有落幕的时候，但他们的精神会永远传承下去，交到下一代青年的手中。习近平总书记指出："中国始终把青年看作推动社会发展的有生力量，鼓励青年在参与推动构建人类命运共同体的实践中展现青春活力。"当代青年要立足中国、瞄准世界，既怀抱梦想又脚踏实地，既敢想敢为又善作善成，要立志做有理想、敢担当、能吃苦、肯奋斗的新时代好青年。要积极参与国际经济合作、人文交流、志愿服务等活动，为全球可持续发展讲好中国故事、发出中国声音、贡献中国智慧。

　　青春由磨砺而出彩，人生因奋斗而升华。只有当奋斗的方向同党和人民的事业高度契合时，青春的光谱才会更广阔，青春的能量才能充分迸发。面向新征程，广大青年要把思想和行动统一到学习贯彻党的二十大精神上来，让青春在全面建设社会主义现代化国家的火热实践中绽放绚丽之花。

（指导教师：屈婉婷）

陈建军：教泽绵长，情满天山

西安电子科技大学　唐子杰

在天山脚下的三尺讲台上有这样一位特殊的老师，他两鬓斑白，但热情不减，虽已 72 岁，但仍在教书育人的道路上做一名孜孜不倦的"燃灯者"，他就是西安电子科技大学机电工程学院退休教授陈建军。

看到"银龄教师支援西部计划"通知，陈建军教授第一时间就报了名。经过层层选拔，年过古稀、早已退休的他重新站回讲台，成为西电对口支援的中国石油大学（北京）克拉玛依校区的桥梁，把更多的希望带向远方。

新疆是我的第二故乡

"诞时双亲役军旅，唤儿建军寄希冀，憾未营盘武效国，终在书院育桃李。"这是陈建军微信朋友圈的签名。父母都是军人的他生于新疆哈密，长在部队大院，并跟随第一野战军挥师西进，参与和平解放新疆。

"建军"这个名字寄托着父母的殷切期望，希望他能传承军人作风，继续从军报国。由于历史原因，他未能从军，初中毕业后被分配到兰州 781 厂。1973 年，他作为工农兵学员被推荐入读西北电讯工程学院（今西安电子科技大学），在恢复高考后又考上学校电子机械专业研究生，成为"文革"后首届研究生，毕业时选择了留校任教。

工作后，他像海绵一样，不断汲取知识的养分，努力把被耽误的时间抢回来，聚焦国家重大战略需求开展科学研究，迅速成为学校机械工程学科带头人之一。从教四十五载，他先后主持完成了国家自然科学基金、国家 863 等项目三十余项，在国内外重要学术刊物和国际会议上发表论文四百余篇，指导的研究生中有一百二十多人获得了硕士学位，38 人获得博士学位，其中多名毕业生的学位论文被评为陕西省或学校优秀学位论文，2008 年他也被评为二级教授。

谈起为什么去援疆，他的初衷很朴素："报名'银龄计划'时只有一个为自己的第二家乡做点贡献的朴素心愿，希望发挥自己所长，为新疆人才培养多做一些力所能及的事情。"

"我对新疆怀有天然的情感，从血液里就有一种亲切感，援建新疆、发展新疆，也是我这半个新疆人义不容辞的责任。"带着对故乡的眷恋，也带着对新疆美丽自然风光的向往，2023 年 2 月，陈建军飞往新疆克拉玛依，开启了为期一年的支教生活。

老当益壮，宁移白首之心

"印象最深的还是奇缺的师资，特别是基础课的师资。"一到中国石油大学（北京）克拉玛依校区，陈建军就投入紧张的教学中。在西电任教期间，他主要负责机械制造及其自动化专业的研究生课程，但是援教学校基础课教师特别紧缺，便安排他到文理学院为本科生讲授"概率论与数理统计"。

"由于二十多年没有再讲授过这门课程，初接任务时还有一些惶恐。"这位在讲台上站了一辈子的二级教授，仿佛回到了初登讲台的青年时代，带着一点紧张和压力，在新疆这片不太肥沃的土地上，尽力播撒着知识的种子。

"你要给人家一碗水，自己要有一桶水。"秉承着一贯认真负责的工作态度，陈建军每次上课前都要花费很多精力备课。二十多年没有接触这门课程，这期间教材多次更新，讲授方法也在迭代，对陈建军来说都是新的挑战。

"一个好的例题，往往胜过一百句话。"每堂课，他都对授课内容进行深入分析，选择一些有代表性的经典例题，以重点、难点问题为突破点，让学生愿意听、听得懂。

"上课也是一个体力活。"回顾过去这一个学期的教学生活，陈建军感叹道。他负责两个大班的课程，加起来有 112 个学时，而且每次上课都是连着上半天，这样高强度的工作对于 72 岁的陈建军来说有些吃力。

茫茫戈壁，见证着陈建军赤诚奉献的日日夜夜，他不辞辛苦，在天山脚下播种着"诗和远方"。

"说不累那是假话，有时下了课，连饭也不想吃，话也不想讲，但我是一名教师，只要站上讲台就要为学生负责，于是我咬牙坚持了下来，顺利完成了教学工作。"陈建军也深刻感受到，繁重的教学任务背后是新疆地区教师，特别是基础课程教师的严重短缺。

发挥余热，老有所为

"不管什么时代，作为人民教师应当率先垂范，这也是对师者最基本的要求。教师除了要向学生传授本专业的知识和科研方法之外，还应指导帮助学生立志，培养学生良好的品质，帮助他们建立健康的人生观和正确的世界观。"陈建军从教以来，一直践行着这一初衷。

"下学期除了完成要求的课程之外，我还计划举办几次学术讲座。"援疆支教不能仅体现于讲台，还要努力提升当地教师队伍的综合素质，在育人理念、专业技能、学术方向上给予帮助，助力当地学校更好地发展。

全疆大学师资匮乏的状况让他印象深刻，他也暗下决心，在身体允许的前提下，竭力发挥余热，更希望自己的行为产生辐射效应，影响更多教师来疆。

在课堂上，陈建军也时常会给学生们讲述他在西电的科研生活，介绍西电半部电台起家、长征路上办学的红色校史，他鼓励学生们好好学习，到西电攻读研究生学位，毕业后为新疆建设作出更大贡献。

像陈建军一样的"银龄"援疆教师还有很多，他们像雨，用点点知识滋养着边疆学子的心田，虽短暂，但一场场不停歇，润泽着这片辽阔大地。他们的影响也将乘着"银龄计划"的风，吹向全国，让更多学生出疆去，让更多学者进疆来。

（指导教师：李　直）

曾乐元：一片丹心育桃李，大漠唱响"银龄"歌

长安大学　白博雨　张　涵

三寸粉笔，三尺讲台系国运；一颗丹心，一生秉烛铸民魂。作为一名共产党员，他时刻感念党恩，以实际行动践行着永远跟党走的理想信念；作为一名高校思政课教师，他始终忠诚敬业，铸魂育人，培育桃李万千；退休后，他心系边疆高等教育发展，传道授业，诲人不倦，唱响了支援边疆教育的"银龄之歌"。他就是原长安大学马克思主义学院教授、宣传部副部长、校新闻发言人曾乐元。

讲授信仰，矢志不渝跟党走

习近平总书记提出，思政课不仅要传授知识，更要传递信仰，明确要求"让有信仰的人讲信仰"。想要讲好信仰，首先就要树立坚定的信仰。曾乐元就是这样一位拥有坚定信仰的思政课教师。

曾乐元 1959 年出生于一个革命干部家庭，从小接受革命传统教育。共产党带领全国人民筚路蓝缕艰苦创业的点点滴滴，中华人民共和国建设事业取得的伟大成就，使他树立了对党的领导和社会主义事业的坚定信心。1979年，曾乐元考入兰州大学经济系学习政治经济学专业，奠定了坚实的马克思主义理论学术基础。

大学毕业后，曾乐元来到长安大学前身之一的西北建院马列教研部，从事马克思主义理论教育教学工作，并光荣地加入了中国共产党。自幼求索的梦想终于实现，回忆起当年入党的情景，曾老师仍难掩激动："没有共产党就没有我的今天，她值得我们毕生追求并为之奋斗。"

那时候教学条件有限，教师上课只有一块黑板和一支粉笔。为了获得更好的教学效果，他每晚都会用铅笔把繁杂的政治经济学图表仔细地放大画好，第二天上课时贴在黑板上，即使是坐在最后一排的学生也能清楚地看到。随着我国高等教育的发展，教学条件不断改善，曾老师率先将电教、网

络等教学手段引入课堂，"这样才能给学生提供最好的教学内容"。

思政课，最重要的是"以理服人"。师者，所以传道授业解惑也。曾老师的课上，学生可以提出问题和质疑，展开师生之间的探讨与辩论。"只有这样，才能够讲清道理，才能使学生知道马克思主义理论为什么行，才能发自内心地相信。"

教育是一份照亮他人的事业，几十年育人生涯里，曾老师不仅是传道授业的良师，更是让学生们廓清心灵迷雾、健康成长成才的引路人。一堂堂深入生动的思政课程、一次次真挚热忱的交流探讨……言传身教间，爱国奉献的信仰、做事做人的道理、对真善美的追求，逐渐在学生心中生根发芽。十年树木，百年树人。看到一批批学生从稚嫩青涩到不断成长成才，曾老师心中满是成就感。

践行信仰，边疆高唱"银龄"歌

"当老师当了大半辈子，一旦退了休不再上讲台，真有些不适应呢！我还是想发挥余热，为我们国家西部教育做些事情。"2020年，曾乐元主动请缨，成为一位"银龄教师"，前往新疆塔里木大学开展支教工作。

从西安出发去塔里木大学，曾老师要先乘四个小时的飞机到阿克苏，再乘两小时汽车。而他的行李箱里除了换洗的衣服，就只有一些教学参考资料。

有着丰富思政课教学经验的曾老师承担了塔里木大学本科生"毛泽东思想和中国特色社会主义理论体系概论""习近平新时代中国特色社会主义思想概论""形势与政策"等课程以及研究生"中国特色社会主义理论与实践"课程的教学任务。他认为："思政课如果完全照本宣科，学生很难入脑入心，需要增加一些案例，创新课堂教学，这样才能充分调动学生的积极性，增强课堂感染力。"在讲授"精准扶贫"内容时，他请学生们分享身边的脱贫故事，学生迪娅拉·艾山江分享了自己到喀什地区伽师县探亲时的感受："这几年，亲戚家的房子翻新了，有了新厨房、新家具，生活一年比一年好！"同学们听完她的分享纷纷鼓掌，曾老师还奖励她一幅自己的书法作品。

塔里木大学大三学生郭泽鑫对曾老师的课也赞许有加："上第一节课时，我坐在第三排，心里还在犯嘀咕：老师会不会很古板？没想到，曾老师上课很吸引人，后来每次上课我都坐在第一排。"

　　上课之余，曾老师还为学生入党积极分子讲授党课，指导学生开展社会实践、参加微视频比赛，帮助学生修改演讲比赛和建党百年讲课大赛的文稿，指导研究生撰写论文，深受学生们的欢迎。

传递信仰　弦歌不辍薪火传

　　在做好教学工作的同时，如何促进边疆地区教育的均衡发展也是银龄教师们常常思考的问题。学校为每一位"银龄教师"配备了一名青年教师结对开展"传帮带"，教师之间互相听课，定期进行教学工作研讨和经验交流。曾老师还积极参与到学校教学改革、师资队伍建设、科研创新等各方面工作中，并发挥专业特长，为塔里木大学的干部师生和阿拉尔市有关部门开展专题学术报告、党史学习教育专题讲座等，并联系内地高校的专家学者到塔里木大学开展学术交流和业务培训，推动了塔里木大学和其他高校之间的交流合作。

　　在塔里木大学的日子里，曾老师领略了大漠边疆绝美风光中蕴藏的强韧生命力，也被在这片土地上默默耕耘的人们深深感动，对"胡杨精神"有了更深的体会。三年支教结束后，曾老师再度选择留下，开始了他第四年的支教生活。"胡杨是新疆的精神图腾，胡杨精神也激励着我，我要在新时代努力讲好思政课，为促进西部高等教育发展、培养担当民族复兴重任的时代新人做出自己的贡献，也期望新时代青年传承红色基因，矢志拼搏奋斗，为强国建设、民族复兴而不懈奋斗。"

（指导教师：冯秋香）

龚春元：国之所需，吾之所向

长安大学　江　玉　魏金鑫

　　在时代的浪潮中，有这样一批人，他们从苦难的战争中走来，孜孜不倦汲取知识，挑起中华人民共和国科技文化发展的大梁；他们筚路蓝缕，将国之所需作为奋斗目标，用毕生实践着报国誓言。龚春元教授就是他们中的一员。从南到北，自东向西……凡是祖国建设需要的地方，便是龚老前行的方向。

青年有志，报国走四方

　　中华人民共和国成立之初，国家面临着一穷二白的困难局面，各行各业发展都亟需人才。是前往抗美援朝一线还是留下搞发展建设？这让立志报国的龚春元心里犯了难。彼时，航空航天领域一片空白，深深刺痛着国人的心。龚春元以高分考入了清华大学航空系，后清华大学等八所院校航空系合并成立北京航空航天学院，他作为第一批学子入学北航发动机系，从此，知识报国便成了龚春元一生的追求。尽管住工棚、睡通铺、天寒地冻……但为了飞上梦想的蓝天，龚春元等北航学子起早贪黑、孜孜不倦，英美留学的博士们也都纷纷回国任教，全校师生怀着满腔热忱，斗志昂扬，共同为着一个远大的目标而艰苦奋斗。1952 年国庆阅兵时，北航首届学生高举自制的战斗机模型，他们挺直了脊背，昂首走过天安门城楼，在万众瞩目下高声呼喊，诉说着航空报国的凌云壮志。在北航学习期间，龚春元认真刻苦，取得了 35门课全优的好成绩。1957 年，龚春元作为北航优秀毕业生被派往西北工业大学支援西部建设。于是，他又收拾行装，一路向西，为祖国西北的建设添砖加瓦。

春风化雨，为国育人忙

　　站三尺讲台，守教育初心，怀一颗丹心，用一生秉烛铸民魂。毕业后的龚春元先是来到西北工业大学，后因参与汽车外形动力设计等课题，调到了原西安公路学院。在此后近四十年的教学生涯中，龚春元尽其所能上好每一堂课。他一遍遍试讲，心灵手敏自制活动黑板提升课堂质量；面对一届届学生，日复一日风雨无阻开展晚自习辅导。选择成为一名人民教师后，他便付出全部，用心浇灌育人事业。1979年，龚春元被派遣前往也门支教，不仅是中国专家组组长和中方校长，更是一名接受了党组织长期考验的优秀援外教师，并在中国驻也门大使馆面对党旗庄严宣誓："对党忠诚，积极工作，为共产主义奋斗终生。"他还主动学习阿拉伯语，以便能随时给学生答疑解惑，这种认真负责的教学态度，使龚春元的育人魅力跨越国界、跨越语言。他以教育的光芒传播友谊，为国增辉。

20世纪80年代援外回校后，龚春元继续投身内地高校新疆少数民族班的教学优化等教改实践。在编写特色教材、创新特色教学方案、开展特色教学试验的同时，龚春元还注重培养少数民族学生的学习兴趣，鼓励学生积极参加课外活动、参与社区服务，引导学生在实践中培养动手能力和团队合作精神……龚春元将对少数民族学生的深切关怀融入教改实践中，并荣获国家级教学成果奖二等奖。春风化雨润桃李，他付出自己的所有，将一片丹心全部倾注在教育事业上。

老骥伏枥，初心如磐石

走下了奋斗多年的讲台，他又将目光投向了更为辽阔的祖国大地。伴随着21世纪加入世界贸易组织的时代机遇，国家发展亟需完善交通建设。于是，已过花甲之年的龚春元利用自身所长，积极报名参加交通运输部开办的公路工程监理培训班，取得了公路工程监理资格。随后，他回到家乡贵州都匀，监理了贵新高速公路的建设，后又受邀参加江苏、河南等多地高速公路的建设，在四通八达、纵横交错的祖国大地上留下他奋斗的足迹。

自小在战火中奔波长大，龚春元深切感受到没有党，就没有光明的新中国。在也门支教期间，怀着崇高的敬仰和对党组织的向往，他终于如愿成为一名共产党员。自那时起，无论是全身心投入教育事业，还是奔波在交通建设一线，他都将身为党员的荣光默默放在心里，把这份责任扛在肩上，不遗余力践行着报国使命。

2021 年是中国共产党成立 100 周年，当时已 88 岁的龚春元独自乘车前往中共一大会址纪念馆，不会用手机预约程序的他，久久伫立在门前，眺望着心之所向的地方。"我是陕西来的老党员，一个人来的，能不能让我进去看一看。"这位白发老党员的拳拳之心感动了工作人员。踏着先辈们走过的足迹，于他而言这不仅是瞻仰，亦是终生报国不言悔的无声诉说。

青年有志，那个遗憾没能在战争一线保家卫国的热血青年，终是走上了知识报国的道路。从首都北京到祖国西北，从方寸之间的三尺讲台到四通八达的高速公路，他不遗余力，艰苦奋斗，将国家需要作为自己奋斗和前行的方向。他关心国家发展，关注青年一代的成长，他满怀热切："当下国家正处于飞速发展的时代，这正是需要人才、需要你们年轻一代的时候。"

战火中浴血报国的青年、艰苦奋斗建设国家的青年、新时代担当复兴使命的青年……时代在发展，但一代代中国青年的信仰与抱负从未改变。而今，沿着党的二十大精神所指引的方向，站在新的时代起点上，我们更应追寻如龚老这般榜样的力量，书写全新的篇章！

（指导教师：贺宏斌　王　东）

图书在版编目（CIP）数据

老少共话二十大　踔厉奋发新征程："读懂中国"优秀征文集：上、下／教育部关心下一代工作委员会编. -- 桂林：广西师范大学出版社，2024.12. -- ISBN 978-7-5598-7596-9

Ⅰ. K820.7

中国国家版本馆 CIP 数据核字第 2024ET2786 号

老少共话二十大　踔厉奋发新征程："读懂中国"优秀征文集：上、下
LAOSHAO GONGHUA ERSHIDA　CHUOLI FENFA XINZHENGCHENG："DUDONG ZHONGGUO" YOUXIU ZHENGWENJI：SHANG、XIA

出　品　人：刘广汉
责任编辑：李　梅
助理编辑：尤　佳
装帧设计：侯舒玉晗

广西师范大学出版社出版发行

（广西桂林市五里店路 9 号　　邮政编码：541004）
（网址：http://www.bbtpress.com　　　　　　　　　　）

出版人：黄轩庄

全国新华书店经销

销售热线：021-65200318　021-31260822-898

山东韵杰文化科技有限公司印刷

（山东省淄博市桓台县桓台大道西首　邮政编码：256401）

开本：720 mm×960 mm　　1/16

印张：35　　　　　　字数：550 千

2024 年 12 月第 1 版　　2024 年 12 月第 1 次印刷

定价：68.00 元（全二册）

如发现印装质量问题，影响阅读，请与出版社发行部门联系调换。

「读懂中国」优秀征文集

老少共话二十大
踔厉奋发新征程

下

教育部关心下一代工作委员会 编

广西师范大学出版社
·桂林·

守正育人
谱新篇

老专家、
老教师篇

吴泳川：我心中的一盏明灯

天津城建大学　后春明

2023 年 5 月，我收到了盼望已久的硕士研究生录取通知书，成功考取了兰州理工大学，无数个埋头苦读的日日夜夜终于有了回报，亲朋好友为我欢呼雀跃，一时间，我感到自己是天底下最幸福的人。此时此刻，我最想把这一好消息分享给吴泳川老师——我的吴妈妈。大学修业四年，是吴妈妈长期的无私资助和关爱，点亮了我这个从大山中走出来的孩子的求学梦想，激励着我不懈地努力奋斗。

2019 年，我从甘肃省定西山区考进天津城建大学土木工程学院。因为家庭收入极低，入学之后，我的生活很困难，往往是凑足了学费，就拿不出生活费。学院已经退休多年的吴泳川老师了解到我的情况，主动找到我，满怀热忱地告诉我："困难再大也要克服，一定要努力完成学业。只要你好好学习，我会资助你完成四年的大学学业。"我不禁潸然泪下，感受到沉甸甸的母爱。

令我更感动的是，吴妈妈长期资助的学生不止我一个人，她从 2010 年退休至今，先后资助了 25 名学生，每个学生从入学一直资助至毕业。她经常嘱咐我们，资助的事情不要向外界声张，她不图任何回报，就是希望我们刻苦学习，早日成为对国家建设的有用人才。在吴妈妈的关怀和引领下，我们这些受助的学生，都成了品学兼优的好学生，有的担任了班长、团支书、学生会干部，有的在各种大学生学科竞赛中获奖，有 8 位同学入党，12 位同学考取了研究生。有一名受吴妈妈资助的学生在合肥工业大学读研，科研压力比较大，思想出现波动。吴妈妈知道后，多次前往合肥看望他、鼓励他；还有一位学长毕业后留在天津工作，虽已到了买房成家的年龄，但无法承担购房首付款，吴妈妈第一时间将二十余万元个人存款借给他以解燃眉之急。有一位学姐放弃了大城市的就业机会，毅然奔赴偏远山区支教。学姐感慨地说："就是因为吴妈妈精神的感召，我才来到祖国最需要的地方奉献青春年华。"

吴妈妈不仅在经济上资助我们，更重要的是在思想上引领我们。每年的端午节，吴妈妈都要把毕业在津和在校的资助学生聚在一起，亲手给我们包粽子吃。在让我们享受节日气氛的同时，她不忘给我们讲述"真理的味道是甜的"初心故事，与我们分享共产党的伟大奋斗历程和学习习近平新时代中国特色社会主义思想的心得体会。吴妈妈经常告诫我们："青年是实现中华民族伟大复兴的先锋力量，你们要把青春奋斗融入党和人民的事业中。你们要在政治上有所追求，要积极地向党组织靠拢，要用习近平新时代中国特色社会主义思想凝心铸魂，做习近平新时代中国特色社会主义思想的坚定信仰者、忠实践行者和积极传播者，争取早日成为一名光荣的中国共产党党员。"

在吴妈妈的鼓励下，我向党组织递交了入党申请书，还加入学院自立自强实践协会，并担任学生骨干，去帮助更多的家庭经济困难学生共同进步。我积极参加暑期社会实践，为学校及社区进行志愿服务。作为班级团支书的我带领团支部荣获学院"实践公益型"团支部荣誉称号。我先后获得校级优秀学生干部和优秀团干部荣誉称号，并于2022年光荣地加入了党组织。在党旗下宣誓的时候，我感到这一切都是吴妈妈的功劳，没有吴妈妈就没有我的今天。我暗暗地告诫自己：我要向吴妈妈学习，像她那样，热爱生活，热爱人民，永远忠于党，不忘初心、牢记使命，为党的事业奋斗终生。

我很庆幸遇到了吴妈妈，更庆幸的是我生活在这样一个伟大的时代。这个伟大时代造就了像吴泳川老师这样乐教爱生、甘于奉献的"大先生们"，他们怀着"捧着一颗心来，不带半根草去"的情怀，用赤诚的爱心托起困难学子的未来。他们对党的教育事业无比忠诚，对共产主义事业无比坚定，始终以自己的实际行动去践行共产党员的初心和使命。他们身上那种为了党的教育事业奋斗不息的精神，早已成为我们求学生涯的一盏明灯，指引着我们义无反顾地勇毅前行。

在踏上人生的新征程之际，我耳畔响起吴妈妈语重心长的嘱托："我们要实现第二个百年奋斗目标，作为老教育工作者要奋斗，生命存在一天，我就要资助一天，我就要为培养党的接班人做贡献。生命不息，奋斗不止！让我们共同奋斗！"我不会辜负吴妈妈等前辈的期望，在新的征途上书写有理想、敢担当、能吃苦、肯奋斗的新时代土木青年的华彩篇章。这也将成为我心中永远的长征。终身坚守，不惧漫长！致敬我可爱的天城大，致敬可爱的老师们，致敬"吴妈妈"们！

（指导教师：付　马）

田步升：信仰为魂，奉献如歌

长治医学院　李超昕　邓春延

"真的感谢您！是您让我有了第二次生命！"2020年12月20日上午10点，来自长治市长子县慈林镇布村的一位78岁老人，手提自家产的小米、核桃，专程赶到医院，眼含热泪感谢阔别二十年的"田主任"。当年，这位老人因突发食管自发性破裂就诊于和平医院，病情危急，时任心胸外科主任的田步升不仅亲自主刀，还垫付了大部分的医疗费用。"田主任救了我的命，还挽救了我的家庭。"他只是田步升教授救治的无数病患中的一个。数十年来，田教授扎根基层，钻研医学，以实际行动诠释着"医者仁德，大爱无疆"。

红色传承在心间

"但愿人皆健，何妨我独贫。"多少家庭因病致贫，多少患者因病离世。谈及当年，田教授感慨万千："医生救死扶伤，不仅仅是病患的治愈者，更应担负起帮扶责任。当初有的家庭支付不起医疗费用，我们垫付医疗费是常有的事。"

出生于1955年的田步升，是真真正正的"党的孩子"，身为党员的老父亲，从小就教育他要牢记党恩、济困助危，到祖国和人民需要的地方去！他牢记父亲的嘱托，打儿时起就立志为祖国和人民奉献一生。1972年，高中毕业的田步升回到农村接受贫下中农再教育。知青三年，他吃苦耐劳，勤学好问，创新实践，钻研农事，赢得了群众的广泛拥护，历任生产队队长、民兵连长、村团支部书记。在他的带领下，生产队水稻试验获得成功，村里的百姓吃上了大米，这在当时是不可想象的。在不断地学习和劳动中，田步升主动接受党组织考验，1975年正式加入中国共产党，继承了父辈的革命传统，接过了为民造福的接力棒。同年，组织推荐他进入晋东南医专学习，他便与医学结下不解之缘。

学习期间，田步升爱上了这所有着革命传统和红色血脉的学校，毕业时他毅然选择留校，进入学校微生物教研室，投身母校的建设工作中。1980年，他进入学校附属医院外科，苦练基本功，潜心钻研。由于业务精湛、能力突出，他于2010年担任附属和济医院副院长兼心外科主任。

守正创新做科研

1998年腊月，潞城人民医院急诊科收治了一位心脏破裂的患者，当时患者已经休克，情况危急。田步升得知情况后，冒着严寒乘车赶到。当时潞城人民医院没有供血，没有相应的医疗器械，不具备做这类手术的条件，但转院就很可能危及生命。怎么办？田步升与患者家属、急诊医生、院领导充分沟通后，当机立断，决定就在现有条件下进行抢救。经过十个小时的努力，在极为有限的条件下，成功将这位19岁的青年从死亡的边缘拉了回来。这件事也在田教授心中埋下了研究人工心脏的种子。

在职业生涯中，田教授四十余年如一日，以医者之心，承生命之重，坚守心胸外科临床一线，成功操作了上万台手术，先后救活了二十多名因心脏外伤濒死的患者，挽救了无数个濒临破碎的家庭。这是他的本职工作，更是他终身热爱的事业。

2015年，田步升教授光荣退休，但他依然坚守在医学科研的第一线，潜心钻研人工心脏。2020年，田步升与他的科研团队在二十多年的反复试验之后，自主研发了利用机械动力输送血液代替心脏泵血功能的人工心脏，这是当年全国唯一通过国家安全和生物检测的人工心脏，拥有14项国家专利，达到了国际先进水平。

看到田教授在花甲之年仍心怀追求、孜孜不倦，潜心钻研、精益求精，守正创新、奉献社会，同学们无不心生敬仰。他用实际行动践行共产党员的忠诚誓言，诠释大医精诚的医者仁心，为年轻一代树立了学习的榜样。

发挥余热做奉献

生命不息，奋斗不止。田步升教授虽已退休，但没有离开热爱的岗位，返聘后继续坚守在临床一线。因为医者仁心，所以选择担当；因为心怀大爱，所以甘于奉献。他始终把青年师生的成长成才挂在心头，积极发挥传帮带作用。他赓续长医红色血脉，用个人魅力和专业素养影响着一批又一批的长医学子，为新时代的建设者培根铸魂、启智润心，确保党的事业和社会主义现代化强国建设后继有人。

党的二十大胜利召开后，田步升教授更是孜孜以求，精读习近平新时代中国特色社会主义思想的相关著作，不断用新的理念指导实践，实现自我提升。田步升教授献身杏林，初心不改，在平凡的岗位上践行着不平凡的使命。他对学生们说："党的二十大提出，教育、科技、人才是全面建设社会主义现代化国家的基础性、战略性支撑，每一个青年儿女都应把个人命运与国家和民族命运紧密相连，发挥你们的才干，用青春书写医者大爱，用忠诚践行使命担当。"

医生、主任、副院长、老教授，田步升从医四十余载，转换的是角色，不变的是初心。做学生，胸怀报国之志；做老师，坚守三尺讲台；做医生，诠释大爱无疆。田步升用兢兢业业、精益求精的努力，潜心科研、默默无闻地坚守，书写初心的内涵，诠释使命的力量。

（指导教师：马学增）

董原、李莉：扎根语言教育，传递中国声音

北京语言大学　陈　楠　韩雨晴　王天歌　吴龙越

"教外国人汉语，就是要在语言习得的过程中播下中外友谊的种子，这个工作对国家来说意义重大，利在千秋。我们就该义不容辞地做好这项工作，不求名利。"这是董原副教授和李莉老师从事对外汉语工作的初心。他们把中国声音传递给世界人民，几十年来，始终奋斗在人民外交战线上。

一颗红心，两手准备

"一颗红心是指对党对人民的忠心，两手准备是指一方面遵循个人意愿，另一方面服从组织的分配调动。"1975年，正在中学教授俄语的董原，作为国家培养的罗马尼亚语人才，毅然放弃去国外担任处级官员的机会，接受组织的安排，选择来到北京语言大学担任对外汉语教师。

"我为什么选择来到这里？因为我知道当时中华人民共和国的外交政策是'另起炉灶'，我们要始终坚持和平共处五项原则，这就需要我们向世界各国人民宣传新中国的形象，让别人了解我们。"怀着这样一颗对党对人民忠诚的红心，董原开启了教授对外汉语、传递中国声音的工作生涯。

一线耕耘，奋斗于三尺讲台

截至2006年退休之时，董原共从事对外汉语教学工作31年，从未脱离教学岗位，在国内为95个国家和地区的1 200多名来华留学生授课，共计11 100课时。其间培养出了许多优秀的汉语人才，其中罗马尼亚学生罗阳如今已成为极为优秀的罗汉翻译家，现在正在进行《习近平谈治国理政》的罗语版翻译工作。

在1992年和2003年，董原被派往罗马尼亚布加勒斯特大学和捷克帕拉茨基大学教授汉语。在捷克任教期间，正逢我国改革开放25周年，捷克的大学中掀起了一股汉语学习热潮，董原和李莉走访了每一位学习汉语的学生

的家庭，从家长们赞不绝口的认同声中看到了中国改革开放的成果，而这更加坚定了他们对外传递中国声音的决心。

"教授汉语与教授其他专业知识是一样的，需要因材施教，不能只是照本宣科。"在这样的教学理念下，董原根据学生们的学习进度以及兴趣爱好，寓教于乐，在课程中融入丰富多彩的中华传统文化活动。他教同学们学习京剧、打太极拳、篆刻石章等，教学效果显著，取得了丰硕的成果。除此之外，他还进一步改革，编写了国外大学的中文教材，在罗马尼亚教育部的资助下，出版了《罗汉拼音词典》，并且带领捷克高年级的学生翻译编写了《中国古诗古文赏析》一书。

上下一致的表述，才能彰显中国精神

李莉在采访中提及："对外汉语的教学向来不是一帆风顺的，在教学过程中有很多困难需要我们攻破。为了让世界听到中国人民的声音，我们不仅要在正式的外交场合中发挥正向作用，还要在与当地人民的不断接触中，进行上下一致的表述，如此才能彰显中国精神。"在捷克教书期间，两位老师带领学生们唱捷克的国歌，将中华民族几千年来的爱国主义精神传递给外国的学生们。学生的家长表示，这么多年来只有中国老师才教孩子们爱自己的国家，这才是用于教育后代的最伟大的思想。两位老师强调，无论世界风云如何变幻，我们都应该维护人民之间的友谊。

两位老师除了用自己的力量向外国学生传递中国声音之外，也深知培养更多优秀的中国对外人才至关重要。于是，两位老师在退休之后，投身于北语罗马尼亚语（罗法复语）专业的建设之中。作为一门新专业，建设自然不会那么容易，其间也遇到过一些困难，但是"从广义上讲，我们搞的是'一带一路''人类命运共同体'，需要各方面各专业的人才。罗语法语都是工具，掌握罗法复语的人才是国际大棋盘上的一颗重要棋子，不可或缺"。新专业建设后，将会涌现出一批新的语言人才，进而向更多人讲好中国故事，传递中国声音，而这也正是两位老师的深切期盼。

习近平总书记在党的二十大报告中指出，要"促进各国人民相知相亲，尊重世界文明多样性，以文明交流超越文明隔阂、文明互鉴超越文明冲突、文明共存超越文明优越，共同应对各种全球性挑战"。因此两位老师在采访中反复提及，我国的外交战线始终保持人民外交本色，而对外汉语教学的过程就是传播中华文化、坚定人民外交的最好体现。

殷殷寄语，深切期望

最后，两位老师也对广大北语学子寄予了深切的期望。他们说："德行言语，敦睦天下。"这是北语的校训。学生们要用语言承载道德，并且以语言为工具促进世界的和谐。而对外讲好中国故事的前提是先读懂中国，了解中华文化和中国历史，领会中国特色大国外交思想理念，始终根据事情本身的是非曲直决定自己的立场。青年学子要始终牢记构建人类命运共同体是世界各国人民前途所在，中国人民会与全球人民一同构建持久和平、共同繁荣的和谐世界。

（指导教师：沈梦佳）

阎纯德：纯情挚意做学问，德厚流光书人生

北京语言大学　秦　磊　王焱焱

"他是一位诗人，也是一位学者；既长于创作，又长于研究。"这是"国际中国文化研究终身成就奖"授奖词中描述的阎纯德老师。授奖词很短，寓意却深长，因为它涵括了阎老师几十年来丰硕的学术成就与巨大的文化贡献。他的人生就像一本精彩的小说，波澜壮阔，高潮迭起；他的学问则像一部厚重的辞典，精妙深远，惠泽大众；他的德行更像一首优美的散文诗，纯粹雅致，润泽心灵。

筚路蓝缕，纯情挚意做学问

"做自己喜欢的事，做别人还没有想到、没有做的事，这一直是我做学问时的行为方式和思想。"对于学术研究，阎老师向来愿做"筚路蓝缕、以启山林"的拓荒者，《中国文学家辞典》的编撰就是生动的例证。

在法国任教期间，他在与法国作家、汉学家米歇尔·鲁阿夫人讨论"中国到底有多少女作家"时产生了一个灵感——研究女作家，同时开始组织编撰《中国文学家辞典》。阎老师带领编委会依据"作家调查提纲"提供的真实材料来编写，并不厌其烦地到国家图书馆去查证、核实，亲自审定，最终完成了内容严谨且翔实的六卷本《中国文学家辞典》。

之后，他又力排众议，促成了这部作家大全式的辞书在 1978 年的发行。功夫不负有心人，《中国文学家辞典》发行后好评如潮，在国内外产生了深远影响。

除此之外，阎老师还创办和主编了《中国文化研究》《汉学研究》《女作家学刊》和"列国汉学史书系"（2019 年起更名为"汉学研究大系"）。他的专著《作家的足迹》《20 世纪末的中国文学论稿》等都是 20 世纪八九十年代中国文学的前卫著作。《二十世纪中国女作家研究》《新时期女作家百人作品选》《她们的抒情诗》等也让他举起了中国女性文学研究的大旗，其中曲折艰

辛，实难一言以蔽之，但无论多么艰难，阎老师始终保持着对学术研究的热爱与孜孜不倦的追求。

阎老师曾说过："人活着就是做事，这是我的人生观和世界观。我喜欢做的事，无非就是写点儿小文章，研究点儿小学问。一个人的能力有大小，做自己力所能及且于国家有益的事，也就算不枉此生。"

笔耕不辍，字有醇香释人生

阎老师的学问成就斐然，但他的生活里不止有学术研究，还有文学和远方。

阎老师与文学的缘分，始于少年。在缺衣少食、动荡不安的年代，这个黄河滩上曾沿街乞讨过的穷苦娃把文学当成自己的精神食粮，他读《新儿女英雄传》《天山牧歌》，也读《复活》《把一切献给党》，迷迷糊糊地做着他的写作梦。从濮阳、东明、开封，到北京，再到塞纳河畔和大西洋东岸，阎老师一路走，一路读，一路写。最初是被老师在课堂上朗读的周记、作文，后来是被贴在县城大街壁报上的诗，然后是刊发在《北京大学校报》《北京日报》《北京晚报》上的诗文，之后便是各种广为传播的散文集、诗集。当年那个穷苦男孩的文学梦，在他数十年如一日地读书、写日记、练笔的过程中实现了。

粗略统计，从 1956 年开始在报纸上发表诗歌至今，阎老师已见刊的诗歌有两百多首。1976 年在《解放军文艺》上刊发的散文作品也仿佛是一个信号，昭示着阎老师散文创作上的成熟。至今，阎老师已发表了散文近 300 篇，并获得过第一届和第二届澳门全球散文大赛冠军、香港全球散文大赛亚军等奖项。在法国任教期间所写的《在法国的日子里》《人生遗梦在巴黎》等散文集，记录了其在法国时期的人文趣事以及所思所想。他的由人民文学出版社出版的散文集《在法国的日子里》，曾在 1982 年被文化部、教育部等八部委评为一等奖，被称为中国旅游文学的先驱之作。

如今，年逾八十的阎老师依旧深爱着文字，仍然在文学的田野里辛勤耕耘着。未来的某一天，广大读者可能会读到他的《走出黄河滩——我的北大之路》《命运——阎纯德自传》。他的寓言纪实体长篇小说《老人与狗》，也如他所说，定会出来"晒太阳，见世面"。对阎老师来说，文字已经融入他的生活、生命，与他难舍难分。

德厚流光，至纯至真引航向

作家金振林曾发文感念阎老师，年长一岁的他称阎老师为"兄"，以示对阎老师人品的敬重。他写道："纯德兄是我的贵人之一。""纯德是个性情中人。""这一切都应归功于热心助人为乐的纯德兄。"北京语言大学李庆本老师也曾发文向阎老师致谢，称是阎老师帮他打开了一个学术新世界。

"人生在世，不仅仅要享受沿途的美丽风景，更要为大地添些花草，为社会做奉献！"阎老师将这句话写入《女作家学刊》发刊词中，并告诫年轻一辈，办杂志、做学术要有奉献牺牲、为他人做嫁衣的精神。他常致力于发掘学术新人，希望通过学者们的共同努力，让世界不仅有"中国热"，更有"中国文化热"。

纯情挚意做学问，德厚流光书人生，这是对阎老师最形象的描述：一个长于研究，筚路蓝缕开辟学界新天地的学者；一个工于笔墨，以文字书写社会与人生的作家；一个德范馨香，发挥余热继续引领航向的良师益友⋯⋯

（指导教师：彭恒利　王紫妍）

张磊：但愿世人无疾苦，百岁看诊又何妨

河南中医药大学　李　冕

"不为良相，则为良医。"这句话常常让我想到河南中医药大学第三附属医院的一位老前辈——中医泰斗、国医大师张磊教授。张磊教授的称呼有很多——张大师、张教授、张医生，而我更习惯称呼他为张老师。"师者，所以传道受业解惑也。""传道"，传的是人间正道；"受业"，授的是岐黄之业；"解惑"，解的是行医之惑、人生之惑。

张老师从医七十余年来，心怀仁爱，治病救心。七十余年来，他一心追求医道，为临床注入儒学因子，造福了后辈，即使后来担任河南省卫生厅副厅长，更多的时间里要总揽全局、规划蓝图、开创新局面，但是他仍不忘初心，忙碌之余坚持给人看病。在他那间不大的办公室里，常常挤满了上门求医的病人。1988 年，张老师光荣退休。退休不到一周，他就回到了河南中医药大学第三附属医院的诊室，重新开门看诊、临床带教，直到今天。

张老师善用经方，找他看病的人，常常挤破了门槛。以前，不少患者为了挂张老师的号，凌晨两三点就赶到医院排队，有的人实在等不及了，就不预约直接找到了诊室。

2008 年夏季的一天，79 岁的张老师看完最后一个病人，已经是下午两点多了。在学生的搀扶下张老师刚要离开，却被一个年过花甲的老人拦住了。老人二话不说，"扑通"一声就跪倒在张老师面前，激动地说道："张教授，张大夫，求求你救救我的女儿吧，她疯了两年了！"原来，老人的女儿得的是狂躁型精神分裂症，身边的学生们都劝张老师先把午饭吃了或者改天再看诊，可是张老师执意又走回了诊室。等他为老人的女儿看好病、开完处方，近一个钟头过去了。患者父女俩满意而归，张老师却因为劳累过度晕倒在诊室。后来，老人的女儿吃了药日渐好转，每周都会来医院复诊一次，张老师了解到她家情况比较困难后，决定为她免除挂号费。这挂号费一免就是3 年、150 多次。

张老师常说，能多看一个病人就多看一个，咱多抬一次手，病人不就少跑几百里路，少花成百上千的冤枉钱么，少休息会儿，不算啥！

光在医院看病还不够，在病人中口口相传的是：张医生小方治大病，对找上门看病的人是来者不拒，分文不取。一传十，十传百。有些疑难杂症病人、急危重症病人，在门诊实在等不到张老师看病了，就直接找到了家里。

有一次，张老师坐完门诊回到家，已经两点多了。可他前脚进屋，后脚就跟进来一个三十多岁的女病人。也许是早已习惯了这种场景，张老师赶紧招呼着病人询问情况。病人连续高烧十几天，试了各种办法都没用，就从平顶山农村一路转车来到了张老师家中。张老师一番望闻问切之后，开出了汤药，一服药还不到 10 块钱。病人煎服后很快就退烧了。

我们计算过，张老师在家使用的处方笺，跟他在医院使用的量持平，医院就是张老师的大诊室，家里就是他的小诊室。但他一笑而过："病人找到家里，说明真需要咱的服务，咱是个老党员了，啥时候都得有觉悟，被病人需要就是最大的快乐。"94 岁高龄，69 年党龄，党员的身份既是荣誉也是沉甸甸的责任。69 年来，张老师始终与党同心、与国同行，始终坚持人民至上、生命至上，不论患者富裕贫穷，他始终秉承一颗仁爱之心，行救死扶伤之责任，这是张老师的坚守，也是他在言传身教间对学生提出的要求与期望。

2020 年年初，疫情骤袭全球，彼时"三方三药"的中医药治疗方案还未提出，被迫停诊的张老师时时牵挂着疫情防控态势。"学了一辈子中医，现在国家有难、人民有危，必须做点什么。"抱着这份坚定的信念，张老师一头扎进文献中。他遍阅古籍，认真比对新闻报道中患者的症状，积极与抗疫一线医务人员沟通，最终提出了治疗的基本方剂。在将处方交给医院时，张老师再三叮嘱，一定要以中西医结合治疗为主，万不可各逞其强，要以医者仁术仁心为原则，以解救患者疾苦为根本。

自从十九岁悬壶乡里，七十五载从医从教生涯中，这样的事情在张老师身上可谓不计其数。在患者心中，他是德术并彰的苍生大医；在学生心中，他是身正垂范的红烛良师。四万余例保存完整的医案书写着他对中医药事业的执着与坚毅，近万名奋斗在医疗战线上的弟子门生讲述着他桃李不言、下自成蹊的育人故事。他本人也获得了国医大师、全国中医药杰出贡献奖、"感动中原"十大年度人物、河南中医药事业终身成就奖等荣誉。张老师常说，要培养一批"上工"，让岐黄之术后继有人，发扬光大。他常把医圣张仲景挂在嘴边，提醒学生千万不要随波逐流，应该向先贤们看齐，勤求古训，博采众方。医道无穷无尽，要怀赤子之心，以大医精诚为目标，不忘初心、牢记使命，发展中医，造福患者。

作为河南中医药大学的"五老"之一，今年"五四"青年节前夕，张老师又迎来了一批年轻的朋友。在"老少共话二十大 踔厉奋发新征程"座谈会上，面对即将走出校园的毕业生代表们，张老师亲切勉励大家：医道无穷无尽，要始终保持着一颗赤子之心，与民族命运同行、与中医药发展并进，"国之所需，我之所向"，做立大志、明大德、有大爱、成大才、堪当大任的中医人！

（指导教师：焦　钧）

王德芝：蘑菇神医的扶贫长路

信阳农林学院　党俪元

清晨时分的露水凝结在养殖大棚的塑料外膜上，埋头在肥沃土地中美美睡了一觉的菌菇心满意足，不负众望地伸懒腰般撑开一朵朵小伞。养殖户踏着晨光赶来看万物生长，一个略显瘦小的身影回应着他们的呼唤，奔走在养殖大棚间答疑解惑。田挨着田，垄靠着垄，这是王德芝的清晨，也是信阳市菌菇类养殖产业的新生。

满腹经纶落笔

"我叫王德芝，是信阳农林学院生物与制药工程学院的老师，主要从事微生物和食用菌生产教学和科研工作，并有幸成为这个领域的专业老师。"

三十五年前，一个女孩被分配到信阳这座尚在发展中的城市，名字中最后一个"芝"字，好像冥冥中决定了她要和菌菇类研究和发展密不可分。

这片土地滋养她，陪伴她，在漫漫求知长路上给予她家乡一般踏实的安全感。王德芝不忘反哺自己的第二家乡，学有所成的她走出实验室，走进试验田，带着自己培育改良过的菌菇品种，走向乡镇菌菇养殖户。

"你别看这小小的一朵菌菇，像把小雨伞一样，它可帮了很多老百姓脱贫致富呢，对菇农们来说，它是致富伞，撑起了贫困老百姓脱贫的蓝天。"2017年年初，王德芝教授带领创新团队成员分别到校内应用真菌实训基地和罗山县定远乡羊肚菌驯化栽培基地察看羊肚菌栽培情况，大家欣喜地看到羊肚菌经过精心培育和管理，终于破土而出。

攻克了羊肚菌在平原肥沃土地上生长这一难关后，等待着她的还有如何选培优良种株，如何延长产业链、提升附加值等问题。对于王德芝来说，能将自己的知识运用在这片深爱的土地上，能够带领着种植户走向脱贫致富的道路，已经是毕生所求。

传知授业解惑

授人以鱼不如授人以渔，王德芝深谙此理。除了自身专业素养的不断提高，她还进行技术指导、科技培训，无偿发送资料和菌种，开展的技术服务和技术指导辐射到信阳周边及外地 20 多个县、30 多个乡镇，每年下乡 50 多次，累计开展 1 300 多人次的技术培训。

"你在微信里搜一下我的手机号，我的微信名叫'蘑菇达人'。"无论在哪个领域，王德芝好像都充盈着一股不知疲倦的学习劲头。她研究起年轻人的"新玩具"也得心应手，不但建立了自己用于线上教学的微信号，还把一些简单易懂的养殖知识拍摄成视频，通过互联网强大的传播功能，让知识长出翅膀，飞越千山万水，来到每一个有需要的养殖户家里。

相比线下指导，线上指导有其优势，但有时也会遇到一些疑难杂症。"对于不会使用智能手机，也无法准确表达菌菇问题的菇农，我还是得走一趟，他们安心，我才放心。"她奔走在这片土地上，给贫穷者带来帮扶，为绝望者传递希望。

她成了菇农们口口相传的"蘑菇神医"；她的电话号码，也成了"热线电话"。

助力菇农脱贫致富

人与人的相遇总归带着些机缘巧合，对于信阳市信谭食用菌专业合作社的徐家军来说，2009 年是充满机遇和转变的一年，在那一年，他通过多方辗转打听，联系上了王德芝。

"第一次见到他，我就被他的真诚和自强不息的精神打动，他真是身残志坚的模范榜样。"回想起那次相遇，王德芝眼中也满是怀念和感慨。命运的齿轮在这一刻咬合转动，对于她来说，拉一个是帮，带一群也是帮，这一帮就是十年。

从 2009 年至今，十多年的时间里，王德芝定点跟踪服务信谭食用菌专业合作社，拓展产品项目，拉长产业链。该合作社吸纳社员 300 多人，带动500 多户农民走上致富路。而当年种植菌菇屡战屡败、屡败屡战的徐家军，在她的指导下也被全村称为"种菇能手"。

扶贫，扶贫，先是扶志和扶智。王德芝认为，要先"脑袋满满"，才能"口袋满满"。在走村下乡的过程中，她传递着专业知识，更新着种植理念。她站在更高的地方，眺望着更远的将来，把格局放大，把产业做强。水利万物而不争，她是一眼丰沛又温婉的泉，滋养反哺着这片土地。

如今，合作社的蘑菇一季的产量能达到 4 吨左右，产值超过 3 万元，贫困户户均保底增加收入达 4 500 元。合作社还将培育的十多个食用菌优良品种在全国十多个省、市推广。

"能将我的所学与技术推广出去，帮助广大农民增收致富，我认为，这就是我人生的最大价值。"这是王德芝说过的话，也是她时时刻刻正在践行的承诺。

2019 年，王德芝多年指导的信阳市谭家河乡千工堰村，终于"脱贫摘帽"成功。该村多年种植椴木银耳，在新型扶贫模式的带动下，经济效益可观。

2021 年 5 月 27 日，河南省脱贫攻坚总结表彰大会在省人民会堂隆重举行，王德芝荣获全省脱贫攻坚先进个人荣誉称号。

行走着，奋斗着，用脚步丈量每一寸田埂，用"小雨伞"给菇农撑起一片蓝天。菌菇产业的发展改变了山村贫瘠的困局，影响了信阳农业的发展，也带动了人民生活水平的提升。这不仅仅是王德芝一人的 32 年，更是整个信阳的 32 年，整个中国的 32 年。铁路四通八达，越来越多贫困村"摘帽"，有无数个像王德芝那样的人，传递着希望的火苗，从自己能做到的每一件实事做起，为国家的进步奉献着力量。

而她心里始终装着家乡和人民，装着永无止境的知识，装着探索和追寻。往远处眺望，远处旭日东升，风景一片大好，是咱老百姓的好日子！

（指导教师：沈立平）

刘道兴：百灵声声响中原

洛阳师范学院　池艺颖

他操着浓重的南阳口音，气定神闲，胸有成竹，不紧不慢地作着各种报告，一张口，便是掌声雷动；一招手，便是笑声一片；一言一语，振聋发聩，魅力四射。他就像一只百灵鸟，飞翔在中原大地。如今，他已退休，但听他讲课仍然需要提前两到三周排队预约。他就是被河南广大干部群众称为"理论宣讲中原第一人"的河南省社会科学院原副院长、国务院政府特殊津贴享受者、省委理论宣讲团主力成员刘道兴老师。

中原第一讲

几十年前，在南阳市淅川县的穷僻山沟，一颗渴望知识的心在"土房子、土桌子、土凳子"的环境里孕育。可谁也没有想到，这颗心会长成绿荫，还将清凉播撒四方。

"我的父母一个字也不识，但是他们知道，家里只要有一点儿办法，就应当让孩子读书。"母亲常对刘道兴说，只要学校还有老师上课，就剩你一个人你也去。他也确实做到了，在最混乱的那几年里，教室几乎没人，但他一直是班里的"全勤生"。1977年，高考重启，他成为当年全县四个本科生之一，逐渐走向更为广阔的世界。

"我知道是时代、教育和知识改变了我的命运。"他时常为此感动，不停自问：为什么不能让像他一样的农村孩子多读几年书，都能上大学？自此，从根本上改变我国教育状况，让更多孩子靠受到良好教育改变命运，成了他的追求。

"但个人的作用是有限的。"他深知自己必须解除大家的思想困惑，启发更多人重视和探索教育。因此他开始长年奔走于全省各地，每年做超百场的创新理论宣讲。十几年下来，他的宣讲内容也已不局限于教育，还延展至政治、经济、文化等各领域，他的名声逐渐在广大干部群众中传开。2008 年，中宣部把他的事迹总结后作为典型进行推广，文中赞誉他为"中原第一讲"。

实践出真知

从 1991 年到现在，他的足迹遍布河南。他的听众既有省级领导干部，也有上了年纪的大爷大妈、农村妇女和庄稼汉，几乎每个人都觉得"听他的课是一种享受"。其实，这很大程度缘于他扎实的调研。

1996 年年底，他来到河南省社科院工作，将解决河南学生上大学难等问题作为自己的第一个研究课题。"我有自身特殊的经历和长期的思索。"他不抱怨政府，不从资料堆里搬用别人的观点，而是自己亲自带队在国内外高校调研。多年来，他奔走于各地高校，不断向有关部门提出相应的对策和建议。经过几十年的奔波劳苦，2011 年他终于出版专著《教育投入的革命》，并在各地宣讲，引起了广泛关注。这一年，省里派他驻村，他便深入群众，实地探查，在走了上千条路、熬了无数个日夜后，他终于得到了"回报农民，反哺农业，扶持农村"的新研究成果，这与四年以后国家的社会主义新农村建设政策不谋而合。

每一次实地考察都是灵感的源泉，每一次交流沟通都是心灵的触动，他通过亲身经历感知这片土地，所得自然真实。"不要成为天上人，脱离了地面。"刘老师告诉我们，若将自己封闭在象牙塔中而远离实践，永远不可能为人民谋福祉。

真情拨心弦

作为"中原第一讲"，刘老师极受欢迎。在省委组织部举办的乡村干部轮训班上，安静的会场时不时传来抽泣声。直到休息时乡党委书记找来才知道，大家听到刘老师讲述应理解和善待基层干部时，真切感受到被尊重，感激他说出了自己多少年不曾言语的心声，这才难掩激动地落泪。他在获嘉县讲县域经济发展，结束后全场几百人齐刷刷地站起来，用热烈的掌声送他走出礼堂，掌声持续了几分钟，而刘老师则转过身向大家深鞠三躬，这才离开。2019 年他在安阳继续教育学习网讲空中课堂，底下的评论清一色是"很震撼""接地气""太精彩了"等。他在大学作报告，没想到会后这些学生竟自行组织起来去社科院请他再做一次宣讲。他不讲大话空话，只用百姓的话讲百姓的愿望，让听课对象觉得听他的课是一种享受。

习近平总书记在党的二十大报告中说"始终同人民同呼吸、共命运、心连心"。因为往人民里扎得够深，所以才够动人，这便是为何人们称他为"中原第一讲"的原因。

不负好时光

"过去多苦啊，现代中国给你们这一代人打下的基础、创造的条件十分难得。"在我们问到对青年在奋斗历程上有什么建议时，刘老师朝我们投来期许的目光，"青年一定要对党和国家发展充满信心，紧紧团结在党的周围，这是党的二十大报告为我们指明的道路。这一代人有千载难逢的机遇和条件，青年只需脚踏实地，奋力去干。"他说我们是被赋予了责任的一代，是幸运的，因为我们生逢其时，亲历时代的波澜壮阔。所以，青年该将信心化作坚定的步伐，踔厉奋发，光耀中华。

虽然现在刘老师已年至古稀，但时间并没有夺走他的活力，他仍然行走在河南的山河桥路上，奋力发光发热。他还是他，一只扎根在厚土中的金话筒，传递着党和人民的最强音。

（指导教师：张艳庭　张　曼）

郭天财：凌云之志，可跨天梯

河南农业大学　冯艺朦

岁月峥嵘，太多成就需要被镌刻铭记；时代腾飞，太多楷模值得被敬仰称道。那些于时代浪头奋力拼搏的身影，那些为时代前进默默奉献的人们，都是时代的建设者。

郭天财，河南农业大学国家小麦工程技术研究中心教授、博士生导师。当我们走进位于河南农业大学内的河南粮食作物协同创新中心，首先看到的是走廊内堆放的土壤样本、作物标本等，仿佛到了田间地头。在河南广大农民心中，郭天财就是一位没有架子、接地气的小麦专家，手机24小时"不打烊"。

追忆过去，以奋起之志跨越山川流水

因为经历过饿肚子的苦，郭天财从小对土地、对农民、对粮食有着特别的感情。1966年，上初一的郭天财看到了《县委书记的好榜样——焦裕禄》这篇文章，深深地被焦裕禄身上的"三鼓劲"折服。到河南农业大学读书后，郭天财就下定了"让所有人吃上白面馍"的决心。"早上汤，中午糠，晚上稀饭照月亮。"郭天财说，上小学的时候，书包里总要带上妈妈蒸的菜团子，菜团子不扛饥，饿肚子的滋味让他至今难忘。

1977年，郭天财毕业留在河南农业大学，从事教学和小麦栽培技术科研工作。他扑下身子，一干就是45年。

笃行不怠，以平稳之步跨越时代阻石

小麦栽培类似于"养孩子"，孩子生下来后的重点就是要养好，否则就不成才。小麦也是一样，有了良种，也要有良法。"农民太需要栽培技术了！你不能光给他一个好品种，你得告诉他咋种咋管才能投入少、产量高、效益好。"郭天财说。

"课本上种不出高产试验田。"在小麦长达八个月的生长期里，郭天财有三分之二的时间都是在田间地头度过的，衣服鞋子常年沾满泥土。麦子种下了，他就往麦地里跑；麦子收了，就往实验室钻。他身上常带着两件法宝——小铲子和卷尺。

做给农民看，带着农民干。郭天财带领课题组依据河南生态生产条件和小麦生长发育特点，集成了选用优良品种、测土配方施肥等关键技术，河南小麦平均亩产量由1949年的42.5公斤提高到450公斤，比世界平均水平高近一倍；2023年，全省小麦产量占全国总产量的1/4。

作为小麦栽培方向的学术带头人，郭天财主持申报的"河南粮食作物协同创新中心"被认定为"国家2011计划"全国首批14个中心之一，被誉为河南高等教育的"里程碑"。

2021年"7·20"暴雨，鹤壁市种粮大户李文周遇灾严重，多年的辛苦积累一夜成了泡影。看着流转的600多亩土地变成一片汪洋，李文周拿起手机，急迫地拨通了郭天财的电话。

电话那端，郭天财一样的揪心，他不停地为李文周打气，还多次到田间地头看水情、找方法。11月初，河南北部水淹地区的小麦播种完毕。后期，依靠郭天财等专家提出的"四补一促""一喷三防"等方案，河南大部分地区小麦苗情逆势上扬。

终于，在不懈地努力下，2022年7月14日，国家统计局官方网站发布《关于2022年夏粮产量数据的公告》，其中河南夏粮总产量762.61亿斤，同比增长0.3%，其中，小麦总产量762.54亿斤，同比增长0.3%。夏粮播种面积和总产量均继续保持全国第一，总产量和单产再创新高，中原粮仓再次稳稳扛起了保障国家粮食安全的重任。

在郭天财的研发团队成员王晨阳看来，他的老师踏踏实实地把论文写在了中原大地上，是学生的引路人、农民的好助手、领导的好参谋，用行动践行着"亲民爱民、艰苦奋斗、科学求实、迎难而上、无私奉献"的焦裕禄精神。

初心如磐，以感恩之德奔赴未来

"生也小麦，死也小麦，这辈子就嫁给小麦了。"郭天财说。为助力河南扛稳粮食安全重任，无论经历多少艰难困苦，他都无怨无悔。

郭天财埋头田间几十载，开展培训与指导，普及推广先进技术和科研成果。他研究首创了 15 亩连片平均亩产 1 064.10 公斤的全世界同面积最高产量纪录，并在国内率先创造了在同一块土地上小麦、玉米万亩连片平均亩产超吨半粮 (1 524.74 公斤) 的高产纪录。面对这个成绩，郭天财充满感恩："我出生在农村，生长在农村，对农村有着很深的感情。是河南农业大学使我具备服务'三农'的知识和理念，是河南这个农业大省给了我施展才华的空间和舞台。"

郭天财教授的光辉事迹，不禁让作为青年的我们感慨万千。时代楷模树立了一座座丰碑，让我们即便跋涉于暗夜也有光可循。身为学生，要明确自身使命与担当，向楷模学习，不必虑于力量大小，无论是炬火还是萤光，都能点亮时代前路。珍惜楷模成就，弘扬楷模精神，是对时代楷模最好的敬礼。展望前路豪情满志，凌云之志可跨天梯。

（指导教师：刘　展）

李大康：传承华夏之音，共创时代华章

中国传媒大学　王艺筱

在中国的录音事业中，有这样一位先生，他陪伴着中国录音行业的成长，见证了中国录音行业的兴盛，他的名字是录音师的定心丸，是高品质的代名词。他，就是李大康。

1948 年，李大康出生于河北正定。他成长于音乐世家，年轻时"下过乡""插过队"，还"参过军"，1976 年开始正式从事录音工作。四十多年来，李大康凭借认真负责、严谨细致的工作作风和全面扎实的录音技术以及丰富的录音实践经验，赢得了与国内外众多优秀艺术团体及艺术名家合作的机会，录制了大量极具价值的作品，形成了自然、纯朴、细腻的音响风格。目前李大康已录制了近两千个片号的节目，包括唱片、音带、音乐视盘、广播节目、电影、电视剧、舞剧以及大型文艺演出等。

"两个半瓶子醋"，一代行业标杆

李大康在采访中笑称自己是"两个半瓶子醋"：音乐是半瓶子醋，无线电也是半瓶子醋，两个半瓶子醋一结合，就顺理成章地进入了录音行业。李大康一步一个脚印，为了多学一点，即使不是自己的任务，也要"往上凑"。"现在回想起来，当时真的是一张白纸。坐在调音台面前，两眼一抹黑，只能一边学一边干。"李大康给我们展示了他从业以来第一次录音到 2003 年的 12 本录音笔记。沉甸甸的 12 本笔记，全都是录音师们梦寐以求的宝贵经验。他还总结了二十字的工作口诀：写要做的、做所写的、记所做的、查所记的、改不对的。

李大康在采访时回忆，1989 年他在展会上第一次见到了音频工作站，心想这样好的东西我们也要用上。然而当时全国一共卖出两套音频工作站，一套被科研机构买下做研究，另一套在军乐团。得知这个消息，李大康直奔军乐团的资料室，和军乐团的技术人员一起研究、学习，并完成了全国第一张用音频工作站制作的唱片。

说起李大康的工作状态，唯亲力亲为可言：四个人的活儿，自己和编辑两个人带着设备就去了，经常没日没夜地工作两三个月；为了呈现出"曾侯乙编钟（文物）"最完美的声音，在晚上夜深人静时开工，清晨听闻鸟叫才收工。

四十年来所录制的音乐节目中，李大康最喜欢的莫过于中华人民共和国成立 70 周年天安门广场的千人交响合唱。"这可谓空前，但绝对不是绝后的！"这是李大康在录制后最深切的感受。上千人的交响合唱，这是历史上、国际上从来没有过的大规模制作，对于所有人来说都是前所未有的挑战。周密的计划、高效的工作，让我们感受到李大康以及所有录音师的专业和专注。

中国的录音作品快步迈向国际

2023 年 5 月，李大康作为首位受邀的中国录音师，在第 154 届音频工程师协会（AES）大会（赫尔辛基）上，进行《沉浸式环绕声音乐录音的实践与讨论》大师讲座。当爱徒冯汉英询问李大康老师是否应邀时，李大康毫不犹豫地回答："去！人家邀请咱们，可不是我个人的事，这是中国的事。"李大康脸上洋溢着骄傲。"这算是我们中国的音乐录音行业真正迈向了国际。"在这次 AES 大会上，李大康不仅带了自己的录音作品，还带了其他录音师的优秀作品，并得到了与会同行以及后任 AES 主席的认可。

习近平总书记在中央政治局第三十次集体学习时强调："要更好推动中华文化走出去，以文载道、以文传声、以文化人，向世界阐释推介更多具有中国特色、体现中国精神、蕴藏中国智慧的优秀文化。"承载中国特色文化的声音是中华文化的重要表现形式，这次中国录音行业在全世界的亮相无疑是创造性的、颠覆性的、跨时代的，我们的录音艺术正在以新时代的速度"走出去"，如李大康一样的千万从业者也正在用充满中国工匠精神的声音记载着中华文化。

教育就是要毫无保留

作为录音专业的在读生，对这位德高望重的老教授有许多的疑问，在采访结束后，我们凑到李大康老师身前小声询问："老师，您把这些秘密都告诉我们了，不怕自己没活儿干了吗？"他笑了笑，回答道："我哪有什么秘密？我就是应该全都告诉你们，你们学会了，能干得更好，那我才打心底里高兴。"

"我的教学没什么经验，只是毫无保留地全部倾倒给大家。"过往教学时，学校的设备有限，李大康就把自己的设备带到学校，供学生学习使用。为了给学生提供更高的平台，他利用自己的人脉资源，让大家一上手就去录制一线的乐团、演奏家。在他的带领下，学生们的理论知识和实践能力都得到了质的飞跃。音乐与录音艺术学院的许多学子在毕业后很快就在国内、国际的录音比赛中获奖，或是在行业里成了优秀的教师，或是成了岗位中不可或缺的业务骨干。

在这次与李大康老师的对话中，我们作为新时代的准录音工作者，真切地体会到了李大康老师对中国录音事业的无私奉献，也明确了用专业报效祖国、用青春奉献事业的努力方向。在李大康老师的职业生涯中，他与大家一起推动着中国录音事业一步步从立体声时代落后国际三五十年，到环绕声时代缩减到十年，再到如今沉浸声时代与国际基本同步。"这是我们大家，全行业上下共同努力的结果。"李大康老师对我们谦虚地说。他的专注和纯粹，影响着一代又一代的中国录音师，激励着一代又一代的年轻学子……

（指导教师：王　辉　李洋红琳）

陈怡敏：初心不与年俱老，溯本寻真护朝阳

湖北医药学院　杨　丹

巍巍武当山下，有这么一位归国华侨，在中华人民共和国成立不久，她义无反顾地离开印尼殷实温暖的家，只身一人漂洋过海投入祖国的怀抱，奉献着自己的青春；在祖国需要的时候，她放弃城市的生活，毅然来到偏远的新疆，投身国家人才紧缺的医学事业；当再次听到祖国的召唤，她又辗转来到山城十堰，默默耕耘在医学教育的第一线，直到患眼疾急需手术，才不得不离开大学讲台。从青春靓丽、笑颜如花，到苍老憔悴、满身伤病，她以一己之余热照亮社会最偏僻的角落，把一生奉献给了祖国教育事业。她，就是湖北医药学院退休教师陈怡敏。

"萤烛之光"点亮家国信仰

鲁迅先生说过："愿中国的青年都摆脱冷气，只是向上走，有一分热，发一分光，就像萤火一般。"陈怡敏 1930 年出生在印度尼西亚，祖籍广东增城，家境殷实的她接受过良好的教育。在那个风雨飘摇的年代，陈怡敏一家始终对祖国怀揣着赤子之心，作为教育家的父亲，更是不断鼓励着自己的女儿陈怡敏回到祖国的怀抱。

"回国去吧，中华人民共和国的建设需要你们年轻人！"陈怡敏从开明的父亲那里得知，中华人民共和国百废待兴，急需有理想、有知识的青年为国家建设添砖加瓦。在父亲的影响下，21 岁的陈怡敏做出了人生中的第一个重大选择，她告别父母、兄弟，怀着一腔热血，毅然登上驶向祖国的轮船。

1951 年，站在航行于太平洋的轮船上，21 岁的陈怡敏眺望着远方。这艘轮船正驶往她朝思暮想的祖国。太平洋翻腾着的狂风巨浪拍打着船舱，半个多月的海上航行，让从小养尊处优的陈怡敏吃了不少苦头。当轮船驶入广州，看着岸边星星点点的灯光，陈怡敏激动地流下热泪，心中高呼："祖国，我的母亲，我回来了！"

"皓月星光"补益"家国力量"

"一个前进的时代，总有一种奋发向上的意志力量；一个复兴的民族，总有一种赓续传承的精神禀赋。"回国的当年，陈怡敏选择到寒冷的北部城市哈尔滨，学习国家急需的医学专业。"学医虽然辛苦，但可以救死扶伤，帮助更多有困难的群众。"1956年大学毕业，学校号召毕业生"到最艰苦的地方去，到祖国最需要的地方去"。陈怡敏积极响应号召，做出人生的第二个重大选择，她主动申请到最偏远、最艰苦的新疆去援建："只因为那里的人民最需要我。"

在新疆医学院工作的24年中，陈怡敏对加入党组织的强烈愿望始终如一。她已记不清写了多少次入党申请书，她只记得，每年都向组织递交一次申请，可是每次都会被婉言拒绝。

暂时没有被组织接受，丝毫动摇不了陈怡敏的坚定信念，也丝毫没有影响她对自己的严格要求，她始终以党员的标准要求自己，奋斗在教学和科研的第一线。凭着那份韧劲、那份执着，她培养了一批又一批汉族和少数民族医生。如今，他们在新疆的天山南北，为广大牧民解除病痛。

因工作业绩突出，从1960年开始，陈怡敏连续三届担任乌鲁木齐市人大代表。以"皓月之辉"让丰碑永恒，纵览祖国锦绣河山；以"星光熠熠"燃家国力量，指引吾辈再焕神州。陈怡敏作为那个时代的青年干部，立"皓月之志"，在磨难困局中奋发向上，在风浪挑战中赓续传承，在淬炼砥砺中秉承家国力量。

"骄阳星光"增辉"家国希望"

1990年，陈怡敏教授到了退休的年龄，很多人认为她忙了一辈子了，应该歇歇，享享清闲。可是，她舍不得离开讲台，觉得自己还有能力为党和国家培养更多的医学人才，于是她向组织提出了返聘的申请，这一聘就是十年。

2000年，陈怡敏教授因眼疾等身体原因退休，她做出人生的第三个重大选择，耄耋之年仍在为教育事业奋斗。赋闲在家的她开始义务帮家长进城务工的邻居家小孩辅导英语。时间久了，不少农民工慕名带着子女上门请她辅导。至今，她先后为 300 多名农民工子女辅导英语，孩子多了，陈怡敏教授就在家里办起了辅导班。

有一天，陈怡敏教授问孩子们："奶奶和你们非亲非故，为什么义务教你们英语？"孩子们摇摇头说："不知道。""因为奶奶是共产党员，共产党员的宗旨是'为人民服务'，党员就要为老百姓做好事！"陈怡敏教授坚定的声音在孩子的耳边久久回荡。在陈怡敏教授的感染之下，吾辈青年，也应如陈怡敏教授那般持"赤子之心"，聚"点点星光"，驰骋波澜，增辉家国希望，共赴强国征程！

（指导教师：张慧丽）

郑大发：脚下沾满泥土的全国政协委员

湖南师范大学　胡心怡　沈宛霖

2022 年度全国政协委员优秀履职奖颁奖词这样评价他："胸中有责任，全心全意献策民族工作，为的是铸牢中华民族共同体意识；脚下沾泥土，连续三年开展自主调研，盼的是民族地区乡村振兴。关键时刻靠得住、站得出、敢发声，戳穿西方'莫须有'谎言，坚决捍卫祖国利益。"这段话是对郑大发教授的高度肯定，也是他作为第十三届全国政协委员，为国履职、为民尽责的真实写照。

出于对我校特聘教授郑大发的仰慕和崇敬，前不久，在他来学校讲学期间，我们特地采访了他。了解了他的经历、成就和人格风范后，对他更为崇拜了。

从湘西大山里走出来的第一位博士

1956 年，郑大发出生在湘西一个土家族吊脚楼里。父母是大字不识的农民，但始终要儿女们好好读书，在生活困难的情况下坚持送他读到高中毕业。父母的期盼在他心中播下了渴求知识的种子。

1977 年高考恢复，郑大发考入湖南师范大学历史系，成为全乡第一个大学生。入校之初，全年级摸底考试，他的成绩排名最后。从大山里走出来的孩子怎能轻易服输？古汉语成绩倒数第一，他将《古文观止》全册读到烂熟；不识 26 个英文字母，他便请英语基础好的同学每天清晨到岳麓山上帮自己练习发音；每天学习至后半夜，寝室熄灯了，他便在厕所的灯光下看书。功夫不负有心人，毕业时他的成绩已名列前茅。读完本科和硕士，1987 年他又考入北京师范大学，成为湘西土家族第一个博士。

全国政协主席亲自为他颁奖

博士毕业后，郑大发长期在中国社会科学院工作，担任中国近代思想文化史研究中心主任，2018 年被推选为第十三届全国政协委员。他深切感受到党和人民的信任，五年履职，从未停歇为促进民族团结而发力的脚步。

"当委员就要当个好委员。"郑教授是这样说的，更是这样做的。为落实习近平总书记全面推进乡村振兴的伟大战略，从 2019 年至 2022 年，他穿越三区三州，足迹遍布多个少数民族地区，亲身体验脱贫攻坚带来的巨大变化，实地调研如何在乡村建设过程中让老百姓过上更加美好的生活。他经常跋山涉水，鞋上沾着泥土，席地而坐与少数民族兄弟促膝长谈，认真倾听各方面意见。他提出要充分发挥农旅结合在乡村振兴中的作用、更好地促进农民群众增收致富、留住乡村文脉、激发农民奋斗精神等多项建议。他的一系列提案被相关部门采用，对乡村振兴起到了赋能添翼的作用。

2020 年以来，全国政协广泛开展委员读书活动。郑教授在"铸牢中华民族共同体意识""摆脱贫困""画出最大同心圆"等多个读书群中承担导读任务。他用历史学家的眼光，探究具有中国特色的民族工作的进步和发展；以政协委员的责任担当，就如何加强新时代党的民族工作发表真知灼见。他将委员履职与学术研究有机结合并相互促进，他的工作得到全国政协领导与委员们的广泛认同与好评。同时，他对中华民族观的研究有了更深刻的理解，在出版了《中国近代民族复兴思潮研究》等作品之后，又全身心投入有关近代中国人探索国家发展道路的这本论著中。

2023 年 1 月 17 日，是郑教授一生最难忘的日子，这一天他在全国政协常委会议厅接受了由时任全国政协主席的汪洋亲自颁发的"全国政协委员优秀履职奖"。在回答记者采访时，他满怀深情地说道："获奖对我是一种荣誉，也是一种鼓励、一种鞭策。我将继续努力，为新时代党的民族工作，为民族团结进步事业凝心聚力，做出更多的贡献！"

大山般的赤子情怀

家乡的山水滋润着一颗淳厚而又深情的赤子心。郑大发教授在学校是好学生，在研究所是好导师，在政协是好委员，无论在人生的哪个阶段，他始终不忘对祖国、对人民及师长浓厚的感恩之情。

郑教授先后师从我国著名历史学家林增平和龚书铎先生，两位先生精深的学术水平、高尚的人格风范深深影响着他。他在中国近代思想史研究上独树一帜，主持或承担 20 项国家社科基金课题、中国社科院重大重点课题和省部级重大委托课题，出版著作 19 部，发表学术论文 170 多篇，获国家及省部级社会科学优秀成果奖十余项。在庆祝中国共产党成立 100 周年的会议上，他代表少数民族发言，满怀深情地道出肺腑之言："没有中国共产党，就没有少数民族的今天，也不会有我郑大发的今天！"

郑教授始终将教学和科研放在第一位。他常教导学生：做学术特别是史学研究，一定要坚守初心，舍得投入大量时间和精力，没有捷径可走。他面对疫情防控期间就业遇到困难的学生，一直资助生活费直至对方找到工作。他与少数民族学生建立微信群，保持密切联系，引导他们听党话、跟党走，将民族振兴伟大使命扛在肩上。

郑教授每年都会来湖南师大讲学一段时间，工作之余，他最快乐的事情就是带着学生们一起攀登学校附近的岳麓山。在朝晖或落霞之下，大家边爬山边听他讲述过往的经历，向他请教或讨论学习及生活中遇到的问题，无论是学业、学术，还是思想上的困惑，他都一一耐心作答。在学生们眼里，郑教授广博的情怀和深厚的学识正如眼前的大山，亘古巍峨，延绵不绝。

（指导教师：陈　敏　何国萍）

杨奇斌：老"海归"的爱党报国情怀

湘潭大学　阳加杰

　　"晚景弥坚松柏节，好风常度桂兰香。"这是杨奇斌教授的真实写照。杨教授今年已 85 岁高龄，他是中华人民共和国早期的"海归"研究生，是中国晶体物理学家。艰难岁月里他一心求学，成绩优异；火红年代里他潜心科研，成果丰硕；三尺讲台上他精心育人，桃李满天下。而今岁月虽染白了他的双鬓，但不变的是一位老"海归"、老党员、老教师的向党红心。我们聆听他的励志故事后，深切感受到了他炽热的家国情怀，景仰之情油然而生。

"世界上优秀的晶体学家之一"

　　"我 1938 年出生于贫苦农民家庭，亲身经历和见证了旧中国的苦难。1949 年迎来翻身解放，是党使我这个失学少年又获得了重新学习的机会。"杨教授娓娓道来，眼神中充满了对党的深厚感情和对中华人民共和国的热爱。1957 年他考入武汉大学物理专业学习，1962 年考入中国科学院读研。在校期间，他深得导师郭可信院士教诲，先后赴瑞典、澳大利亚、美国留学，了解世界前沿科技。回国工作后，他的才华和天赋得以显现，曾推导出计算晶胞中原子位置的公式，提出了五个准晶原子结构模型等，文章发表在《物理评论快报》《哲学杂志》等国际一流刊物上。杨奇斌从事科研五十九载，时间长跨度大，成果丰硕，屡获大奖。他曾获全国科学大会奖、国家自然科学奖三等奖、中国科学院杰出科技成就奖二等奖、中国科学院自然科学奖三等奖、教育部技术进步奖三等奖、湖南省自然科学奖一等奖。1981 年 12 月杨奇斌光荣加入中国共产党，1998 年获评"湖南省优秀教师"，省政府给他记二等功。

　　20 世纪 80 年代，杨奇斌参加过多次中外合作交流项目，曾帮助瑞典皇家工学院解决了一个化学建模难题。有一次，美国弗吉尼亚大学的谢弗莱特教授携带一本晶体显微照来金属所访问，探讨结构模型问题。不巧开放室主任去了日本访问，杨奇斌自告奋勇担当接待任务，短时间内就构建出了极复杂的晶体模型。随后杨奇斌受邀到美国访问，不到一个月就与对方一同完成了一篇高水平的论文并发表在《哲学杂志》上。杨奇斌的非凡表现得到了外国专家的高度赞扬，谢弗莱特教授赞叹道："杨奇斌先生构建模型既快又美，他是世界上优秀的晶体学家之一。"回忆过往，杨奇斌充满了自信和自豪："不要迷信外国人，中国人一点也不比他们差。"在杨奇斌身上我看到了老一辈的"科学家精神"。

不要待遇的学术带头人

1995 年，杨奇斌作为学术带头人被引进到湘潭大学工作，按照当时学术带头人的"行市"，可给房子和安家费等。刚入职时领导问杨奇斌对薪酬、待遇有什么要求，杨奇斌回答说："古代君子尚知无功不受禄，我作为共产党员，没有理由向组织提条件，唯有干好本职工作，方不负伟人嘱托。"就这样，杨奇斌成了湘大"待遇两不要"的学术带头人。

杨奇斌积极为湘大学科学位点的建设劳累奔波，除自身主持项目外，还参与了 863 重大项目的申报工作。他发挥自身优势，为申报工作提供了大力的指导和帮助，使该项目申报终获成功，成为湘潭大学的第一个重大项目。此外他还参加了凝聚态物理博士点及材料物理与化学博士点的申报，并获成功，为学校上档次上水平作出了突出贡献。

2003 年，杨奇斌申报到了"病毒的三维重构"这一科研课题，科研经费有 35 万元人民币。但 35 万元买不起必需的大型仪器，因而无法获取第一手数据。怎么办？他山之石可以攻玉！杨老师亲赴美国健康中心考察，与国际同行交流，请求在 Science 杂志上发表了论文的作者提供数据。凭着其扎实的理论功底和敢于弯道超车的精神，他最终成功在美国某生物结构杂志上发表了文章，项目成果达到了国际先进水平。杨奇斌对我们说："科研经费是国家的，不能浪费分毫，更不能挪进自己腰包。未来你们自己做项目了也不能掉进钱眼里，一定要守住底线。"杨奇斌的言传身教让我们看到了一位老党员对党对人民的赤胆忠心。

学生心中的"四有"好老师

杨奇斌深刻认识到人才培养对于国家强大、民族复兴的重要性。他把为党育人、为国育才作为自己义不容辞的责任，悉心指导硕士生、博士生，告诉他们如何做人，手把手地教他们科研的方法，引导学生们逐步走上成才之路。有一次，一位同学在科研中遇到了难题，产生了畏难情绪，想打"退堂鼓"。杨奇斌鼓励他说："既然理论上是对的，就要勇往直前，一点一点改进方法，这样才能有所获。"功夫不负有心人，学生终于获得了成功。杨奇斌到 74 岁时还在指导学生，为国家培养了一批卓有成就的人才。"长大后我就成了你，才知道那块黑板，写下的是真理，擦去的是功利。"在学生心中，杨教授不正是习近平总书记倡导的有理想信念、道德情操、扎实学识和仁爱之心的"四有"好老师吗？

"中国的未来就交给你们年轻人了，第二个百年奋斗目标要靠你们实现，靠你们去攻坚克难。要突破'卡脖子'技术，就要像红军长征一样，有条件要上，没有条件也要创造条件上！"这是杨教授对我们的期望和要求。时代各有不同，青春一脉相承。面对新时代的重任，我们责无旁贷，定当奋发努力。

（指导教师：龙进良）

贺先觉："两弹"功臣的传奇

湖南幼儿师范高等专科学校　唐佳雯

为采访仰慕已久的"两弹"功臣，我们怀着崇敬的心情走进会场。台上端坐着一位精神矍铄的老军人，只见他一袭军装，圆框眼镜后面，是一张充满慈爱的笑脸，最引人注目的是他胸前悬挂着的几枚勋章，他便是"两弹"功臣贺先觉。他曾5次参加国家核试验，取得18项科研成果。他还被评为"科技干部标兵"，被原二炮部队授予"献身国防科技事业的模范共产党员"荣誉称号，多次受到党和国家领导人接见。

女儿眼中"可敬而神秘"的爸爸

1964年，贺先觉大学毕业。此时，两条路摆在他面前：一是去环境优美、待遇优渥的大城市工作；二是隐姓埋名，辞亲远行，接受中国国防科学技术工业委员会（简称"国防科工委"）的重要任务。贺先觉没有犹豫，穿上军装，拿起车票，一头扎进戈壁。贺先觉后来谈起这次选择时说："穷人家的孩子能上大学，离不开党和国家的培育，我们有责任和义务报效祖国，回报人民！"

一去几十载，青春已逝，回首已花甲。他错过了与父母的临终别离，也错过了女儿的出生和成长中的陪伴。1970年，贺先觉的妻子临产，而他要执行任务。妻子看着他负疚的表情，反而笑着安慰他。为了专心工作，夫妇俩将4个月大的女儿艳艳送到河北姥姥家。4岁那年，艳艳被姥姥领来找父母。不认识父亲的艳艳，把"爸爸"视为陌生人，最后在众人的劝说下，称呼贺先觉"叔叔"。一声稚嫩的"叔叔"当场让大家鼻子发酸。后来，艳艳在作文里这样描述父亲："爸爸对我来说，既是熟悉的，又是陌生的。从我记事起，我就很难见他一面，好不容易他回家一次，他也像流星一样一闪即去，连他的面目也很难看清。哎！爸爸真是又可敬又神秘！"时光荏苒，每当贺先觉带回军功章时，艳艳总要研究一番，贺先觉也总会把军功章戴在女儿胸前。女儿的激动与快乐是贺先觉难得的宽慰，他觉得自己愧对女儿、愧对家庭，但在身处危机的年代，没有国，何来家？又何来女儿的笑容？

中国第一颗氢弹的主操手

吹人倒的狂风，吸不够的氧气，煮不熟的青稞……戈壁滩充满生存挑战。每次说起当年奋战核试验的场景，贺先觉的眼中都泛起异样的神色，"那时候我们那帮人有一股'傻劲'，就是一心一意为国家做贡献，想尽快地把核武器搞出来"。就是这股"傻劲"一直支持着他。

1967 年 6 月 17 日是贺先觉终生难忘的日子，他被任命为中国第一颗氢弹试验的主操作手，负责爆炸前的调试工作。他爬上梯子靠近氢弹，拿起手电筒，照向仪表舱口，一点一点地调试，巨大的压力袭扰着他，"怦怦"的心跳声让他难以冷静，他反复调试了三次，终于将仪表数据稳定下来。之后，他又慎重检查了三次，毕竟这是飞机起飞投弹前的最后工作。当看到远处天空升腾起一朵硕大的蘑菇云，他悬着的心才踏实下来。

"成功了！我觉得这辈子都值了！"

当年，贺先觉还肩负另一项任务——研制核武器库自动化系统。因为当时库内有害物质和噪声严重超标，战士们深受其害，经常头晕目眩。在研究工作稳步推进时，贺先觉的体重却在一个月内猛降 30 斤。他对此并未上心，只是埋头做研发，最后才被妻子逼着去检查。结果发现他乳下有一个肿瘤，随时可能会发生恶变！即便如此，贺先觉依然惦记着研制任务。"即使是癌症，也还有两三个月时间，分系统设计保证拿得出来，万一我真的不行了，就由田技术员负责搞下去！"这是他手术前的交代。手术成功的第二天，他又在病床上整理资料，继续他的研究。经过两年多的艰苦奋战，他的研制任务终于完成了，保障了数万名战士的健康。

心系下一代的老科学家

贺老虽然离开"一线"岗位，但余热犹存。他铿锵有力的声音时常荡漾在常德这片红色的土地上。当初贺老扎根戈壁，为祖国铸利剑，而今，贺老走进校园，又为祖国护花朵。贺老揣着那颗赤色初心，依然从事着他喜欢的工作。无论刮风下雨，身为党员的他依然坚持参加关心下一代活动。他身着那身朴素的军装，随团走进常德的乡村，和当地村民一起回顾党的光辉历程，一起追忆革命先辈英雄事迹，一起唱响《三大纪律八项注意》《打靶归来》《没有共产党就没有新中国》等脍炙人口的经典歌曲。作为一名老科学家，贺先觉十分关注人才的培育工作。上至大学，下至小学，他每年都坚持向广大学子讲述红色故事，传承红色基因。

采访结束时，他像每次演讲结束前寄语青少年学生一样，郑重地教导我们：希望你们青年珍惜好时光，学习做人，学习立志，当好新时代接班人。

聆听了贺先觉献身国防科技事业的感人故事和他语重心长的话语与嘱咐，我们心潮澎湃，激动不已。我们一定要接好老一辈传下来的接力棒，像贺先觉那样为了国家的繁荣富强，为实现党的二十大提出的宏伟目标而继续艰苦奋斗，踔厉奋发，勇毅前行。

（指导教师：李　欢　朱　剑）

徐晨光：校园里的晨光

湖南师范大学　范科邑　邓诗萌

他每天早上通过"晨光心语"公众号与学生交流，日阅读量过万人；他设立"晨光"研究生科研奖，每年评选 10 名获奖者；他捐助 5 所乡村小学，累计经费超过 100 万元；他退休后送党课下乡，每年作报告 60 多场。他的行为影响过多少人？他的精神激励了多少人？没有精确统计，但请您随我们走进校园，一起感受徐晨光老师的温暖和魅力。

理想之光在校园闪烁

"理想信念高于天。"这是徐晨光坚守的人生信条。他 1974 年入党，1979 年从湖南师范大学外语系毕业后留校任教，先后在学校多个部门工作。他 23 岁做学生辅导员，37 岁担任湖南财经学院党委副书记，44 岁任学院党委书记。回顾成长经历，他满怀深情地说道："我成长的每一步都离不开党的教育和组织的培养，也得益于自己始终把党的最高理想作为奋斗目标，将对祖国的爱化为培养学生成长成才的具体行动。"

自当上学生辅导员的那天起，徐老师就将人生导师的职责扛在肩上。20 世纪 80 年代初，他组织开展大学生"追寻理想之光"行动，率先在校园建立起党章学习小组，吸引外国语学院大部分学生加入其中；引导学生阅读马列原著和《毛泽东选集》，在大学生中掀起感党恩、听党话、跟党走的活动热潮。学院"老教授带我读经典""青马"小组用多国语言"讲好雷锋故事"等活动，成为学校思政工作的一大亮点。徐老师一直为本科生上思政课，他擅长将深奥的问题通俗化、复杂的问题简单化，把理论问题用故事来诠释。他的"立好人生坐标，奋斗的青春更美丽"系列讲座，听讲学生场场爆满，一座难求；他讲的"科学发展观"课程，被中央电视台《焦点访谈》栏目专访过。

走上领导岗位的徐老师，深感加强学习、不断充实自己的重要性。他无论走到哪里，肩上总挎着一个沉甸甸的大包，里面装着书和笔记本，有空就翻书或作记录。他分享自己的学习经验时说："都说笨鸟先飞，那我就多飞几次。"凭着一股韧劲，他完成了思政专业研究生学业，随后又获得管理学博士学位，成为博士生导师、"芙蓉学者"，成功实现了从一名思政工作者向党建理论研究专家的跨越。

党性之光引领研究新领域

在党言党，爱党研党。徐老师以大学思政工作者的高站位和党建研究专家的敏锐眼光，于21世纪初在国内首次提出"中国共产党执政安全"这一重大研究课题。他以此为核心，"精耕细作"完成了第一个关于执政党安全研究的国家社科基金项目，出版了关于党的执政安全的专著。他先后完成国家级和省级课题15项，出版著作20部，在《求是》《人民日报》《光明日报》《党建研究》等报刊上发表理论研究文章两百多篇，10项成果分别获省社科成果一、二等奖，十余篇论文被中宣部评为优秀理论文章，《关于严格机关党内政治生活的研究报告》获评湖南"十大金策"。他被省委组织部等单位评为湖南省优秀专家、勤政廉政富民强省优秀党政领导并记一等功，被中组部、中宣部、教育部、团中央评为全国普通高校优秀思想政治工作者。

2018年退休后，徐老师仍然活跃在党建研究领域。作为省委宣讲团成员，他深入党政机关、学校、企业、乡村社区，宣讲习近平新时代中国特色社会主义思想和党的创新理论，开展送党课下乡活动，每年作报告六十余场；作为党建理论研究专家，他每年在党报等刊物上发表理论研究文章十余篇；作为大学教授，他每年接待近百人次的关于党建问题的咨询。

"晨光心语"温暖广大学子心

徐老师说，教师生涯无止境。他退休后与几十位硕士博士研究生建立微信群，取名"师生情"，由于要求入群的人数不断增加，"晨光心语"公众平台便应运而生。每天早晨7点，阅读"晨光心语"成为许多学生的习惯，有人称之为"营养早餐"，有人说在感受最美好的校园晨光。

徐老师将"晨光心语"打造成党建公益平台。他在线推送了六百多篇短文及杂谈，每篇文章都经过反复琢磨、精雕细刻，将党建融入学生日常学习生活之中，让党的方针政策为年轻一代所熟知。特别是党的二十大以后，他将其精神提纲挈领地推介给学生，并鼓励他们用实际行动践行党的二十大精神。这些都成了年轻人生活的"必需品"。他的语言朴实，道理通透，极富感染力，《为什么要把祖国比母亲》《"七一"话忠诚》等多篇文章被广泛传播，引发学生如潮好评。"晨光心语"在社会上引起强烈反响，关注人群从校内到校外，从青春学子到七旬老人，日阅读量从几十人、数百人增至万余人。

精神上富足的徐老师从不追求物质享受，女儿说"爸爸是一件夹克穿十年的人"。在他看来，人活着最大价值是为社会作贡献，有一分热，就要发一分光。他的这份"热"和"光"，温暖着学生，照亮了社会。他在湖南师大设立了"晨光"研究生科研奖，每年评选 10 名获奖者，颁发荣誉证书和 2 000 元奖金；他用稿费和工资捐助了 5 所农村学校，累计金额超百万元；他设置了"晨光"奖学金，激励贫困学生用知识改变命运；他还成立了"晨光书屋"，定期补充新书，指导乡村孩子们开展课外读书活动……

晚年的徐老师患上了帕金森病，手不受控制地颤抖，视力也不断减退。家人劝说他放缓节奏或者停下工作，但他每天晚上仍笔耕不辍，每个早晨继续在线上发送文章。在我们心目中，他像一束永远闪亮的光，始终为学子指引前行的方向。

（指导教师：林　峻　吴炫达）

郑光华：教书育人路，93岁不停步

岭南师范学院　王婷婷　刘姿利

郑光华老师今年93岁，中共党员，退休前是岭南师院数学系副教授，退休后，是校关工委委员、顾问。1956年，她考入华南师范大学数学专业，毕业后成为一名光荣的人民教师。中年时期，她因医疗误诊截去右臂，留下残疾，但她始终怀着一颗当人民教师的红心，奋斗前行。在教学上，她兢兢业业耕耘三十年，桃李满天下，退休后初心不改坚持立德树人。在六十多年的教师生涯中，她以真诚执着和残缺之身，创造了一个教书育人的传奇，多次获得全国教育系统关工委和广东省教育系统关工委的表彰。

她组建"知心友·谈心亭"，坚持不懈开展谈心活动。1998年，在校关工委的支持下，由郑老师组建"知心友·谈心亭"。她利用同学们的闲暇时间，采取多种形式开展谈心活动，广泛联系同学们，耐心倾听他们的心声，细心观察他们的思想动向，深入细致地为他们排忧解难，及时解决他们的思想困惑。她总是竭尽所能给同学们送去温暖。她对同学们投入的感情有多深，"谈心亭"的舞台就有多大。郑老师还以"谈心亭"为基地开展"革命传统教育""党在我心中"和故事会等教育活动，被同学们称为"心灵的导师"。她每年谈心的同学们都在2 000名以上，记录的谈心日记有三十多本，"谈心亭"真正成为同学们的"知心友"。

随着网络时代的发展，郑老师提议建设"谈心亭"网站。2003年，校关工委建起了"谈心亭"网站，由郑老师主管。网站坚持立德树人，引导青少年学党史、铭党恩、听党话、跟党走。网站开设党旗飘飘、中华梦颂、第一视觉、流芳之窗、燕岭飞鸿、大好河山、心理阳光、前程似锦、故事荟萃、生动外语、丹青艺魂、时代新知等14个大栏目，还开设中华魂读书班、丹青刻纸艺术班、丹青书法班。为了办好"微型阅览室"，郑老师用左手拿着剪刀，每天不辞劳苦地在报刊上剪下关于青少年思想政治教育的好文章投入网站。她还组织"流芳文化团"的同学参加关工委的征文活动，征文除了投入网站，她还精心汇编《芳草碧连天》《燕岭学子获奖征文欣赏》《燕岭飞鸿——纪念抗战胜利 70 周年》三本作品集。网站坚持弘扬时代主旋律，紧跟时代潮流，不断创新教育活动模式。

20 年来，在郑老师的辛勤耕耘下，网站培养了 260 多位学生站长和学生版主，点击率达 270 多万人次，成绩喜人。2007 年在全国百佳网站评比中，网站被评为"全国高校校园人气 50 强网站"，2010 年与 2012 年都获得"广东省高校优秀宣传思想工作网站"称号。

开展普法教育活动，是校关工委常抓不懈的工作。郑光华老师坚持不懈地参与普法教育活动，引导青少年学法守法。在"谈心亭"与同学的交心中，她同他们一起学法律，学习社会主义核心价值观，树立遵纪守法的良好观念。她在"第一视觉"栏目中设立学法遵法专栏，还将报刊上的普法教育文章收集上传，及时传递党和国家依法治国的理念。她在每年举办的"党史＋普法"图文展第一展区布置学习法律板报，并设立法律咨询台，提供法律咨询服务。每年大学生"三下乡"活动，她还组织同学们赴中小学举办学法活动，放映普法教育视频。2015 年始，每周六组织同学们到校外辅导站同留守儿童一起学习《全国青少年普法教育读本》。她积极投身"关爱明天普法先行"教育活动，克服身体的不便，带领同学们深入湛江市城乡宣传禁毒。普法教育活动产生了良好的社会影响，2022 年，郑老师受到中国关心下一代工作委员会、中共中央政法委员会、中华人民共和国司法部、共青团中央委员会、中国法学会联合表彰，被评为"全国青少年普法教育优秀辅导员"。

1999 年至今，郑老师创办丹青刻纸艺术班，向同学们传授丹青刻纸知识。她谆谆教导，手把手教，告诉同学们要细心、耐心、用心、有恒心，细致入微。二十多年来，郑老师指导了 1 500 多名同学学习丹青刻纸艺术，在她的辛勤指导下，同学们用丹青刻纸艺术展现红船精神、井冈山精神、长征精神、延安精神、抗战精神、雷锋精神以及英雄群像，用这一艺术形式表达爱党爱国的深厚情怀。自 2001 年起，郑老师在校内主持举办过 17 次丹青刻纸图文展，参观人数达 20 000 人次，领导、记者、教职工、学生和家长、幼儿园小朋友纷至沓来，流连观赏，留下了许多赞誉和感言。近几年，郑老师又把这些艺术作品汇编成《燕岭花红》《燕岭花馨》两本书先后出版。国家信访局收到《燕岭花红》后，回信说："你们以刻纸形式宣传弘扬革命精神和时代精神，赋予传统的剪纸艺术以新的内涵，让二者相得益彰，值得鼓励。"

郑老师传授丹青刻纸艺术，把一生的积累，通过丹青刻纸，一点一滴传授给年轻一代，以美育人，以文化人，美美与共。同学们也用自己掌握的技艺，创作作品参加全国和省级的比赛，都获得了表彰和奖励。2019年，郑老师被评为"广东省关心下一代党史国史教育优秀'五老'辅导员"。

岁月流转，情怀永恒。郑老师满怀深情地对我们说："我能活过90岁，不是偶然的，就是把注意力放在关心下一代工作上。"桑榆暮景，壮心不已。

（指导教师：吴有强）

吴子恺：专注育种一辈子

广西大学　韦丽姣　李永强

　　时值仲夏，收到吴子恺教授出差回广西的消息，我们一行人便匆匆前往其家中采访。初次见面，吴老身上自带一种乡间林荫独蕴的宁静与平和。81岁的他，身体还很硬朗，整个人精气神十足。

　　就是这样一位慈祥质朴的老人，在2019年被中国作物学会玉米专业委员会授予终身成就奖。

亲历吃不饱立志强农，服从分配去祖国边疆支农

　　1959年，国家进入三年困难时期，全国粮食紧缺，学校一度停掉部分课程，让大家找野菜、挖莲藕充饥。那段日子里，吃不饱的感觉在吴子恺心里留下了深刻的印记。1963年，吴子恺毅然考入北京农业大学学习育种，在那里他对农业发展有了更深刻的认识。学校农学楼一楼大厅里"努力攀登世界农业科技高峰"的标语在他心底种下了"强农"的种子。

　　大学期间，新疆根据中央经济政策要求，因地制宜大力发展农牧业，吴子恺决定响应国家号召，毕业后去新疆支农。毕业前夕，吴子恺鼻动脉破裂，被送往医院，大家纷纷劝他不要去新疆，他却说："国家鼓励同学们去建设边疆。"

　　后来，吴子恺被分配到新疆芳草湖农场进行农业生产。闲暇之余，他尝试做起当地小麦和黑小麦的杂交育种。有时候，他会种些蔬菜，并将选育出的好品种送给当地的生产队让他们试种。几十年过去了，荒草湖已经变成真正的芳草湖，大家日子也越过越好。

发现超高油玉米育种方法，拒绝外国公司合作控股

　　粮油安全关系国家民生福祉，但大多数普通玉米品种的含油率在4%~5%之间，远远不能满足玉米油的生产需求。育出一种区别于普通玉米的高油玉

米是吴子恺长期以来的愿望。1994年，他另辟蹊径，将目光瞄向玉米含油率最高的胚。此后六年，他坚持选育大胚和高含油率的种质材料，终于在2000年筛选出天然微胚乳玉米群体。2004年，吴子恺乘势而上，首次找到了微胚乳超高油玉米育种新方法，获得国家发明专利。

同年，吴子恺团队的相关研究论文发表没多久，便有一家美国公司想和他合作。对方表示，如果达成合作，前期的研究经费投入由美国公司全部承担，但要求持有51%的股份。权衡利弊后，吴子恺毅然拒绝了这项合作。他说："如果当时我答应合作，后续研究条件肯定会好很多，但让一家外国公司控股，我不能答应。既然是我们国家自己发明的，还是应该由我们掌握主动权。"

吴子恺不满足于此，他想培育更高含油率的玉米品种。他不断改良农艺性状，持续选择优穗自交。2011年，在吴子恺及其团队的努力下，全国首个油用玉米品种"华健1号"通过审定。这不仅是对玉米种质资源的创新，更是对油用玉米原始类型的创新，为油料作物种类增添了新成员。

攻坚甜加糯玉米育种，为中国创造贡献力量

20世纪70年代，随着人民生活水平的不断提高，人们对鲜食玉米的消费逐渐增大，要求也越来越高，市场需要更多优质的鲜食玉米品种。当大家还在忙于甜玉米和糯玉米的育种时，吴子恺将目光瞄向了甜糯玉米的培育。

起初，他想将控制甜度的基因和控制糯性的基因组合在一起，这样一个种子里包含控制甜度和糯性的基因，应该就会表现出又甜又糯的特性。但事与愿违，甜玉米与糯玉米杂交得到的种子只表现甜度不表现糯性。他并没有放弃，选用更多的材料进行组培、杂交组合，几经尝试，玉米籽粒都未能表现出预期的甜糯口感，这一度让他很失望。于是，他转变思路，培育一个棒上既有甜粒也有糯粒的甜糯玉米。

为了判断甜和糯这两个基因是否在一个籽粒上，同时减少对种子的伤害，吴子恺和团队成员一起顶着烈日，在田间地头采集花粉，放在显微镜下一个个地观察、一株株地标记。功夫不负有心人，1999年，吴子恺教授就"一种培育玉米新品种的方法"申请专利，这标志着甜玉米和糯玉米之外的又一新品种玉米——甜加糯玉米的诞生，这一发明对鲜食玉米产业具有划时

代意义，属于中国创造。

2003 年，吴子恺及其团队育成我国第一个通过审定的白甜糯玉米品种"甜糯 13—2 号"。此后的日子里，他和团队又育成了我国第一个通过审定的彩甜糯玉米品种"彩甜糯 13—1 号"和第一个 bt 型彩甜糯玉米品种"彩甜糯 13—5 号"。

集具甜玉米的"甜、脆、鲜"及糯玉米的"糯、绵、香"于一身的甜糯玉米，一经问世便深受农户和消费者的喜爱。据不完全统计，截至 2022 年，全国甜糯玉米年均种植面积已超过 600 万亩，年产值约 180 亿元。目前甜糯玉米已占据中国鲜食玉米近三分之一的种植面积，种子出口到越南、泰国等国，最远抵达非洲，推动了玉米产业创新发展。

如今，81 岁高龄的吴老还奋战在玉米育种一线。他说："这辈子就搞玉米了！虽然我老了，但只要身体允许，我还要坚持研究，玉米育种要有人继续做下去。"

（指导教师：贾永灵　杨玉君）

陶诗顺："泥腿子"教授

西南科技大学　石玲欣

"我们最喜欢陶老师了，他总是像父亲一样，时而严厉，时而宽厚。"学生口中"像父亲一样"的陶诗顺，有着多重身份，是良师，是益友，更是将自己奉献于田间的育种专家。

陶诗顺生于 1959 年 2 月，1984 年毕业于四川农学院，1987 年获浙江农业大学农学硕士学位。2000 年起任西南科技大学生命科学与工程学院教授、植物学专业硕士生导师。

醉心科研，硕果累累

陶诗顺出生于四川一个普通农民家庭，他在教书育人的同时，醉心于科研，长期致力于水稻研究，取得了丰硕成果。

陶诗顺与四川农业大学等单位合作完成的"重穗型杂交稻超高产育种"这是我国"超级稻"育种的重要发展方向和技术路线之一。这项成果，可谓是陶诗顺的"突发奇想"。

在 20 世纪 90 年代以前，农户为了增产增收，种植水稻时都是采用多插秧苗的"密种"方式，一亩田至少插两万株以上，但产量并不理想。陶诗顺在各地调研后，有了一个新的思路："别人密种我稀植。"结果种植效果惊人，此举有效地解决了密种水稻存在的光照不足、通风不好、病虫害多发等问题，还增加了水稻的分蘖量，优化了水稻的品质。

经过长期实践和完善，陶诗顺的"重穗型杂交稻高产机理及其稀植优化生产技术的研究"在 2006 获得了四川省科技进步奖一等奖。利用该优化生产技术的稻田每亩可增产稻谷 30~120 千克，省种 30%~50%，省工 3~6 个，增收节支 80~150 元。据 2007 年的统计，使用该技术的农田仅在四川就推广了 3 900 余万亩。

平易近人，迎难而上

陶诗顺获奖无数，成果颇多，但依旧在科研路上继续前进，在教学上引导学生探索农业中的"奥秘"。

搞科研时，他说过："搞农业的不下田，就像做工的不到车间，做研究，就该你下！"陶诗顺坚持亲力亲为，从来没有教授的架子，在陶诗顺身上我仿佛看到了水稻专家袁隆平的影子。他们不惧一切环境上的困难，不管是多热多冷的天气，挽起裤腿就下田。在碰到困难时，他们会想尽一切办法去解决，有挫折就摆摆衣袖重新干，有难题就逐步克服不放弃。他们就像经验丰富的水手，不管多大的风浪都不会害怕，从容不迫地驾驶，带领大家寻找出路。

早年间为了研究水稻增产技术，陶诗顺在各地的农村布点实践，参加农业生产全过程。没有机器，就自己下田插秧、除稗子，累得腰都直不起来。缺水的夏季，他整夜不合眼地守着机器抽水。丰收的时节，他握紧镰刀一把一把地收获金灿灿的稻穗，汗水一滴滴洒落在田地里……在绵阳三台县西平镇，他一待就是三年，从没想过放弃。当地农户经常能见到陶诗顺挽起裤管下田，丝毫没有教授的架子，于是开玩笑地称他为"泥腿子"教授。

作为人民教师，课堂上的他幽默风趣，分享自己的亲身经历；课后的他平易近人，关心每一位学生。陶诗顺有趣的课堂模式，一方面提升了学生对专业的兴趣，另一方面也提高了学生的专业知识能力。特别是上实践课时，他细心引导学生们做出尝试，让学生们亲身体会。这不仅提高了学生的实践能力，也让学生对书上的知识有了更深的领悟。毕竟，实践才能出真知。

初心不改，未来可期

陶诗顺，一直牢牢地记着袁隆平的一句话："依靠科学技术进步就能养活中国。"在我国，农业发展相对落后，农业作为国民经济的基础，对经济的制约作用越来越明显，"国无粮不稳"，农业发展是中心，大力促进粮食增收，正是陶诗顺这样的农业科研工作者的努力目标。用科技养活中国，岁有余粮，路无饿莩，人人丰衣足食，喜乐安康。国家没有粮食危机，才能挺胸抬头地站起来。陶诗顺相信着，也一直努力着。

　　李大钊说过，青年要"为世界进文明，为人类造幸福，以青春之我，创建青春之家庭，青春之国家，青春之民族，青春之人类，青春之地球，青春之宇宙，资以乐其无涯之生"。作为青年大学生的我们，是祖国的未来，是国家的希望。时代的责任赋予我们，时代的光荣属于我们。

　　我们要将陶教授口中的故事、切身的感受和人生的经历作为"活教材"，转化为至诚报国的实际行动，在忆往昔中看今朝，听故事中树远志，增强自身的责任感与使命感，激发爱国主义热情，接下党和国家递交的"接力棒"。我们要为祖国的建设添砖加瓦，我们要有先辈那样的扎根精神，扎根于知识海洋，扎根于理想信念，扎根于梦想初心。"看似寻常最奇崛，成如容易却艰辛。"我们的人生之路很长，在前进途中，有平川也有高山，有缓流也有险滩，有丽日也有风雨，有喜悦也有哀伤。心中有阳光，脚下有力量，为了理想能坚持、不懈怠，才能创造无愧于时代的人生。

（指导教师：余　游）

邓晓琳：格桑花开，绽放在奋斗的岁月

西南民族大学　王梓晴　杨宇辰　姚佳豪

曾经的岁月，她在无数个平凡的日子里，努力奋斗在民族教育的一线。今天，让我们以竭诚之心致敬她那些挥洒青春的岁月，致敬她默默奉献的灵魂。

邓晓琳，女，藏族，四川阿坝州小金县人。

信仰之火，希望之种

一个人的伟大不在于那些高尚的话语，而在于那些默默付出的点滴的平凡。当邓晓琳老师谈到曾经的教学生涯、谈到她的学生、谈到她的老师、谈到她喜欢的课堂之时，身上会散发出一种蓬勃昂扬的生命活力，她对民族教育的热爱与执着，通过她回忆的一个个细节展现在我们的眼前，撞击着我们的心灵。她先后获得成都市优秀共产党员、国务院第五次全国民族团结进步模范个人、"庆祝中华人民共和国成立 70 周年"纪念章等荣誉，2009 年还受到胡锦涛等时任党和国家领导人的亲切接见。

然而，当我们谈到这些荣誉时，邓老师却淡然一笑，她更愿意与同学们分享她的求学经历和成长故事，并希望能为同学们带来一点点启迪。

当我们翻开邓晓琳老师的党的二十大宣讲课件，首先映入眼帘的一句话是："在科学的道路上没有平坦的大道，只有在那崎岖小路上勇敢攀登的人才有希望达到光辉的顶点。"我们问及缘由，邓老师深情地告诉我们，这是 50 年前她小学毕业时数学老师写给她的寄语（她上大学后才知道是马克思的名言）。当年这句名言如雪山之巅喷薄的朝阳，在她幼小的心灵点燃了信仰的火花。正是这信仰之光照耀着这朵"格桑花"勤奋学习、不懈努力、一路奋斗，成长为一名民族高校光荣的人民老师。习近平总书记说："理想信念之火一经点燃，就永远不会熄灭。"

坎坷求学，沐浴春风

20 世纪 60 年代的小金县可以说是"崎岖小路"的真实写照。邓老师说，物质的贫困与生活中的"崎岖"算不得什么，真正"崎岖"的还是她那条求学路。1966 年，她刚上小学一年级就因老师的离开而辍学，4 年后搬到马尔康就读五年级。高中毕业后又到马尔康纳足生产队当知青。1978 年，乘着教育改革的春风，她考上了西南民族学院（现西南民族大学）政史系。

走进大学，英语成了眼前最亟须攀登的"崎岖小路"。她犹豫过，也困惑过，但老师寄语中"在科学的道路上没有平坦的大道"又回响在她的脑际。于是就有了那个风雨无阻，每天清晨 6 点半在路灯下早读英语的女生。由于刻苦努力，她连续三年被评为校级"三好学生"，还光荣地加入了中国共产党，并以优异的成绩留校当辅导员。

用心育人，桃李芬芳

回顾从教几十年的经历，邓老师总是凭着她的坚强、勇敢、执着、担当的精神，实践着"关爱不放纵、严格不苛刻、平等不特殊"的少数民族学生教育管理模式。她挥洒青春，默默奉献，把一句"寄语"演绎成绚丽的青春与奋斗的历程。

邓老师上的思政课形象生动，有针对性，学生评教常常是满分，有个艺术学院的学生说："不上邓老师的课是我的损失。"

她发挥历史专业的优势，把祖国统一、民族团结、铸牢中华民族共同体意识作为一辈子的事业来做。她先后深入各级各类学校、社区、军营宣讲爱国团结守法、铸牢中华民族共同体意识上百场次，三万多名少数民族学子受教其中。她听党话，感党恩，跟党走，坚定不移维护国家统一和民族团结，以自己成长的经历言传身教，感染着青年和民族学子坚定理想信念，努力成才，毕业后回到家乡建功立业。学生中有致力于民族教育的教师，有行走在基层的领导干部，有部队高级干部，有边防卫士……

邓老师帮助关爱学生，为学生奉献一切，个中细节无不让我们暖心落泪。

刚工作时邓老师收入不高，她发动家人卖挂历资助学生。她母亲声称将挂历卖给了单位同事，实际上在路边摆摊售卖。这一切都为了支持她。

还记得，当年三个贫困学生因毕业时还欠着老板的饭钱，因此拿不到毕业证，是邓老师伸出援手结了账，学生才顺利毕业回到青海工作；还记得，她曾资助过的学生如今成长为少数民族作家；还记得，2000年左右，有三十多名西藏学生因各种原因，寒假不回家，年三十晚上是邓老师陪他们看春晚。同学们亲切地称呼邓老师为"校园警察"，随叫随到。这许多的过往都成为孩子们温暖的记忆，一直滋养着学生的生命成长。

奋斗不止，奉献不息

邓老师把时间、精力、情感都奉献给了为党育人、为国育才的民族教育事业，而自己的困难和悲伤从未提及。

2019年，邓老师意外骨折了，但没有人知道她绑着手臂忍痛坚持工作。十年之内三位亲人离世，她都一直坚守工作岗位，自己默默承受着一切压力和苦痛。她说，她今生最大的遗憾就是没有照顾好家人。

如今已退休，她仍在为民族教育事业倾心奉献。她加入了关工委的行列，参加特邀党建督导员工作，担任《老同志之友》编委，担任退休合唱团团长。

邓老师勇敢不懈的攀登精神，让我们读懂了一名中国共产党党员的使命与担当，她也将成为我们新一代民族学子近在咫尺的榜样。

（指导教师：张　震　文　雯　侯永阳　马尚林）

唐宇：初心不改，壮心不已

四川旅游学院　张玉青

初见唐老，他就给我留下了极为深刻的印象：古铜色的脸上神情矍铄，眼睛里闪耀着智慧的光芒，敏锐又细致。谈起凉山，谈到荞麦，一向深沉的唐老顿时滔滔不绝。"脱贫了！脱贫了！"唐老激动而兴奋。

"习近平总书记向全世界宣告脱贫攻坚战取得全面胜利！凉山终于脱贫了！"谈到 2021 年 2 月 25 日习近平总书记在全国脱贫攻坚总结表彰大会上对全世界的庄严宣告时，唐老仍然激动万分。是的，致力于凉山彝族自治州荞麦研究数十年、一心帮助凉山贫困农民脱贫致富的他终于在花甲之年看到了梦想实现的这一天。

而这一年，也是党的百年华诞之时。数十载的等待，与党同行。

他，就是四川旅游学院教授、荞麦专家唐宇。

立下初心，卧薪尝胆为扶贫

1981 年，唐宇以优异成绩毕业于边远地区的农业院校农学专业。毕业后，他留在学校担任"作物育种学"课程教学任务。一次偶然的机会，他了解到当时彝族百姓种植的主要粮食作物苦荞麦在医药、营养保健等方面具有许多独特的优势。但在当时苦荞麦品种产量很低，未进行开发利用，老百姓处于深度贫困之中。"那时是真穷啊！"他感叹道，"老乡家的房屋屋顶是木头架梁铺上两层木板，不坚固还漏雨，一到冬天满屋灌风；很多百姓连床都没有，只能披着查尔瓦（披毡）在火塘边睡；主食是玉米、土豆和荞麦，但是产量很低，根本吃不饱！"

经过一番调查了解后，唐宇暗下决心，要用自己的专业知识突破苦荞麦的研究瓶颈，改变当地的贫困面貌。于是，他便从荞麦研究这个在全国科研领域都异常薄弱的环节上着手。

他花大量的时间和精力深入田间地头，和彝区人民同吃同住。当时的艰苦至今仍然历历在目："那时做试验困难太多了，设备仪器简陋，交通不便，气候多变，人力不够。耕种时我们都要全程参与，挖沟、播种、施肥、收割，一样不落地与百姓一起做，单靠个草帽来抵抗风吹雨打。"历经千辛万苦，荞麦研究终于在三年之后的 1987 年取得突破性进展，他发表了第一篇关于荞麦的学术论文《光温条件对苦荞麦受精作用的影响》，引起了众多专家和学者的关注，被称赞为填补了我国在荞麦研究领域的空白，为荞麦种植改良打下坚实基础。

锲而不舍，艰辛付出结硕果

唐宇知道，千百年来苦荞麦老品种每亩产量不到 200 斤，只有先从新品种培育着手提高单产，才能增加老百姓的收入。可他的试验地位于海拔两千多米的高寒山区的一个农场，离学校也远，住宿吃饭都成问题，过夜是围着火塘打盹，食物是农场食堂的土豆，有时连土豆也吃不上。

但是艰难困苦并没有吓倒他，他坚信：有志者，事竟成。"科研就是我们终生的事业，潜心其中，不觉枯燥反而乐趣更多，最重要的是体会到自己存在的价值。"他深情地说道。

8 年后，他选育出来的苦荞麦新品系区域试验结果是平均亩产 171.66 公斤，比普通品种亩产增产 30%。1997 年，他培育的新品种"西荞一号"由四川省品种审定委员会正式审定通过，经过几年的推广，在凉山州推广面积达到几十万亩，为彝区农业的发展作出了重大的贡献。他的成就得到了时任中国工程院副院长卢良恕院士的高度评价："这是一项成功的实践，也是一项重大的改革！"

唐宇从事荞麦科研四十余年，不仅为凉山贫困百姓脱贫致富培育出了优质高产的荞麦新品种，还打造了"优良品种＋产品精加工"的产业链，研制出苦荞麦系列产品，如苦荞茶、苦荞面点、苦荞用品等，深受广大消费者欢迎。今天的彝族老乡，都已经搬进新房子，不必再围着火塘取暖睡觉。百姓收入也变得更加可观，生活条件极大改善，真正实现了习近平总书记提出的"两不愁三保障"。谈到自己为此所做的努力，他饱经风霜的脸上出现了欣慰的笑容。

老骥伏枥，壮心不已攀高峰

2014 年，年满 60 岁的唐宇光荣退休，但是他退休不退岗，退休不褪色，又开始了"上岗"——被特聘为中国农业科学院作物科学研究所荞麦课题组顾问，承担国家重点研发计划项目课题，挽救濒临灭绝的荞麦野生种群。这些野生种群大多分布在中国青藏高原和云贵高原海拔 500~4 500 米的高山峡谷中，既没有相关形态的介绍，又无生境和分布的资料，困难重重。

唐宇明知山有虎，偏向虎山行。他的家人和朋友站出来反对："你现在又不是年轻人，身体那么多毛病，还去青藏高原？你怎么撑得住！"身患高血压和肾结石的他不顾反对，带领考察组连续六年在中国西部六省区（云南、贵州、四川、甘肃、陕西、西藏）对荞麦属植物进行了大范围的野外考察和标本搜集工作。考察组中只有他是六十多岁的老人，其他都是二三十岁的年轻人，但他不将自己视为特例，还主动肩负技术指导、驾驶员、标本搜集和摄影工作等，成了考察组里工作量最大的人。在青藏高原恶劣的气候条件下，他攀越了无数座高峰，足迹遍布青藏高原和云贵高原，累计行程五万多千米。艰辛的付出带来了丰硕的成果：收集到荞麦属全部 22 个种类，其中有 5 个种类为唐宇及其团队新发现的，总计收集和保存包括许多珍稀类型在内的材料一千多份。荞麦属的生物多样性在唐宇及团队的努力下得以逐步实现。

唐宇说："我和十多亿中国人民一样，都在为党和国家努力，祖国的发展一定会越来越好。而你们青年身逢中华民族发展的最好时期，一定要刻苦学习好专业知识，以强烈的使命担当力学笃行，努力成长为堪当民族复兴重任的时代新人！"

是的，唐宇助农为农的奋斗历程，不正是党的百年奋斗历程的一个缩影吗？他心中有爱、理想坚定的优良品格，心中有民、服务为民的高尚情怀，心中有责、履职尽责的奋斗精神，激励着我们青年一代坚定理想、努力奋斗。

（指导教师：杜臻贤）

朱政贤：不忘初心耕耘教坛，教书育人功绩卓著

东北林业大学　杨海月　赵明岳

1952 年，他从西子湖畔来到祖国边陲，成为东北林业大学的首批教师之一。在几十年的工作中，他深耕教学、坚持科研、注重实践，首创国内木材干燥设备专业化生产，帮助多家企业扭亏为盈，为我国木材干燥科技进步作出了重要贡献。他就是木材干燥学界两大泰斗——"南梁北朱"之一、东北林业大学材料科学与工程学院退休教授朱政贤。

院系重组，与东林结缘终生

朱政贤是安徽舒城人，生于 1924 年 3 月，1951 年从安徽大学森林系毕业后，分配至浙江大学任助教。1952 年全国高等院校院系调整，浙江大学森林系与东北农学院森林系合并成立东北林学院（现东北林业大学），朱政贤被调来任教。

长途颠簸，从美丽的西子湖畔到寒冷的东北，稚子尚不满周岁，饮食与气候的反差……朱政贤没有时间顾及，他被分配在新成立的木材加工专业，担任"木材干燥"课程的教学。这门课程属于工科性质，而他大学是林学专业，需要补学工科基础课程。他工作的同时选听工科基础课程，虚心求教，坚持了两年多，将所需的专业基础知识补上来。

编译教材，担纲课程建设和学科建设

当时国内高校提倡学习苏联的办学模式，学校专门请来一位苏联教员给青年教师讲授俄语，办俄文速成班。朱政贤过去学的是英语，改学俄语难度可想而知。他吃住都在学校，经过不懈地努力，很快可以借助字典阅读和翻译俄文专业书籍。他在学校图书馆借到一本 1949 年出版的苏联木材加工专业的《木材干燥》原文教材，阅读后开始翻译。1954 年秋，他首次给木工专业 51 级主讲"木材干燥"课程时，这本俄文教材已翻译了一半。当时他

就以这本书的译稿为基础，编出散页讲义印发给同学，同时继续翻译。至学期末，这本书也翻译完了，讲义也编完了。最后经过整理，由学校教材科装订成册。这本取名《木材干燥学讲义》的书有 35 万字，现存于学校图书馆。他为了继续充实教学内容，又翻译了俄文《木材干燥室计算法》一书，并于 1958 年由中国林业出版社出版，公开发行。

20 世纪 50 年代后期，国内其他林业院校陆续设置木材加工专业，而此时的东林，已经在木材加工领域遥遥领先。其他林业院校如南京林学院（现南京林业大学）、北京林学校（现北京林业大学）等学校派大批青年教师来东林进修木工专业的课程，朱政贤担任主讲教师。1958 年，为了解决干燥木材的问题和便于实践教学，朱政贤设计的五间熏烟干燥室建成，在国内首屈一指。

奉献所学，研究成果助力企业发展

在改革开放的春天里，他开始一边忙着科研教学，一边到工厂实际进行调研。木材干燥工艺，跨学科较多，常规干燥设备的设计与建造，需要多学科的知识，涉及建筑、机械、电气、热工、通风等工程。后来出现的微波干燥、真空干燥等特种干燥技术，更加复杂。朱政贤坚持站在学科专业的前沿，不断学习，不断实践，成为木材干燥学专家。他培养的青年教师和学生，很多已经在木材干燥领域里颇有建树。

在木材加工和利用的过程中，木材干燥成为木材加工企业眼中的难点，干燥设备更是供不应求，生产厂家急需具有雄厚科研能力的专家予以技术协作。1985 年，由朱政贤主导，将设计与加工合为一体的新型木材干燥室开始投入生产使用，它在我国工业化生产中的木材干燥设备方面处于领先地位。

此后，朱政贤的名字在业内越来越响，经常有企业主登门拜访，希望获得技术帮助。而经他指导设计的干燥设备，往往能让一家企业扭亏为盈，产销顺畅。在学校政策的支持下，学院由朱政贤牵头，与几家有关工厂协作，于 1993 年创建了校办产业"北方木材干燥新技术开发公司"，朱政贤出任总经理。他的团队从设计、加工到设备安装、调试，对设备使用企业进行全程技术支持。这在全国创建了将设计与制造合为一体的先例，带动了全国走上专业化生产的道路。

由于木材干燥学与生产实际紧密结合的特性，比起其他学科的教授，朱政贤与企业主接触的机会更多，他从不接受宴请，也不接受任何财物赠送，显得很是"不近人情"，是那个年代的"不入流"的"怪人"。

这期间，他主持了多项科学研究，获得林业部科技进步二、三等奖和黑龙江省教委科技进步奖一等奖，获得 3 项国家专利，起草 3 项国家标准。

秉持初心，退休之后步未停

朱政贤对青年教师和学生，总是严慈相济，师者仁心，所教过的学生都是这样评价他的。艾沐野虽然不是学木材专业的，但十多年在实验室钻研与实践，已精于木材干燥的全过程。朱政贤鼓励他读学位提升自己，并将自己多年的教案给他作参考，鼓励他走上讲台。如今，艾沐野已经是国内知名的木材干燥工艺专家。朱政贤积极参加关心下一代工作，他与时俱进，努力掌握新知识新技术，会用智能手机和电脑，能参加那些"曾孙"辈的学生举办的活动，接受他们的采访，给他们讲老校长刘达的故事、东林的故事、自己的故事……

已是百岁老人的朱政贤，是东林第一代教师的杰出代表、资深教授，学校建校 70 周年时被授予"林业终身成就奖"。他的诗作和人生感悟充满着积极向上的力量，曾在省市和学校的刊物上发表。他把自己毕生的藏书和手稿都捐给了校史馆和图书馆，为东林的校史修订提供了有重要价值的史料。他一生都在认真学习、认真教书。百岁寿星，智慧人生。他是东林校园里的一棵常青树。

（指导教师：穆　春）

姚礼庆：推动内镜进入"微创时代"

复旦大学　白立言　杜岳姗

"7 万例！"

2012 年，在德国举行的第 14 届杜塞尔多夫国际消化内镜大会上，当姚礼庆教授率领内镜中心团队报出中心上一年完成的内镜诊疗总量时，会场上顿时响起热烈掌声。国际内镜大会主席 Repici 教授向时任中山医院内镜中心主任的姚礼庆颁发了"IMAGE 国际内镜大会终身荣誉奖"。作为首次授予中国人的奖项，这项荣誉不仅显示出姚礼庆在医学方面为人类做出的巨大贡献，也彰显了我国医疗卫生事业的迅速发展与蓬勃生机。短短几十年，从治疗"第一个患者"到走向国际舞台，从"十无"白手起家到制定出世界微创内镜治疗的"中山标准"，有一个人在中山内镜的飞速发展中起到了至关重要的作用，他就是姚礼庆。

第一名专职的内镜医生

1972 年，中山医院刚刚恢复科室建制、专科和专科门诊，也成立了全新的内镜科室。彼时，我国内镜技术正处于起步阶段，前途未卜；而又脏又苦的工作特点，也让内镜科室鲜有人问津。正在此时，曾为知青、以高分考入原上海第一医科大学的"愣头青"姚礼庆，成为第一位专职内镜医生。

然而，工作的艰苦程度大大超出了姚礼庆的想象。一个五六平方米的小房间、一台简陋的机器，是内镜中心起步阶段的全部家当。在这样艰苦的条件下，姚礼庆与他的助手开始了夜以继日地工作。他每天提早上班、延迟下班，创造了连续工作 14 小时、一天最多进行 126 例内镜手术的纪录。这是一组不可思议的数字，而数字背后也是接踵而至的病患，更为姚礼庆积累了珍贵的临床经验。

当医生就要当名医

"当医生就要当名医，不当庸医误人生命。"这是姚礼庆勤奋钻研、不断进取的动力。四十多年来，他一直以此激励、鞭策自己，同时也笃信，只有在医疗技术上不断创新研发，才能最终找到出路。

1985 年《关于卫生工作改革若干政策问题的报告》发布后，医疗发展进入高速发展期。从中华人民共和国成立初期"有啥吃啥"到"吃啥有啥"，身居一线的姚礼庆第一时间发现了胃肠道肿瘤发病率的陡增趋势，也认识到随着这种趋势而产生的高医疗需求尚无法得到满足。而内镜黏膜下剥离术(ESD) 具有高难度、高风险的特点，我国能应用此项技术的医院也寥寥无几，这让姚礼庆决心掌握胃肠道肿瘤的诊治。

内镜医学之路的开拓者

在姚礼庆的努力下，1992 年中山内镜中心正式成立，并成立了独立的专科。经过三十一载，中山内镜中心已从当初的"寒酸"发展壮大为拥有70 多名医务人员、24 个手术室、40 间日间病房，平均每天可以做 500 余例内镜的全国最大、最强中心，内镜诊疗量居世界首位。在姚礼庆等人的带领下，中山内镜中心实现了飞跃式发展，成为我国设施最先进、内镜诊疗种类最全的医疗单位之一，年内镜诊疗人数达 9.5 万例，居"世界第一"。高楼大厦非一夜建成，如此稳步而快速的发展离不开医学人才的培养传承与对高精尖技术的不断钻研。

为了刚成立不久的中山内镜中心的发展，为了解决之前发现的与发病增多的胃肠道肿瘤相对应的医疗技术不匹配的问题，从 2004 年开始，姚礼庆每年定期派两三批医生出国学习，同时邀请国外医生前来交流。在长年的不断努力与积淀下，中山内镜中心的技术稳步前行，并为内镜中心的发展培养了一支强大的后备军。"徐氏手术""周氏手术"……一位位医生在国际舞台上崭露头角，一项项技术赢得国际同行高度评价和赞赏，他们亲切地把姚礼庆所带领的内镜中心称为"梦之队"。慢慢地，消化道病变电切 / 电灼术、内镜黏膜切除术、消化道早期癌症内镜黏膜下剥离术、消化道黏膜下肿瘤的内镜黏膜挖除术、内镜下消化道全层切除术等都开展起来，中山内镜中心的诊疗种类逐渐跃居国际首位。

开启中国内镜走向世界的征程

姚礼庆还不满足，他希望能突破国外内镜先进技术的垄断。内镜技术离不开器械的开发，为了掌握主动权，他带领学生一头扎进国产医疗器械的研发中。姚礼庆记得，第一台ESD术成功时，每一位成员都喜极而泣。2015年，中山内镜中心已累计完成五千余例ESD术。在他领导的内镜中心团队里，周平红教授改进POEM手术，独辟蹊径，在病人的食道管壁的夹层中，建造一条"隐形隧道"，利用一条1.2米长的特制管状内窥镜，深入体内的手术点，实施精准手术。

2012年杜塞尔多夫国际消化内镜大会上，姚礼庆团队以超强的技艺打败了内镜强国日本的团队。在现场经久不息的掌声中，主席台上高高挂起的五星红旗，让姚礼庆不禁流泪——他知道所付出的诸多努力得到了世界的尊重与认可，国外内镜医师的垄断被打破了！中国医学事业发展由此更进了一大步！姚礼庆拿出手机，拨打给万里之外的医院领导，激动地说道："我的愿望实现了，我们中国医生在世界内镜舞台上站起来了！"

姚礼庆可谓功成名就。他将中国内镜成功推向世界舞台，成就中国内镜治疗在世界医学上的领先地位。他先后获国家科技进步奖二等奖、上海市科技进步奖一等奖、教育部科技进步奖一等奖，荣获国之名医、全国医德标兵称号，2015年获评上海市先进工作者。在荣誉和成就背后，姚礼庆永远不知疲惫地奋战着，他坚守执着信念，始终恪守责任，其永无止境的创新和令人尊敬的医德，赢得了病人的信任和同道的赞誉，也为中国赢得了世界的掌声。

（指导教师：李 耘 刘 嫣）

吴启迪：侠骨柔肠哺育英才

同济大学　张亦暖

吴启迪教授给人的第一印象是"女强人"。她以身为国内高校首位民主推举的校长而闻名，她顽强地战胜了凶险的胰腺疾病，令人敬佩。当你走近她，就会知道那侠骨中的柔肠，那人格的魅力，感染和教化了众多学子。

建立一套人才培养的新体系

在同济校长任上，吴启迪教授用很大的心力推动建立"知识、能力、人格"三位一体的人才培养体系。她说："提出'人格教育'，就是要同学们寻找精神上的东西。即使在高科技的时代，科学技术也并不是一切。""人如果没有精力去看看周围，如果没有人格力量的引导，就会变得狭隘起来，就会没有责任感，没有信念。"她强调，教育最根本的目的是教学生如何做人。

吴启迪教授是恢复高考后第一批研究生，后来又到爱因斯坦的母校苏黎世理工学院留学，获得博士学位后来到同济大学任教。她从自身成长经历中认识到校园文化对大学生身心健康发展的重要性。在她的倡导下，同济大学提出了建设综合性、研究型大学的发展目标，她主持建立了女子学院和多个艺术类专业，亲自上台为学生联欢会进行钢琴演奏。

吴启迪引用《大学》里的一句话来诠释现代大学的功能："大学之道，在明明德，在亲民，在止于至善。"并且给了这句话全新的解释：坚持理想，塑造新人，追求卓越。在"人格教育"的感召下，两名同济经管学院的硕士毕业生远赴荒芜的甘肃定西创办咨询公司。临行前，吴校长找他们谈心，了解他们的需求。在公司启动时，吴校长亲赴定西揭牌。她感慨地说："对年轻人的热情要爱护，在当代年轻人中，有这样的理想很不容易。"吴启迪希望青年学子的理想之火永远不要熄灭。

流传几封感悟人生的亲笔信

在同济校园里，流传着吴校长给身患疾病的同学写的几封亲笔信。

2000 年 12 月的一天，同济大学经管学院女生张婷在病榻上收到吴校长写给她的一封亲笔信。信中说："我知道经济管理学院有位身患重症并与病魔不断抗争的坚强的大学生。作为校长，也作为一个死而复生的人，为有您这样一位小同济人而感到骄傲。人是需要有一点精神的，您是精神的富有者。"

而在当时，吴校长刚刚经历了一场生死大劫。极其凶险的急性坏死性胰腺炎并发心肺肝肾等脏器功能严重障碍，使吴启迪几度濒临死亡。4 次大手术、148 天的抢救和治疗……痊愈后吴启迪继续领导同济大学进行教育体制改革，创造了高校资源整合的"同济模式"。这封给张婷的信，是吴校长在与张婷交流她对生命和精神的深刻感悟。这封信在媒体上刊登后，全校同学以及许多青年学生都被感动，激起了一阵热烈的反响，时任国家教委副主任的张孝文教授也在多年后详细记录了这个感人的故事。

吴校长的信鼓舞张婷走完生命的最后历程。张婷在回信中说："您一直是我十分敬佩的女中豪杰和十分爱戴的校长。不曾料到，一场大病使我有机会如此近距离、真切地感受到您的人格魅力。请相信我会做生命的强者，生命不息，信念不止。"就在她临终前，学院党组织批准了她的入党申请，她在病榻上进行了庄严的入党宣誓。

还有一位正在准备高考的中学生，患了与吴校长同样的重病，耽误了高考，对精神和身体伤害很大。吴校长就给她写了一封信，鼓励她战胜病魔，也欢迎她报考同济大学。这位同学病愈后如愿考入同济大学女子学院，并在入党时向吴校长写信汇报。她的健康成长，令吴校长备感欣慰。

捐赠百万提携学子的奖学金

吴启迪教授所在的同济大学电信学院，有这样一条不成文的规定：凡是有同学因病或受伤不能正常起居，所在班级都要成立帮扶小组，帮助其克服学习和生活上的困难。这项规则要追溯到二十多年前，一位叫朱颖的渐冻症考生，在报纸上表达了她希望报考同济大学的心声。吴校长看到报纸后，亲自安排学校有关部门领导赴其家中探望，并商量入学后的帮扶措施。朱颖入学后，吴校长与电信学院领导多次表示关心，为朱颖制订专门的培养计划，调整上课教室，发挥其学习的长处，解决其生活中的困难，使她终于顺利完成学业。毕业典礼上朱颖妈妈眼含热泪，连连向吴校长表达感激之情。

从此以后，电信学院接收了多位残疾学生。本科生蒋欣玮因先天性瘫痪，双腿不能站立。全班同学每天轮流扶着他上下楼梯、进出厕所。毕业前夕他给学校写了一封感谢信。信的最后，蒋欣玮同学说，作为残疾人，我今后人生的道路会充满艰难坎坷，但我坚信，有同济大学四年难忘的求学经历，我会以更坚强的意志去解决遇到的各种困难，努力工作，好好生活，以实际行动报答母校的教育之恩。

从教育部副部长的岗位上退下来后，吴启迪教授回到学院继续教书育人。她说："我的家庭中有许多人从事教育工作，我和教育有着不解之缘。"自 2010 年起，她每年从工资里面拿出 10 万元，设立了启迪奖学金，奖励富有创新精神和创新能力的大学生，至今奖励数目已有百万之巨。每年颁奖仪式上吴校长总要争取到场，与获奖学生面对面交流沟通，鼓励学生勇于创新，敢于开拓进取。

与吴启迪教授有关的校园故事还有很多，她坚毅的目光为学生点亮心火，柔弱的身躯里充满对学生的爱。她是我们的校长，我们的导师，更是我们的学姐和知心的朋友。在建设祖国的征途上，我们有幸与她同行。

（指导教师：张婉婷　钟　勤）

齐树洁：一声"到"，一生到

厦门大学　徐晓丽　黎婉君

到西北去，到红旗飘扬的边疆去！北上戍边的火车上，一位兴奋难眠的热血少年这样写道："如今我们青年的一代正接过前辈手中的红旗，继续昂扬前进！"

那时年仅 18 岁的少年没有想到，五年从军报国、五十载研学育人，他用一生为这句话写下了完美注脚。报国从军，冰雪黄沙淬砺不屈意志，顽强精神感染无数学子；研学育人，他事必躬亲，投身中国法治建设事业。"用最平凡的小事创造学子心中最伟大的奇迹。"他，就是厦门大学法学院教授、司法改革研究中心主任、博士生导师齐树洁老师。

西北军营报到：磨砺一生报国底色

"齐树洁！""到！"

1972 年，齐树洁成为一名光荣的人民解放军。他义无反顾地坚守形势紧张的中苏边境，为国戍边！大漠边关，爬冰卧雪冻伤了年轻人的膝关节，却没有击退这位满腔热血的爱国军人，反而锻炼出他不屈的意志。

艰苦的环境没有让他放弃学习，他坚持每天写日记、读专著。每个部队熄灯后的漆黑夜晚，每个消遣娱乐的休息时分，齐树洁一遍遍摩挲着翻得发黄的书，直到对知识点滚瓜烂熟。战友们不解，他也只是笑笑，摇摇头，深吸一口气又继续埋头用功。

离开部队时，齐树洁抚摸着两张连队嘉奖、十余本"军人日记"，慷慨激昂地写下诗句："大雪纷飞不觉寒，天山戎马又一年。一腔热血守边境，万里长征人未还。"将青春热血洒满天山雪峰，将锤炼的坚韧品性贯穿一生。读懂中国，也许就从读懂一名年轻士兵的五年军旅生涯开始。

大学讲台报到：培育卓越法学人才

退伍后，齐树洁考入北大。1982 年毕业后，他来到厦门大学法学院，成为习近平总书记口中"躬耕教坛、强国有我"的人民教师！初来时，法律系还未开设民事诉讼法课，齐树洁是这门课的第一位教师。他一字字写下备课笔记，书页摩挲中，厦大诉讼法学科不断成长，厦大法学人才羽翼渐丰。

不仅仅是阅读、学习，齐老师还带领厦法学子一起实践、思考。当时，"都江厦日"课题组的同学忐忑地敲开齐老师的门，齐老师一口应下指导的请求，与同学们热烈讨论、组织调研、修改文稿，数月间一次次往返于厦门思明校区和漳州校区。2011 年，课题组成果《乡土视野中的纠纷解决——以海安法院的疏导式庭审为样本》获全国挑战杯竞赛特等奖，这是厦门大学自1988 年参赛以来首次获得的全国特等奖！"我们有最亲切最负责的齐老师！"这是同学们最真挚的表达。齐老师的认真态度与钻研精神，从漠北边疆而来，又翻涌成鹭岛浪花吹拂莘莘学子。

生活中，齐老师坚持送贺卡给学生，鼓励学生学习，几十年从未间断；对每位来求助的学生，他都负责到底，烈日炎炎的午后也带着糖前往宿舍为其改论文；每次到外地出差，他都尽可能与当地的法学院毕业生座谈，了解他们的工作生活情况……师者淳朴，下自成蹊。

鹤发银丝映日月，丹心热血沃新花。退休后的齐老师担任法学院关工委常务副主任，始终牵挂着年轻学子的成长。2014 年，他发起设立"厦门大学荐贤奖（助）学金"，带头捐款 23 000 元，共筹集七十多万元，资助经济困难的优秀大学生顺利求学。起初，大家提议把项目命名为"见贤思齐"，让师生看到它就想起齐老师。但他摆摆手："所谓荐贤，就是推荐人才、培养人才，功成不必在我！"七年来，已有超过 100 名同学受到资助！胸怀大爱，待人和善，这是齐老师育人的坚守，也是同学们千金难买的一课。

祖国大地报到：躬身中国法治建设

向下，扎根，钻研。作为厦大诉讼法学科的领头人，齐老师多年来深耕多元化纠纷解决机制，并组织学生编撰多本专著宣传此理念。2004—2005 年，作为厦门市立法顾问，他领导制定厦门市人大常委会关于完善多元化纠纷解决机制的决定。这是中国第一部多元化纠纷解决机制（ADR）的地方立法，是地方性立法的开创性的表现，为全国很多地区提供了样本。

诉讼法之外，齐老师致力于司法改革研究。2000年以来，他组织18届共300多位学生编写了《英国证据法》《民事司法改革研究》等十部著作。齐老师常常在几年前就将要编的书都列出来，一本一本完成。他明白，为弥补中国在这方面的空白，他必须在繁重的教学和科研任务中破釜沉舟！

学不尚实行，马牛而襟裾。齐教授的法学研究不只是在书本上进行，更在实践中，在中国大地上。课堂外，他组织学生先后赴深圳、东莞、珠海等地开展调查研究或实习，所需调研费用多由他个人筹措。调研后，他力求学问"落地"。近十年，"齐门"师生先后在《人民法院报》《东南司法评论》等报刊发表论文一百多篇，为中国法治研究贡献智慧。

"学问也好，做人也罢，无论哪一方面，齐老师都是我取之不尽的宝藏和不可超越的巅峰。"这是学生对一位师者的至高评价。

"经师"与"人师"一统，报国志与钻研心相融，齐老师以不言之教，以身作则，培育卓越法学人才；又以蜡炬成灰泪、为学至臻情，谋法治建设进步。他平凡而伟大。这种"为吾国放一异彩"的精神时刻鞭策我们青年学子主动投身法治中国建设，"接过前辈手中的红旗"，踔厉奋发、挺膺担当，谱写建设社会主义法治国家的壮丽新篇！

（指导教师：刘 茜）

李景顺：献身国防，扬我国威

中南大学　孟祥悦

　　一个一生奉献给国防事业，被国防科工委授予"献身国防科技事业"荣誉的国防守护者；一个一心攻克技术难关，只为提炼出天然铀的冲锋先行者；一个曾让周总理紧握双手，说出"我代表党、代表国家、代表人民感谢你们"的科研工作者。他就是中国第一颗原子弹天然铀提炼工作者——李景顺。

用初心坚守使命

　　百废待兴的新中国，强化国防，尤其是发展影响国家命运的"两弹一星"，是上至领袖、下至普通老百姓都关注的中国大事。1955年1月，中共中央做出发展原子能事业、研制原子弹的决策。毛主席说："在今天的世界上，我们要不受人家欺负，就不能没有这个东西。"世界强国都倾其所能研究原子弹，美国苏联先后研制完成。然而在那时，外国根本不相信中国可以造出原子弹，甚至觉得连铀都得不到。

　　和祖国人民一样，当时在中南矿冶学院读矿冶工程专业的李景顺热切期盼着祖国国防工业的发展。1958年的一天，上级领导找到还在读大学的李景顺谈话，希望他加入铀矿提炼课题组，并且担任组长。

　　我们问李景顺教授："您当时是怎么想的，有没有觉得这是十分危险的任务？"

　　他一听，连忙摆动双手，头摇动得像拨浪鼓那般说道："虽然当时有人提醒，但我没有一丝担心害怕，相反感到这是我的骄傲！"他接着说："从小到大，我一直接受党的教育，读高中时，我就是湖北黄冈中学唯一的学生党员，到大学更要发挥党员模范作用。我做梦都在想如何报答党和毛主席。研究原子弹，我一定要参加。"

　　实验准备过程中，李景顺教授在生活上要减少和老师、同学们的接触，相关工作直接与校长汇报；在学习上要接受从苏联回国的教师的培训，课程学习绝对保密；在技术上更要一点点摸索，白天上课、晚上实验。

"我开始只学习了俄语和英语，但想要对文献有更加全面的了解，晚上实验结束后，我又开始自学法语、德语和日语。"

为了更好地完成任务，他不分昼夜地进行学习和实验，用赤子初心坚守使命。

用生命浇注荣耀

提炼天然铀谈何容易！当时参与这项工作的科研人员对铀的了解少之又少，根本不知道怎么防范铀的放射性。经历了探、采、选，李景顺老师带领的冶金课题组的任务是将矿石中的化合物氧化铀变为天然铀，这也是真正意义上直接接触到放射性铀的第一步。整个提炼过程中运输、保管、分离、实验、处理废渣等环节，危险性大，责任更大。

面对这些，他毫不含糊地说："我是党员，是组长，这是我的责任。我不怕苦，不怕死，死了也光荣！"最危险的事，他永远抢着干。

天然铀的保存非常复杂，要防水、防腐蚀、防震动，而当时大多数规范、要求并不明确，更谈不上什么防护措施。李景顺教授和冶金组成员仅仅戴着橡皮手套就直接与铀接触，有时实验长达三天三夜，李老师都坚守不离开，真正做到了以血肉之躯铸我国威。提炼出的天然铀是否符合标准，在那时也没有高端的仪器检测，必须经过摸索性试验。

"一吨矿石往往只能提炼出几克铀，一公斤铀相当于一火车煤的发热量。开始，我们都觉得铀的威力没有想象中那么大。直到真正开始试验，我们才明白它的威力有多大。"

1958年11月的一天，冲天的爆炸声响彻中南矿冶学院。

李景顺老师回忆说："我那时感觉见到了我国第一颗原子弹试爆成功。大家欣喜若狂，我们是全国多个试验组中第一个成功提炼出天然铀的。"

提炼成功后，李景顺老师和同组成员顾汉宾老师立即前往北京汇报。1958年11月3日抵达北京，次日周恩来总理接见了他们，周总理紧握着李景顺老师的手说："你们任务完成得很好，我代表党、代表国家、代表人民感谢你们。"

"听了周总理的话，我们无比激动。回到实验室后，更加努力工作，提炼出更多的天然铀，确保原子弹研发的顺利进行。"李教授回忆说。

用奉献书写人生

天然铀提炼成功后，随即被送往新疆。提炼任务完成了，但是废料处理是一个新的挑战。李景顺老师和其他科研工作者一锹一铲挖了十米深的土坑，将矿渣安全掩埋，完成最后的工作。现在想来，风险太大了！

毕业留校任教后，李景顺老师还先后参与研制声呐、高性能磁粉芯、大功率磁粉芯等军工科研项目，培养过大批在国防领域做出突出贡献的学生，有的学生已经成了院士。李景顺教授是我国粉末冶金工艺的创始人之一，也是新材料研究室的筹备者。老人家在粉末冶金方面作出了突出贡献，让粉末冶金工艺得到应用与推广。

如今，90 岁的李景顺教授对我们新一代有深情嘱托和殷切期望，他说："我一辈子没有做出什么太大的贡献，但我时刻关注着祖国的发展。作为一名老党员，老师期待你们，在党的二十大精神指引下，一定把党和人民的需要牢记心间。现在祖国的未来寄托在你们肩上，我希望你们努力学习，立志报国，奋发有为，成为业界精英和祖国栋梁，无愧于党、无愧于祖国对你们的培养。"

望着眼前这位老爷爷，听着老教授的故事，我们被深深感染，灵魂得到进一步洗礼。"吾辈当自强，志存高远，不负时代，要像李爷爷那样，挺起脊梁，为国家发展做出自己的贡献。"我们暗暗发誓。

（指导教师：李满春　林钰杰）

赵聚英：节能教授

湖南大学　张丁硕　容永成

在迎春花竞相开放的春日里，我们来到湖南大学教授楼，赵聚英教授就居住在这里。

赵聚英教授今年已 85 岁高龄，看上去身体很健康。她穿一身普通布服，目光温和，充满母爱。我们在客厅的沙发上落座，说明来意，便开始亲切地交谈。

在交谈中，我们慢慢了解了赵聚英教授！

粗粝能甘，艰苦奋斗

赵聚英，一个山区农村长大的女孩，从小生活环境艰苦。因为姓氏和地方习俗的缘故，她无法获得和其他孩子一样的上学机会。直到中华人民共和国成立后，杨氏学校的改换才给了她读书的机会。

赵聚英上中学时家距离学校有一百余里的路程，往返均靠步行，吃饭要靠助学金。当助学金用完，她不舍得穿唯一的布鞋，赤脚在雪地里走了百余里路回家取米。她双脚冻得没了知觉，到了第二个学期开学两个多月，仍无法走路，只能让叔叔用独轮车把她推到学校。尽管生活充满艰辛，但她从未放弃，从小就磨砺出了艰苦奋斗的精神，这种精神成为她日后生活中战胜一切困难的瑰宝。

红心向党，追寻梦想

在赵聚英居住的古老村庄里，房屋破旧不堪，这种环境深深刺痛着赵聚英幼小的心灵，她希望每家每户都能住上好房子。

经过多年的苦读，赵聚英中学毕业后毅然选择了工业与民用建筑设计专业。在中华人民共和国成立初期，大学的教材主要是苏联的，而且缺乏师资，有些专业课程甚至没有老师讲授。然而，赵聚英没有被困难打败。在读大四时，她被学校选送到同济大学进修工程热力学。她没有任何基础，只能从头开始。她开始学习流体力学、传热学的课程，然后是大四的供热工程专业课，还有采暖课、管道课程等。她在一年内完成了所有的课程，提前完成进修任务，回校成为一名供热学专业老师。赵聚英自豪地说："是党让我读上书的，我的一切也都是党给的，党要我做什么，我是根本不会去考虑别的。"

征服煤老虎，勇闯锅炉阵

随着我国工业生产的迅速发展，全国大大小小的工业锅炉、工业窑炉，张开巨大的虎口，吞食着黑色"金属"——煤。由于燃烧技术的落后，成千上万吨的煤无为地燃烧，造成了惊人的浪费。从锅炉内排出的滚滚浓烟，又严重地污染着环境。

谁来征服"煤老虎"？多少人谈"虎"色变！

赵聚英，一名女助教，带着几分不信邪，揭榜宣战。这年，是1968年，她发誓要征服这群"煤老虎"。这一宣战，就是二十余年。

1968年6月、1969年12月，她相继生下两个孩子。为了深入现场，她拖着两个孩子下厂干。下厂后把两个孩子托交给别人或送所在单位的幼儿园代管。在浓烟滚滚的锅炉房里，她不顾锅炉内的高温、烟尘，与工人师傅一起在锅炉里爬进爬出，摸清情况，探索工业锅炉燃用地产煤，以及煤的燃烧设备和节能、消烟、除尘等技术难题。

1971年，她被借调到省节约办锅炉改革组工作。她毅然让孩子断奶，寄送乡下带养；也顾不上重病缠身的爱人，交其父母照料，自己数月下厂与工人一起调查、设计、施工。首先是探索和解决倾斜往复炉排燃烧技术和适用地产煤以及劣质煤烧损、结焦等技术难题。在此基础上，又进一步设计新的燃煤设备——水平式往复炉排，并经过多年的反复实践，完善了这种新型设备，于1980年通过技术鉴定。随后她又完成了多项国家级科研课题，使技术不断完善并定型生产，广泛用于实践，打造我国一种主要的燃煤方式。这种燃煤方式，比原来节煤20%以上，且煤种适应性广，达到消烟和减少尘浓的环保要求，工人的劳动强度也大大降低。生产这种锅炉，即使与比较先进的链条炉相比，也可节省金属材料60%~70%，备受用户青睐。

为了及时推广科研成果，尽早征服"煤老虎"，一卷卷设计图纸不断从她手中绘出，全部免费送给各地用户。1978 年 8 月，她为了赶制一套图纸，连续奋战十多天，当她完成任务，收拾完毕后，一头栽倒在房间，此时爱人才发现她高烧超过 40 摄氏度。后经住院治疗，两个多月才恢复健康。就在她出院不久，丈夫的病情更加恶化，1979 年 8 月，这位清华大学毕业的高才生抱憾离世。她为此痛苦、烦闷、沮丧。但她凭着执着追求事业的信念和意志，视事业如生命，以超人的毅力克制自己，一人承担起全部家务，先后把两个孩子送进大学深造。除超额完成每年的教学工作量和社会工作外，她还先后完成国家"六五"与"七五"攻关课题 3 项，机械电子部部属科研课题 4 项，自选科研课题 1 项；先后通过部级鉴定 6 项次，其中获国家科学技术奖三等奖 1 项，获部级二等奖 3 项，获部级三等奖 3 项，获专利权 3 项，获第二届全国发明展览会银质奖章 1 枚，获长沙市第一届发明展览一等奖 1 项；出版专著 1 本，发表论文 20 多篇。

她的科研成果在全国各地的生产实践中被广泛应用，获得了显著的社会效益和经济效益，累计增收节支十几亿元。

根据她在教学科研工作中的突出贡献，1985 年，她晋升为副教授，1988 年晋升为教授。1989 年，她先后被授予全国三八红旗手、湖南省优秀共产党员、全国环保先进个人、全国有突出贡献的中青年专家等荣誉称号。

从赵聚英教授家走出来，月亮已经升到高空，银辉洒满了校园，我们向山上山下望去：

啊——美丽的麓山，美丽的校园！

啊——满目生机！

明天，将是一个晴朗的早晨。我们将迎着灿烂的朝霞，沿着党的二十大开辟的广阔大道，开始我们自己的真正的人生！

（指导教师：袁明金　李京松）

卢瑞华：当年，第一艘常规动力潜艇的安全仪器是我做的

中山大学　詹淞愉

卢瑞华，曾任广东省省长，第十届全国人大常委会委员，第十届全国人大华侨委员会副主任委员，中共十四届候补中央委员，十五届中央委员。他1958年入读中山大学物理系光学专业，1963年考取中山大学光学专业研究生，是当年全校录取的十余名研究生之一。毕业后分配至佛山分析仪器厂。

将秘密埋入一片深蓝

"为了反对帝国主义的侵略，我们一定要建立强大的海军。"这是"八二八"工程第四次会议最高指示中的一句话。大国重器，关乎国脉国运，其重要性不言而喻。中华人民共和国成立后风起云涌，强邻环列，虎视鹰瞵，无数科学工作者响应国家召唤，隐姓埋名，献身祖国建设。卢瑞华便是其中之一。

1966年，卢瑞华研究生毕业。1968年，国家重新启动研究生大学生工作分配，卢瑞华服从安排来到佛山分析仪器厂。他从一名普通工人做起，但厂领导一直将他视为技术骨干。

1970年下半年，两位海军同志携国防科工委介绍信找到卢瑞华，对他进行了一系列严密的业务考核。

卢瑞华师从著名光学光谱学专家高兆兰教授。大师之风，山高水长，在高先生的耳濡目染下，他成绩优异。海军领导考核他的是一份俄文版的爱因斯坦时代著名的光学实验原理图——光的双缝衍射干涉图。卢瑞华用其专业知识对原理图进行了详细的解释，并说，这份图海军造潜艇用得上。

在征得厂领导同意后，海军方面派给卢瑞华一项重要的科研任务，并要求他绝对保密。

这项工作是为一艘绝密的、代号"33船"的潜艇制作一个配套仪器——

二氧化碳测定仪，它将用于测量潜艇内部空气中的二氧化碳含量。而这艘绝密潜艇，正是由周恩来总理亲自下令建造的我国第一艘常规动力潜艇。

跨越一切激流险滩

前路并不总是一帆风顺的。接下任务后卢瑞华从未退缩，他敢于啃硬骨头，敢于涉险滩。

卢瑞华所在工厂是加工金属器件的，虽精度很高，但尚无能力生产光学零部件。他计划在保密的前提下，先不标明零部件用途，画好图纸找其他工厂加工。提议得到了厂领导的大力支持："我们为国家服务，不讲价钱。"

卢瑞华当时还不是中共党员，由于政治上保密的要求，工厂为他配备了一位部队转业的党员同志做贴身助手，还配备了两位技术人员做业务助手。

卢瑞华和助手组成研制小组，在厂里一个保密车间开始研制工作。经过半年多的努力，终于画出了图纸，在本厂和外包加工厂完成零件加工，再将检查合格的各种器件进行总装。

接着，在厂里使用含低浓度二氧化碳的空气体进行实验值测量，从1%、2%，到4%、5%，得出一系列符合要求的数据。征得国防科工委同意后，他们专程带着设备去黄埔军港，深入潜艇各内舱测试潜艇内空气中二氧化碳含量。测试结果达到了海军方面的要求。研制小组不仅交出了合格产品，还精心设计了皮袋外包装，仪器装进去，背起来实用又好看。

原以为所做的一切都是为军队服务，为国家出力，是不计较报酬的，令人没想到的是，仅花费3 500元左右的两台仪器，海军方面竟汇款35 000元（研发人员未拿一分钱），并交代卢瑞华严格保密，产品代号和一切相关信息均不得外传。这个秘密一守就是五十年。

太阳从海平面升起，秘密从海平面下潜

海军举行了隆重的潜艇下水试航仪式。"33船"潜艇是绝密的，卢瑞华的助手冯泽权受邀参加了试航仪式。卢瑞华虽未能参加，但对能顺利完成国家交予的研制任务，为国家潜艇成功出航贡献一份力量深感欣慰。中国第一艘常规动力潜艇，就此启航。

成功研制测定仪后，国家潜艇基地派人来佛山，找卢瑞华为代号"09工

程"的核潜艇的自动化二氧化碳测定仪的生产提供资料。卢瑞华便将自己掌握的核心技术全盘托出。

卢瑞华因成功研制"二氧化碳测定仪"的突出表现，在党的培养下，光荣地成为一名共产党员。华南理工大学授予他高级工程师职称，中山大学授予他教授和博士生导师资格，他还获得欧洲管理学院证书。

凡此种种，都是对他以往出色成绩的肯定。但他从未向任何人包括家人透露过，也未在评职称时申报过。

来自遥远岁月的涟漪

在卢瑞华保守秘密的五十余年中，身边所有人都不知道他当年做过什么。在国家公开了海军潜艇资料后，他才说出这个秘密。中船黄埔文冲船舶有限公司得知情况后，核实了相关资料，为当年那段历史拼上了很多块拼图，为"八二八"工程增添了一抹传奇的色彩。

卢瑞华说，党的纪律要遵守，党的秘密要严守，这是入党时宣誓的内容，一定要做到。为党、为人民、为国家做事，必须遵守纪律。是的，他做到了。

卢瑞华表示，他特别感谢党对他的培养，感谢中山大学和高兆兰先生对他的培养。

后　记

五十余载严守秘密，不计功名，这是对党和国家的赤诚忠心！感谢卢瑞华老省长为国防军工事业所作的贡献！

2010 年，卢瑞华在时任省委书记的汪洋同志的支持下筹建了绿色智库——广东省澄宇生态伦理研究院，出版了《中国生态哲学》一书，退休后依旧不忘继续为国家贡献力量。

不畏艰险，迎难而上，一心报国。前人引路，后辈追随前行。卢瑞华先生的事迹将激励年轻人不断努力，为祖国建设添砖加瓦！

（指导教师：王　军）

谢德体：西南大学"最土教授"

西南大学　席淑宁　崔颖慧

出身农民，长在乡村，怀着对祖国和对人民的热爱，躬耕三十余年，常被人戏称为西南大学最"土"的教授。他就是我国著名土壤学科学家侯光炯院士的学生、重庆市教书育人楷模谢德体教授。

以土育己，攻坚克难

学非探其花，要自拔其根。跟随谢教授第一次外出，他走路速度很快，但看见特别的土壤，就慢下步伐俯下身，顾不上衣着整洁，捻起一捧，仔细研究，他的裤脚、衣袖、鞋子、手上，都是乡土和岁月的痕迹。我终于知道为什么他总被人戏称为最"土"教授。

在四川宜宾生产实验基地研究自然免耕技术的八年时间里，谢教授白天在田间实验，晚上测定数据，由于农村电压不稳，要等到深夜 12 点后才能开始工作，一做就是一个通宵。21 世纪初，为配合三峡工程建设，保护好库区生态环境，安置好库区移民，谢教授围绕三峡库区面源污染控制技术等领域进行了长期深入的研究，长期奔走在学校实验室和三峡库区腹心区县，反复踏勘、调查、试验、推广，呕心沥血，率领研究团队在涪陵珍溪镇和南沱镇建立了观察实验基地，坚持在基地蹲点观察，度过了无数个日日夜夜。苦心人，天不负，2012 年谢教授获得了"全国优秀科技工作者"的荣誉。

迄今，谢德体教授先后主持、参与国家重大专项课题等科研项目一百余项，在国内外科技期刊发表了四百余篇学术论文，正式出版自编教材、国家规划教材和学术专著十多部。

以土育人，精心教书

桃李不言，下自成蹊。白天卷起裤腿走进田地，他是疗愈土地的良医；夜晚俯首桌面潜心备课，他是哺育心灵的良师。"只有把教育的根深深扎进土地，才能培养出国家需要的人才"，这是他的执念。

点线面结合，学思行并重，他的课堂总是座无虚席，承担的"土壤肥料学"课程荣获国家级精品课程，领衔的土壤肥料学教师团队入选全国高校"黄大年式"教师团队，他荣获重庆市教书育人楷模称号。在教学过程中，谢教授常常将"绿水青山就是金山银山"等理论融入课程教学，培养学生家国情怀和"三农"情怀。

在外聚餐时，他总是强调按需点餐，绝不要铺张浪费。然而面对困难学生他却豪爽大方，2018 年快退休之时，他将荣获的 20 万元唐立新优秀学者奖金全部无偿捐赠给学校，以激励农学专业学子为兴农强国作贡献。

他要求学生不仅要学会做学问，更要学会做一个对社会有用的人。他鼓励大学生去基层就业，鼓励他带的研究生、博士生尊重农民、热爱农业、服务农业、扎根基层。比如他带的博士生刘吉、廖和平被授予"全国脱贫攻坚先进个人"荣誉称号。西南大学许多青年教师，都不同程度地得到过谢教授的帮助，他的人生目标就是"为了农业科技和教学事业的兴旺而奋斗不息"。

甘作沃土，服务社会

他连续多年担任全国人大代表，当人大代表的这些年，他"一分钟恨不得能掰成两半用"，多年来提交了不少有关农村发展以及生态环境发展的建议。

2019 年全国人代会上，谢教授提出了关于长江保护立法的建议。历经三次审议，《长江保护法》于 2020 年 12 月 26 日经十三届全国人大常委会第二十四次会议表决通过。谢教授一直密切关注立法进程，直至《长江保护法》施行，他才松了一口气。为了更好地保护长江及其支流，获取更多、更真的材料和数据，他虽年逾花甲，却不曾停歇，一如既往扎根长江流域，走访当地居民、调查库区生活、试验应用技术……

2020 年是实施乡村振兴战略的关键之年，他在调研中发现，脱贫攻坚在纵深稳步推进，攻坚难度递增。为建立起稳定脱贫不返贫的长效机制，他提出应该发展壮大农村集体经济，"建立产业扶贫，增强造血功能，改善贫困基因"，"还要建立医疗救助，稳定脱贫长效机制，消除贫困群众因病致贫返贫的根源"。

积土成山，大地之子

　　脚下有多少泥土，心中就有多大的责任。重庆只要能叫得上名字的山，他都跑了个遍，足迹遍布上千个乡镇。由于他长期深入贫困山区，不少农村基层干部和农民群众都认识他，他也时常会接到他们的技术求助电话，无论再忙，他都想方设法给予解答和提供帮助。"听民意，解民忧，只有走进田间地头，才能把群众心声听得更清。"

　　谢教授始终秉持着恩师侯光炯院士传承下来的科学家精神，始终坚持"大地之子"的传承，将荣誉视为欠人民的债，以土壤教育自己、比喻自己、激励自己，一直走在"还债"的路上。

　　土壤是有生命的，与土壤形成过程相比，一个人的生命周期就显得微不足道。回首过去，谢教授用自己的行动诉说着对"大地之子"的理解："一个人在短暂的生命周期内应想着多做点有意义的事情，而不要为名利所困扰。"展望未来，他将继续脚踩泥土、心怀大地，做农业生态发展的"顶梁柱""主心骨"。

　　作为西南大学农学专业的学生，作为传承"大地之子"基因的新农人，我们也注定会在谢教授的影响和熏陶下积极投身农业强国事业，为实现新时代农业农村现代化贡献智慧与力量，去描绘更加壮美的画卷！

（指导教师：张　甜　周海蓉）

肖旭：人生的价值在于被需要

四川大学　谢　熠　王俊锦

　　我们党历来重视志愿服务工作，党的二十大报告明确要求"完善志愿服务制度和工作体系"。在四川大学"五彩石"志愿团成立 15 周年之际，我们采访了这个社团的创始人肖旭教授。

　　出生于 1954 年的肖旭，17 岁时下乡做村办小学的代课教师。她常看见一群背着背篓的女孩子趴在教室外的窗户上听课。"你知道吗，她们的眼睛，就跟希望工程宣传画里的那个女孩一模一样，充满了对知识的渴望。"多年后肖旭回忆起那群孩子求知若渴的眼神，仍有无限的感慨。从教的几十年里，她开展了大学生心理健康教育、心理咨询工作，担任过四川大学心理中心主任、思政部副主任、政治学院副院长等职务。作为一名马克思主义学院教授，她无论在什么岗位上，都一直在思考如何帮助那些处于困境中的孩子，又如何将助危济困与立德树人、与社会需求相结合。她先后获得全国大学生心理健康教育突出贡献奖、宝钢优秀教师奖、中国心理卫生协会"抗震救灾先进个人"、四川省大学生思想政治教育优秀教师、四川大学优秀教学一等奖、"最受学生喜爱教师奖""十佳师德标兵"等荣誉，但最令她感到骄傲的，是创建了"五彩石"志愿团，它承载着她"仁者爱人"的理想，记录着她为积极响应时代号召、为全面建设小康社会所作出的努力。

人民至上，心系灾区孩子

　　2008 年汶川大地震之后，肖旭立即带领学生奔赴重灾区。看到灾区那些悲痛欲绝的孩子，肖旭响应党和国家抗震救灾的号召，积极参加灾后重建的工作，以"思想道德修养与法律基础"课程为依托，以叙事心理学为指导，成立四川大学"五彩石"志愿团，以大学生和中小学生结对的方式，通过作文批改、书信交流、联谊活动等多种途径帮助灾区 9 所学校的孩子克服心理问题，促进其创伤后成长，减轻创伤后应激障碍。2013 年雅安地震后，肖旭随灾后援助专家团到了雅安。连续的早出晚归和高强度的东奔西跑，让肖旭在每天工作结束的时候"腿都是硬的"，晚上他们也无法按时休息，因为团队要详细复盘当天的工作。肖旭觉得对每天的工作进行反思可以减压，能让她睡个好觉，第二天她就像充满了电一样，又可以精神抖擞地战斗一整天。肖旭带领"五彩石"最终在雅安灾区结对了 11 所学校、8 161 名学生。灾区孩子的心理创伤在活动中渐渐被抚平、被疗愈，志愿者也在实践中得到锻炼，在奉献中得以成长。

扶志扶智扶心，助力脱贫攻坚

在党中央、国务院对脱贫攻坚进行决策部署后，肖旭紧扣时代脉搏，将"五彩石"的主题转向"扶志扶智扶心"，帮助贫困地区、老少边穷地区的中小学生解决成长中的刚需问题，振奋其精神、树立其志向。在脱贫攻坚取得了全面胜利后，"五彩石"又将目光投到留守儿童和农民工子女身上，坚定他们勇于面对困难、战胜困难的信心信念，助力阻断贫困的代际传递，进一步巩固拓展脱贫攻坚成果，接续推动脱贫地区发展和乡村全面振兴。目前，"五彩石"的结对学校达到 49 所，累计志愿者达 17 262 人，结对学生 18 098 人，取得了良好的社会影响，先后获得"全国优秀志愿服务项目"一等奖、中国宋庆龄基金会"生命彩虹奖章"一等奖、"阿克苏诺贝尔中国大学生社会公益奖"金奖、中国青年志愿服务项目大赛金奖、四川省民政厅"四川省优秀志愿服务组织案例"和"四川省优秀志愿服务项目"一等奖等多个重要奖项，被中共中央宣传部、组织部等九部委授予"全国 100 个最佳志愿服务组织"称号，被教育部评定为全国高校思想政治工作精品项目。多家媒体如《中国青年报》、国际在线、新华社、中国新闻网等先后对"五彩石"进行了报道。

星火燎原，做践行和弘扬社会主义核心价值观的典范

肖旭对"五彩石"的活动经验进行了总结，相继发表和出版了《开放式叙事在积极心理改变中的应用研究》和《开放式叙事》等多篇论文和专著，并毫无保留地将"五彩石"的管理模式和运作模式介绍给多个地区和高校。

重庆大学学习了"五彩石"的运行模式之后，也开展了"五彩石"活

动，结对了 20 多所少数民族地区的中小学；攀枝花市模仿川大"五彩石"实施了"攀枝花五彩石"活动，发动大学生、"五老"志愿者等与中小学生结对，帮助孩子解决成长问题；北京大学参考"五彩石"模式，开展"鸿雁传心"活动，与四川一所中学的学生进行互动，帮助他们形成正确的三观……"五彩石"带动了越来越多的地区和高校博施济众，传递大爱。肖旭用实际行动弘扬了社会主义核心价值观，激励越来越多的力量投身志愿服务的洪流。

　　通过"五彩石"，肖旭教授践行了自己"人生的价值在于被需要"的座右铭，也潜移默化地引导大学生成为社会主义核心价值观的坚定信仰者、积极传播者、模范践行者，推动大学生家国情怀与社会需求的精准对接。"人生的价值在于被需要"既是她的初心，也是她对我们奋进新征程的重托和人生建议。在全面贯彻落实党的二十大精神、推进中华民族伟大复兴的征程中，当代青年应如肖旭教授那样，用心去感应时代脉搏，用耳朵倾听社会的呼声，用双肩挑起社会责任，惟其如此，我们的点滴努力才能最终汇聚成推进民族复兴伟大事业的磅礴力量。

（指导教师：徐靖焱）

王鸣：七十年甜蜜事业

西北农林科技大学　解竣清

"我是 1952 年来西北农学院求学的，没想到此后一直工作生活在这里……"年过九旬的王鸣教授，至今依然为他一生挚爱的"甜蜜事业"耕耘不息。

1933 年出生于山东青岛的王鸣，响应国家建设大西北的号召，以优异的成绩和第一志愿考入西北农学院园艺系。"为国家争光，为人民造福！"他将自己的根深深地扎进杨凌这片热土里，转眼便是七十载！

一步一弯腰，两拿三起身

1982 年，王鸣教授从美国进修回来，看到具有悠久栽培历史、种植面积和产量居世界首位的中国西瓜的市场上，到处充斥着"新红宝""金钟冠龙"等进口品种，心情瞬间十分沉重。

这些进口品种虽然丰产、品质好，但种子非常贵，仅仅 200 克就要一百多块钱，每年仅进口种子就要花费上千万美元。"一定要育出我们自己的品种！"王鸣暗下决心，"让农民种下属于我们自己的种子！"

西瓜的种植不像玉米和水稻，泥土太湿了不行，太干了也不行。除了湿度外，田间的温度也对西瓜的生长起着重要作用，在那个没有大棚、没有温室的年代，种苗全靠人工控制温度，特别是早春时期，温度变化明显，稍有不慎瓜苗就会被冻死。

春寒料峭，王鸣在自己挖的苗床里播种；烈日当头，他在田间记录数据……没有大棚，王鸣和助手们自己建，在每一寸西瓜生长的土地上覆以最简单的玻璃框与草帘子，这便是简易大棚了。太阳出来时，需要将草帘子揭开，让瓜苗吸收阳光；等太阳落山了，再一个个把草帘子盖上。

一步一弯腰，两拿三起身……王鸣在每一株瓜苗前重复着这些专业动作。徘徊在泥土上，流连于田埂间，地里留下的每一个脚印，挥洒的每一滴汗水，都让王鸣苦在身上，甜在心里。

回忆起当年育种的场景，王鸣教授历历在目："我们当时叫'冷床育苗'。在地里挖一个苗床，早晨播种，当时天气还很冷，我们几个人提着锄头就出门了，播种时大家爬到苗床上的木板上，用镊子把催芽的种子一粒一粒地播下，然后再覆盖上营养土……"

十年磨一剑，大地写丰碑

王鸣深知，要育成高水平的品种，首先必须在种质材料和育种方法上取得创新和突破，而创新尤为重要。但经费紧、人员少、难度大、任务重，面对这种境况，他把全部的时间和精力都投入科研工作中。

在收集引进国外西瓜种质资源的基础上，王鸣经过研究、鉴定、改造，综合采用杂交育种、自交分离等现代育种方法，并结合人工接种病原菌进行连续多代的筛选和大量杂交试验。

实验室、田间地头，记录下了王鸣忙碌的身影；不断生长的瓜苗、结实的西瓜，见证着他奋斗的足迹。

经过漫长的十年，终于迎来丰收的喜悦。

1993年，一个综合性显著超过"金钟冠龙"等进口品种的西瓜一代杂交新品种——"西农8号"诞生了。从干旱的西北到寒冷的东北，从高温潮湿的东南、西南至热带亚热带的海南岛，"西农8号"均表现出优良性状。

王鸣教授用自己的心血浇灌出的甜蜜事业，迅速在全国大面积推广，打破了长期依赖进口外国西瓜品种的局面，解决了困扰农民的轮作倒茬难题，节省了外汇，减少了成本，又保护了环境。

目前，该品种是我国累计推广面积最大的西瓜品种之一，创造经济效益100亿元以上。"西农8号"先后荣获我国及世界知识产权组织联合颁发的中国专利发明创造金奖和国家科技进步二等奖，2006年王鸣教授荣获"何梁何利基金科学与技术创新奖"。

西农好园丁，慈善正能量

王鸣教授常说，后稷教民稼穑，拉开了中华农耕文明的大幕，他有幸来到这农业发祥地攻读农业、园艺科学，承蒙多位名师指点教诲，才让自己成为一名合格的"园丁",而他也应该把这种精神和事业很好地传承下去。

他是这样说的,也是这样做的。

数十年来,王鸣教授为园艺事业辛勤耕耘,立德树人,培养了一代又一代青年学子,将自己一生积累的知识和经验毫无保留地传授给学生,培养的49名硕博士研究生大多数已成为我国园艺界教学、科研及产业工作骨干。

"国家赋予了我很多,我应该力所能及地回馈社会。"从1994年开始,王鸣教授就和老伴省吃俭用,捐资助学。他将各类奖金全部捐给陕北的希望小学,而自己的吃穿用度却都是最俭朴的。直到现在,他家里的沙发和电视以及衣柜还是20世纪80年代的。

片片爱心,缕缕深情;坚持慈善,执着奉献。30年来,王鸣教授先后捐资30多万元,资助贫困学生300余人。由于他在扶贫助学、慈善公益事业和关爱青少年学生方面贡献突出,他先后荣获"中华爱国之星""中国好人""陕西省慈善先进个人""陕西好人"等荣誉称号。

印度诗人泰戈尔说:"果实的事业是尊贵的,花的事业是甜美的,但是让我们做叶的事业吧,叶总是谦逊地专心地垂着绿荫的。"向下扎根,向上结果,鲜艳的果实光彩夺目,而根在土壤中默默无闻,王鸣教授犹如叶的事业,低垂着绿荫,孕育着甜蜜的果实。

(指导教师:张 晴)

刘健新：御风架长虹，交通报家国

长安大学　宁菁雨　刘艳鑫

从晨光熹微到红日高照，他博学笃志，不忘初心，将青春融入时代大潮；从播种希望到华盖参天，他心系家国，奉献半生，为桥梁建设躬身笃行；从开源人到引路人，他广育桃李，薪火相传，凝聚起交通强国的磅礴力量。他，就是我国公路桥梁抗风抗震领域的教育家、科学家，长安大学公路桥梁抗风学科的奠基人——刘健新教授。

结缘桥梁

1942 年 9 月，刘健新出生在山西清徐县。彼时，抗战已进入最艰难的时期，目睹了"落后就要挨打"的少年，立志为中华之崛起而读书。

1960 年，刘健新以优异成绩考上大学。在校期间，他勤奋学习，各科成绩一直名列前茅。"把命运牢牢掌握在自己手中，才能给自己创造机会。"这是青年刘健新勉励自己的人生信条，也是他日后在教学、科研等方面的现实写照。

1990 年前后，国家基础设施建设步入黄金时期，路桥建设亦迅猛发展。同期，交通部选派人员赴日访学。机会总是眷顾有准备的人，经过层层遴选，刘健新先后两次获得公派研修资格。在东京大学，他师从时任国际桥梁与结构学会主席的伊藤学教授学习大跨度桥梁抗风技术。

初到日本，语言不通成为他最大的障碍，刘健新有时也会彷徨，可每当想起访学的初心、国家的希冀，他又很快振作起来。为了学好日语，刘健新开始下"笨功夫"，从住所到学校距离远，他就在路上边骑自行车边背单词，日日不倦。专业知识难度大，他就坚持早起，每天最早到达实验室。就像一块放入水中的海绵，刘健新如饥似渴地汲取一切有关桥梁抗风的知识。

访学的所见所闻让他深感国内的桥梁技术与世界先进水平还存在很大的差距。望着东京的彩虹大桥，刘健新在心底默默许下誓言："日本能修的，中国也一定行！"

给桥梁系上"安全带"

科学无国界，科学家有祖国。学成归来后，刘健新一直致力于大跨度桥梁抗风抗震的稳定性研究。参与研究的课题"公路桥梁减震装置及设计方法"被纳入新版《公路桥梁抗震设计规范》；参与开发的"斜拉桥拉索减振阻尼器"打破国外技术垄断，广泛应用于国内大跨度桥梁建设并授权实用新型专利……他的诸多成果不仅在技术上实现了新跨越，更实际应用于各类工程实践中，江河湖海之上、崇山峻岭之间，一座座大跨度桥梁见证着交通事业追赶超越的奇迹。

来到 21 世纪，在港珠澳大桥建设中，由刘健新、李加武团队承担的江海直达船航道桥的结构抗风性能试验专题研究为大国重器提供了强大的技术支撑。

2020 年 5 月 5 日，连接珠江两岸的虎门大桥接连出现异常抖动，引发社会广泛关注。相关部门及时进行交通管制，派养护人员对桥体进行检查并组织专家进行研判。作为"诊疗"专家组成员的刘健新及其团队成员和来自同济大学、西南交通大学风洞实验室的同行们一道对"患者"进行"会诊"，大家很快找准了"病症"，开出的"处方"迅速见效，5 月 15 日，虎门大桥恢复了往日的车水马龙。

"缺少抗风设计的大桥就好比晃动的巨型秋千。"谈起筹建西北地区首个大气边界层风洞实验室的初衷，首任"洞主"刘健新的眼中光芒闪烁，"长安大学风洞实验室自 2004 年 7 月建成投入使用至今，现已为包括杭州湾大桥、虎门二桥、港珠澳大桥以及深中通道在内的数百座桥梁和建筑物进行过模拟抗风实验，它为国家的桥梁抗风性能研究作出了突出贡献。"

滋兰树蕙

对科研工作一丝不苟、追求极致，这是科学家的本色，也是大先生的境界，这份专注描绘出个人科研历程的底色，也检验着刘健新交通报国的决心和成色。

在"长大桥及景观"等专业课教学中，刘健新注重锻炼学生开拓思维的能力。深研细究、孜孜以求，这是他的为学之道，也是育人之道。谈起学生，刘健新语气中满是自豪与骄傲："我的学生李加武现在是长安大学公路学院桥梁工程系主任，是一名非常优秀的科研工作者，他捧回来的优秀博士生导师奖杯，算是给我集齐国家级奖项咯。"言为十则、行为世范，刘健新为祖国的路桥建设育满园桃李，很多人日后都成为我国路桥领域的骨干和中流砥柱。

两次留学的经历，让刘健新敏锐地意识到：我国要从桥梁大国向桥梁强国迈进，一定要精准请进来，主动走出去。他曾多次邀请国际顶尖的专家学者来国内举办讲座交流，并十余次率团赴外研修，积极学习当今国际最新的先进技术，为我国大跨度桥梁建设尽心尽力尽职。

"为后来人铺路，多为国家的路桥建设做贡献。"除了担任《桥梁》杂志编委会成员，如今，退而不休的刘健新还致力于著书立说，现已编（译）著了7本专业书籍，专业细致的阐释和精准的翻译赢得了业内的一致好评。笔耕不辍，所思所想，皆以文字浓缩，第8本书目前仍在进行中。

回首一路走来取得的成绩，刘健新称"我只是一个小小的参与者"。并不止于此，回望半生，只见一条与祖国同向共行的轨迹，循国家发展应势而来，为路桥建设尽己所能。这种精神不仅仅属于刘健新，还属于在他之后的每一位长大人。刘健新用实干书写交通报国的宏伟诗篇，在时代洪流中演绎精彩人生。

有幸与大先生对话，不知不觉间获如沐春风之感、醍醐灌顶之益。新时代的青年，欣逢盛世的更当不负盛世，当以大先生的精神品质为典范，担当时代使命，启程光明灼烁的远征。愿你我接续光热，铭记而笃行之！

（指导教师：李　可）

周华盛：中国梦连着科技梦，科技梦助推中国梦

北京服装学院　李碧滢

周华盛，1943 年生，1970 年加入中国共产党。1968 年至 1996 年，他在航天部第四研究院第四十一研究所工作，任第一研究室副主任兼党支部书记及多个发动机的主任设计师。曾获国家科学大会奖、国家和部级科学进步奖，荣立航天一等功并获通令嘉奖，研制的发动机获国家优质产品奖。1992 年起享受国务院政府特殊津贴，1995 年被评为研究员。1996 年年底至退休在北京服装学院任计算机教学中心主任。

爱国——胸怀祖国，服务人民

周老师出生在农村，由于父亲早逝，家境困难，初高中都是在国家的资助下才得以完成学业，成绩突出的周华盛考入西北工业大学学习火箭发动机专业。他始终心怀感恩之心，希望自己好好学习，将来报效国家，报答家乡的亲人。周老师靠助学金和勤工俭学完成学业，于 1970 年光荣地加入了中国共产党。要问他为什么入党，他的回答是："报恩，永远跟党走！"从入党宣誓的那天开始，他就时刻提醒自己，要为党和国家尽力工作、奋斗终生。

奉献——不忘初心，苦心钻研

毕业后，周老师被分配到航天部第四研究院第四十一研究所从事发动机研究和设计工作。他参加的第一项工作是我国军事侦察卫星回收变轨发动机的研制。那时，虽然生活和研究条件非常艰苦，但周老师总有一股使不完的劲，要为党和国家争气。他经历了成功、失败、再成功的艰难研制过程。通过他坚持不懈的努力，发动机性能和可靠性均满足设计要求。1973 年冬，周老师第一次赴酒泉基地参加卫星发射合练工作，按照周总理"严肃认真、周到细致、稳妥可靠、万无一失"的指示，进行现场技术协调并解决多项技术问题。

创新——勇攀高峰，敢为人先

1974 年年末，周老师参加卫星正式发射技术保驾工作，为给周总理汇报，需要展示一张两米的卫星彩色立体剖视图。通过政审请的专业画家不懂机械，很难完成。试验队和基地领导了解到周老师在大学当过学生美工队队长，学过宣传画、油画，又是学工科的，并且看他画的发动机图纸干净漂亮，就让他担此重任。周老师在搞结构的同志的协助下圆满完成了这项任务，周总理听取汇报后非常满意。当时周总理身体已经很虚弱，还如此关心航天事业，这让周华盛老师心中非常感动。

协同——集智攻关，团结协作

1975 年年底，周老师又一次奔赴酒泉基地。当橘红色的火焰伴随巨大的轰鸣声托起运载火箭缓缓升起的时候，所有人都屏住了呼吸；当听到一级分离、二级关机、星箭分离卫星入轨时，全体人员欢呼拥抱。周老师说卫星运行一天后，在屏幕上看到发动机点火、压力推力正常，他悬着的心才平静下来。当从回收场传来回收仓准确落地的消息时，所有人都流下了幸福的眼泪，多年的辛苦终于有了令人满意的回报。11 月 26 日，中国成功发射一颗返回式遥感人造地球卫星，并按计划顺利回收，成为继美国、苏联之后第三个掌握卫星回收技术的国家。

育人——甘为人梯，奖掖后学

此后周老师又主持卫星回收、通信卫星变轨等研制工作，任主任设计师，负责处理设计、加工、试验、协调和基地技术保驾等，还要兼顾研究室和支部书记的工作。虽然压力很大，但周老师说他还是感到非常充实，使命如此。研制成果于 1978 年荣获全国科学大会奖、国家科技进步特等奖、国家科技进步一等奖等；产品获国家产品优质奖。他荣获航天一等功、航天部通令嘉奖；1992 年起他享受国务院政府特殊津贴。"干惊天动地事，做隐姓埋名人。"周老师总结说他自己不善言谈，信奉实干。他退休后在社区组织书画联谊会活动，其作品无偿捐赠给学校、银行、养老机构和贫困山区。他还参加育新老教授志愿讲师团，举办"嫦娥登月"和"神舟飞船"科普知识讲座，发挥余热回报社会。

不忘初心，踔厉奋发

周老师曾说："我入党五十余年，实现了从报恩到自觉为党和国家奋斗的思想深化，勤奋工作，从不向党、国家和单位提任何要求，我基本做到了无愧于自己的良心和入党的初心。我为自己作为一名中国共产党党员而感到无比骄傲。"

党中央站在党和国家事业发展薪火相传的战略高度，关心青少年的成长进步，为新时代做好青少年工作指明方向，坚持用党的思想教育人，用党的理想信念凝聚人，用社会主义核心价值观培育人，用中华民族伟大复兴历史使命激励人，这样才能培养造就大批堪当时代重任的建设者和接班人。习近平总书记号召我们要弘扬"五老"精神，发挥"五老"作用，尊重"五老"、爱护"五老"、学习"五老"，推动关心下一代事业发展。"五老"精神概括提炼为：忠诚敬业、关爱后代、务实创新、无私奉献。这四句话在周华盛老师身上体现得淋漓尽致，虽然只有四句话，但内涵丰富，寓意深刻。"建成社会主义现代化强国，实现中华民族伟大复兴，是一场接力跑，我们要一棒接着一棒跑下去，每一代人都要为下一代人跑出一个好成绩。"

当前，中国特色社会主义进入了新时代，民族复兴迎来无比光明的前景。与此同时，我们也面临着十分复杂的国际国内形势，各种风险和挑战异常严峻，攻坚克难的压力前所未有。因此，我们必须弘扬"五老"精神，勇于挑起重担，积极主动作为，始终保持永不懈怠的精神状态和一往无前的奋斗姿态，敢于担负起时代赋予我们的责任，勇于发现、面对和解决现实矛盾，在实现中华民族伟大复兴的历史征程中不断创造新的业绩。

（指导教师：胡晨娜 葛丽玲）

王义遒：国之所需，我之所愿

北京大学　刘诗琦　詹天乐　马一凡

"日月盈昃，辰宿列张。寒来暑往，秋收冬藏。"时间，是如此神秘又令人着迷，从古至今，人类一直没有放弃过对时间计量的探索。原子钟作为世界上已知最准确的时间测量装置，在科技发展、国民经济和国防建设中发挥着举足轻重的作用。我国波谱学和时间频标领域知名专家、著名物理学家、北大原常务副校长王义遒教授就是我国早期原子钟研制的主持者之一。他怀着"国之所需，我之所愿"的初心，勇攀科研高峰，服务国防建设，钻研教育管理，赤诚培育新人。2023年，这位年逾九十、有着70年党龄的老科学家荣获"2023年全国最美教师"荣誉称号。

接受红色启蒙，走上进步道路

1932年，王义遒出生在浙江省慈溪市黄山村，小学就读于黄山的崇本学校。学校十分开明，组织同学们唱抗日歌曲，演活报剧。在中学时期，王义遒就已经十分关心国家前途命运，阅读了许多进步书籍，初步接触了马克思主义基本理论，接受了红色启蒙。在偷偷学习了毛泽东的《新民主主义论》《论联合政府》等文章之后，他确信中国一定要走共产党领导的革命之路，建立一个"独立、自由、民主、统一和富强的新国家"。为此，他还办进步壁报，撰写文章，拥护和欢迎解放。

矢志报国，服务国防建设

1951年，王义遒参加高考，考入清华大学物理系，在那里，他正式加入中国共产党，是年级里第一个入党的。1952年院系调整，王义遒转到北大读书。他是清华物理系一年级团支部书记，到了北大以后担任三校合并的团委的宣传部副部长。1957年他还代表北大团员参加了中国新民主主义青年团第三次全国代表大会。

此后，一方面王义遒积极承担党团工作，另一方面他也踊跃探索科学真理。1957 年 11 月他被派去苏联留学。1961 年，王义遒从苏联回到北大的无线电电子学系。经过了解，他意识到，在精确打击时代，原子钟的作用甚至不亚于原子弹，要维护国家安全与政治独立，实现科技的自立自强，必须发展自己的原子钟。于是，他义无反顾地选择将原子钟作为自己的终身事业。到 1965 年，他成功主持研制了我国第一台原子钟——光抽运铯汽泡原子频标。1976 年，他成功主持研制我国第一批批量生产的"光抽运铷原子钟"，这项高科技成果在我国几项国防科研试验中发挥了重要作用。

除了科研，他也逐渐走上管理岗位。1985 年 2 月，王义遒担任北大自然科学处处长，1986 年又担任北大教务长，此后又历任北大副校长、常务副校长。十多年的高校教育管理中，王义遒既亲身参与并推动了北京大学乃至中国高等教育改革，也用做科研的态度精心研究教育管理，做出了突出成绩。

小我融入大我，共赴新征程

党的二十大报告强调：加快实现高水平科技自立自强。以国家战略需求为导向，集聚力量进行原创性引领性科技攻关，坚决打赢关键核心技术攻坚战。从基础理论研究，走上为国防服务的原子钟研究，王义遒始终认为，基础研究与应用研究相辅相成，基础引领应用，基础是应用的先导、源泉与后盾；而应用促进基础，应用为基础出题，做基础的推进与支撑。他的研究，为我国国防、航天、通信、计量等事业作出重要贡献。

在教育管理中，王义遒也认为一流大学之所以成为一流大学，就在于其在使国家成为一流强国的过程中发挥应有作用。大学也要承担为人民谋幸福、为民族谋复兴、为世界谋大同的重任。"为国求学，努力自爱"是北大前身京师大学堂总监督张亨嘉在就任时候的训词，王义遒对此非常欣赏，他认为"为国"是学生"求学"的一个基本要求，这个传统应该传承下去，发扬光大。

年少之时，王义遒坚定了为党和人民、为新中国建设奉献一生的信仰；在科研探索中，他以"国之所需，我之所愿"为导向，为国家的需要转换研究方向，为国防事业贡献力量；在管理岗位上，他用科研的精神钻研高校管理，推动北大教育改革、科技创新。

　　在第三十九个教师节到来之时，中共中央宣传部、教育部向全社会公开发布了 2023 年"最美教师"先进事迹，王义遒荣获全国"最美教师"称号。回顾王义遒 91 载人生历程，如同大河，波澜壮阔，让我们深刻感受到老一辈科技工作者的家国情怀：他们带着深深的爱国情、报国志，始终将自身专业与时代需要深度结合，将个人奋斗与历史进程深度融合，把自己的小我融入祖国的大我、人民的大我之中，与时代同步伐，与人民共命运，共赴新征程。

（指导教师：陈　凯）

王铁牛：笔墨映时代，绘画践理想

清华大学　熊丽琦　靳梦菲

回顾百年，中国油画西学东渐的发展历程中有这样一位励志前行、笃行不怠的老师，他几十年如一日，在为师为学的道路上矢志不渝，不断进取，用自己的坚持将绘画与历史、与时代、与理想、与人生融合成一首描绘祖国蓬勃发展的交响乐。

奋斗、平实和勤奋是他的座右铭。他就是清华大学美术学院教授、中国美术家协会国家重大题材美术创作艺术委员会委员、俄罗斯艺术科学院荣誉院士、俄罗斯列宾美术学院荣誉教授、全国"最美志愿者"荣誉称号获得者王铁牛老师。

青春追梦，名师之承

王铁牛出生于艺术世家，幼时受浓烈的家庭艺术氛围影响和熏陶，对绘画产生了浓厚的兴趣。1977 年，入伍后的王铁牛老师依然对绘画痴迷。通过不懈地努力，他考入了中国人民解放军艺术学院（现中国人民解放军国防大学军事文化学院），从部队踏上了绘画艺术的征程。1995 年，王铁牛老师前往俄罗斯列宾美术学院深造，师从俄罗斯艺术大师梅尔尼科夫，系统学习和掌握西方现代现实主义绘画的创作技法和表达方式，开启了以历史题材为重点的大型油画创作的艺术之路。

历史命题，画映时代

十二年的军旅生涯和留学经历，打开了王铁牛老师艺术创作的独特视角，赋予了他历史题材创作的思路。

三十余年来，他陆续完成了各类历史题材的主题创作 40 余幅，代表作有《马克思在海牙国际工人代表大会上》《大庆石油会战》《上甘岭战役》等，这些画作分别被收藏于各地的博物馆和纪念馆中。

以宏大场面为背景的主题创作，其实是一种难度极高的绘画创作类型，需要创作者凝聚充沛的精力、挖掘丰富的资料、具备坚实的绘画技能。譬如在《上甘岭战役》的创作中，作为一名曾经的军人，王老师在伟大的上甘岭精神感召下，持之以恒地创作思考，在上百幅小稿中反复推敲如何表现这场战争的震撼性。

在具体的画面场景设计上，他考虑到上甘岭战役是以阵地争夺与坑道战为主要特征的，于是构思了以志愿军战士们前仆后继、坚守阵地情节为核心的画面焦点，通过纵横交错的壕沟、沿山坡蜿蜒的多层次布局和光影明暗的对比，调动烟与火的渲染，使画面虚实藏露、视觉丰富，营造出宏大而惨烈的真实战争场面。

实际的战争是纷乱和焦灼的。战斗中的多点视角、场合的冲突与多样、不同类型的战术动作、宏大人群与硝烟弥漫的连天战火……还要将数不清的英雄事迹和感天动地的伟岸形象整合在同一个画面中，要做到合情合理实属不易。

在人物塑造上，王铁牛老师十分细致，亲自演示和体会战术动作，力求使画面中的战士形象真实且与军事动作相一致。一丝不苟的铁牛老师，以大量的时间，历经四百多个日夜对志愿军战士的衣着、装备和武器等都作了翔实的史料考证。画面中主要场景、场面和人物等，通过上千册的史料、历史文献和千余幅历史照片的考究与核对，通过艺术想象力的调动，最终在画布上呈现出七十多年前那场感天动地的抗美援朝战争的一个真实画面，为沉淀历史的记忆和培养爱国意志起到了巨大的激励作用。

志愿服务，回馈社会

疫情的三年，王铁牛老师积极参加"中国志愿者协会"组织承办的各种大型活动，免费为武汉抗疫英雄们画像，为凉山彝族群众画像，为湖北十堰劳模画像，为鄂州抗疫一线护士长画像等。铁牛老师不仅是位艺术家，更是一位文艺志愿工作者。他积极投身"送欢乐下基层"公益活动，走遍了祖国大江南北，足迹遍布边关哨卡、草原牧区和沙漠高原，志愿为劳模和英雄们画肖像，为基层美术骨干进行培训。

他珍惜每一次文艺志愿服务中与群众在一起交流的机会，以坚实的行动和身体力行地投入服务人民、服务社会，以讴歌时代的真善美为艺术创作主线，坚持艺术服务时代的主旋律。《彭大将军》绘景、《清川江畔围歼战》全景画、《石油工人和铁人王进喜》等大型油画作品，都深切地体现和凝聚着他热爱祖国、热爱人民和报效祖国的价值观和人生观。

坚守初心，家国情怀

很多人说王铁牛老师有"名门之后""名师之徒"和"名校之师"的"三名"身份，这给他提供了很好的平台和极大的支撑。但只要我们深入了解王老师，就会发现，他是一位真实且诚恳的良师益友。

其实，王老师的成长历程并不一帆风顺。从今天的视角来回顾王老师有如此骄人的成就，首先离不开他作为军人和立志报国的初心，并随着岁月蹉跎凝结成一种特殊的坚毅品格；其次，离不开他与新中国共成长的经历和为人民服务的人生观和价值观。

作为一名绘画工作者，他在继承现代写实主义衣钵、发扬油画传统和以写生为基础的训练方法等方面进行了大量实践和扎实功课。

作为艺术教育工作者，王老师以其宽广的艺术视野和丰富的教学经验，为学生们提供了独特的创作指导和启发。他积极鼓励学生培养自己的兴趣爱好，并用艺术的逻辑传递真挚的情感和对世界的独特感受。他注重培养学生们的创造力和批判性思维，在艺术道路上不断推动他们成长和突破。

他数十年如一日地坚守与坚持，始终保持着对绘画的热忱与笃信、对生活的挚爱、对造化自然的崇仰和感恩，让尺幅有限的绘画，绽放出无限的艺术魅力和人文精神。

（指导教师：蒋红斌）

王润珩："热熔胶"的一生

河北工业大学　任文静

热熔胶在燃烧的那一刻化为液体，粘接衣服的两端，几载春秋，仍不移本色。而他——河北工业大学"热熔胶粘剂开拓者"王润珩教授，亦是如此。

燃烧自我甘奉献

党的二十大报告指出："加强企业主导的产学研深度融合，强化目标导向，提高科技成果转化和产业化水平。"作为产学研融合的践行者，王润珩教授对这段话倍感亲切，备受鼓舞。1978 年，王润珩正式进入中国的"热熔胶"研究领域。那一年，党的十一届三中全会做出把党的工作重心转移到经济建设上来的重大决策，这次会议也被认为是中国改革开放的重要里程碑。在这一背景下，天津作为老工业城市之一，其化工产业面临着快速增长的应用技术需求。就在这一年，王润珩接受天津市服装公司的委托，研发服装粘合衬用胶粘剂。

面对这个全新的应用课题，王润珩思索着胶粘剂的各项技术指标：均聚物耐热性能稳定，可溶、可熔性不佳；而通过共聚的方法，则可以有效控制和改善胶粘剂的性能。最初，团队研究的"共聚酯热熔胶"粘合衬，可耐水洗，但不耐干洗。而后，团队研究的"共聚酰胺热熔胶"粘合衬，可耐干洗，却不耐水洗。于是王润珩思索着，若把它们两个再共聚一次，是否可以制成既耐水洗、又耐干洗的"聚酯酰胺热熔胶"呢？通过实验，他获得了成功，发表了论文，申报了专利。但他并未就此止步，又进一步研发了"转移印花"技术，与天津市服装公司合作，生产服装衬布。在用粘合衬布制成服装后，服装公司和学校同时对产品进行了试穿，得到了不错的反响。

与此同时，他也把"共聚酯热熔胶"的技术无条件提供给校办化工厂，而后他又自办校外转让工厂，先后完成技术转让二十余次。在他看来，科研，特别是应用型科研，取得阶段性成果后，就应该尽快转化成产品，创造社会效益，并且在合同实施过程中，不断推进产品技术提升。在技术转让过程中，不能签订独家转让合同，这样才能使更多有需求的企业用"更少的转让费"拿到更先进的技术，为国家做更多的事。

热熔胶在火光中融化，他，在科研的事业中孜孜以求。

粘接知识记传承

党的二十大报告指出，教育是国之大计、党之大计，要坚持为党育人、为国育才。王润珩老师深情地说："要想给学生一瓢水，教师就应该有一缸水，特别是专业课老师，要边科研、边教学，深入了解本学科的前沿知识，才能更好地教书育人。"正如他所说的那样，在几十年的教学中，他认真备课，孜孜不倦，教书育人。

几十年的教学生涯中，王老师始终重视教学与实践相结合，让高年级学生结合专业课的学习，参与教师的科研，边学习、边实践，加深对专业知识的理解。教学与科研是相辅相成的，两者的结合更重要的目的是将科研成果产业化，走产、学、研相结合的道路。王润珩老师还积极支持高年级学生参与他的技术转让过程，如企业建厂、试车、投产等环节，这样培养的学生，参加工作后会很快适应，做出业绩。他培养的学生中有不少已经成为单位或企业的领导或技术骨干，他们在高年级就参加他的科研工作，留校工作和去国外深造都取得了可喜可贺的成绩。

勤学不辍，脚踏实地，精益求精，甘为人梯，王润珩老师不管是在教学岗位还是在教研岗位，都兢兢业业，甘于奉献，像春蚕那样吐尽心中的爱，像红烛那样燃放心中的情，以无私的奉献和缤纷的桃李赢得了大家的尊重和认可。

热熔胶粘接衣服的两面，他，连接知识的两端。

历尽风霜心不移

时空转换，工作更迭。王老出生在20世纪30年代，到不同的单位学习工作，从王过庄到阜阳县城，到泊镇高级师范学校，到河北师范大学，到中国科学院华北化学所，到苏联科学院（现俄罗斯科学院），最后到河北工业大学。王老在初中时期把山芋栽植技术引到王过庄，这是他辉煌的人生成就——产学研事业的先锋。他把热熔胶技术转让给企业，让企业得到应用技术的实惠，产生良好的经济效益，并亲自办企业，应用技术成果，进行实践。

正在我们采访王老师的时候，他的手机屏幕不断亮起，微信新消息不断闪现。我好奇的目光被他发现，他呵呵一笑，说道："别看我快九十了，手机可是我工作的好伙伴！"拿起手机，点开界面、聊天、刷朋友圈，王润珩玩得很溜。"我现在是天津盛旺化工的顾问，所以手机经常放在手边，就怕他们有问题了找不到我。""有什么疑难杂症找过来，我都能跟他们说说，这个活儿该怎么干，是哪里出了问题，怎样解决等。这些，我还是可以的。"作为中国热熔胶行业的奠基人，他有着绝对的自信，"能做事情，我就高兴！"

虽然离开了教学和科研的岗位，但是他的心始终系在他奋斗一生的事业上，就像那热熔胶一般，黏性不褪。

"五老"不负时代赋予的重托，躬耕于关心下一代事业，努力培养德智体美劳全面发展的中国特色社会主义建设者和接班人，在百年树人的大业中发光发热，勇毅前行。作为新时代青年，我们更应当在奋斗中实现自我价值，在拼搏中领悟人生的真谛。党的二十大提出的奋斗目标，终将在一代代青年的接续奋斗中变为现实。

（指导教师：李　惠）

张立文：正学开新道在和合，立德树人行以文传

中国人民大学　张文旭

1935 年，张立文在温州永嘉县永强三都普门村出生。因为家庭对教育的重视，张立文从小就刻苦学习，在小学、中学就读期间，还坚持去私塾读书，背诵了许多传统经典。因幼年时亲历日军在温州的烧杀抢掠，张立文深感中华民族苦难的深重。1950 年，15 岁的张立文以强烈的革命热情，到温州最落后、最艰苦的大山区泰顺县参加土改工作。1956 年，张立文考入中国人民大学历史系中国革命史专业。1960 年，张立文被分配到中国人民大学哲学系哲学史教研室，从事中国哲学史的教学与研究工作。由此，他为中国哲学而不断奋进的学术生涯得以正式展开。

易学理学立中哲，逻辑结构明真貌

为往圣继绝学，传承中华文明的精神根脉。实事求是地研究中国古代先哲的经典，力求展现其思想的本来面貌，是张立文初涉科研时就给自己提出的基本要求。进入教研室后，张立文被安排重点研究宋元明清哲学。他从《周易》入手，撰写《周易思想研究》，同时又抓住朱熹这一关键人物，撰著《朱熹思想研究》，依据朱熹哲学自身的范畴体系，探求朱熹思想的实际面貌。易学与朱熹哲学的研究成果，使张立文扬名学界。在张立文看来，研究中国哲学就是要对宇宙、社会、人生之道进行追问。为追根究底地思考中国哲学之道的所以然，张立文非常重视范畴的逻辑结构，强调对中国哲学思想自身逻辑体系的自觉言说。他梳理中国哲学范畴系统，究天人之道写就《中国哲学范畴发展史》，并通过《中国哲学逻辑结构论》明确揭示出中国哲学范畴相互交融、通贯的内在结构，不仅开启了新的研究方法，而且向世界表明：中国传统哲学思想具有自身内在的逻辑性、结构性和体系性。

与时偕行创新说，和合哲学终久大

日新之谓盛德，推动中国哲学的创新发展。从创建逻辑结构论，到提出传统学、新人学理论，再到耳顺之年完成《和合学概论》而成功建构出"和合学"思想理论体系，张立文一直走在创新之路上。和合学以时代为观照，关注人类在 21 世纪面临的冲突与危机，提出和生、和处、和立、和达、和爱的化解之道。从传统"和合"思想中转生出"和合学"，张立文用自己的努力，推动着中华优秀传统文化的创造性转化和创新性发展。提出"和合学"三十年来，张立文依旧对前沿问题运思不怠，他从"和合学"视角思考人类命运共同体、观照人工智能问题，写就《中国传统文化与人类命运共同体》《和合学与人工智能》等著作，不断开掘出"和合学"的时代价值和未来面向。在他看来，人类命运共同体理念内具融突和合的智慧，"尚和合"的思想理念在与人类命运共同体的交感联通中将更加富有生命力。张立文坚持守正创新，回应时代之问，体现了其作为哲学家的进取精神与深沉智慧。

立本究元讲自己，中国话语出神韵

致广大尽精微，建构中国哲学自主话语体系。2021 年，张立文出版新著《中国哲学元理》，用中国哲学自己的话语来讲述中国哲学自身的大本大元。张立文特意使用"元"字，希望挺立中国哲学的自尊与自信。讲好中国自己的哲学，为中国哲学在多元的世界哲学舞台争得应有地位，以国际视野、世界眼光弘扬中华优秀传统文化的精神价值，是张立文的根本目标。不论是哲学史的钻研，还是哲学理论的创构，张立文始终要做的就是将"哲学在中国"转变为"中国的哲学"。张立文时常感叹，以西方哲学思维的框架解构中国哲学思想，就如穿凿"浑沌"，只会使中国哲学失去生机。由此，张立文提出用"以中解中"代替"以西解中"，提出要度越"照着讲""接着讲""对着讲"的研究范式，实现中国哲学的"自己讲""讲自己"。"要走自己的道路，讲述中国哲学自己对于时代话题的把握，建立中国哲学自主的思想话语体系！"这掷地有声的话语饱含着对中华民族自身哲学的深沉热爱，体现着对中国哲学重建道路自信、话语自信的殷切期盼。可以说，坚持自信自立，立足中国实际，一直是张立文不变的思想底色。

桃李芬芳教泽长，生生不息在途中

转生命为智慧，实现"经师"和"人师"的统一。学术生命与生命学术的紧张与融突，构成了张立文学术生涯的风雨进程。从 1960 年留校，到 1984 年经国务院特批成为教授，到 2009 年受聘为中国人民大学首批一级教授，再到 2016 年获颁中国人民大学哲学院终身成就奖，张立文一直以读书做学问为志向，不忍浪费一点时间。"学、勤、博、疑、思、真、创、行"八字是他治学的要诀，"人生在于奋进，生命在于创造"是他人生的写照。作为享誉海内外的哲学大家，张立文不仅著述等身，更在六十余年的从教生涯中，以自身之德业启学生之未来，指导培养了硕博学生近百人。张立文深知育人的根本在于立德，所以他时常教导学生："德不行，学问再大也不行！"他还常常以自己的生命经历勉励学生，让学生不怕挫折，坚持真理，努力追求不朽的价值理想。可以说，张立文先生在为学、为事、为人上处处指引学生，是令人尊敬的"大先生"！如今年近九旬的张立文先生，仍然笔耕不辍，哲思深邃，正以深厚的乡梓情怀，探赜温州学派的哲学精神世界，走在生生不息的哲学道路上！

（指导教师：刘增光　杨海燕）

陈甬军：挥师南下兴苏州校区，迎难而上解中国问题

中国人民大学　刘子琪　赵振真　赵艺博　吴伟民

他与祖国同行，心系国家发展、把握时代脉搏，坚持把论文写在祖国大地上，研究中国问题，深耕市场经济理论与改革实践、产业经济与区域发展重大实际问题。

他与青年偕行，从学生的角度考虑，讲授知识原理生动有趣，围绕学生开展教学，讲学生感兴趣的话题，始终积极关心下一代的健康成长。

他，就是陈甬军。

求学治学·与中国式课题贴近

天下兴亡，匹夫有责，一代人有一代人的担当与使命。作为与改革开放共同成长的一代人，陈甬军很早就意识到，新的时代需要自己投身其中，去做出自己的努力。

1985 年，临近从厦门大学硕士毕业之时，陈甬军看到了著名船商包玉刚先生向邓小平同志建议开发宁波、国务院成立宁波开发协调小组办公室的消息。作为名字里带"甬"字的宁波人，陈甬军对于自己的家乡一直有着深厚的感情。抱着建设家乡、解决实事的热忱，他主动请缨，去宁波开发协调小组办公室工作。其间，他参与了 20 世纪 80 年代宁波开发开放的许多具体工作，特别是参与起草了向国务院领导反映宁波计划单列情况的信，最后促成计划单列市这一对宁波发展具有历史性意义的大事。

宁波开发协调小组办公室工作告一段落后，陈甬军到厦门大学继续攻读博士学位并留校任教。在研究方向的选择上，当时的学界推崇一种"发西方顶刊、英语论文利好晋升"的路径。心怀家国的陈甬军认识到，研究国际问题固然好，但从自己脚下这片土地出发，研究中国的问题，为国家和人民服务才更有价值和意义。从市场改革"三部曲"到城市化"三部曲"，再到

"一带一路""三部曲"，三十多年来陈甬军的研究都紧追着时代的步伐，紧贴着中国的大地，把论文写在了中国式现代化发展的大道上。他的研究为那一时期国家的跨越式发展提供了宝贵的智力支持。

办学建学·向国际化培养迈进

当然，中国式与国际化并不矛盾，陈甬军在治学过程中数次赴美留学访问，最终翻译完成的《反垄断与管制经济学》教材，成为中国反垄断人才培养的通用基础教程。在这个过程中他更加清醒地意识到，中国式现代化人才的培养离不开国际化视野。因此，在深耕学界，用国际视野研究中国问题之外，陈甬军在办学思路上也体现了这一思想。作为建设中国人民大学中法学院的元老之一，他在学院建成那天饱含深情地写下一首短诗："六年筹划三年建，人大挥师下江南；姑苏城外弦歌起，胜似钟声迎客船。"

中国人民大学国际学院坐落在江苏苏州，2009年作为南方人的陈甬军被学校委以重任。面对异地办校中的诸多问题，陈甬军积极寻求解决办法，与同事一起努力，最终扭转了异地办学困境。从提倡以人大下设二级学院的形式开展中法合作办学，到积极协调推进各个机构之间的配合；从到厦大聘任冯寿农教授为中法学院法语学科带头人，到寻求江苏省和苏州市各个部门的积极支持……陈甬军在中法学院的创立过程中，立足学生培养及学生毕业后的发展，又以人大发展为战略、为考量，兼顾未来。他当时曾提到："要在苏州办好人民满意的教育，争取做新时代的'芦荡火种'。"而现在，以高水平、有特色、国际性为目标的人大中法学院也确达预期目标，为中国外交和现代化建设事业输送了一批又一批的人才。

教学传学·向年轻人角度靠近

"实事求是"是中国人民大学的校训，这也是陈甬军老师教育教学的坚守与追求。多年来陈甬军的讲座一直是中国人民大学，特别是商学院的一道"风景线"。无论是59号大讲堂，还是商学院的学生党课，他每次都认真准备演讲内容，即使在外地也一定会事先排好时间赶回来和同学们面对面交流。讲授的内容也都是根据形势发展需要和同学们的兴趣而精心设计准备的。陈甬军提到，自己的父亲曾参加过长津湖战役，所以在2021年《长津湖》电影热映时，他就在人大推出了长津湖战役的讲座，他说在讲这场战役所体现的伟大的抗美援朝精神时，听讲的同学都两眼放光。

陈甬军一直强调，日常教学也好、思政教育也好，一定要和青年在一起，多了解他们的兴趣，不要走刻板、形式的老一套，这样才能深入人心，起到教育的效果。就大中小思政教育一体化的建设，陈甬军认为，其中的关键在于解决好"两张皮"的问题。大人有自己的认识程式、体系准则，学生也有年轻人的网络语言、个性兴趣。要做好新时代的思政教育，课程设计和教学活动就不能自说自话，一定要有学生视角，真正关心年轻人的思想成长，才能最终实现为党育人，为国育才。

回顾过去，陈甬军亲身经历、亲身参与了改革开放以来中国特色社会主义的建设过程。面向未来，针对党的二十大提出的"以中国式现代化全面推进中华民族伟大复兴事业"这一目标，陈甬军提到，总书记最近提出的"两个结合"论述十分重要。不论科研、人才培养，还是对青年的教育，包括党团的活动、关工委的工作，都要围绕这个重要指导思想展开。

（指导教师：许向东　杜　祥）

吴美华：与党史党建同行

中国人民大学　潘淑丽　于佳卉　强　硕　陈　卓

"我是当年与习近平同志乘坐同一趟知青专列去陕北延川县插队的北京知青。"站在党课的讲台上，吴美华老师满怀深情地回顾那段难忘的知青经历。

追忆知青岁月——结缘党史

1968 年年底，全国掀起上山下乡高潮，吴美华背着父母报了名。她插队的那个村子叫太相寺，毛泽东主席曾在这里主持召开中共中央政治局常委会会议和红一方面军团以上干部大会。初到太相寺，老乡就带着知青们参观毛主席住过的窑洞。此后，吴美华多次参观宝塔山、杨家岭、枣园，红色基因在她心里播下了党史的种子，让她与党史结下终生不解之缘。1971 年 3 月，吴美华被招工到县电信局当话务员。1974 年 10 月，她又被调到县委宣传部任理论干事，负责全县的理论学习和宣讲工作。1978 年参加高考时，她报考了中国人民大学中共党史系，在延川县简陋的窑洞教室中的一个小木头课桌上完成了高考答题。放榜时，宣传部副部长高举录取通知书在县委大院高声喊道："吴美华，人民大学！"

回顾学术研究——严谨治学

1991 年 9 月，吴美华从中共中央文献研究室调回中国人民大学党史系从事教学工作，不久兼任行政和党务工作。在"双肩挑"的重担下，她克服各种困难，坚持进行学术研究。

她的代表作《执政党建设论》是在抗击非典时完成的。她坦言，那段时间白天抗疫，晚上写书，基本上每晚都要到凌晨一点之后才能休息。《执政党建设论》从宏观视角研究党的执政规律、执政方式、执政能力建设，突破了狭义的对自身建设的理解，将党建研究提升到新高度，"对我而言，在党建的教学和研究方面也上了一个台阶"。

1995 年 9 月，吴美华考取本校的在职博士研究生。她的代表作《当代中国的多党合作制度》，就是在博士论文基础上完成的。该书对中国多党合作制度长期存在的依据和条件、内容和形式，多党合作与中国政治制度的关系等，从理论上作了回答，重点研究改革开放后多党合作制度如何焕发生机活力，如何面对新情况、解决新问题。

为收集相关资料，吴美华走访了多个民主党派。"每次采访，虽然收获不一定很大，但我也尽力去收集能收集到的所有材料。不敢说有多大突破，至少为理论框架奠定了一定的基础。"吴美华谦虚地说。实际上，该书在理论上的突破得到学界的认可，她也因此成为相关领域的咨询专家。

吴美华还提到，她最幸运的事是发现了李大钊的三篇佚文，即《各国的妇女参政运动》《关于图书馆的研究》《理想的家庭》，后被收入《李大钊文集》（续集）。

在学术研究方面，吴美华认为最重要的是治学精神，要热爱、坚守、"甘坐冷板凳"。对于想要从事党史党建研究的青年学者，吴美华希望他们具备很强的政治素质、理论素质和史学功底。

共谈党的二十大——开启新征程

谈及党的二十大，吴美华感慨道："它开启了第二个百年新征程，在我们整个共和国历史上、中华民族发展的历史上，都具有里程碑意义。"

首先，党实现了自身的革命性锻造。吴美华说，我们这些长在红旗下、亲历了改革开放的一代人，看到了我们党是怎样自己纠正错误、拨乱反正、自我净化，通过全面从严治党实现革命性锻造。党的二十大"两个永远在路上"的论断，宣示了我们党自我革命的决心和魄力。她特别提到，"党的十八大以来，党内法规制度建设取得重大突破，《中国共产党党内法规体系》我看了十几遍，在党内法规发展的历史、现在的突破以及未来的党内法规构建等方面，都写得特别好。一个党怎么才能永远立于不败之地？关键要靠依规治党"。

其次，社会的巨大变化。吴美华说，我们这些经历过物质极度贫乏年代的老同志，看到这些年来社会生产力的发展、人民生活水平的提高，感触是非常多的。

吴美华充满信心地说："党的二十大使我看到了我们党怎样以伟大的社会革命来开创新局，怎样以伟大的自我革命来强健体魄。我特别期待我们党更加坚强有力，社会主义制度更加完善，生产力水平更高，人民生活进一步改善。总的来讲，希望我们的党、国家和社会都越来越好。"

退休不褪使命——党课与期许

退休，对于吴美华而言只是换了一种相对自由的方式去工作和生活。她一直坚持为校内外学生讲党课，如"读懂党章""感悟入党初心""做新时代合格共产党员"等专题，受到学生的热烈欢迎，赢得了不少"粉丝"。谈及初衷，她说，作为一名有着47年党龄的老党员，其实是设身处地地想给学生一些帮助。"我在这个年龄段的时候，遇到困难时非常迷茫，往往是自己化解。现在的年轻人面对许多压力，如果能够回答一些学生的困惑，给他们一些点拨和指导，起到一点点的启发作用就好了。"但在讲课过程中，吴美华也意识到，当前的党史教育层次性不够，大学生需要的不再是知识点的简单背诵，而是更深层次的思考和辩证分析。

吴美华对当代青年满怀期望和赞许，在一次党课上，她寄语道："优雅面对压力，从容不迫，荣辱不惊，以平常心走过，走得稳，走得踏实。作为在市场经济条件下成长起来的一代，要学习那一辈知青人心中的纯净，做到别人经营而我不经营，别人急功近利而我脚踏实地。"她希望青年能做到"有信仰、有理想、肯奋斗、能吃苦，也敢担当"，"少一点个人的患得患失，多一点家国情怀"。

（指导教师：许向东　杜　祥）

李维炯：忍坚克难攻技术，满腔热忱献祖国

中国农业大学　魏　卓　刘佳奇

农业发展是国家发展的基础，微生物技术更是重中之重，这不仅关系到我国粮食的产量及品质，还与国人的健康息息相关。EM 技术是微生物技术的最新应用，这种复合微生物菌剂能促进植物生长、抑制病害、除臭除蝇、净化环境，在种植、养殖、环境保护等方面发挥着多种功能。作为将 EM 技术引入中国的第一人，李维炯为中国微生物技术的发展奉献了自己的一生。

气象之种，农业之花

李维炯的人生履历始终与国家的发展相关联。在他少年时期，全国气象预测准确性低，地里的庄稼经常"烂秧"，收成并不理想。通过书籍了解到气象学在农业中的应用后，他坚信研究气象学对我国农业发展意义重大，一颗气象之种便在李维炯心底埋下。1962 年高中毕业后，他毅然报考了北京农业大学农业物理气象系，虽然最终被调剂到生物物理系，但他依然埋头苦读，努力浇灌着属于国家的农业之花。

潜心深造，扎根曲周

1968 年毕业后，李维炯积极响应国家号召，怀着满腔爱国热情，将自己的五个志愿都填到了甘肃省。在甘肃省陇南市武都区工作了十余年后，他迎来了人生中一个重大选择——是重返校园深造还是在当地被提拔。回想起自己年少时期的志向和武都山区土地荒漠化问题的严重性，37 岁的他主动放弃了升职的机会，坚定了考研的想法。经过不断的努力，他成为当地唯一考到北京农业大学土壤专业的研究生，师从李连捷和辛德惠先生。

1983 年研究生毕业后，李维炯一边跟随辛德惠先生到曲周实验站实习，一边进行教学与科研工作。1987 年，李维炯担任曲周实验站副站长，在曲周进行长期农业实践，亲自定时定点到田间取样。在此期间，他成立了曲周

实验站管理委员会，将曲周实验站管理正规化，并将盐碱治理经验推广至 6 个县，针对 140 多万亩盐碱荒地进行了治理规划。驻扎在曲周的六年时光令他难忘，从科研能力的提升、综合管理能力的锻炼到个人能力的发展，这片质朴的土地给予了他太多宝贵的养分。李维炯始终记得恩师辛德惠院士的箴言："搞农业不能坐在家里，要到生产实践中去，要把论文写在祖国的大地上，写进农民的心坎里。"

远赴日本，攻坚克难

1992 年，李维炯受邀远赴日本学习。他发现日本的 EM 技术对的增产效果十分可观，认为该技术是中国农业发展中不可或缺的因素，便决心将 EM 技术引入中国。回国后，他在曲周实验站进行了长达十年的定位实验。最终，EM 技术应用成效显著，受到农业部的大力推广，在国内迎来了高潮。

然而，EM 技术的推广过程并不是一帆风顺的。实验初期，日本拒绝提供生产配方，造成技术上的"卡脖子"问题。随着实验的推广，巨大的舆论压力与资金紧缺问题使得李维炯一度陷入无法继续研究的窘迫境地。然而，李维炯始终坚守自己的信念，坚信自己搞的是科学，是必须经过不断研究、通过艰苦奋斗才能获取光辉成就的伟大事业。他决心在 EM 技术的研究上，兼收并蓄、深钻到底。没有配方，他就自己研究菌种组合；没有资金，他就奔赴全国各地宣讲，争取资金支持。历经无数坎坷曲折，李维炯最终成功研制出生物活性饲料添加剂，创造了益科乐活力菌并获批国家专利。

从此，中国有了属于自己的 EM 技术，而且比日本的菌种更为实用有效。李维炯所取得的成就奠定了中国农业微生物学的根基。他见证了中国 EM 技术的崛起，也见证了这个国家的伟大复兴之路，是当之无愧的"中国 EM 之父"。

殷殷嘱托，赓续前行

情怀筑梦，终身坚守一苇以航；科技强国，一生奉献无怨无悔。"我只是做了一个农业技术人员应该做的事情，并没有什么太大的贡献，只是尽力而已。"这种默默奉献的精神令人为之赞叹。在资源与环境学院而立之际，他对新一代的资环学子讲道："作为时代青年，应该服从党和国家的领导，努力学习、刻苦实践，学一行、爱一行、专一行，把论文写在祖国广袤的大地上，把汗水洒在祖国肥沃的田野中，学农、知农、爱农，将自己的一生奉献给祖国农业的发展。"

李维炯对农业的奉献、对国家的深情蕴藏在一次次反复进行的实验里、一滴滴下地实践的汗水里、一个个辛劳奔波的清晨里。他敢于实践的精神、吃苦耐劳的品质、爱家爱国的热忱无时无刻不在激励着我们。新一代的青年学子应牢记老一辈科学家艰苦卓绝的精神与爱国热情，在属于自己的道路上赓续前行。

（指导教师：于秋洁　池泳霖）

胡文仲：平淡中的华丽

北京外国语大学　乔诗韵

耄耋之年，不忘青年之志；远赴他乡，常怀报国之心。儒雅谦和、脚踏实地的胡文仲先生就这样从战火纷飞的年代中走来，走进北外校园，走上三尺讲台，走进千家万户的心里，也一直坚定地走在祖国建设的道路上。

翻开书页，缓缓推进，一个学生、一名教师、一位学者的人生故事也逐渐展开。胡老师的仪容举止，像旗帜一般立在眼前，树在新一代青年人应该看齐的方向。

赴澳研文学，谁堪伯仲间

胡老祖籍江苏，1935 年生于天津，虽然上学时年纪小，但凭借极强的上进心和勤奋劲儿，他的成绩始终名列前茅。受昕昕中学传统的影响，修德立诚的种子从小就播撒在他的心间，为国奉献的情怀更是贯穿了他的人生。报名参干后，他接受党组织的安排，进入北外学习。在校期间，他苦练基本功，提升自己的思想，热爱运动，多方面发展。1979 年，作为第一批公派留学生，胡教授与另外 8 人前往地球另一端的澳大利亚悉尼大学求学深造。出于对知识的渴求，以及想把握住这次走出国门的机会，在悉尼大学，胡教授一心想的就是尽可能地多读书，尽可能地多学点。他自己给自己增加任务，课程量大大超过了一般硕士生，甚至由于长时间工作，双眼充血，被医生勒令休息。回忆那难忘的两年学习时光，胡教授是这样评价这"九人帮"的："当时说实话，我们 9 个人就没有一个人想过学完之后留在澳大利亚，那时没这个想法，就想多学一点，回去以后开课，就是这么简单。"他们的冲劲也给悉尼大学的老师留下了深刻的印象，说中国的学生"实在是努力得不得了"。在悉尼大学学习的这两年，胡教授开始注重锻炼自己的思维能力和批判能力，作比较、作分析，想法慢慢深入。他强调，文科学生尤其要注意培养这种能力，"从教育说起来，要培养学生的思维能力，培养学生的独立思考能力，培养学生的判断能力"。在胡教授看来，最重要的是要有兴趣、有好奇心。求知就是从未知到已知，没有兴趣，又谈何求知？就这样，在澳大利亚文学研究这块当时尚未开垦过的土地上，胡教授夫妇和"九人帮"同志们摸索前进，他们的努力也并未白费，最终结出了丰美的硕果，在20世纪80年代，他们的成果填补了我国澳大利亚文学研究领域的空白。

改革春风吹满地，英语学习 follow me

20世纪80年代，改革开放，春风扑面。活跃在讲台上的胡教授同样也活跃在荧幕前，致力于将英语学习之风吹向全国，主持80年代风靡全国的BBC英语教学节目"Follow Me"（《跟我学》）。不管是不是学习英语，男女老少都爱看。1981年下半年这一节目开始在中央电视台录制，并由胡文仲教授和英国人 Kathy Flower 共同主持，节目于1982年年初与全国观众见面。"Follow Me"的空前成功是胡教授没有预料到的，就连 BBC 也没有料到。节目连续播了五六年，每天都有，周末还连播三集。当问及这档节目为什么能取得如此令人瞩目的成功时，胡教授引用了 Kathy Flower 当年在接受采访时的话："We happen to be at right place, at right time." 胡老将自己总结出来的教学经验融入节目中，采用交际教学法，乘着时代的东风，掀起英语学习的狂潮！

作为一个电视教学片，"Follow Me"产生的深远影响，让胡老也意想不到。节目播出几十年后，人们依旧记得《跟我学》，记得胡文仲。胡老的学生不仅限于北外校园里，而是遍布全国，他做到了真正意义上的"桃李满天下"。

"申奥"其修远兮，三年漫漫探索路

2005年7月，北京成功申奥四年之后，胡教授和他的团队也把国际语言学界三年一次的"奥林匹克"——世界应用语言学大会(AILA)请到了中国。2011年8月第十六届世界应用语言学大会将会在北外举行。这一路走来，背后的艰辛与辛酸，胡老提到时也是感慨万分。

2001年，我国英语常务理事会决定在加入国际应用语言学学会后立即申办第十五届世界应用语言学大会，但由于缺乏相关经验，中国只获得了13

票，没能取得最终举办权。对此，胡老先生表示不会轻易放弃，将一直申办，直到取得主办权。这股倔劲促使他沉下心，一样一样把细节做到位。会议议题、会议语言、交通工具、会议设施等都要精心策划，还要做好团结各国学者的工作。"其实在此之前我们已经请代表们看了会议设施的情况，所做的准备虽然无法和奥运会比，但是也要做代表的工作，要让他们信服，中国能够举办这样一个会议。"此刻的胡教授怀揣着一份对中国语言学界多年的承诺，一份对中国实力、地位和影响力的信心。当国际应用语言学学会主席苏珊·加斯大声说"Congratulations！"时，胡老才彻底松了一口气。有的委员说："你们的态度很开放，听了觉得很有说服力。"这是对胡老工作的真诚赞美与肯定。

看到会议圆满落幕，胡老倍感欣慰。那份拳拳的爱国之心，并没有随着他不再担任会长而消失。在会后接受"搜狐教育"的采访时，他说道："希望我们中国学者，能以这次会议为契机，开拓进取，在应用语言学领域创立'中国学派'。"胡老是这样说的，也是这样做的。为了把这一事业继续下去，他十分注意培养和提携后人。接过胡老位置的文秋芳教授曾深情地回忆胡老给予的帮助以及鼓励，正因为有他的保驾护航，她才能顺利地开展工作，不负重托。这一棒，传递得稳定有力。

细数流年，恍觉似弹指之间。紫竹湖边，你可能会遇到一位老者，呼吸着清新的空气，观湖面水禽游弋，赏湖畔风拂柳枝。他轻松惬意，姿态闲适，你也许不会知道，他看似普通平凡，内里却有着最坚韧的红色灵魂；他波澜不惊，是因为已见证过中华人民共和国成立以来外语教育的波澜壮阔。他从时光中走来，从书卷中走来，走向"人民需要的地方"。

（指导教师：王欣扬）

孙耀：追寻奋进力量，共同迈向新时代

锦州医科大学　马丰源

孙耀是锦州医科大学退休老教授，1991年度国务院政府特殊津贴获得者，也是国家发明奖三等奖的获得者。她的过去充满坎坷，但是面对生活工作中的艰难险阻，即便双目失明也仍然无所畏惧、迎难而上。她不忘周总理的教导，也不忘自己的初心，终在口腔医学事业大有作为。

通过此次参加"读懂中国"的访谈活动，我从孙耀老师的身上，学到了很多做人做事的道理，真正理解了锦医校训"厚德修身、精术济世"的深刻含义。我明白了自己作为一名口腔医学学子，不仅要学会治病救人，更要有家国情怀，将自己的梦想与国家的发展前途紧密相连。

扎根基层，坚定信念，播下华西种子

孙耀老师是四川大学华西学院的一名优秀学子。1953年临近毕业之际，学校曾提出让她留校，但是她想把华西的口腔医学技术传播到中国各地，便坚定地回复领导："我现在还年轻，应该为祖国发光发热，应该扎根基层，再历练几年，积累经验，厚积薄发。扎根基层更是一种使命与责任。"于是，孙耀老师放弃了华西提出的优厚条件，选择了一条不同寻常的路——扎根基层、建设东北，便有了如今她与锦州医科大学口腔医学院研究所的故事。

扎根基层的孙耀老师奉献了自己的时间、精力和才能。为了锦州医科大学附属口腔医院的发展、学校的发展和辽西地区人民的福祉，她选择在锦州这片热土上的附属口腔医院的基层一线默默耕耘。她的付出和贡献不仅仅体现在日常的临床工作上，更体现在无数个日夜灯下勤勉备课的默默付出上。工作期间，她一边在临床工作中救治患者，一边为学生上课，将自己的临床技能以及所学的知识传授给学生。

不畏苦困，心系家国，不忘科研事业

任何事情都不是一帆风顺的，就在孙耀老师工作干劲十足、科研有所建树时，一次意外夺走了孙耀老师的双眼，导致她双目失明。但她并没有因为这次意外埋怨他人，也没有让自己的人生陷入低谷，而是选择了另外一种方式——迎接苦难。

自从双目失明后，她便想尽一切办法搜集文献，有时候让别人读给她听，有时候靠收音机收听广播，一遍一遍，反反复复。科研是一项长期而烦琐的工作，需要投入大量的时间和精力，尽管遭受了如此严重的挫折，孙耀老师也没有放弃自己的科研事业，心甘情愿地将自己所有的时间与精力投入口腔事业中。功夫不负有心人，在一次又一次地努力下，孙耀老师所研究的"磁性树脂牙根管充填材料及技术"获国家发明奖三等奖。

谈及科研的初衷和动力，孙耀老师激动地回忆起 20 世纪 50 年代自己来东北参加工作，途经北京，在卫生部食堂见到周总理的情形。她说她永远无法忘却周总理当时的教诲与嘱托，让她与全国各地志同道合的科研工作者们打好坚实基础，勇于创新，积极进取，坚决把中国的口腔事业发扬光大。

获得国家发明奖三等奖的荣誉后，国家有关部门曾多次邀请孙耀老师前往北京参加各种学术会议，但是由于当时的身体状况欠佳，她便多次婉言拒绝。她怕给国家造成麻烦，认为应该将生命中更有限的时间投入口腔事业当中去。

孙耀老师一生的写照，不仅是锦州医科大学科研人的标杆，更是新时代高校教师的价值指南。她用行动告诉我们：只要有决心、有勇气，无论面对多大的困难，都能创造出一片属于自己的天地。作为锦州医科大学口腔医学院的莘莘学子，我们要学习孙耀老师"勇于创新，乐于奉献"的崇高品质，以孙耀老师为榜样，投身新时代的征程，将口腔医学事业发扬光大，为建设更美好的未来贡献自己的力量！

（指导教师：田 琼）

罗培林：军工精神砥砺前行，初心不忘自强报国

哈尔滨工程大学　李　霞

罗培林，这个名字对于哈尔滨工程大学来说有着非凡的意义。罗培林是哈尔滨军事工程学院（现哈尔滨工程大学）海军工程系的第一届毕业生，是全院首届毕业的 30 名"优等生"之一；1958 年毕业后到苏联留学深造，被授予副博士学位，是学校第一个获得副博士学位的人，也是在我国深潜领域进行奠基的重要人物之一。1989 年，他主持研制的"7103 深潜救生艇"获国家科技进步奖一等奖，是我国第一艘"深潜救生艇"。但是这些荣誉比起罗培林老师身上的品质，不值一提，今天让我们更加深入地了解这位普通却伟大的教师身上的故事。

艰苦岁月，初心不改

1949 年，中华人民共和国成立，罗培林参加了中国人民解放军。1953 年，他被调到哈尔滨军事工程学院海军工程系学习。他诚挚地说："没有党和人民，我哪有今天！"他深刻感受到，"党不但教我学会了本领，更重要的是使我明白了生活的意义。我要做一个名副其实的共产党员，把自己的全部生命贡献给党和人民"。他在以后的工作与生活中，始终在实践与坚守他所说的话，将自己的一生献给党和人民。

罗培林 1958 年毕业后到苏联留学深造，本可以在苏联继续进行研究工作的罗培林，因心怀祖国，毅然放弃苏联优厚的留校条件，回到国内。他怀着巨大的热情一头扎进了紧张的科研工作中，但可恶的疾病向他发起了猛烈的进攻。1977 年 9 月下旬的一天，罗培林突然感到腹部非常疼痛，原以为是肝炎所致，但一连吃了好几片镇痛药也未能止住。实在坚持不下去了，他的爱人刘希宋把他送到了学院的医院。经医生初步诊断，确定是胆囊炎，需要住院治疗。刘希宋就回家做了一暖壶大米粥和一小碟菜送来。没料到一吃下去，罗培林竟疼得更厉害了。院领导决定立即会诊，会诊的结果是"胃穿

孔"。刚吃下去的大米粥都漏到腹腔里去了，哪能不疼呢！经过一段时间的保守治疗，在医生的精心护理下，罗培林才逐渐转危为安。病刚刚好一些，他又开始了繁重的工作——参加我国第一艘深潜救生艇的研制，负责解决该艇球壳的强度和稳定性结构的设计问题。内行人都十分清楚，这是一块"硬骨头"。经过了无数个日日夜夜，翻阅了大量的中外资料，经过了成万上亿次的演算，走遍了祖国各地，参加了许多次重要的专业学术会议，罗培林终于打开了一条思路，找出了通向胜利的门径。就在他出席一个学术会议，发表了自己的第一批论文归来之后，胃穿孔又一次拖了他的后腿。罗培林冒着危险，做了把胃切除三分之二的手术。从此，他虽然不再去为胃穿孔操心了，但按照医生的要求，他应该特别注意休息，每天工作半天就够多了，可他总是歇不下来。他时时感到内心的不安，他时刻牢记党和人民的养育和栽培。

摒弃杂念，以实干笃定前行

对于一个知识分子来说，他所从事的事业，就是他的全部生命。虽然他日常也会在文学、音乐、政治等领域有所涉猎，并有着自己独特的看法，但是只要关乎专业工作，他就会把一切无关事物搁下，专心做科研。罗培林就是这样，他躺倒在病床上的时候，大脑也从未停止为事业而转动。经过不懈努力，他终于找到了一种计算球壳强度和稳定性的最佳公式，实验证明，其精确度远远超过目前美国专家的经典公式。之后，他接连在《中国造船》《船工学报》等杂志和有关的力学学术会议上发表了 8 篇论文，获得船舶力学界的重视。1982 年船舶力学学术委员会对他提出的已经用于深潜救生艇研制工作的"采用相似材料和相当结构的概念，来进行结构稳定性模拟实验"评价说："这个问题，不仅对水下结构，而且对水面结构具有重要意义。"

教书育人，培育时代新人

党的十一届三中全会后的几年，罗培林不仅专心科研，而且还带研究生。作为一名高校教师，罗培林重视船舶专业人才的培养。在让学生打牢专业基础、培养理论功底的同时，他更重视他们科研创新能力的培养。他做完胃切除手术后，一出院就带着研究生到无锡实习，并且会给学生选定理论上尚需探索、技术上有待突破的前沿课题。他白天带实习，晚上讲课，并将一些复杂、晦涩难懂的学术概念用最精练的语言总结和概括出来，便于大家的记忆和应用。在他的精心指导下，他带的研究生在答辩中都获得了优秀成绩。他的大部分研究生毕业后都在船舶专业作出了一定的贡献，加速了我国船舶事业的发展。

回顾峥嵘岁月，中国之崛起，是因为像罗培林这样的老一辈教师，用热血与青春来建设中国。吾辈应常思前辈过往，学习优秀品质，并着眼于现在，走好当下道路。应以"哈军工"精神砥砺前行，初心不忘，自强报国，以吾之青春与热血，守护盛世之中华。

（指导教师：李　刚）

张泽廷：半生凌云始道高，绝知万事须躬行

北京化工大学　段光静　祁　方　郑成龙　张承泽

他高瞻远瞩，运筹帷幄，勇做发展"开路人"。

他虚怀若谷，精益求精，争当改革"急先锋"。

他主张学科立院、教科兴院、人才强院、育人为本。

他以"思想家"搭配"实干家"，以"开拓者"搭配"老黄牛"。

他就是北京化工大学化学工程学院原院长——张泽廷老师。

务实创新，勇创一流学科

1989年，张老师来到北京化工大学任教并担任化学工程学院院长，致力于学院建设，始终坚持把建设"一流学院、一流专业、一流学科"作为工作目标。"学科立院、教科兴院、人才强院、育人为本"是张老师不断强调的十六字箴言。

为建设化学工程学院一流学科，张老师从招贤纳士入手，利用学校、学院现有的教授资源，发展学科顾问，将各学院各领域的教授聚集起来，共同进行一流学科的建设。在张老师的统筹规划以及众多老师的努力下，我院化学工程与技术学科在评估中被认定为一流学科。

张老师在教科兴院和人才强院方面有自己独到的见解，开辟出了适用于学院的科教模式。他抓住机会进行教学改革，推动博士生进入课堂授课，在提升其个人能力的同时也为课堂注入新的活力。对授课教师，秉持对学生负责、为学院服务的初心，张老师更是提出了教师教学两年考察制度，即每两年对学院教师在教育教学和学生工作方面进行评价，将学生成绩与学生评价作为重要指标，全面打造一支学生爱戴、学生支持、学生信任的教师团队。在张老师的正确领导下，化学工程学院荣获当时的教学成果奖一等奖。在张老师担任院长期间，学院从教授数量匮乏，发展到拥有四名院士及八位长江水利委员会"十大杰出青年"获得者，这些成果无不体现着张老师在教科兴

院和人才强院方面的领导方针与实施措施的行之有效。

"协调关系、内外调和，把所有能量都带动起来，才能当好一名院长。"在张老师担任院长期间，对内他团结学校各学院的教育工作者，增强各个院系间的联系与沟通；对外他积极联合其他学校，进行参观交流，取长补短，了解时代发展规律及学院的实际发展情况，及时转换目标及既定的发展方向，为学院的发展鞠躬尽瘁。

春风化雨，真情奉献学生

他热爱教育，将炽热情怀融入三尺讲台。他强调："学院要发展，首先就要重视本科生教育。"张老师初登讲台授课时，同学们因他不太标准的普通话经常在课堂上窃窃私语。张老师将讲授的速度变慢，坚持每次上课前认真备课，上课时将讲授的重点全部板书，且每个重点知识都有对应的例题，让同学们能够深入浅出地理解上课时讲授的内容。慢慢地，同学们接受了张老师的授课方式。后来同学们下课时主动起立鼓掌欢送张老师，感谢老师的辛勤付出。想起这个画面，张老师欣慰地笑着说："大学生朝气蓬勃，只要老师们真心付出，就一定会得到回报。"

他重视人才，通过教育方式体现师者修为。张老师是我国培养的第一批化工领域的博士后。作为研究生导师，他培养出了包括李群生在内的国内科研领域的优秀科学家。他要求学生必须先掌握扎实的理论知识和熟练的实验操作技能，在打好基础之后才能提出新观点，取得创新。李群生教授在接受采访时曾说道："张教授在培养学生的过程中非常看重理论基础和实践应用。"培养动手能力是化工学科的特色，受导师的影响，他现在也这样要求学生。

张老师关爱学生，付出真情温暖莘莘学子。作为老师，他强调一定要及时关心家里有困难的学生，主动为这些学生提供帮助，自己一次小小的举动，可能会温暖学生的一生。张老师一直坚持将学生放在平等的位置上，在教育过程中给予学生正面的思想力量。张老师说："我们教育学生，不仅要让他们获得学位，更要教会他们如何做人，如何为社会做贡献。"

"指点迷津，指引方向。"这是张老师作为一名教师为学生们做的，这是张老师在担任化学工程学院院长期间为学院做的。前人栽树，后人乘凉，张老师这座伟岸的青山始终影响着我们，也为化学工程学院的发展树好了"风向标"。

> 高瞻远瞩谋发展，运筹帷幄与时进。
> 嘉言善行领院风，身体力行彰院貌。
> 礼贤下士有始终，润育桃李万里期。
> 大公无私任劳怨，有口皆碑载厚德。
>
> ——记北京化工大学退休老院长张泽廷老师

（指导教师：吴相森 李 茜 董 华）

孙文妍：我有责任为历史留些东西

上海音乐学院　陈玉倩

　　由江浙地区的"清乐""丝竹"发展而来的江南丝竹，其音乐不仅体现了江南地区的清丽秀美之貌和民间节庆的喜悦欢愉之景，更表现了江南人民乐观、朴实的性格特征。20世纪初，江南丝竹在当时的全国经济中心上海声名鹊起，至今一直是上海市民心中无可替代的"上海文化符号"。成立于1941年的上海国乐研究会由孙裕德等民乐大师创建、组织，坚守"端庄大方、典雅平和"的音乐风格，逐渐成为上海江南丝竹的代名词，更见证了上海民族音乐的沉浮与发展。

　　上海市级江南丝竹传承人孙文妍为孙裕德之女。据其回忆，幼时家中清贫，住所仅26平方米。但为保证国乐研究会20多位成员在家中合奏，每周日一大早就需将家中床板卸掉以腾出空间。全家人省吃俭用，却从不亏待研究会的先生们，往往用节约下来的钱为乐队成员做饭、准备茶点。生活条件虽艰苦，但每周浸泡在江南丝竹之中，耳濡目染中孙文妍逐渐体会到丝竹乐的独特魅力，并为之动容。

　　1981年，会长孙裕德突然逝世，沉寂数年的上海国乐研究会的复会工作只得无奈暂停。之后，为配合《上海地区民间音乐集成》的编写，复会的想法被重新点燃。原研究会的王赞廷等几位先生找到孙文妍，提出复会的想法。在小东门街道办事处文化中心站的帮助下，上海国乐研究会于1987年1月起，重新恢复集会合乐活动，孙文妍勇挑复会重任，被公推为研究会新一任会长。2010年上海国乐研究会搬迁并扎根至湖南路街道，2017年湖南路街道被评为"江南丝竹传承基地"。时至今日，上海国乐研究会定期集会合乐，始终坚持创始之初严谨优良的排练、学习态度，用行动致力于普及和提高民族艺术。

　　孙文妍认真整理、复原孙裕德所留古乐谱，并不断扩充、丰富江南丝竹曲库。这不仅是父亲和乐队交给她的使命，更是她为江南丝竹的保护与传承主动承担起的历史重任，她一直强调："我有责任为历史留些东西。"年过耄耋的孙文妍仍每天坚持练习至少一小时古筝，音乐早已融入她的生活，成为其人生最重要的一部分。其实，生活并没有给这位始终与人为善的老人以温柔，孙文妍身体状况并不好，在经历几场较大的手术后，身体十分虚弱。然而，她并未被病痛打倒，依旧笑对生活，还时常拿自己因患了帕金森病而颤抖的手打趣道："别人台上手抖，台下手不抖；而我台上手不抖，台下手抖。"

尽管身为民乐泰斗，但孙文妍始终保持"学生"姿态。她广泛阅读各学科门类的书籍、杂志，虚心学习、吸收多元文化理论，一本本厚厚的读书笔记中，一笔一画记录着她的灵感火花。例如，孙文妍从力学文章中得到启发，从声音及气息规律入手，就自身古筝演奏经验进行发散性思维，探究乐器声部间的共通之处。她强调："声音是有方向的，演奏的实质是力量和音色的凝聚与发散、进入与外出、上升与下降，音乐拥有可以四面八方游走的、有生命的气息，且气息的运动方式是有规则的。"她以此拓展到对乐队中其他乐器音色的探究，注意演奏状态的放松，保证音乐连贯性，进而建议乐手们适当放缓演奏动作，避免音色过于死板。尽管孙文妍在排练中担任"指导"角色，但不同于民乐队中的"指挥"，上海国乐研究会时刻保持民主、自由的合乐氛围。乐手们各抒己见，共同钻研乐曲、分享感悟，人人皆可畅意发表自己对于演奏的疑问和见解，大家共同探讨合乐要点，因而默契十足。

传承中坚持发展，守正中包容创新。孙文妍作为上海音乐学院民族音乐系古筝专业教师和上海浙派筝艺传承人，在保留江南丝竹传统乐队编制的基础上，大胆尝试加入古筝声部。江南丝竹与浙派筝在发展传承的过程中本就是相辅相成的互生关系，古筝的加入为这二者的发展起到积极的推动作用。研究会在吸收一位年轻的箜篌专业成员后，又创新性地加入箜篌，使得江南丝竹乐队音响效果得到进一步丰富。

如今上海国乐研究会由湖南路街道免费提供排练场地，除部分专场音乐会收取较低票务费用以抵消演出场租、乐手交通费，售卖相关音像制品以支付录音录像成本外，大部分音乐会、讲座皆由孙文妍向政府、文化单位等寻求支持和赞助，免费面向社会大众。上海国乐研究会的排练室与上海音乐学院仅一墙之隔，在每周一次的排练中，时常会看到上海音乐学院的教师或学生前来观摩、学习，学院与民间音乐教育在这里搭建出一座桥梁。目前，孙文妍带队的上海国乐研究会也入驻湖南路街道的馨苑党群服务中心，多次到周边社区和商务楼宇开展江南丝竹演出、普及赏析讲座等活动，并积极与街道合作，把江南丝竹送进爱菊小学民乐队，让江南丝竹继续流淌新鲜血液。

孙文妍等民乐大师保持热爱之心，一代代丝竹人勇挑历史大梁，薪火相承，生生不息，这才成就了江南丝竹于中国民族音乐，乃至世界文明中浓墨重彩的一笔！

（指导教师：江明惇　唐俊婷）

蔡增伸：生命在于"折腾"

浙江工业大学　杨　晓

风雨百年路，奋斗铸辉煌。拉开中国近代史的帷幕，每一段中都有中华民族上下求索、艰苦奋斗的心路历程，中国共产党带领人民用伟大的奋斗创造了百年伟业，也为人民留下了勇于担当、坚定前行的奋斗精神。1940 年出生的蔡增伸，是浙江工业大学的退休教授，也是国务院政府特殊津贴的获得者，作为中国变迁的见证者与参与者，他充满"折腾"的人生轨迹正是我们党百年奋斗精神的真实写照。

编写一本让学生用得起的英文教材

"早上 6 点起床，看《朝闻天下》，吃早饭，去公司上班，晚上看《新闻联播》，10 点休息，8 小时后准时起床……"很难想象，这是一位年过八旬的退休教授的日常作息。

1963 年大学毕业之后，蔡增伸来到了浙江工业大学机电学院（机械工程学院前身）任教。三尺讲台，一方土地，"爱折腾"成了这位老教授的代名词。当时，国家正值发展的关键时期，教育部希望每位大学生都能学本英文教材，提升整体的英文水平和素质。但是英文的原版教材价格不菲，对于尚未工作的学生来说是一笔不小的负担，为了让学生拥有用得起的英文教材，作为党员和教师的蔡增伸就自告奋勇接下了这个任务。在教学科研之余，他将晚上本该休息的时间用来挑灯夜读，主编出版了我国第一部英文版的材料力学教材 Mechanics of Materials，并在 1995 年获得浙江省高校优秀教材奖。

撰写完成，将书送到出版社之后，蔡老师婉拒了编辑支付的稿费，并借此提出降低书价的要求，他希望将这部分钱用于缩减书的成本，让学生买的时候能少花点钱。在他看来，用得起，书才能发挥出它本身的价值。让群众用得起，满足国家和人民的需要，这个理念一直延伸到蔡增伸的科研工作中。

"国内没有，我们就自己来造"

1988 年，在全国第五届实验力学会上，机械部提出中国有 18 万台试验机的需求缺口。试验机，顾名思义就是对材料质量和性能进行验证的机器。建筑上用到的钢筋、混凝土，在投入使用之前，都要用试验机来检测强度，保证质量合格才能允许工程使用。如果说制造业是一个国家发展的基础，那试验机就是令制造业强大的重要地基。

在当时，只有欧美发达国家制造的试验机符合国际标准，如果中国想使用，就必须从国外进口。18 万台试验机的需求缺口，每台 20 万美元，一算总价，那是一笔高昂的外汇支出。"我很不服气，旧机器我们有，技术我们也有，为什么不能改造老设备，提升技术指标，建成符合国际标准的试验机呢？"抱着这个念头，蔡增伸开始了试验机数字液控阀的研发之路。科研之路长漫漫，1998 年项目通过省级技术鉴定时，蔡增伸已经 58 岁了，再过两年，就要正式步入退休生活。安享晚年还是追踪落实科研项目？在人生选择的两难抉择中，蔡增伸再次发挥了自己"爱折腾"的特质，将"做有用科研"的精神贯彻到底。在学校和学生团队的帮助下，他落实试验机项目，通过产业化将自己的研究应用到社会中来，并由此成为创业大军中的一员。

从教师到创业者，变的是身份，不变的是创新奉献的初心。在蔡增伸看来，既然是搞科研出身的，就要有创新精神，要研发国际一流的高质量产品，为试验机的国产化贡献企业力量，争做行业中的"领头羊"。秉持着这个观念，他们团队凭借人才优势，在创业的十几年里不断开拓，研发申请了 24 项国家专利，与中国铁道建筑研究所、中国铁路经济规划研究院开展了合作，从 2011 年至今，向国家上交了一千六百多万元的税金，2021 年度产值已破亿。

"不躺平的退休生活"

"我现在坐在你面前，精神还不错吧？但其实我是一个因为胰腺癌，切掉一半胰腺的病人。"蔡增伸精神矍铄地坐在桌前向记者分享自己的人生经历，"爱折腾"的习惯也同样被带到了他的退休生活。创业的十几年里，相对忙碌的老年生活反而让他看起来有着与同龄人不一样的热情和精神气。在生病的那段时间，蔡老师听从医嘱，只开刀不化疗，又在身体恢复得差不多了之后，立刻开启了家和公司两点一线的生活。对他来说，疾病有点可怕，因此要愈加珍惜时间，多在生活中干点有意义的事。

他用自己"爱折腾"的身体力行，回应了当下年轻人中流行的"佛系躺平"心态。蔡老师表示，自己很喜欢和年轻人打交道，"多跟年轻人在一起，坚持看书和阅读，就是我保持快乐的秘籍"。在他看来，现在年轻人生活压力的确很大，但也不应该"躺平"，"作为青年，要立大志，树立正确的三观，你想放弃、'躺平'的时候，先思考一下国家和父母培养你有多不容易"。蔡增伸口中的立大志不是指空有志向，他告诫年轻人，要谋定而后动，通过"谋"的精神指引，来克服自己的弱点，脚踏实地地执行计划，"将来的生活需要年轻人自己去面对，所以要对能把握住的人生负责"。这也正是这位老教师对当下年轻人的殷切嘱托。

一个时代有一个时代的主题，一代人有一代人的使命。过去，老一辈坚持忠诚敬业、无私奉献，推动祖国的发展；今天，历史的接力棒传到了年轻一代的手上。作为新时代的青年，我们更应该弘扬和传承他们的精神，通过拼搏奋斗使国家更加强盛，彰显奋斗的人生底色。

（指导教师：陈曼姣）

严大凡：巾帼心怀报国情，凡星亦能耀夜空

中国石油大学（北京）　张益萱　翁月月

"她曾是江南秀女，长成大学娇娥，塞外玉门师友亲，克拉玛依故事多。"从青春少女到耄耋之年，这位平凡而又和蔼的老人为她所热爱的事业贡献了整个青春，同时也深深地促进了我国油气储运事业的发展。每每提起她的故事都能在我们心中荡起层层涟漪，久久不能平静。

为师数十年，三尺讲台，三寸舌，三寸笔孕育三千桃李；十年树木，十载风，十载雨培育数千栋梁。严教授是人人尊敬的"女先生"，是油气储运行业历史上一抹绚丽的彩霞。

数载春秋历风雨　几度芳华谱人生

1958 年，24 岁的严大凡刚大学毕业不久，就从尘沙飞扬的甘新公路上奔驰而去，参与设计建设我国第一条长距离输油管线——克拉玛依至独山子管线。准噶尔盆地环境恶劣，气温变化较大，被人们形容为"天上不见鸟，地上不长草，风吹黄沙起，石头满地跑"。在这样艰苦的条件下，严大凡作为一名刚毕业不久的学生投入她从未干过的技术复杂、质量要求高的输油管道工程的建设中。她在犹豫、害怕和重压中绷紧神经，像上足了发条的时钟，一刻不停地运转起来。白天沿线测量、采集数据，晚上计算方案，书本上的知识不够用，她就向工人师傅请教。严教授说："党和国家有需要，我就尽我所能做点事，这就是石油人的职责，干不好我就不会走。"

1972 年，严教授向东北输油局领导提出了进行密闭输油实验的建议，十五年间，限制因素重重，密闭输送实验也多次被迫停滞，但这些都没能削弱她的决心。她以实验室为家，攻克软件设计、材料选择、仿真实验、设备调试等一个个难关，最终方案完全满足工程技术要求。1989 年以后，大庆至铁岭至秦皇岛管线和铁岭至大连管线先后实现了密闭输送，开创了此项工艺的先河。成功的背后是付出和汗水，是十年打磨、精雕细琢，是严教授几十

年的拼搏和苦心研究。

严教授至今说起自己所钟爱的中国石油事业，仍思维清晰、神采奕奕。她也切切实实地做到了，成为一名将满腔热血投入中华人民共和国储运行业的中国共产党党员，她用一个个拼搏的日夜，拼凑出那无悔的青春和非凡的人生。

三千桃李满天下　卓著功勋沁书香

严教授历任储运教研室助教、讲师、副教授、教授、博士生导师，也曾任中国石油学会储运委员会副理事长。20 世纪 60 年代，严教授披阅二十载，增删数千次，编写出版了《输油管道设计与管理》，突破了国外教材的框架，将我国原油管道设计、建设和运行管理经验加以总结和提高。数十年来，严教授以持之以恒的态度开创了储运行业的先河，孕育了储运行业的新希望。

她是同行瞩目的专家，也是备受敬重的引路人。执教五十三载，她笔耕不辍，出版专著、译著等 7 部，发表论文七十余篇。她以敏锐的行业感知力和深厚的专业底蕴确保储运行业行稳致远，以言传身教频频为自己的学生、中青年导师乃至国家的石油教育指明方向。

治学严谨，严肃认真，重视石油生产实际的需要一直是严教授秉持的教学理念。她的讲课、研究、论文、教材，都坚持理论与实践的统一，具有很强的适用性，她在三尺讲台上数十年如一日，为中华人民共和国的石油行业培养了大量的人才。

丹心未泯领先路　白发犹残求是辉

随着新疆油田的开发，混合原油常温输送成为当务之急。严教授带领学生对降凝剂进行严格筛选，经过大量的模拟实验，首次揭示了原油在析蜡高峰区温度范围内，泵和管流的剪切会严重恶化原油的降凝效果，甚至会使凝点完全恢复。这一发现在国内外尚属首次，得到了专家组的充分肯定。

严教授为中国石油事业殚精竭虑，在不知疲倦的日复一日中，持续攻关，辗转于多个油田，心无旁骛地破解我国易凝高粘原油集输及长距离输送的难题，扭转了我国油田"以运定产"的被动局面，谱写出属于她的石油之歌。

　　她的一项项丰硕的科研成果、培养的一批批国家栋梁之材就像千千万万颗繁星，照亮着中国石油行业历史的夜空。她总是笑着说，荣誉属于国家，功劳属于大家。

　　就像严教授所说："也许我们每个人都在时代的浪潮中浮沉，过着平凡的一生，但在漫长岁月中，正是无数平凡和普通，才创造出一个个非凡的事业。"天地之功不可仓卒，艰难之业当累日月。今天的石油人，愿你我紧握信念、坚定前行，继承和发扬严教授崇尚奉献、潜心钻研的精神，担当起党和人民赋予的历史重任，在激扬青春、开拓人生、奉献社会的进程中书写无愧于时代的壮丽篇章。平凡的是我们，漫天的繁星亦是我们。

（指导教师：鞠斌杰　刘　晔）

孙旭东：情系西部教育，银龄再启新程

中国石油大学（北京）　顾　晴　刘力瑗

他，教书育人，三尺讲台写春秋，从首都到祖国西部，远行千里尽显师者情怀。

他，肩负使命，笃行致远守初心，用语言搭建国际合作桥梁，践行"国之大者"。

"莫道桑榆晚，为霞尚满天。"他银龄之年退而不休，以扎实的知识功底、广博的人生阅历为丝，织就西部教育的崭新图景。

他就是孙旭东，岁若银丝落两鬓，倾尽心血为育人。在克拉玛依，他皓首燃烛，指引青春学子勇担使命、矢志奋斗。

恂恂含儒雅风范，孜孜怀育人初心

孙旭东出生于山西吕梁方山，他以"一心为公"的党员父母为榜样，刻苦学习，立志成为一名教师。留学英国时受到名师的严格指导，读取两个硕士学位的他最大的想法是"报效祖国"。

2000年，孙旭东任中国石油大学（北京）国际合作与交流处处长兼外语系首届系主任，开办英语专业，首招本科生。孙旭东深知"天地之功不可仓卒，艰难之业当累日月"，他潜心钻研学问和教学方法，"要让学生满意、有收获"是他笃定前行时的信条。白天，他书写合同协议、宣传材料，逐一回复上百封信件；晚上给学生上课。即使工作再繁重，他也不觉辛苦，坚持做到行政教学两不误。

扎根边疆担使命，助力能源植沃土

扎根边疆八年是孙旭东对"到祖国最需要的地方去"最生动的诠释。2015年10月，教育部批复中国石油大学（北京）建设克拉玛依校区，他担任管委会常务副主任，辗转千里到祖国西部，一切从零开始。面对种种困难，他心中只有一个信念："坚持下来！"时不我待，只争朝夕。为确保次年正常开学，他夜以继日地投入工作，没有假期也没有报酬，奉献教育事业的一腔热血成了他唯一的动力，"一切都要以教学质量为先"。他与团队齐心协力，"高站位、高起点、高标准"办学。

他制定制度，规范管理，组织大讨论，开放办学；拓宽人事政策和宣传渠道，建设宣传平台，掌握市场动态和规律；亲自面试，严格把关，汇聚英才，让年轻人有盼头；培养博士，通过"本部派遣—外部引进—高校援建—合力培育"解决师资缺口。如今，克拉玛依校区蓬勃发展，学生规模从四百余人扩充到七百多人，人才队伍蕴含着强大活力，孙旭东备感自豪。

老当益壮再起航，银龄未老谱华章

怀着对教育的赤诚之心，孙旭东积极响应教育部 2020 年启动的"高校银龄教师支援西部计划"，成为"银龄教授"，活跃在中国石油大学（北京）克拉玛依校区教学科研一线，开展支教帮扶，促进校区高质量发展。

孙旭东主动挑大梁、做表率，教授"综合英语"等课程。为了给学生带来有趣有料的精品课堂，他利用假期备课，广受学生好评。为了解决学生"讲英语怕开口"的难题，他用"真实语料、真实场景"帮助学生养成良性学习习惯。走好人生路，要从大一抓起。他主动要求带一年级，培养学生的规矩意识，指导学生扣好人生第一粒扣子。

甘为"青椒"引路人，言传身教润无声

校区教育督导组副组长的责任让孙旭东始终行走在听课的路上。"青年教师要快速成长，把我们的最高水平展现出来，让学生受益。"这是他最真诚的表达。他主动走进课堂，举办讲座，参加教授面对面、教研沙龙活动，与青年教师结对，在思想碰撞中"互相学习，共同进步"；带领师生进行"上合组织数字化论坛"等的翻译实践时，即使工作到深夜，他也会不知疲倦地和大家探讨字词等翻译细节，表示要发挥语言优势，讲好新疆故事和中国故事。他不吝惜提建议、解难题，多次在"青蓝工程"等活动中为青年教师提出中肯建议，促进青年教师快速成长。

获得克拉玛依校区青教赛第一名的杨妍老师是孙旭东招聘和培养出的佼

佼者之一。从教学方案到课程设计再到项目申报书，他字字细抠，遍遍打磨；带领新成立的英语系教研团队编写教学大纲、教学日历和备课时，他查阅了几乎所有院校的资料，集思广益，这些指导文件至今仍不需要太多修改。现在，杨妍等教师已成为校区的中坚力量，英语专业展现出强劲的活力。他用坚实的专业知识和丰富的教学经验"传帮带"，打造了西部高水平教师队伍，不负克拉玛依人民对优质教育的期盼。

"能成为银龄教师，同西部地区师生分享知识、经验，是一件幸福的事情。""新竹高于旧竹枝，全凭老干为扶持。"孙旭东退休后依然用饱满的热情投入西部教育改革事业，呕心沥血解决西部教育教学问题，展现了银龄教师的家国情怀和立德树人的初心使命。他以"学为人师、行为世范"的崇高精神和高尚品德，培养高素质的西部建设者，建立具有"新疆情、石油味"的三全育人新路径。他荣获 2022 年"北京市教育教学成果特等奖"，成为中宣部、教育部 2022 年"最美教师团队"成员。孙旭东的奉献之花在西部绚丽绽放，在教育长征中点亮了民族复兴的希望。

源源不断，是为奋斗；涓涓不塞，是为坚持；生生不息，是为中国。孙旭东用实际行动在沙漠边疆唱响"银龄之歌"，与千万教育者一道用信念与情怀点亮教育强国的火种，他厚植出青年学子报效祖国的成才沃土，托起了新征程上奋力奔跑的闪耀初阳。

（指导教师：李 滨 谌 丛）

张翔：乘时代之风，育青春后浪

中国传媒大学　黄雨萱　赵畅毅　张欣悦

2022 年 6 月的一个周三，四散在天南海北的学生相聚在线上会议室，聆听最后一节广告策划课。在电脑屏幕的右上角，那位始终打扮得体、兴致勃勃的教授，和之前的每节课一样，热情洋溢、绘声绘色地讲授，直至下课。"希望同学们学有所获，祝大家比赛拿到好成绩！"对着镜头，他笑着和同学们告别，摆了摆手，潇洒地结束了课程。

对学生们来说，这是一次再普通不过的结课，但对于镜头后的那位老师而言，这堂课是他作为"教师"的最后一次谢幕。当然，他的责任还远没有结束，再过几天，他将作为"全国大学生广告艺术大赛"的专家评委，评阅来自全国 29 个赛区的 6 595 组入围作品，进行为期 5 天的高强度评审工作。授课、讲座、评审，这样的步骤他经历了 14 年，依旧乐此不疲，充满期待……

他，是中国传媒大学广告学院的张翔教授，是一位和"广告"结缘近四十年的教师。

春风知我意，桃李自此栽

"开始得非常偶然，闯进了广告学教育这个行列。"20 世纪 90 年代，改革的春风吹遍神州大地，历史的浪潮卷起了许多人的衣袂，彼时的他们或许未曾预料到，自己竟成为一段历史的缔造者。

年轻的张翔老师仿佛意外地站在了时代的风口，和"广告"结下了注定的缘分。"那是一个很新、很激动人心的时代。"初出茅庐的张翔老师与稚嫩却蓬勃的市场撞了个满怀——"广告"在市场崭露头角，开始展现其独有的商业魅力；企业对人才有迫切需求，业界与学界的"不适配"已现端倪。彼时的中国，体系化的"广告教育"几乎是空白，张翔在市场中也经历了一段"赶鸭子上架"的挑战与学习——为企业做调研、做策划，一切都像摸着石头过河，需要一点点探索，一步步积累经验。这是张翔老师实践的开始，更让他深刻地意识到，属于中国的广告专业教育建设，已经迫在眉睫。

张翔老师和同事们通力合作，广泛攫取先进经验，摸索教育方法，更新专业知识，陪伴"广告"这个崭新的学科从无到有。张翔老师坦言，如今回头看，当时的教材、课程编撰实在仓促，但那个变革腾飞的时代给予了广告教育丰沃的土壤，让播下的种子有了繁茂的可能。

开门造大车，实践出真知

时代的浪潮为广告行业开辟了一片新天地，也对广告人才的培养提出了更高要求。怎样培养出应用型人才？经过多年探索，张翔老师总结出一套自己的教学方法，且一直与时俱进，不断更新。

"老师，我要换组！"早年张翔老师开展小组教学时，曾遇到一些困难和问题。结合自身管理学经验，张翔老师在教学试验中发现，十人或七人小组都较为散漫，而五人小组最具有凝聚力。此后张翔老师便将五人组队规则沿用在教学当中。

多年来，张翔老师一边深耕一线教学，一边保持与业界的沟通。"我认为大学有三大任务，一是人才培养，二是科学研究，三是社会服务。"这三项任务没有一项脱离业界。作为全国大广赛组委会副秘书长，张翔老师积极为学界与业界搭建平台，推进大广赛赛制与高校教学相结合。从最初的"两年一届"到"每年一届"，大广赛与高校教学节奏同频，促进了广告策划课程体系建设。早年高强度的伏案工作，使得退休后的张翔老师患上较为严重的颈椎病，每周往返于医院进行理疗。即便如此，"全国大学生广告艺术大赛"的各个高校讲座中依然有他全力以赴的身影，仍然回荡着他热情又郑重的声音。

"只在象牙塔里，就不知世界怎样变化。"一直以来，张翔老师把握时代脉搏，与时代同频共振，在探索与实践中做出师者应尽的贡献。

远望鸿鹄志，初心不可移

作为一名教师，张翔老师注重培养学生的跨学科学习能力，他称之为"跨界思维"。他鼓励学生在实践任务中不只做自己擅长的事，更要广泛学习，掌握与时代发展相匹配的新技能，深度践行教育部提出的"新文科建设"理念。

作为一名业界专家和我国校企合作的先驱者，张翔老师对校企合作的认识尤其清晰。对于高校，在与企业的合作中可以深化实践教学的专业性，不断更新教学内容和方法；对于企业，高校是其重要的人才库，与高校进行合作也是其社会责任的具象体现。

作为一名广告行业建设者，张翔老师特别看重中国品牌国际化的发展。目前，不少国内品牌的"产品力"已站在世界前列，而"品牌力"和"广告力"却成为阻碍品牌国际化的障碍。他希望从教育到产业能搭建一套标准，培养更多的国际化传播人才，助力中国品牌走向世界。

张翔老师在改革开放的大潮中与广告邂逅，陪伴了广告行业从"0"到"1"，亲历了广告作为"经济晴雨表"在 20 世纪 90 年代后的腾飞，见证了广告行业数字化过程的起起伏伏。

无论何时，无论是何身份和角色，张翔老师心中始终有一个砥柱磐石般的初心——国家富强。他既是教育的舵手，引领学生在知识的海洋里探索，又是校企合作的桥梁，连接理论与实践的两岸。他满含对中国品牌国际化的期待，一直在广告行业发光发热。张翔老师的每一个身份，每一个角色，都是他对初心的回应。他的信念和行动，如诗一般铭刻着对国家富强的矢志不渝，他无悔于心。

"一切伟大成就都是接续奋斗的结果，我们要在继往开来中前进。"在张翔老师的身上，我们看到了"老广告人"的苦心孤诣，看到了改革开放波澜壮阔的时代缩影，看到了广告教育事业未来可期的勃勃生机。如今，站在时代坐标轴的交汇点上，我辈应接过前辈的接力棒，奋发图强，助力中国品牌国际化，让中国品牌发出新时代的中国之声！我们要为中国巨轮起锚新征程蓄势赋能，勇毅前行。

（指导教师：余丽波　周婉卿）

陈光源：白首不忘初心如磐，踔厉奋发征途如虹

湖北三峡职业技术学院　李馥骞　张晓铝

出发采访前，老师告诉我，这是"我们学院的老宝贝……"

我以为这位"宝贝"是风度翩翩的学者模样，抑或是说话和气的垂暮老人。没想到，第一次见面竟然是在养殖场，当时，这个老师口中的70岁老人，正"劲逮逮"追着猪跑，看到我们时大手一挥，中气十足地开口，第一句话就是："哎，几个小年轻来得正好，快来给我们抓猪。"

穿着胶鞋、戴着草帽、双手满是泥土，追着猪在养殖场里转圈儿地跑，抓住后不顾满身狼狈，马上就地给猪做手术……

这是我第一次见到陈光源教授时的场景。

陈光源是湖北三峡职业技术学院畜牧兽医专业教授，出生于20世纪50年代，七十余年来，老百姓从勉强温饱、吃不上肉到现在全面小康、衣食无忧，他是见证者，更是参与者、贡献者。

坚守专业四十余年，不忘扎根基层的情怀

作为一名老兽医，陈光源心系农民、扎根基层，利用专业所学服务地方发展。

"我们家祖祖辈辈是农民，家里的兄弟姐妹也多，那个年代很穷，就想学点技术在手里，混碗饭吃。"说起当初为什么要选择畜牧兽医这个专业，陈教授很坦诚。在那个能吃饱就很幸福的年代里，混口饭吃，就是他走上畜牧兽医道路时最初的想法。

由于勤学刻苦肯钻研，20岁的陈光源被宜都县农业局（现为宜都市农业农村局）推荐到华中农业大学学习，毕业后到宜昌农校从教，一干就是40年。这四十多年，他始终坚守在乡村、扎根在基层，给养殖户做培训、帮农民解决养殖过程中的各种问题、钻研各种动物救治方面的疑难杂症，就是想"实实在在地为老百姓做一些实事，培训也好，去猪场里面也好，羊场、牛

场、狗场里面也好，山下野生动物世界里面的狮子老虎也好，我都可以干"。

退休后，陈光源也没有闲下来。他聚焦疑难杂症的技术运用，别人诊治不好的，他就主动上。退休以来，他为本地养殖业做猪、牛、羊、犬等动物的外科手术 687 例，痊愈率 98%，诊治疑难病 566 起，治愈率 95%，为宜昌畜牧业健康发展作出了积极贡献，得到了同行、社会以及各级领导的认可和肯定。

他说："我是农民的儿子，是党和国家培养出来的，退休之后还能用专长帮农民做点事，很踏实。"

坚守讲台三十余年，不忘教书育人的职责

作为老师，陈光源与时俱进、传播知识，为宜昌培养了一支畜牧兽医队伍。

在三尺讲台上，可以说的故事太多。有学生交不起学费，陈光源二话不说就帮学生垫上，尽管他自己也并不富裕；有学生在求学过程中有困惑、有疑虑，陈光源积极和学生谈心谈话。而陈光源给学生留下的最大的财富，就是钻研求索的科研精神。

在宜昌，几乎所有的乡村兽医和宠物医生，都是陈光源的徒弟和学生。随着时代发展，在畜牧兽医专业外出现了宠物医生这样一个行业分支，陈光源带着学生从零开始，在传统家禽家畜的治疗的基础上，研究猫猫狗狗的血管和疾病治疗，他常说："你一个搞畜牧兽医的人，不会给狗或猫看病的话，那你还上什么学。"

退休后，陈光源依然坚持免费为养殖户、为农民培训。针对县、乡两级兽医站的畜禽常见病诊疗能力不断弱化、与养殖户的现实需求存在脱节的问题，他利用去县市、乡镇畜牧兽医站、生猪养殖大户、企业的机会，组织相关人员开展技术培训，把自己多年积累的实践技能和知识传递给他们。尤其是他自己钻研改造出来的"自冒花"技术及中草药临床运用经验，在培训、传承的过程中得到进一步发扬，退休以来共培训动物养殖及疫病防控技术 107 场，共计 11 800 多人。

坚守党性二十余年，不忘为民服务的热忱

相比兽医和教师这两种身份，陈光源身为党员的时间最短，却让他最为

自豪。

作为见证中华人民共和国从成立初到现在的七十多年历程的老人，他说，历史告诉我们，没有共产党就没有新中国；现实告诉我们，没有党的领导，就没有我们今天的幸福生活。中国人民只有跟党走，才能站起来、富起来、强起来！

陈光源的入党之路并不顺利。在大学读书的时候，陈光源每年都提交入党申请书，但一直未能如愿。他回忆道："当时在华中农业大学读书的时候，我在班上当班长，在学生会里面当生活部长，在我们系团总支做组织部部长，三年半时间，最终也没入党成功。组织还要继续考验我。"工作以后，陈光源继续积极向党组织靠拢，入党申请书写了8份，终于在42岁这一年，成为一名共产党员。

加入中国共产党是为政治生命选择了一条光荣的道路，陈光源说，既然作了光荣的选择，就以奉献为光荣增辉，当好孺子牛、拓荒牛、老黄牛，将人民记在心中、把责任扛在肩上，脚踏实地、艰苦奋斗、苦干实干。疫情防控期间，陈光源向所在村党支部积极捐款；集中培训暂时停止，就将自己编写的《兽医临床》材料发给学员自学，并通过电话、微信、QQ答疑解惑上千次。工作中，他经常深入基层一线，走村入户了解民情民意，解决农民生产生活中存在的实际困难。他多次被评为"优秀共产党员""优秀科技工作者"。

作为一名退休的老兽医、老教师、老党员，陈光源教授退休不退岗、默默感党恩，他已是白发老人，但奋斗者永远年轻，有信仰的人永远年轻。

白首不忘初心如磐，青年接力征途如虹。如今，在湖北三峡职业技术学院，新一代的畜牧人已经接过陈教授的接力棒，继续在新时代的乡村大地上，书写新一代畜牧人的时代华章。

他的序幕尚未结束，我们的序幕已经开启。

青春永远闪亮，时代永不落幕。

（指导教师：刘家琳　许安频）

陈洪：从教三十四载，耕耘三尺讲台

湖北工业大学　胡晨阳

在湖北工业大学教师队伍中，有一位春风化雨的代表，对学生，他秉承"教好书、育好人"的理念，培养出一批又一批的专业人才；对青年教师，他倾囊相授，无私奉献。他，就是湖北工业大学材料与化学工程学院退休教授陈洪。

勤奋刻苦，他是专业过硬的学习者

1977 年，陈洪教授考上大学，成为高考恢复后的第一届学生。带着对知识的强烈渴望，他废寝忘食；一头扎进学习中，钻研专业知识，求真求实，夯实基础，在专业领域颇有建树。工作后，陈教授也坚持学习。"工作期间，一到休息时间，我便去旁听余永宁教授的课程，即使有的时候我不能去，也会借同学的笔记把课程内容补回来。"陈教授提到学习，就神采奕奕。一次偶然的机会，陈教授放弃助理工程师的职位，来到湖北工业大学，成为一名专业教师，这一干，就是 34 年。为了进一步突破专业壁垒，他选择攻读硕士学位，进行深造。陈教授秉承"坚定理想，持续奋斗"的工作理念，教书有成果，育人有成效。活到老、学到老，陈教授一直走在学习的路上，从未停下脚步，练就了过硬的专业素质。

亦师亦友，他是无怨无悔的育人者

从教三十四载，育人三十四载，桃李满天下。几十年来，陈教授专注一件事：教好书，育好人。谈起当初教过的学生，陈教授如数家珍，即使学生毕业多年，他依旧可以叫出他们的名字以及他们之间发生的故事。"教学生，要交心、交流，教师和学生是亦师亦友的关系，不仅要关心学生的学习、工作、升学，也要关心学生的生活。"陈教授如是说。

34 年来，陈教授一切为了学生，为了一切学生，时时为学生着想、处处为学生着想。他根据学生特点，制定专属考研方案，历届学生中，考研成功人数不低于三分之一。他所教的学生中，有考研专业课、数学课成绩接近满分，总分 441 分的学生；有在博士期间发表两篇顶级期刊论文的学生；有的学生扎根企业，发挥专业特长，逐渐成为行业精英；有的学生接过育人使命，走上教师岗位。让陈老最自豪的就是学生，"这些年毕业的学生，不论是搞科研、从政、办企业，都有领头羊，这就是我们学校教学质量的体现"。人生拥有无限可能，陈教授的学生，在各自领域发光发热。

谈及培养学生的感受，陈教授说道："三十四年无怨无悔，为教育事业贡献心力，这一辈子，值了。"我想，这便是教育，这便是传承，这便是培养什么人、怎样培养人。

不断打磨，他是倾囊相授的奉献者

陈老多年来耕耘三尺讲台，所讲授的课程屡屡获得师生好评，但是他不止步于此，退休后也一直将自己的经验与所学继续传递给青年教师，发光发热，只是出于对教书育人的热爱，对栽培青年教师的热心。得知青年教师谌援正在准备全国青教赛，他自发帮助谌援老师打磨比赛作品，夜以继日、倾囊相授，最后谌老师取得全国"青教赛"（工科组）一等奖的好成绩，实现了湖北工业大学和材化学院在该项赛事中的历史性突破。回忆这段经历，陈教授说从授课内容、课件制作、语言表达、教学教具等每一个环节都不可松懈。半年多的备赛，参赛课程的教学大纲、16 个学时的教学设计方案和对应的课堂教学阶段 PPT 的打磨，无数次尝试与演练……已经六十多岁的陈老，为精益求精，熬夜不计其数，令我深深叹服。

"在备赛的过程中遇到了各种各样的问题，如何将一堂课讲得生动，讲得通俗易懂，如何顶住备赛压力，这些都是难关。"在青年教师身上，他看到了自己的影子，于是通过自身求学、任教的经历帮助谌援老师坚定信心，化压力为动力，谌老师也被陈教授的专业素质与人格魅力深深折服。陈教授给我们展示了其中一节课的教学设计方案，其内容引经据典、深入浅出，我为此感到深深地惊叹，更为陈教授的无私奉献、倾囊相授而感动。

寄语青年，他是学生成长的引导者

在入学之初，陈教授便让学生树立目标，做一个有理想的人，他说，有了目标后，便要坚定不移地朝着目标走，制订相应的计划。与此同时，要总结目标是否完成，每一年是否有进步，这样才能持续发展。同时，陈教授寄语青年学生："要做有理想、有计划、身体健康、正直善良的学生。"

陈教授的质朴、一心为学生的精神深深地感染了我。如今的我们正处于中华民族伟大复兴的时代洪流中，要立志做"有理想、敢担当、能吃苦、肯奋斗的新时代好青年"，要学会"自找苦吃"，唱响"请党放心，强国有我"的最强音。

（指导教师：李　涓　蒋　锐）

王灿发：灿若星瀚，为师为范

中国政法大学　李子腾

　　他是一位毋庸置疑的环境英雄。从教书育人，到参与环境立法，为环境司法、行政执法提供咨询和指导，再到帮助环保社会组织提起公益诉讼，三十余年来，王灿发老师始终奔走在中国环境法治的第一线，于全局谋划，于实处践行。

　　他仿若一片星瀚，用灿烂的激情和勇气，带着坚定和睿智投身环境法治事业。他也有深邃、平和的一面，用温文尔雅、平易近人的态度感化、引领着青年，帮助着、温暖着普罗大众。

法治之光——中国环境法治的推动者

　　王老师与环境法学结缘于三十年前，在厦门大学任教的他于北京大学进修时结识了当时的环境法学老师程正康先生，并从此迷恋上环境法学。三十年来，王老师以学者的身份，深耕法学研究，著作等身，一步步成为学界的权威，时至今日仍然佳作频出；以师者的身份传道授业解惑，培训大批法官、律师和志愿者，使其熟悉环境保护法律，形成人才网络，有效介入各地污染案件的审理和维权；在各地政府及环保官员中巡回授课，及时更新他们的环境法治理念和法律知识；同时以人大代表、环保专家委员等身份参与制定各种环境法律、法规和规章。

　　"这么多年来，我参与了中国绝大部分的环境立法项目，有些法律、法规最初的草案就是我直接起草的。"当他坐在中国政法大学环境资源法研究所办公室里说起这句话时，整个人显得踌躇满志，身材也愈发挺拔起来。

民众之幸——污染受害者的守护者

　　"徒善不足以为政，徒法不能以自行。"他担心执法者不认真执行法律，就以律师、环保人士等民间身份深入社会底层，帮助弱势人群运用法律起诉违法企业和不履行法定职责的行政机关。1998 年，王老师在中国政法大学建立了中国第一个为环境污染受害者提供免费法律帮助的民间环保组织——中国政法大学环境资源法研究和服务中心（又称污染受害者法律帮助中心）。中心成立 25 年来，已经向数以万计的污染受害者提供了免费的法律咨询和法律援助，帮助上千个环境案件中的污染受害者向法院提起诉讼。

王老师区别于大多数知名法学学者的最大特点就是对法律援助的大量参与。多年前，王老师看到了《中国环境报》上一则关于企业排污引起养殖户贷款养殖的家禽全部受损的报道，当地村民养殖的鸭子和鱼虾几乎全部因为污水毁于一旦，而当地政府面对村民们的数次反映无动于衷，村民们连贷款都很难还上，更无从通过法律途径解决。王老师对于当地村民们求告无门的困境感到痛心疾首，遂给当地环保局领导写信，表示愿意免费帮助这些农民打官司。当地农民闻讯，跑到中国政法大学的昌平校区来找他，一见面没说几句就跪下了。每每谈及这种情景，王老师都十分动容。此后，他数次赶往当地调查取证，精心准备诉状和代理词，凭借自己多年来积累的深厚法学功底帮助村民们取得了可观的赔偿款，也给村民们带来了重启生活的希望。

"我遇到的人里面，几乎每一个受害者都是弱者。"王老师说，"我生在农村，长在农村，苦日子经历过，所以更加同情这些弱者。"在污染受害者法律帮助中心的办公室内，全国各地送来的锦旗无声地诉说着中国环境法治维护公民利益、维护社会公平的成果，诉说着数以千计得到帮助的污染受害者的环境故事，更讲述着王老师脚踏实地推动环境法治的奋斗足迹。

传道授业——青年学生的领路人

"君子以莅众，用晦而明。"王老师一直以虚怀若谷的形象示人，以平易近人的形象面对学生，在中国政法大学的校园里，每个接触过王老师的同学都感慨于他为人处世的低调。他像一名家中亲近孩子的长辈一样，不仅关心学生的学术成长、知识学习，关注学生的人格塑造和价值观培养，甚至常常挂念每个同学的衣食起居。王老师小时候生活条件艰苦，他曾讲过："读高中时，每个月的生活费就 2 元钱，学校补助 5 毛钱，从家里拿 1.5 元，伙食可想而知。"因此，他格外担心研究生同学因为温饱问题而耽误学业，多年来每个月都自掏腰包支持学生们的科研和生活，保证学生们吃饱穿暖，尽自己所能保护学生们不再经受当年自己经历的生活疾苦。

王老师曾经向我们语重心长地交代他对我们的要求:"作为一个法律人,要在法律框架内寻求最大的正义。"他用自己的知行合一、言传身教、一直以来披荆斩棘的奋斗之路,生动地告诉了我们为何要追求正义、怎样追求正义,怎样实现自己的人生价值和追求。在王老师的悉心教导下,已经有了大批学生走上了法官、检察官、环境法学者、律师、社会活动者等工作岗位,在自己的领域内发光发热,点亮生态文明建设的星星之火。相信我们的星星之火,也终将形成燎原之势,我们将沿着王老师的奋斗之路砥砺奋斗,铿锵前行,助力环境保护的时代大势,助力美丽中国愿景的早日实现。

(指导教师:闫俊波)

杨洪年：一名音乐教父的苦心耕耘

中央音乐学院　向卓宇

　　"美育代宗教"是著名教育家蔡元培在百年前对中国教育事业提出的希冀与盼望，跨越百年的时光长河，回首中国美育发展历程，能从始至终做到如此的人却屈指可数。习近平总书记曾指出："做好美育工作，要坚持立德树人，扎根时代生活，遵循美育特点，弘扬中华美育精神，让祖国青年一代身心都健康成长。"在真正将美育作为祖国的事业来发展的老一辈中，杨洪年教授用切身行动为我们树立了一个永恒的标杆。

　　杨洪年教授是我的恩师，更是一名虔诚的音乐学徒。他自幼便酷爱音乐，但因家境贫寒无法接受正规的音乐教育。中学时一位音乐老师发现了他的天赋，才引领他步入了音乐殿堂。百尺竿头更进一步，杨老师凭借着这样的信念在音乐的海洋里苦苦求索，久久为功。家里没有钢琴，他便在用木板做成的键盘上练习。没有钱到剧场观看音乐会，他就到教堂听唱诗班的圣咏合唱。几经磨砺，他终于在 1950 年成为南京广播合唱团指挥，登上了梦寐以求的指挥台。作为中央音乐学院的元老，自 1973 年中央音乐学院和中国音乐学院合并成立中央五七艺术大学音乐学院开始，杨老师便与"央音"结下了不解之缘。在给予学生音乐滋养的路途上，杨老师立下了一座座不朽的丰碑。他不仅在指挥专业教学上兢兢业业，培养出了众多优秀指挥人才，而且致力于合唱艺术的普及与提高工作，曾担任国际童声合唱及表演艺术协会（美国）副主席、中国合唱协会及中国音协合唱联盟艺术顾问等职务，被国际同行誉为"真正掌握合唱艺术奥秘的大师"。

　　在一次专访中，杨老师向我娓娓道来走上艺术事业的心路历程，但更多的是对我国未来艺术人才的谆谆教诲。在被问到如何才能使合唱团具有灵魂时，他说："任何一个学音乐的孩子，没有参加过乐队，没有参加过合唱，他是不全面的。艺术要求个性化，而合唱艺术要求共性。合唱当中只有我们，没有我。或者说我包含在我们当中。每个合唱队员只有投入集体，才能产生更好的心灵上的共鸣。依靠心灵上的共鸣发出的声音才是有灵魂的声音。"在如何才能发展好国家的美育事业的问题上,他说:"合唱是美育教育,要体现一个国家美育教育的水准,必须从孩子抓起。""大家一定要从内心感到谦虚,要向别人学习。""事业是靠大家来做,靠一个人是不行的,靠一个家庭也是不行的,要靠全社会,要靠有良知的艺术家来支持。"指挥是指明方向、引导音乐前进的航标,但杨老师的字里行间中透露出的意义却更为深刻——对新时代艺术工作者的温暖希冀。在谈到工作强度时他讲道:"我是为了音乐和孩子而生的,再苦再累我都不会后悔。"正是这种"春蚕到死丝方尽,蜡炬成灰泪始干"的精神,才使得杨洪年教授一次次成为艺术史上的"奇迹缔造者"。

1983年,本着"爱"和"奉献"的精神,杨洪年教授自筹资金创办了北京爱乐合唱团,三十多年来,他们获得国际、国内合唱比赛大奖四十余项,出访了美国、日本、奥地利、俄罗斯等数十个国家和港、澳、台等地区;他们曾获得美国前总统里根亲笔签署的最高鉴赏证书,接受过俄罗斯政府颁发的奖状;他们参加了无数次的演出,录制了大量的音像作品;他们为"希望工程"募捐,做北京"申奥"宣传员,担当国家的"和平使者",参加"一带一路"国际合作高峰论坛的文艺演出。他们在歌声中快乐成长,而他们的快乐也是杨老师的快乐。"心到则手到,知心者晓声"是杨洪年教授的指挥的至高精神境界,在他的悉心滋养下,越来越多热爱音乐艺术的孩童正如雨后春笋般萌发出来,为祖国艺术人才的发展埋下一颗颗充满活力的火种。

从学童成为教授,从家乡迈向国际,杨洪年教授几十年如一日,初心未变,信念不改,始终将我国艺术人才教育事业放在工作的核心领地,将传播音乐艺术作为事业发展的核心要义。他用为艺术献身的一生告诉我们,音乐是一门心灵的艺术,一切的技术手段都要用于传递内心的声音。作为指挥,一定要永葆一颗赤子之心,保持心灵的通透与纯粹,提高思想的深度和广度。一代代建设者负重前行,才换得而今万世粲然,在杨老师的精神指引下,青年一辈定当奋发作为,踔厉创新,为中国美育事业的发展奠定坚实的人才基础,为中国艺术人才培养事业贡献不竭的力量源泉!

(指导教师:刘畅杰)

方廷钰：矢志中医译，为民发先声

北京中医药大学　李弘佳

　　雪鬓霜鬓但仍绅士儒雅，厚重镜片下的双眼饱经风霜却目光炯炯，是我对方廷钰老先生的第一印象。中医药英译泰斗、全国政协委员，是属于方老的身份名片。抛去这些浮于表面的认识，走进方老的人生轨迹后，我才真正体会到了老先生在与共和国共成长的过程中展现出的赤诚、质朴与担当。

初心不改，牢记使命

　　"学英语啊，这是国家选我去做的事。"当问到方老为什么选择学习英语，老先生略加思索，笑着回复了我，"当时的北京外国语大学前往上海招生，从我所就读的重点中学选择 7 名政治过硬的学生，投身应用国际通用语言学习，使国家更好地在世界范围内发声，而我有幸被选中。"方老刻苦学习，在中学时期就加入了地下学联，紧跟党的脚步学习宣传新思想，反对国民党反动统治，于中华人民共和国成立之前的 1949 年 8 月加入了新民主主义青年团，并在中学毕业时任团总支书记。"我高考的时候英语才四十多分。"方老笑着跟我讲，"但是国家选我去做，这是国家对我的信任，我就必须要做好。"老先生眼中充满坚定。他孜孜不倦、夜以继日地学习，不仅打下了坚实的英语基础，胜任了教师的工作，还于 1984 年被公派去哈佛大学当访问学者。有朋友劝他留在美国拿 2 000 美元的月薪，虽然当时在国内的工资还不足 100 元，但方老说："我 49 岁国家送我出国深造，我不能做对不起国家的事情。"做出这样的决定，方老至今不后悔，也无愧于心。

兢兢业业，全心为民

　　"也是国家给我机会，让我找到了决心钻研的方向。"方老与中医药英语的缘分来自词典。根据毛主席的指示，北京外国语大学于 1971 年携一众学者开始了中华人民共和国成立后第一部《汉英词典》的编写工作，方老作为编写组成员，主要负责医学部分的翻译任务，就这样不可避免地与中医药打了个照面。"我对中医药不了解，一切都是空白，但这是毛主席派给我的任务，我得去学。"半年间，方老跑遍了中医药专家学者所在的北京中医药大学、中医科学研究院等地，学习、解读中医经典的深刻内涵，反复推敲，再用最好的英语翻译呈现出其精髓。方老并没有止步于词典编写的任务，而是整装来到了北京中医药大学任教，从建立最初的学科教研室，到发展专业、成立院系，再到成为中医药国际传播事业的先行军，老先生倾注心血灌溉每一颗种子，最终用心培养出了一片绿树浓荫。人文学院的众多老师都经历过方老的指导和学术思想的熏陶。"方老师的治学态度非常严谨，他告诉我们，'求真'是最重要的中医翻译原则之一。"我很喜欢的英语教师周开林老师曾在课上这样说道。周老师曾是方老的学生，如今也加入了中医药英语国际传播研究和教育的事业中，并仍以方老为榜样。

"不要一年只做 10 天的政协委员，要做 365 天的委员。"方老在担任第九、十届政协委员的 10 年中，一直从自身专业领域出发，兢兢业业，全心全意为人民服务。每次外出考察，方老都带着问题走进基层，2003 年在青海、宁夏等 4 个省（区、市）考察农村医疗卫生工作时，他与地方干部、农民、村医亲切交谈，做了详细的笔记，拍摄了许多图片资料，整理成 6 000字的建议并在 2004 年的政协全会上作了"切实改善农村医疗卫生条件"的发言。虽然发言只有 12 分钟，但其中保留了大量原汁原味的农民的语言，给人们留下了深刻的印象。十年间方老提交了七十多份提案，涉及看病难、看病贵、药价虚高等关系社情民生的热点问题。如今在网页上输入"方廷钰"三个字进行搜索，很多与老百姓生活密切相关的提案、建议、呼吁等仍能跃入眼帘，还有众多网友与之互动，这些都成为方老为民发声的鲜活见证。

传承薪火，步履不停

"我割舍不了，这是我的事业，就像我的孩子一样。"征途一旦踏上，便步履不止。如今老先生年事已高，但依然奔波于教学一线，密切关心青年一代。每逢北京中医药大学新生入学，方老都会面向研究生开展讲座，对自己的翻译经历具有启发意义的细节如数家珍，提出"锤炼纯净、锐利的英语和汉语"的要求，关心同学们每天书读得多不多，要求同学们多读书、多背书、多模仿，希望同学们能放松地去享受每日习得英语的过程。两个多小时的讲座结束之际，又谦虚地补充道："一家之言，还望批评指教。"作为一位引路人，方老始终用真挚、朴素的话语，向我辈青年提出希冀。方老不畏困难、不断学习思考、敢于自我调整修正的治学为人之道，也将在我辈青年的践履笃行中绵延相传。

刻苦拼搏、严于律己、淡泊名利、治学育人，方廷钰老先生如此精神的背后，是对国家的热爱与忠诚，亦是对党性的坚守与传承。如今老先生看到的是一个富强的、正在发生日新月异变化的中国，在中医药国际传播之路上坚守至今的他深感欣慰。"我们处于一个历史上从未有过的好时代，我对自己做的一切无怨无悔，为了实现中华民族伟大复兴的中国梦还要老骥伏枥，继续奋斗。"方老如是说。

（指导教师：宋　晗）

韦企平：悬壶济世守初心，杏林春满育桃李

北京中医药大学　罗景舒　徐　萱

飞针妙法，仁心萌始

"记得当时有一个孩子双下肢湿疹，渗出明显，我就在田埂上给他扎针灸。那个时候因为环境简陋，用小卖部的白酒消毒，没想到针灸治疗三个月后，那孩子的湿疹治好了。"当问到是什么样的契机让韦老开始接触中医之时，韦老的眼中闪着光，说起了年少时的经历。韦老投身中医事业，既有偶然性，又有必然性。1968 年 12 月，高中二年级的韦企平响应毛主席和党的号召到山西下乡。由于世代家传中医，自幼受到母亲、外祖父等人的熏陶，下乡农闲之时，他在母亲的教导下学习医书，又在广安门医院针灸科学习中医基础理论，参与临床实践。回到农村后，韦老应用针灸治疗乡邻疾病，疗效甚好。从那时起，韦老便意识到中医能在基层发挥很大的作用，在心里埋下了一颗坚定投身中医事业的种子。

然而韦老又强调，选择中医与党中央对中医的支持有关。韦老的老领导唐由之先生从北京大学医学部毕业后，调任至中医研究院，这批骨干力量对中医药的科学发展起到了极大的推动作用。1991 年国家中医药管理局开展第一届师带徒学习时，韦老拜自己母亲为师，学习了 3 年后，获益匪浅。

灯塔领航，芝兰绕阶

身为一名党员，韦老在国家有难时也不忘付出自己的一份力量。2020 年春，疫情席卷全国，全国的医护人员携手战疫，共克时艰。韦教授不顾年迈，第一时间向院长递交了请战书，积极主动要求去一线工作，同时还向科室主任表示，自愿报名参加非常时期的机动人员储备，与大家齐心协力去抗击疫情，发挥自己的光和热。当时全国各地抗疫物资严重缺乏，韦老师紧急

联系国内外朋友，筹备救援物资，最终筹集到 100 件防护服和 25 个医用隔离眼罩。

中医药战略地位的提升离不开新一代青年学生的奔赴，随着时代变化，国家对中医药人才的培养模式也在逐渐改变。"只要确有专长，通过师承考试，就能成为一名合格的医师，这特别有利于中医事业的发展。"在韦老的从业生涯中，他以师带徒的方式培养了众多弟子，桃李满天下，包括先后带教硕博研究生 24 名，在京、浙、鲁、滇等多个省（区、市）培养传承弟子 30 余名，其中多位弟子已是学科的学术带头人或科主任、院长，也曾在东南亚培养了 5 名学术继承人。学生跟师期间，韦老总是对学生和蔼可亲。他年过古稀，每日接待病人甚多，即便有时候疲乏至极，也会坚持传道授业解惑，为学生们讲解典型病例，讲述疾病的诊治要点。正所谓，百年栉风沐雨，信仰矢志不渝，一代代青年以青春热血铸就青春中国，星星之火已燃起未来的曙光，让文化知识悠久传承。

眼科精术，星火燎原

韦老的病人来自全国各地，有些病人家庭条件比较困难，韦老经常为他们免去很多检查费。每次接诊这些病人，韦老总是亲切询问他们的交通住宿是否便利，给他们心理安慰，这也是韦老经常提到的心理治疗，安抚病人焦虑的情绪对病情有极大帮助。医生除了掌握精湛的技术，还要能换位思考，理解病人。韦老门诊病人多，经常不能准时下班。为了照顾外地患者，韦老常常不顾休息为患者加号，有些患者着急，他经常安慰患者："您放心吧，我一定都看完再下班。"近年来韦老采用韦氏三联九针治疗视神经疾病为主的多种疑难杂症，深受患者好评和信任。由于来找韦老针灸的多属久治不愈的重症患者和从各大医院推荐来的患者，慢病针刺治疗有连续性，疗程也长，为了使病人能连续针灸和加强疗效，韦老每天坚持早晨 7 点到 8 点为病人针灸，酷暑寒冬从不间断，使许多病人深受感动。

韦老的从医之路对于我们青年学生来说如一盏明灯，给予了我们方向与动力。要想成为大医，必要"苦其心志，劳其筋骨"。在当代社会，静下心来读一本医书，或许对大部分人来说都是遥不可及的，而韦老始终坚持主动学习，可见其自律意志之强。没有热爱，便无法奔赴，韦老对于中医事业的信念来自临床实践。而我们青年也要真正投入所从事的事业中，发现其闪光之处，进而充分发挥自身潜能，这样便能在擅长的领域有所作为。

（指导教师：高　嘉）

常力：时刻准备，强国有我

对外经济贸易大学　崔诗雨　牛宇航

回忆早出晚归的过去，想象不到当初是怎么支撑下来的，我觉得主要就是责任心和入党的誓言吧，这是一种承诺，我应该坚守它。

——常力

从一名立志勤学的学生，到为他人传道授业解惑的教师，再到退休后依旧奋战在学校一线的督导。在这约三十载的岁月中，常教授从未停下辛勤的脚步，她始终秉承着内心深处的责任感，坚守着自己当初入党时所许下的铮铮誓言。她默默为英语专业的教学改革贡献着自己的力量，为党和国家培养了一批又一批优秀的外语人才。

为知识外派留学，携使命归国奉献

1978 年，改革开放的春风拂遍中国大地，揭开了历史的全新篇章，国家亟须优秀的管理型人才。当时工作于国家进出口委调研室的常力得到了宝贵的机会，去美国加州大学洛杉矶分校（University of California at Los Angeles）留学深造。怀揣着报效祖国的使命，常教授远赴洛杉矶，追寻着自己心中的理想。美国教学方式的随意性以及对实用性的强调让当时的常教授耳目一新，这段宝贵的海外学习经历也让她对英语教学有了更深刻的理解和感悟。

常教授坦言，她在 UCLA 的学业成绩一直非常优秀，甚至有机会申请哈佛、耶鲁等知名大学，继续攻读博士学位。然而，她最终还是选择了放弃。在常教授心中，这次宝贵的外派经历是组织给予她的，她深知自己肩负着组织和学校的期待，祖国正等待着她回来继续为学生们传道授业。常教授说："我认为这是一种责任，不管你是否是党员，只要你是一个中国人，一个教师，你就应该拥有这份责任感。因为我是公派出去的，所以我不能辜负组织的这片心。"

1983 年，常教授顺利完成硕士学业，怀着强烈的使命感毅然回国，投身教育事业。1984 年，北京对外贸易学院与国际经济管理学院合并，成为现在的对外经济贸易大学，而常教授也成为这所学府的一员。在接下来的二十余年里，常教授从未有一丝懈怠，她全身心地投入教育事业中，为培养学生、传承知识付出了巨大的努力。即使在退休之后，常教授也依然满怀激情地响应学校的号召，担任督导的职务，继续为教育事业奉献自己的智慧和经验。

数十载履职尽责，挑重担不负所托

三尺讲台擎日月，一支粉笔写春秋。投身教育事业的常教授用知识和汗水浇灌着祖国的未来，用阅历和经验引导着赤诚的学子。早年留学的经历和外教来华的交流令常教授感悟颇深，她时常思考着如何改变课程设置、转变教材编写思路、调整课堂教学方式等，为改革封闭式英语教学、构建更加灵活的教学模式、培育实用型人才殚精竭虑。不仅如此，常教授还身兼数职，在课堂中悉心引领、谆谆教导，在课堂外作为学院副院长严抓教学质量、夯实党务工作。对此，常教授坦言："担子重啊，始终都是责任在支撑。"

即便担子重，常教授也数十年如一日地坚守在教学岗位，切实履行职责，从不懈怠，也从不抱怨。然而，在常教授漫长的教师生涯中，并不是没有别的机遇。1989 年，常教授远赴英国格拉斯哥大学（University of Glasgow）进修，彼时，西方国家为留住人才，允许留学生在本国工作就业。面对他人滞留英国的选择，常教授毅然决然于 1990 年完成进修按时归国，责任感和使命感令她从始至终都不曾忘却祖国和人民。数十载不忘立德树人初心，牢记为党育人、为国育才使命，常教授以"捧着一颗心来，不带半根草去"的奉献精神耕耘在祖国的教育事业中，履职尽责、不负所托。

退而不休乐奉献，初心不改献余热

千山万水行不倦，余热荡漾弥久长。2007 年，61 岁的常教授离开了讲台，但她从未离开学校和学生，她选择继续扎根教育事业，担任研究生学院督导一职。督导的主要职务是听课指导。"只要是与自己专业相关的，只要了解的，我都去听。"常教授在研究生院听课时继续发扬勤勉笃行、严谨细致的美德，为教学设计、学生发展及学院建设作出贡献，直至 72 岁。

如今，在谈及学校英语学院应培养什么样的人才，新时代学院的教学育人工作应该如何服务于国家的对外交流和合作时，常教授仍能侃侃而谈。在常教授看来，对外经济贸易大学的特色便是重视国际化教育，注重提升学生英语能力，培养外向型人才。除此之外，常教授认为学院教学工作应贯彻党的二十大精神，学生也应熟知国家政策与前景展望，要"有内核、立大志"。最后，常教授对当代青年提出殷殷寄语："时刻准备，强国有我。"这既是回顾自己来时路的感慨，也是展望青年新征程的嘱托。

一支粉笔，三尺讲台，四季坚守，育万千桃李。这是常教授无私奉献的写照。她将自己的大部分人生都献给了学生，献给了崇高的教育事业。在她的课堂上，知识的火花闪耀，智慧的光芒照亮了学生们前行的道路。不忘初心，牢记使命。这是常教授坚定不移的信念，也是她一直以来的行动准则。她用三十载的岁月践行着自己当初入党时的誓言，用自己的辛勤付出和坚守，诠释着一名教师的责任与担当。

对党忠诚，积极工作，为共产主义奋斗终生。"五老"同志不忘初心，奉献一生。作为新时代青年，我们更应接过前辈手中的接力棒，时刻准备，强国有我！

（指导教师：王公元）

王绪本：以地学为伴，与祖国同行

成都理工大学　邓鸿丹　代凌凌

　　他既是一位学者，又是一名拓荒者，更是师生眼中的实干家。工作上，他治学严谨，求实创新；生活中，他修身立德，沉稳谦和。他秉持初心，笃行致远，带领团队为中国地球物理事业锲而不舍、乐于奉献。他就是王绪本教授。

结缘地球物理　坚守地球科学

　　1978年，时年22岁的王老师深受徐迟的报告文学《地质之光》的激励，从一名煤矿工人，成功考入成都地质学院（现成都理工大学），开启了他的地球物理求学之路。进入校园，他发现现实的大学与理想的高校有很大差距：缺教材，缺老师，上课时用的主要是油印的教材，而国外期刊多为影印本。王老师告诉我们："尽管教学资源匮乏，但那时的同学们求知若渴，抢占图书馆借阅机会，抢占教室前排座位，争着向老师提问。大家都在努力把失去的时光抢回来，晚上熄灯后仍在路灯下阅读和讨论。"那个时期，同学们对读书报国怀有深深的感情和责任，这些都让王老师印象深刻。

　　刚进校园时，由于地球物理对数理要求高、课程难度大，王老师对未来有徘徊，也有惆怅。一次系统的野外地质实习改变了王老师和同学们的疑虑。与实习老师朝夕相处的日子，打开了大家对地球物理学重要性的认识，展示了地球科学博大精深的内涵，使大家明确了学习目的，增强了学习动力。4年后，王老师以年级第一的优异成绩留校工作，至今已任教四十余年。从教学到科研，他始终深耕地球物理学领域，培养了近200名硕博士研究生，并构建起自己跨尺度、跨深度、跨海陆的"海—陆—空"三跨式的研究坐标。

抓住发展机遇，树立学术方向

1984 年开始的青藏高原科考引起国际科学界的强烈关注，青藏高原作为现今还在活动的陆陆碰撞的典型构造带，是研究地球动力学的天然实验室。从那时起，王老师决心在这里确立自己的学术方向。他从青藏高原东南缘的川滇构造带和龙门山深部构造带的研究起步，先后开展了腾冲地热田深部热结构、龙门山构造带大陆动力学与汶川地震、藏南地热与羊八井深部热结构、西藏扎西康和驱龙甲玛深部矿产透明化、藏东北大地电磁大剖面、羌塘盆地油气勘探等科研工作。他在青藏高原东缘深部电性结构、动力学模型和活动构造与地震活动性预测等方面成果显著，为人类进一步探索青藏高原提供了支撑。

20 世纪 90 年代开始，面对国家能源需求的剧增，王老师的研究团队在国家自然科学基金重点项目的支持下，总结了一套深层油气综合地球物理勘探和识别的实用方法，先后在吐哈盆地、塔里木盆地、四川盆地深层油气勘探中取得了多项成果。近年来，在川南页岩气勘探开发、塔西南深层油气预测等方面均获得较好的成果，社会经济效益显著。

开拓新领域，发展新方法

2010 年前后，伴随着智能无人机技术的发展，王老师抓住新的机遇，开发了用于灾害搜救的无人机航磁系统、无人机射频技术等，用于生命搜救和战场生命救助。无人机航磁测量系统在峨边彝族自治县扶贫项目中，成功解开黑竹沟神秘磁都的面纱，系统揭示了黑竹沟地磁异常之谜，并对黑竹沟地区的水文、植物、生物等进行了考察，研究成果为老少边地区的扶贫工作和旅游产业提供了极具开发价值的方案。同时，王老师团队在国内率先开发的无人机半航空瞬变电磁系统，在艰险山区深埋隧道、地下涌水勘查、大型矿山、滑坡及泥石流、长江水下构造、若尔盖湿地等山地无人区的探测等项目中屡建奇功，科技成果转化和服务社会持续向好。

四十多年来，凭借一股不服输的劲头，王老师及其团队直面挑战，持续发力，在磨难困局中奋发向上，在风浪挑战中赓续传承，攻克了一个又一个难关，让多项成果达到国际先进水平。

桃李天下，初心不改

在采访中，王老师多次讲道："我这辈子命中注定要与地球打交道。"四十多年来，从一名煤矿工人到地球物理学专家、教授，王老师在教学和科研方面都取得了突出的成就，早已桃李满天下，但他始终不忘初心，直面挑战，平和地迎接机遇、看待荣誉，坚守使命，薪火相传。

王老师常常感叹人生，认为每一个时期都面临着知识的广度和深度的挑战，面临着各种诱惑和机会的抉择。他下过乡，当过煤矿工人，考大学时搭上最后一班车，深知把握机遇的不易；留校作为助教、讲师、教授，深感厚积薄发的珍贵；面对下海经商的诱惑，深感坚守信念的艰难；面对国家科技发展和科教兴国的机遇，深知蓄势待发的重要；面对学术地位的提高和成果的收获，深感学术传承和人才培养的紧迫。他深信，唯有坚信学习的力量，坚守做人的底线，坚持创新的理念，把自己的命运与国家和学校的发展紧密联系在一起，才能够在平凡的工作中成长为一名有用之人。

（指导教师：詹　凯）

马德如：鹤发银丝映日月，丹心热血沃新花

生如逆旅，一苇以航；赤子丹心，素履以往。作为南开大学原分子生物学研究所的一名教师，马德如老师始终怀着对生物科学、对教育事业的热爱，行走在追求新知、培育新人的路上。纵然年岁递增，已逾九十，马老师一直满怀热爱，抟心揖志。走近马德如老师，我们深刻了解了一名共产党员、一名生物学老教师赤诚奋斗、笃行不辍的人生故事。

鞠躬尽瘁，无私奉献

马德如老师出生于 1930 年，1947 年考入清华大学生物学系，曾受教于中国植物生态学与地植物学创始人之一、南开大学生物学系创始人之一李继侗先生。1951 年毕业后，马德如老师响应党的号召，服从首届全国大学生统一分配工作计划，志愿支边。他曾参加我国第一个民族自治区的综合性大学——内蒙古大学生物学系的创建工作，受到时任内蒙古大学副校长的李继侗先生的鼓舞和教导，跟随恩师脚步，为祖国边疆教育事业的发展奉献青春。时至今日，马德如老师仍时常感念恩师李继侗先生，感怀与恩师三校三地的深厚缘分。

1980 年，马德如老师到南开大学任教，受时任所长的崔澂先生之命，用英文写出关于分子生物学研究所既定研究方向的文件，经崔先生过目首肯后复印，以备对外介绍之用。时至今日，它已成为南开大学分子生物学研究所的重要史料。同时，马老师到校后即受校方指派应天津市科委之邀，主持全市第一个生物技术规划的制定工作。此外，马老师和老伴徐杏阳老师还通力合作编译了《生物工程浅谈》一书，受到全国各地同好的重视，一时销售一空，以致有不少外地师友陆续向两位老师求索该书。

虽已离开讲台多年，但马德如老师一直把教育这项平凡又伟大的事业放在心中，更时时刻刻把学生放在心中。93 岁高龄的马老师在疫情防控期间时

刻关心在校生的健康状况，并和在校生建立长期联系，鼓舞后辈学子学习革命先辈的精神，在科研中直面挑战，勇于探索，寻找答案。

坚守信仰，赤诚奋斗

"爱国不需要问为什么，不爱国倒要问个为什么。"马德如老师如是说道。年仅 7 岁，他就被迫经历卢沟桥事变，在日本帝国主义铁蹄践踏下，小小年纪便懂得没有国哪有家的道理，家国情怀自然而来。

考入清华后，马德如老师身边朝夕相处的两位师长、一位师姐就是地下党员，还有一位师兄是 14 岁就参加过新四军的"老革命"。在由地下党组织领导的学生社团主办的阅览室里，可以看到从解放区带来的各种进步书刊。马老师说："感恩党对我的革命启蒙，使我能逐渐由朴素的爱国主义者转变为坚定的共产主义者。"

在行动上，从 1948 年 5 月 30 日参加北京地下党领导的反美扶日运动开始，马德如老师一直是在历次地下党领导的爱国学生运动中走上街头的清华学生队伍中的一员小兵。"1948 年年底，我们的人民解放军胜利解放在望。那年冬天我参加了学校地下党领导的护校工作，日夜守卫在生物馆大楼里，保护人民财产，迎接解放。在长期受党教育、不断提高觉悟的过程中，得到了党组织对我的全面了解。1949 年 12 月 21 日，我终于有幸加入党组织，这真是值得我永远记住的、最有意义的重要日子。"马老师回忆他的入党经历时这样说道。

追求新知，捍卫真知

谈到科研，马老师提到，要秉承老一辈革命家的教导，并与此契合，拥护和践行习近平同志"坚持马克思主义在意识形态领域的指导地位"的指示精神，一贯追求学习新知，宣扬捍卫真知。

在 1977 年九卷二期的《生物化学与生物物理学报》上，马老师发表《生命的发生和它的意义》一文，论证原始地球上原始生命多次产生，而后经过自然选择，只有一种类型成功地存活下来并繁衍出今日所有物种。生命发生和进化过程漫长而曲折，是个充满反复无穷次的合成和分解、发展和停滞、前进和倒退、存留和绝灭、优胜和失败等相辅相成的因素的复杂过程。

该文结束语中特别援引了毛主席从长期艰苦卓绝的革命斗争实践中总结出来的极富辩证哲理的警句"道路曲折，前途光明"。在马老师看来，这不只是对革命实践的总结，也是生命发生过程的科学写照。1999 年 8 月，在香山科学会议以"生态适应与生态进化的分子机理"为主题的学术讨论会上，马老师以《适应进化中选择与漂变的结合》为题发言，援引恩格斯的话"必须指出达尔文学说是黑格尔关于必然性与偶然性的内在联系论述在实践上的证明"，向与会学者强调必然性与偶然性相互联系的重要性，获得绝大多数与会者的首肯。

虽然已退休，但马老师和老伴徐杏阳老师仍保持着追求真知、学习新知的精神，密切关注着关乎生物学科全局性发展的大事件，关注着世纪之交标示生物学发展史新阶段的"系统生物学"的发生和发展。两位老师边学习边工作，已认真编写出三万多字的题为《系统生态学浅说》的初稿，作为年轻教师开设新课时的备用教材，用实际行动向我们展示了何为"学无止境"，何为"活到老，学到老"。

时代昂扬向上，中国青年应以奋斗的姿态，书写无悔人生。马德如老师寄语同学们：要将求真务实、探索真理的精神始终贯穿于自己的科研工作，在科研报国的道路上奋力拼搏。

（指导教师：李鹏琳）

徐杏阳：杏坛春风育英才，暖阳依旧济莘莘

南开大学　靳月月

　　从晨光熹微到月色澹澹，她把青春融入生命科学研究的浩瀚长河；从幼苗初展到华盖参天，她为生物系新学科的从无到有竭尽心力；从筚路蓝缕到遍地开花，她用薪火相传凝聚了名为坚守的力量。在南开大学原分子生物学研究所教师徐杏阳的讲述中，我们感受到一位老教师润物无声的力量。

身为世范，淡泊名利

　　"一屋一书桌，一片赤诚心。"年逾九十的徐老师和老伴马德如老师为人师表，始终严于律己，淡泊名利，生活作风极其简朴。走进两位老师的家中，浩繁卷帙映入眼帘，书卷气息让人心如止水。

　　徐杏阳老师出生于 1929 年，战火纷飞，国家受辱，家国破碎贯穿了徐老师的童年与少年时光。1949 年 4 月 4 日，当时正在中央大学读大一的徐老师加入了武汉市新民主主义青年社，曾在武汉解放前夕从事艰险的地下工作。1949 年夏，徐老师考入清华大学农业化学系，在组织上转为新民主主义青年团的一员。当时的徐老师是清华农化系唯一的团员，在一位师姐的帮助下，一起发展组织，建立了团支部。在那段艰苦卓绝的岁月中，徐老师为党的青年工作作出了卓越贡献。

　　如今，作为有着丰富经验的科研工作者，徐老师叮嘱我们："在从事科研工作时，要善于发现问题，勇于解决问题。一定要大量阅读文献，形成属于自己的知识体系，在前人研究的基础上，发现研究的创新点，提出自己的想法。不能盲目地开始实验，而要设计周密的实验计划，认真、详细地记录实验进展。"语重心长的教诲，饱含着徐老师对青年科研工作者的殷切期望，徐老师用实际行动教会我们何为"行而不辍，未来可期"。科研之路任重道远，道阻且长，却值得我们心怀信仰，坚定前行。

攻关求索，竭尽心力

1953 年，徐杏阳老师从清华大学毕业后来到南开大学工作。恰逢植物生理学家崔澂先生回国，到南开大学生物学系创建新学科"植物生理学"。徐老师在清华大学时就读于农化系，而该系主任正是中国植物生理学的奠基人汤佩松先生。徐杏阳老师来到南开生物学系后，便顺理成章地成为崔澂先生的学生和创建新学科的助手。

忆及当年师从崔澂先生，从零开始编写植物生理学教材、开设植物生理学实验课的往事，徐老师讲道，当时条件有限，实验所需的器材十分匮乏。水箱、温箱、灭菌锅都没有，一时难以买到的，就东挪西借。开学开课在即，徐老师作为助教，要事先把教学准备工作做好，有时不得不工作到深夜。有一次，徐老师为了给实验课的所有学生准备半透膜，只能克服困难在没有通风柜的实验室里做，一直做到很晚。崔澂先生经验丰富，担心做半透膜时挥发出来的乙醚会使助教徐老师晕倒，便一直在自己的座位上看书，以防万一。直到工作结束，师生二人才离开实验室，此时实验大楼的工友早已熟睡，只得将工友叫醒开门，才得以出去。在师生的共同努力下，翌年，植物生理学教研室正式成立，增加了两位教师和两位研究生，还有外校老师前来进修植物生理学。

1981 年，在崔澂先生的指导下，徐老师在学校分子生物学研究所组建了植物分子生物学实验室，开展植物基因工程的研究工作，又一次从零开始。徐老师说，很早以前人们就发现了植物中有农杆菌诱发的冠瘿。直到分子生物学发展起来后，人们才考虑到这种冠瘿可能是一种天然的"遗传工程"现象，由此想到选用农杆菌类为载体，将外源基因送入植物细胞使其转化，再将转化细胞或组织培养成完整植株，从而完成植物的基因工程。这一过程中，获得外源基因（目的基因）、寻找适宜的载体、细胞或组织的培养是缺一不可的。徐老师课题团队从细胞培养和组织培养入手，完成了大量在当时难度很大的科研工作，并发表了多篇相关论文，团队成员也在其中得到了锻炼。

徐老师离休时，将所有实验记录和论文整理好，无私地为实验室后继者的科研工作提供了宝贵的劳动成果。原南开生物学系植物遗传学组留日博士郑坚瑜接手实验室后，高度评价了徐老师课题组的科研成果，称其日本的导师还没达到徐老师实验室的水平，并希望徐老师能够担任顾问。徐老师推辞后，承诺未来若有所问，定将知无不言，言无不尽。

仰之弥高，钻之弥坚

"痴心但愿山河秀，垂老何辞耕灌忙。"如今徐杏阳老师虽已94岁高龄，但仍与她的老伴马德如老师一同密切关注生物学科的发展，不断学习新知识。他们发现，世纪之交，生物学又进入一个新时代——系统生物学的时代。新的思想方式产生，从机械唯物论和还原论自觉不自觉地向系统论和辩证唯物论转变，这必将使人们对生物界的许多问题产生空前的新发现和全新的认识。两位老师边学习边工作，于2021年编写出三万余字的《系统生态学浅说》一稿，希望为迎接生物学新时代、开设新课程新教材的老师提供参考资料。

在攀登科研事业高峰的过程中，徐杏阳老师和老伴马德如老师选择在他们最热爱的生物科学领域遍历生命万象，为祖国的科研进步、科技发展贡献一生。将个人的命运同国家、民族的命运相融合，这是徐老师的真实写照，也是我们青年一代接续奋斗的方向。

（指导教师：李鹏琳）

朱志昂：老骥昂志仍伏枥，春风化雨寄深情

南开大学　刘懿蕊

　　追忆似水年华，讲述时代故事。我们生于千禧年代、长于祖国的悉心庇护之中，偶尔也会遐想：几十年前的学生成长于怎样的环境？他们又有着怎样的追求和故事呢？机缘巧合，怀有强烈好奇心的我们恰巧碰到了这样难得的机会，阅历丰富、年长我们六十余岁的朱志昂教授将他的故事娓娓道来。

　　4月22日下午，南开大学化学学院本科生第三党支部举办"读懂中国""五老"访谈主题活动，我们有幸邀请到原化学系主任朱志昂教授分享人生经历和心得。

　　朱志昂教授是南开大学化学学院的一位老教师，在物理化学教学上颇有心得，其编写的《近代物理化学》教材及其修订版曾多次被评为国家级规划教材。一直以来，他都关心着南开学子的成长成才。久闻不如一见，初次见面时，我们就被朱教授慈祥的笑容感染了。他年纪虽长，声音却铿锵有力，饱含情感的话语深深地打动了我们。

　　此次见面，朱教授在教室之外给我们上了生动的一堂课。

教学相长

　　首先，朱教授回答了我们最好奇的问题，分享了他青年时期的求学经历与感悟。他说："理科课程特点是课程安排不那么紧凑，但是课程难度较大、涉及的知识面较广，这就要求我们多看专业相关书籍。在大学求学时，我经常自己找书、找文献来看。"说到这里，朱教授停顿了一下，他严肃地说："你们读书时，是通篇地看，还是边看、边思考、边认真做笔记？在看书时，千万不要走马观花，而是要剖析本质。我常常边读书边给自己提问题——书中的这个部分到底解决了一个什么问题，应该怎么思考这个问题，书中又是怎么向我们描述这个问题的呢？一定要勤于思考，记录自己的想法。"

　　另外，朱教授说："我感觉大学和中学很不一样，有很多可以自由支配

的空闲时间，所以我在专业课之余，参加了许多专业相关的训练。"1958年，他参加了化学系自制红外光谱仪科研组，负责焊接制作电子管放大器。1959年，参加编写《物质结构》一书，跟着高年级同学抄写一些书籍。复旦大学化学系开办化学试剂厂、电解厂、标准电池厂，他还担任过标准电池厂的副厂长。朱教授年轻时的广泛尝试和求学态度，也为他后来的治学和教书打下了良好基础。

"朱教授，请问有哪位老师让您印象特别深刻？"朱教授沉吟片刻："我印象最深刻的就是研究生时教'统计力学'的老师——唐敖庆先生，这位老先生的讲课风格让我至今难忘。唐敖庆先生讲课时，只带着一本外文教材、几支粉笔，他讲课逻辑性强、开宗明义，把要讲的主题在课前交代得十分清楚，然后在黑板上一步步推导，一讲就是声情并茂的一上午。"

听学长学姐说，朱教授讲课主题明确、深入浅出，上他的课的学生全程没有走神的。朱志昂教授第一次教授"统计力学"课程时，每次上课的前一天晚上，都要在实验室的黑板上预讲一遍。化学系以前未曾有人开过此课，他一炮打响，一些青年教师也前来旁听，有几位进修教师也来修读，其中一位进修教师后来还成为朱教授的研究生。历时多年，唐先生讲课的具体内容虽然被遗忘，但是讲课风采却传承给了朱教授。所谓"春风化雨、润物无声"，这就是教育对一个人一生的影响。教师不仅传授知识，还有思维方式、把复杂事物解释清楚的能力、讲演的技巧，"所谓大学者，非谓有大楼之谓也，有大师之谓也"。

科研嘱托

除了教与学的思考，朱教授还神情凝重地寄予了我们科研方面的嘱托："我国自然科学研究起步晚，需要不断努力来弥补差距。有时你认为自己有了新想法，检索后很可能会发现，国外已经有优秀的科学家从事过相关的研究，我们的很多科研项目还是在世界前沿领域中找缝隙啊！"此时，我听到老教授低声叹了一口气。

"近年来，我们的科研需要找回一些优良传统。六十年前，南开大学老校长杨石先应国家之需，弥补了我国农药研究的空白，而今日的科研者，一方面要重视基础研究，另外也要重视应用性研究，尤其是国家急需解决的难点。"这就是老一辈教师的真实想法，他们不喜欢浮华和虚名，他们只会关注不足、不断向前，国家的需要在哪里，他们的心就跟着牵挂在哪里。

1984 年朱教授被聘为教育部理科化学教材编审委员会成员，后为高等学校理科化学指导委员会委员，带领课程组传承老一辈治学严谨的传统，积极参与全国的物理化学课程体系及教学方法的改革，完成多项教改项目，并将教改成果付诸教学实践。

2005 年 9 月退休后，朱教授仍担任南开大学教学督导组组长、南开大学教学指导委员会委员等，一直活跃在全国物理化学教学领域，发挥传承和引领的作用。2017 年及 2018 年秋季，应西安交通大学的邀请，朱教授还为化学生物专业本科生讲授过一学期的"物理化学"课程，受到一致好评。在 2019 年南开大学百年校庆期间，他作为百年"南开大讲坛"主讲人参加了系列活动。2021 年上半年朱教授积极参加课程思政建设工作，他参与编纂的《物理化学（第六版）》被评为 2021 年天津市高校课程思政优秀教材。

朱志昂教授经历丰富，看过时代风云变迁，在艰苦环境中磨炼意志，倾其毕生所学，毫无保留献给南开。学为人师，行为世范，他是我们后人学习的榜样。

（指导教师：周冰玉）

董文渊：下"竹"功夫点"竹"成金

西南林业大学　李壮美

夕阳渐渐下落，风中带着些闷热，仍吹不走大关县木杆镇村民脸上的笑容，他们在竹林里忙碌了一天，带着满筐竹笋，乘兴而归。

在董文渊教授去大关县之前，当地的百姓不知道什么叫筇竹，他们管筇竹叫罗汉竹，他们也不相信小小的筇竹会变成"摇钱树"，变成"致富竹"。

筇竹不"穷"，"筇"可变富。这个穷则变、变则富不是等来的，是靠董老师用坚守和初心换来的，是他用敏锐的科技工作者的眼光发现筇竹的价值，是他在任职期满后毅然回大关县继续筇竹研究，是他亲自给大关百姓教授种竹技巧，也是他自掏腰包给协助种竹的村民垫付工钱。他心系大关，心系筇竹，一干就是三十年。大关群众感激他，都称他为筇竹教授。

1996年，学校选派董老师任大关县科技副县长。究竟怎样才能找到一条致富路成了他最大的困扰。在一个没有任何经济作物的地方，一个很难复制推广成功经验的高寒山区，怎么让自己的所学发挥作用，做点对老百姓有用的事情？董老师夙夜难眠。经过不停地下乡上山、跋山涉水、调研思索，他终于发现了那些普通竹子展现出的生态经济优势。他的团队似乎看到了光明的未来，然而，他并未因此感到高兴，一直以来，有关筇竹的理论与技术的研究都是空白的，如何继续研究下去，成了他们最大的难题。有学生说："董老师，要不算了吧，我们重找一个，筇竹过于冷门，没有底啊。"他却说："我们从零开始，自己研究。"

然而基础研究工作却十分艰辛。他和他的学生克服了研究基地不通公路、不通电、无通信条件等工作和生活上的困难，甚至在研究过程中与农户住在一起。皇天不负有心人，在他与团队的不懈努力下，研究终于取得丰硕成果。当提到这些，他淡淡一笑："我作为一个学林业的科技工作者，又是一名科技副县长，有责任把筇竹这种濒危植物研究清楚，把它保护起来，帮助山区群众脱贫增收。"

他第一次到大关县时，这里交通闭塞，民风淳朴。当地村民不知道筇竹是濒危植物，更不知道它的利用价值，甚至有村民伐竹做薪。董老师知道，要改变村民对筇竹的观念，任重道远。他积极融入村民的生活，向他们教授筇竹的种植技术，讲解筇竹的潜在价值。然而村民们很难想象这个平平无奇的人是大教授，更不相信他会带领大关百姓发家致富。他明白，唯有做出成效，才会让更多的人加入筇竹种植的队伍中。他与村民打成一片，了解他们的生活，了解他们的风俗习惯和需求，采取示范带动的策略取得村民信任，推进筇竹种植和推广。在后来的中国竹业学术大会暨中国农民丰收节活动上，种植筇竹的村民刘厚忠高兴地说："我一个种竹子的农民，做梦都没想到能跟着董老师去参加学术会议，我们学到了发展竹子的技术和经验，开阔了视野，赚到了钱。"

这些年来，他和他的学生背着行囊，带着测量工具和一个老掉牙的相机，穿梭在林中，风雨无阻地遍访崇山峻岭。每次回来，手上全是枝条划痕，馒头和水就是他们常吃的食物。用他的话来说，每天任务很重，时间很紧，带太多食物不方便工作。大关的田间地头，筇竹越来越多，长势越来越好，这就是他的辛苦付出的最大回报。

经过董老师及其团队的努力，大关筇竹产业，成就了中国筇竹之乡的品牌和云南省一县一业特色县的建设和发展。在筇竹种植技术完善后，他的团队要申请专利，他说要把这项技术送给大关。"我们这么多年来等的不就是这一天吗？！这么做究竟值不值？""你们忘了大关村民是怎么感谢我们的吗？忘了我们走过那么多的竹林吗？我们戴着党徽，担着责任，带着找到一条致富路的目标来到了大关，我们等的就是这一天，我们这么做，值得！"

30年后的大关筇竹成林，遍布山野，用筇竹制作的各种工艺品正逐渐进入千家万户，合理采伐、永续利用已经成为村民的共识。筇竹产业助力3.66万人顺利脱贫，17.3万人受益。筇竹让大关县生金流银，常年在外打工的年轻人开始回乡育竹、采笋、砍竹，生活一天比一天富裕。30年前的大关县，交通不便，村民生活水平低；30年后的大关县，筇竹成林，一县一品。大关百姓是懂得学习和感恩的，他们已经从当初"要我种"转变为"我要种"，谈论董老师和筇竹已经成为大关百姓茶余饭后常做的事。董老师用筇竹改写了大关县木杆镇的命运，大关百姓尊称他为筇竹教授，这样"双向奔赴"的感情令我感动。

微风吹拂着竹叶，空气中仿佛带有香甜的味道，大关百姓仍然为筇竹奔忙着，脸上绽放着灿烂的笑容。

（指导教师：朱新云）

戴庆厦：躬耕民族语言田野，在文化交流中孕育希望

云南师范大学　帅程程

从青春年少到满头华发，70 年来，他步履不休，怀着满腔赤诚始终行走在民族语言的田野上。他就是新中国自主培养的第一代具有国际影响力的语言学家、云南师范大学汉藏语研究院院长戴庆厦先生。

著作等身体现的是专业的积累，笔耕不辍是热爱的见证。"我从事民族语言研究已有 70 年，没有中断过，也没有懈怠过。"戴庆厦在田野中点滴记录，在青灯下伏案疾书，脚踏实地、不为名利，始终秉持着科学保护民族语言、促进民族团结进步的初心，将自己挚爱的语言学事业薪火相传。

躬耕田野，"到祖国最需要的地方去"

1943 年，日寇入侵福建霞浦沿海地区，年仅 8 岁的戴庆厦目睹日军烧杀抢掠，坚定了读书报国的决心。1952 年，戴庆厦被中央民族学院语文系录取，他义无反顾地踏上了求学之路，与云南结下不解之缘，从此与景颇语相伴一生，不离不弃，无怨无悔。

"语言是民族智慧的结晶，做好语言工作，处理好语言关系，推进语言的作用，对于国家的发展、民族的团结都是非常必要的。"戴庆厦说，"我年轻时就把民族语言作为终生奋斗的事业，当时最大的理想是将来当个教授、科学家，为祖国争光。"

刚上大学不久，戴庆厦就前往西南边疆瑞丽勐秀进行景颇语实习。实习所在村寨离边境不远，为提防敌对势力袭击，县委书记杨永生特意叮嘱他们，离开住处 100 米就要带枪。背着一支笔、一个本、一杆枪，他一边跟当地景颇族同胞轮流站岗，一边学习、记录、整理景颇语材料。直到现在，戴庆厦也总随身带着一个小本子，突发灵感时记、遇到困惑时记、学习新知识时记。"我从年轻时到现在记下了六七十个本子，这比什么都值得珍惜。"

"语言研究是门扎扎实实的学问，来不得半点虚假，也没有什么捷径。"为做好研究，戴庆厦的大部分时间都在田野调查中度过。他跑遍我国西南地区，还多次到缅甸、老挝、泰国、哈萨克斯坦等国进行语言调查。"田野调查既要做到有'群众情感'，又要做到'眼中有物'。"他把田野调查的真谛总结为"三勤"：口勤，遇到不懂的就向老乡请教，遇到老乡就主动和他们说话；手勤，遇到新材料就立即记下来，本子不离身；脑勤，对各种奇妙的语言现象多加思索，多问几个为什么。

"立足田野，世界眼光"是戴庆厦的座右铭。70 年来，他开展田野调查一百余次，收集了二十多种前人尚未记录的语料，为学界提供了大量宝贵的语料。

奉献边疆，开展跨境语言与语言安全研究

2012 年 4 月 27 日，戴庆厦受云南师范大学特别邀请，领衔成立国内外首家以汉藏语系语言为研究对象的科研、人才培养机构——汉藏语研究院。依托云南的地缘优势、丰富的语言资源，汉藏语研究院踏上了立足云南、辐射周边的跨境语言与语言安全研究之路。

汉藏语研究院创办初期，遇到了不少困难。"最开始我们一个项目也没有，没有自己的研究生，也没有课上。"戴庆厦坦言。面对担心和质疑声，他选择迎难而上、从零开始，带领研究院老师到各地调研，积极申报语言研究项目，引进余金枝教授等优秀语言学者，一步一个脚印，壮大队伍。

汉藏语研究院成立十余年来，逐步发展成国内外汉藏语研究的科研重镇，成为云南省民族语言文字研究的一张重要名片，逐步形成"依托项目优势，立足西南边疆"的特色人才培养模式。研究院获省级以上科研项目 22 项，获准建设 1 个省级科研平台，累计培养硕博研究生近 100 名，有 12 名硕士研究生相继考入北京大学、中国社会科学院大学、中央民族大学等国内知名高校、科研机构攻读博士研究生。

坚守讲台，余热生辉，桃李满天下

春风化雨育桃李，润物无声润心田。即便现在已是 88 岁高龄，戴庆厦仍坚守在教学科研一线。他一直承担着"汉藏语概论""景颇语语法"等课程

的教学工作，注重言传身教，教育学生以严谨的态度和一丝不苟的精神对待学业。他常对学生说："语言是实实在在的，不能摆花架子，路要一步一步走，一步一步往深处走。"

"通过戴老师的引领，我见识到奇妙的少数民族语言世界，开始认识到学习一门新语言、了解这门语言的各种语法现象的成因是其乐无穷的。"云南师范大学华文学院袁梦老师也是戴庆厦的学生之一。袁梦回忆道，读书期间，她偶尔会有低血糖症状。戴老师知道袁梦的情况后，每次为她指导论文时，都会让妻子准备好饼干及糖果，以防她犯低血糖晕倒。

爱在点滴中，情在细微处。戴庆厦是学生成长路上的良师益友，他教给学生的不仅有专业知识，更有做人的道理。几十年育才，桃李满天下。自1984年招收硕士研究生、1990年担任博士生导师以来，戴庆厦培养了上百名硕士、博士，其中他培养的一大批教授、博导和少数民族语言文化事业骨干，已成为中国少数民族语言研究领域的栋梁。他还培养了许多来自美国、法国、泰国、越南、老挝等国的留学生，把中华优秀语言文化传向世界各地，增进了国际语言文化交流。

"既然选择了民族语言专业，你就要勇敢地、努力地、有信心地一直走下去。即便遇到挫折、听到冷言冷语，也不要停步。坚持，就必定有喜悦和收成。"戴庆厦满怀深情地诉说着对青年学子的殷切期盼。

（指导教师：李　璐）

羌苑: 敢为人先拓新域, 兢兢业业育新人

天津大学　生馨蕾

　　她, 是改革开放以来天津城市规划建设的参与者、亲历者与见证者, 用汗水与智慧为天津城市发展不断贡献力量; 她, 是建筑前沿科学研究的先行者, 在高层建筑研究领域开疆拓土, 在实践中不断探索城市化建筑的发展方向; 她, 是兢兢业业的教育工作者, 坚守教师初心, 五十余年如一日奋战在教学岗位上。

　　"几十年如一日, 我始终把工作放在第一位, 一刻不敢懈怠, 认真贯彻党的方针政策, 努力工作, 刻苦学习, 关心团结群众, 爱护学生, 教书育人。虽无突出的成就, 但已经竭尽全力, 问心无愧。"这是羌苑先生对自己的评价, 也是将青春岁月奉献给城市建设、奉献给教育事业的真实写照。

　　初见羌苑先生是在一个午后, 她娓娓道来, 为我们讲述了自己的教育理念和与学生相处的点点滴滴, 眼神中满是喜悦与温情。我静静地听着, 仿佛也穿越时空, 来到了羌苑先生从教的那段激情澎湃的岁月。

敢为人先, 参与天津老地铁设计

　　天津老地铁象征着天津特有的城市文化和精神。自第一条天津地铁线投建, 至今已有四十余年, 老地铁已经成为跨越两代人的城市符号。1970 年, 为了保障战时需要, 天津市政府决定建设一条保障性强、防御性高的掩蔽洞体和疏散通道, 平时用作轨道交通, 战时用作人防工程。谈起设计建设地铁的这段经历, 羌苑先生回忆满满。那时, 羌苑先生被安排设计天津地铁西站和西北角站。面对未知, 她没有丝毫犹豫, 作为共产党员坚决服从组织安排, 毫不犹豫地接受了这份艰巨的任务。

　　20 世纪 70 年代的中国还没有修建地下铁路的成熟经验, 与单一用作交通运输的隧道不同, 为了保障战时需要, 天津老地铁的建设要兼顾人防与交通的双面需求。羌苑先生与另一位设计人员只能在火车站的设计实践的基础

上，通过学习一些苏联杂志，在边学边做中总结地下建筑的设计经验。"那时很紧张，尤其是做西北角站设计，是边设计边施工。"因为没有相关的地铁教材，所以羌苑先生在上课的同时还要编写讲义和做设计，由于过度劳累，她还犯了心脏病，但是为了使工程如期完成，她一天都不敢懈怠。条件的艰苦更加激发了她的钻研精神。最终，在一个狭小的民居内她完成了西北角地下车站的设计方案并编写了关于地下建筑的讲义教材，前来听课的学生是来自全国各地的人防办主任等。

从 1974 年到 1977 年，三年间，羌苑先生作为天津大学建筑系教师，参与了天津地铁西站和西北角站两个车站的设计，参与编写了《地下建筑规划与设计》，这本教材也成为国内相关领域的高校教材。羌苑先生是天津老地铁的设计者、亲历者与参与者，还是改革开放以来天津城市快速发展的见证人。她用汗水和智慧参与构建便捷的城市交通网，为天津经济社会的蓬勃发展打下坚实的基础。

开疆拓土，专注建筑高层研究领域

1977 年返校以后，羌苑先生依旧关注天津的城市规划建设。她与同事组成科研小组，研究城市的未来发展方向。面对当时人多地少的国情，羌先生认为要解决这一问题，需要发展城市高层住宅建筑，并发表《高层建筑在中国有旺盛的生命力》等论文。"后来我意识到建筑设计的原则是'以人为本'，首先要研究人的心理行为，于是投入建筑心理学的学习，报名参加了建筑心理学会。后来我发现我国人口老龄化问题将逐步凸显，因此提出老年建筑问题。"羌苑先生聚焦这些前瞻性重要问题，凭着一股"闯劲儿"潜心钻研，相继发表多篇学术论文。

如今高层建筑技术迅速发展，改变了城市的样貌，也满足了城市人的住房需求。建筑朝着功能多样、体型复杂的综合方向发展，建筑心理与适老化建筑也成为当前主流的研究方向。羌苑先生的研究，在今天看来多么具有前瞻性。"科学研究就是要锚定目标坚持做下去，我 1980 年带学生做毕业设计时就是做的高层建筑，之后几次毕业设计都是做的高层，我觉得这肯定是个发展方向。"羌苑先生执教半生，敢为人先，锐意创新，用自己的所学所想为建筑领域的学术发展、天津城市的建设作出了积极的贡献。

初心不改，潜心执教五十余载

1994 年羌苑先生本应退休，但对教学工作的热爱让她继续着教书育人的工作，一直到 2015 年。她执着耕耘到 81 岁，执教五十余载，在她热爱的教学事业中倾情奉献。在交谈中，羌苑先生言语中流露出的对教学、对学生认真负责的态度，让我深深动容和敬佩。

"我认为担任建筑设计课的老师，起码要有一两个建筑项目是从方案设计到施工图设计，再到施工工地全过程参与，这样才能对建筑设计有较全面的了解，在教学中指导学生设计时才不会脱离实际，培养出来的学生才能很快适应和符合实际工作的需要。"羌苑先生自己是这样认识的，也是这样做的。她设计或参与设计的项目共有 30 余个，指导学生完成毕业设计 9 项，建筑类型有地铁站、影剧院、高层综合百货大楼、高层公寓、度假村、展览馆等，项目大多落地。

教师党支部书记、学生班主任、教学组长……在担任每一个职务的过程中，羌苑先生都尽职尽责。在交谈中，羌苑先生以光荣加入党组织和在党的教育下忠实履行教师职责的经历，叮嘱我们："青年党员要关心国家大事，要听党的话，服从党组织安排，勤勤恳恳地为群众服务。不要计较个人得失，要顾大局，着眼于远大目标。"羌先生对党的那份深厚感情，全心全意为人民服务的工作态度，令我深深动容。

躬身实践，投身教学一线；为人师表，品行高尚廉洁。她是投身城市建设的优秀建筑师，是知行合一的教育工作者。我们要追随先生的足迹，脚踏实地，实事求是，把学术成果落实在祖国大地上，成长为担当民族复兴大任的时代新人！

（指导教师：李春意 王小轩 王卫娜）

何熙文：以一国之粹，扬传统文化

大连理工大学　杨　扬

习近平总书记强调："文化是一个国家、一个民族的灵魂。文化兴、国运兴，文化强、民族强。没有高度的文化自信，没有文化的繁荣兴盛，就没有中华民族伟大复兴。""文化自信是更基本、更深沉、更持久的力量。"在中华优秀传统文化的浩瀚大海中，京剧这一艺术瑰宝是一朵奇异夺目的浪花。在今年的"读懂中国"活动中，我怀着好奇的心情，采访了机械学院退休教授、老党员、曾任大连理工大学中国微电子中心主任的何熙文老师，这让我对中华优秀传统文化瑰宝——京剧艺术，对执着地在校园中传播京剧艺术，着力提升大学生文化素养的何熙文老师肃然起敬起来。

因为热爱，所以坚持

六七岁的时候，何熙文便在父亲的耳濡目染下与京剧结缘了。一支勾勒眉角的笔，一袭染尽红尘的衣，一段花腔婉转的唱词，不疾不徐不刻意地一唱三叹，荡人心魄，令人无比陶醉。在"一马离了西凉界"的唱段氛围中，他的京剧情怀被激发了。惊艳于旦角的粉墨扮相，沉醉于武生的刀枪把式，他在咿咿呀呀的唱戏声中度过了美好的童年。

在大学期间，何熙文潜心科研，学习科学知识。尽管是理工科出身，与京剧的接触越来越少，但是成为京剧专业演员的梦想始终留在心中，一有机会还是要到剧场看戏。戏曲唱腔各异，或高昂，或婉转，或喜悦，或悲伤，不由自主地挥动手脚打着拍子，让那一字一句回荡在耳边，彼时，就会有国粹之花在心里悄然绽放。1964年毕业留校当教师后，他常有机会吟唱，长期的练习让他对八大样板戏渐渐精通，让京剧的底子越发深厚。

因为坚持，所以精彩

担任机械学院教师期间，何老师自然科学功底扎实，完成了许多项目设计和工程，这在当年是难能可贵的，但这并没有影响京剧在何老师心中的一席之地。"一生教授控制，前半生控制机器，后半生控制自己。"2006 年，学工程的何老师退而不休，在教育岗位上继续发光发热，致力于提高和加强理工科大学生的文化素养，厚植传统文化，增强文化自信。学校当时正致力于加强大学生文化素质教育，邀请何熙文进行"京剧的魅力"的专题讲座。谁都没想到第一期讲座就吸引来两三百名同学，讲到梅兰芳大师的时候，热闹非凡的教室甚至还要加凳子。这样的京剧启蒙课，他一讲就是三年。这就是何老师晚年投身京剧教学的初衷。

2009 年，在学校的大力支持下，校关工委成立了第一个京剧社，何老师担任京剧社社长一直到现在。其间他经常与老师们组织与京剧相关的活动。后来成立了大学生京剧团，该团成为大连理工大学团委大学生艺术团的一部分。何老师将中华传统文化瑰宝传给学生，学生在传统文化的大美中，提高审美能力、欣赏能力、传承能力。就这样，何老师用传统艺术的魅力感染和浸润着青年。

因为精彩，所以传承

2010 年，学校教务处将何老师的讲座转成了全校的选修课。2011 年，何老师的讲稿被印成一本书，多年的教学笔记和积累的京剧资料，最终形成了选修课的教材《探究京剧之美》，一年两期到现在已经二十六期了。他说："我是把小时候的爱好捡起来了，但也为开展校园文化素质教育，提升学生文化素养出了一把力。"

何老师每当提到他的学生时，都深感骄傲。虽然大部分同学之前从来没有接触过京剧艺术，甚至还有自称跑调的"音痴"，但是，何熙文老师却有着自己不一样的理解："学生都是有艺术潜能的，多听唱段，多练音准，瓶颈一过的话，水流就开阔了。"何老师不断挖掘学生们的潜能，鼓舞一批又一批学生爱上京剧，熟悉国粹。现在，全国不少地方都有何老师的学生，有的在天津北洋京剧社演出折子戏，有的在为筹建组织业余京剧社团奔走，有的已经成为京剧票友会的指导教师……正如大连戏剧家协会副主席、著名京剧票友张玫女士所说："在已迈过古稀门槛之后，仍然有千里之心，从民族、历史和文化的高度，以中华儿女的炽热情怀和使命感，义无反顾地踏上了把京剧艺术带入大学校园这条艰辛之路。这怎不叫人感动。"

何老师不但课程精彩，影响了一批批学生，而且出于对传统文化的家国情怀，把国粹京剧带出了国门。1994年，何老师到美国担任访问学者，他发现在美国，有不少华人都喜欢京剧，华人在哪儿，京剧便活跃在哪儿。他后来到达华盛顿、纽约等更多人喜欢京剧的地方，和一些京剧爱好者举办活动、开设讲座，以精彩的表演和东方人的气质赢得了广泛的赞誉。何老师曾说："大家对京剧的热爱，实际上凝聚了同胞的心，也增强了对祖国的热爱。爱国之心，也能通过京剧充分地反映出来。"

因为传承，所以担当

访谈结束了，我们从何老师这一代老教师、老党员的亲历践行中"读懂中国"，更坚定了历史自信、文化自信。中华优秀传统文化源远流长、博大精深，是中华文明的智慧结晶。习近平总书记曾说："没有文明的继承和发展，没有文化的弘扬和繁荣，就没有中国梦的实现。"我们这一代人要践行党的二十大精神，从优秀的传统文化中汲取精粹，在中华五千年文化的延续中，担当传承的责任。我们要赓续历史文脉，永远听党话、跟党走，谱写当代华章，不断增强有助于实现中华民族伟大复兴的精神力量。

（指导教师：马　宽）

耿信笃：一生科研抱负开，无愧家国栋梁才

西北大学 罗嘉海

盛夏的蝉鸣掩映着斑驳的树叶，明媚的阳光映衬着期待和憧憬。怀着激动的心情，我采访了西北大学现代分离学科的开拓人、陕西省劳动模范耿信笃先生。在到达之前，耿老师已经早早地在电梯门口等候，并且开好了空调，提前准备了冰可乐和常温矿泉水。坐好后，耿老师先关切贴心地问我们累不累，那慈祥的目光好似一束温暖的阳光，照进了我的心房，让我原本紧张忐忑的心瞬间平复下来。

逢山开路，遇水搭桥

耿老师回忆道："上私塾时，先生讲美国人为了造原子弹，整整'想'了三年。当时的我既不明白原子弹是什么东西，也不知道'想'是什么意思，只是觉得'想'有很强大的力量。于是后来很长一段时间里，我总是喜欢想，喜欢思考，这让我养成了很好的科研习惯。"小时候先生的一席教诲，在耿老师的心中埋下了科研的种子。

后来，凭借着自己的努力，耿老师顺利进入西北大学化学系学习，他选择了分离化学作为研究方向。讲到自己的研究，他说："熵增大是一个自发的过程，而研究分离科学就是一直与熵增大作斗争。这和人生是有共通点的，如果放任自己散漫、随心所欲，犹如熵增大，无须费力就能做到，那么人会离自己的目标越来越远。只有不停与惰性作斗争，才有可能实现自己的既定目标，为社会创造财富。"当我试图了解耿老师是如何克服困难取得成功时，老先生向我摆手，淡淡地说："我的一生中困难一直存在，从未停止，但我觉得这些困难不值一提。我一直有一个自己的人生哲学，那就是逢山开路，遇水搭桥，要有迎难而上的决心和解决问题的魄力，更要有坚持下去的毅力。"

丹心未曾老，与时间赛跑

"我已经 80 多岁了，但是现在依然坚持在实验室做实验。我现在研究的内容属原始理论创新，可以应用于当今的热门领域，如实现生物制药领域的颠覆性技术突破，如果现在我不去做，也许二三十年，也许更久才会有人做。所以我希望自己能快一点，再快一点，这是我作为这个领域开拓者的责任和使命。"听完耿老师的话，我的内心久久无法平静，感动之余，更多的是敬佩。

退休之后，耿老师依旧坚守在自己的实验室，十年如一日。清晨，他伴着阳光踏上第一趟校车，从学校的南校区赶往北区的实验室，沐浴着朝阳开始一天的工作；黄昏时披上夕阳的余晖，踏上归家的路途。经费不足，就用自己和爱人的退休费支持，只有周末会抽时间陪陪家人。耿老师最喜欢保尔·柯察金说过的一段话："人最宝贵的是生命。生命只有一次。人的一生应当这样度过：当回首往事的时候，不会因虚度年华而悔恨，也不会因碌碌无为而羞愧。"耿老师每天都过得问心无愧、收获满满。

胸怀家国义，拳拳赤子心

"1984 年，国外给我开出的薪资，大概是国内的 50 倍。但我选择提前半年终止合同回国，我从未忘记当初是国家给了我这个机会去学习最新的理论技术，而如今我学成归来，自当好好报效祖国。"一段简单直白的言语，却道出耿老师溢于言表的家国情怀。1981 年，耿老师踏上去美国留学的旅程时，就怀着"一定要在国际学术领域中为中国人争得一席之地"的初心！

后来事实证明，他做到了。1982 年的圣诞节，在美国普渡大学生化系的一间实验室里，适用于全浓度、多组分的各类色谱的统一的计量置换保留模型诞生了，在学术界掀起了惊涛骇浪。在蛋白质的分离与纯化方面，耿老师的分离技术解决了基因工程产品与包含体中杂质的生物工程存在的问题，是国际上的首创，这一方法与当时最为先进的技术相比效率成倍提升，沿用至今。他的专著《现代分离科学理论导引》成为全国研究生的教材，现已是第三次印刷，他创立的一种全新的分离方法也即将问世。"在学术领域的研究上我丝毫没有对陈旧让过步，我对自己学术的要求是做出来的成果一定是最新最好的。我就是要让外国人看看，这是属于我们中国人自己的底气！"

参观展示墙时，我看到了耿老师作为有突出贡献的回国留学人员被当时的国家领导人接见的照片。回国后，耿老师在自己的研究领域孜孜不倦地耕耘创新，取得了一系列处于国际领先水平的科研成果与先进荣誉。

纷飞的战火和动荡的时代未曾阻断耿老师的求学之路，极高的薪资和优越的条件未曾动摇耿老师的赤子之心。他在学术领域成就辉煌、鞠躬尽瘁；在教育领域教书育人、天下桃李。这场采访更像一场精神的洗礼，而像耿信笃这样老一辈化学人的精神，就像黑夜中点亮的灯火，在遇到艰难险阻时给我们指点迷津，带来无限的勇气和力量。

（指导教师：王一斐）

连法增：党旗下成长，科教中闪耀

东北大学　陈　浩　郝宸筱

国家科学技术进步奖一等奖、全国高等学校科技先进工作者称号、国家中青年有突出贡献专家……一张张摆放在桌上的证书，映照着过往的岁月。1945 年，连法增出生于河北魏县贫穷农村，经历战乱、动荡与贫苦的岁月，从饿着肚子苦读书，到极其幸福的今天，成为大学教授、博士生导师，他见证了中华民族从站起来到强起来的历程，同时也实实在在地参与为祖国社会主义事业发展添砖加瓦。如今岁月匆匆，近八十年时光逝去，连老早已满头华发，岁月的痕迹无情地爬上他的脸颊，但他依旧精神矍铄，眼神锐利如锋，始终保有对中国共产党的信仰。他的话语铿锵有力、真挚深情，裹挟着过往的风，从那个改天换地、翻天覆地的年代徐徐吹来。

笃志教学，匠心育人

"到祖国和人民最需要的地方去！"怀揣着这样的信念，年少的连法增放弃了更好的机遇，响应党的号召，服从国家的分配，以新工人的名义留校任教。受限于特殊年代，连法增没能系统地学完大学课程，但他从不会不懂装懂，课前课后他都会挤出时间自学，实在搞不懂的，他就向"知近"的老师虚心请教，以丰富和提高专业水平，保证不传授学生错误的理论知识。连法增不仅传授学生理论知识，也在思想、品德、价值观方面潜移默化引导学生，他认为国家的人才须兼顾严谨求实的态度与报效祖国的信念。几十年里，连法增因材施教，充分发挥学生的聪明才智；身体力行，教育学生以严谨的态度和一丝不苟的精神对待学业和科研，激励学生成才后报效祖国。春风化雨，润物无声，连老一直是学生成长路上的良师益友。

师道传承，守正创新

1984 年，学校允许教师在职读研究生，连法增迫不及待报上名，通过考试争取到这个宝贵的机会，也是因为这个机会，他与一位对他影响极其深远的导师——孙廷烈教授相识。孙教授是精密合金的先驱创始人。他在经历膀胱癌手术后，在刀口未闭合的情况下就开始上岗工作，因此退休后的身体恢复不太好，但仍坚持每天到图书馆查阅国内外专业发展动态，并把有价值的资料写成文字记录下来，交给年轻教师参考。连法增敬佩前辈爱岗敬业、无私奉献、守正创新的精神，五十多年来，他学习老师的精神，始终以国家需求为己任，将青春与年华献给了磁性材料。他担任过国家"七五"科技攻关重大项目"新型稀土铁基永磁材料及其制造工艺"中的"廉价铁基稀土钕永磁材料研究"专项负责人，该项目获得了国家科学技术进步奖一等奖；承接过国家重点高性能软磁铁芯研究军工攻关项目等，连挑重任，攻坚克难。在研究廉价高性能铁基稀土永磁材料时，他遇到了难关，研究一度停滞。连法增对自己说："人生无坦途，路靠自己行，再难也必须往前奔跑。"从零开始调研的路有着数不清的困难，实验方案废了一版又一版，成分也调了又调，工艺不断尝试……不知多少个日日夜夜后，皇天不负有心人，连法增终于成功研制出了高性能钕铁硼磁体，为中国与世界各国在钕铁硼磁体的研究和应用方面开辟了新路，让稀土资源的综合利用有了更多选择。在他最热爱的领域中，连法增攀登科研高峰，为祖国的科技发展奉献着他的一生。"最好的人生规划就是将个人的命运同国家、民族的命运相融合。"这也是他人生的真实写照。

践行初心，永记党恩

"没有共产党就没有新中国，没有共产党就没有我们今天的幸福生活。我生在旧社会，长在红旗下，从小学到大学都是在党的关怀下学习、成长的。国家的发展变化，我的感受最深，共产党时刻想着人民，为人民服务。"

三年困难时期，每天三两的学生粮食补助让青年连法增感受到了红旗的庇护，从此对党的爱戴与崇敬之情深植他心。1975 年他光荣入党，终于走在了为人民服务的行列中，走在了科教助推国家前进的队伍中，细细想来，这一走便已是 48 年。48 年后，望向他的双眼，你会惊奇地发现里面闪动着的，是相同的光芒。他已经深深把跟党走的信念融进血脉里、植入骨血里，无论在职还是退休，他为人民服务的初心从未改变。老去的是岁月，不变的是信仰。

连法增见证了改革开放的经济腾飞，人民吃饱穿暖；看到了全面小康的焕然一新，完成脱贫攻坚。党的二十大以来，国家正向富强、民主、文明、和谐、美丽的社会主义现代化迈进，他颇有感触："遍地高楼、满街汽车。""交通、高铁、造船、北斗系统、各种高精尖武器装备和某些高新技术领域已经走在世界前列。""在中国共产党的领导下，沿着中国特色社会主义道路继续走下去，发挥全国人民的聪明才智，一定能实现中华民族的伟大复兴。"连法增关注着国家的发展，也始终坚信那颗东方的太阳还将熠熠生辉。

寄语青年，启航征程

"我们这一代的历史使命基本完成。希望就都寄托在你们这一代年轻人的身上，你们青年学生是早晨八九点钟的太阳，你们要珍惜在学校学习的最好时光，努力学习、刻苦钻研，为中华民族的伟大复兴贡献自己的力量。"这是连老师对当代青年最殷切的期望。如果没有徐徐落下的太阳，又怎会有"夕阳无限好"的美景呢？现在的生活是由上一代人创造的，下一代人呢？连老的经历与话语中也许有答案，值得我们细细回味后化为我们前进的动力。

（指导教师：冯泽民 董 磊）

蔺海明：矢志艰苦奋斗，传承陇人品格

甘肃农业大学　张嘉鑫

须知少日擎云志，曾许人间第一流。新时代孕育新希望，新征程承载新梦想，新时代青年要肩负起时代的责任。1953 年出生于甘肃甘谷的蔺海明教授，向广大青年学生讲述着他们那个年代的奋斗故事。

在第一个"一百年"亟须达成目标的时代，来自甘肃农业大学的蔺海明教授专注于研究旱地农业生态方面的问题，后来又创建了甘肃农业大学药用植物资源与利用博（硕）士点及中药材栽培与鉴定本科专业，可以说是甘肃农业大学中药材专业的奠基人之一。蔺教授也曾是意气风发的青年，他讲道："我也是从甘肃农业大学毕业的学生，求学期间就了解到旱地农业占我国农业的半壁江山。我毕业之后前往甘肃定西教学点工作了十年，在这期间，我学会了如何去工作，去接近生产，接近农民，体验生活，从中收获了成长和锻炼。"十年的经历使他有了新的出发点。

在定西工作期间的他踏实努力、认真负责，对工作中遇到的问题积极思考，虚心求教，这使他成了一位合格的基层工作者。十年蹲点结束后，蔺教授回到甘肃农业大学任教，在工作过程中，他发现仅仅发展旱农是不够的，从而选择研究农业生态学。当时我国还没有开设农业生态学相关的学科，所以他成了甘肃农业大学开设"农业生态学"课程的第一人。在那之后，他负责编写了一些农业生态学的教材专著。后来，随着国家的发展以及甘肃省农业的发展，他意识到中药材方面的人才缺失，经过前期的准备和铺垫，最终和同事们共同努力，建立了中药材资源与应用博士点，同时也带动了硕士点的建立，这也为甘肃农业大学设立了一个新的学科方向。之后又和学校相关教授一起去北京教育部申请，最终将中药材栽培与鉴定专业真正建立起来。之后，蔺教授担任甘肃省中药材专家组组长，并在工作过程中向省里领导提出建议，最终将中药材产业纳入甘肃省六大产业之一，带动了我省中药材产业的发展。目前，甘肃省也是我国主要中药材生产地之一，盛产党参、当归、黄芪等名贵药材。

他曾讲道："我很荣幸可以参与到这份工作中，为农民生产创造一个相对好的条件。"其实一开始的坚定选择、钻研道路上的吃苦精神，都是为了实现目标，为祖国发展作出贡献。作为新时代的新青年，为实现"两个一百年"奋斗目标，为将祖国建设成社会主义现代化强国，我们青年学子需要将老一辈吃苦耐劳的精神传承并发扬。

在中国特色社会主义新时代中，每个人都是一颗钻石，在自己的专属领域闪闪发光。回想过往，蔺教授有几件令他充满成就感的往事：第一件是甘肃省第一株枸杞是由蔺教授和同事引进的。蔺教授在 1990 年去宁夏参加国际学术会议时受到启发，心想：为什么不将枸杞种植引到甘肃来呢？他当即行动起来，立刻与甘肃农业大学研究林学的一位教授共同申请了省教育厅课题，在经费有限的情况下展开各项工作。到目前为止，甘肃的枸杞种植面积达到 70 万亩，所带动的收益十分可观，这对农民来说也是一项十分利好的产业。

其次是甘草育种。目前全国有甘草新品种四个，蔺海明教授育成的品种占 3 个，并且获得省种子管理部门的颁证，在河西地区曾将甘草种植面积推广到三十多万亩，为当地的发展作出了巨大贡献。

蔺教授曾说："一个人一辈子不在于做了多少贡献，哪怕只有一样贡献，只要可以引起社会的共鸣，那便足矣。"他热爱自己研究的领域，享受研究的过程，享受自己的研究成果被认可并服务于社会的成就感。

少年意气强不羁，虎胁插翼白日飞。蔺海明教授的经历对我们广大青年学生起到了指引作用，我们更要学习其无私奉献的精神，为社会主义现代化建设添砖加瓦。

为实现社会主义现代化目标和"两个一百年"奋斗目标，蔺教授有着"奋斗才能成功人，拼搏才能幸福人"的人生态度。他自工作以来一直致力于钻研科研，带动农业发展，有着最朴实的农大人精神。即使退休，仍坚持学习，每天阅读报纸，关注国家大事。在他看来，拼搏的人生才是最富有意义的，同时他也以身作则，为我们树立了榜样。现在的广大青年学子要勤学善思。每个人身上都有闪光点，我们要善于发现他人的长处，弥补自己的短处。

百年大计，教育为本，老教师的经验更是学校及学生的宝贵财富。毛泽东主席说过："你们青年人朝气蓬勃，世界是你们的，也是我们的，归根到底还是你们的。"世界永远是年轻人的，我们应当不负众望，成为国家未来的栋梁之材，成为各个行业的领头人。

（指导教师：张苗苗）

伍卓群：岁月不改赤子心

吉林大学　周家旭　李冠余

岁月如梭，涓涓细流成江海；世代更替，历史长河不停流。翻开历史的书卷，无论什么时代，社会上都不缺这样的人：舍弃个人之私利，谋求集体之兴利。从投笔从戎、平定西域的班超，到袁隆平的"禾下乘凉"梦，无数优秀中华儿女，以党的事业、人民的利益为出发点，顽强拼搏、不懈奋斗。伍卓群就是这样一位敢为人先、舍己奉公的先生。

北上求学，旷日经年

伍卓群于 1930 年出生在湖南省湘潭县。少年时期，他因战火不得已离开家乡，辗转各地求学。1950 年 7 月，他入读东北工学院（现东北大学）数学系数学专业。随着全国高等院校院系大调整，1952 年，东北工学院数学系并入东北人民大学（吉林大学前身），伍卓群随之来到了长春，这也是他第一次踏上这片土地。

1954 年，伍卓群从东北人民大学数学系毕业。那个年代，中华人民共和国刚刚成立，教育文化事业亟待发展，尤其是在东北，更是急缺教学资源。为解决数学系师资短缺的问题，伍卓群怀揣着极为浓厚的家国情怀选择留在了这所综合性高校。这一留，就是几十年。

今天的我们作为后辈，只能站在近一个世纪外的时间长河的彼端去回溯，以后辈的身份去遥想先生当初是怎样下定决心作出了如此伟大的决定，又是怎样毅然抛下了三湘故乡的暖阳春草，选择克服气候和饮食习惯的不适带着夫人留在了长春，以实际行动回报党的培养之恩、学校的教育之情。留校任教，为祖国建设尽责尽力，先生用实际行动彰显了"寸心寄华夏，岁月赠山河"的博大胸怀，传承了吉林大学的"北上精神"。

磨砥刻厉，久而有得

万事开头难，难在迈出第一步。伍卓群亲历王湘浩创建数学系的全过程，并在王柔怀的指导下开展科学研究。他对待教学和科研精益求精、孜孜不倦，终成我国在偏微分方程发展方面做出重要贡献的前辈之一。他在"常微分方程定性理论和奇摄动理论""拟线性双曲守恒律理论"和"拟线性退化抛物方程理论"等方面取得了一系列重要的研究成果，其中，关于一阶拟线性方程 Cauchy 问题间断解的研究方法，被同行称为 Douglis-Wu 方法。

伍卓群曾任中国数学会副理事长，数学天元基金领导小组成员，曾荣获教育部科学技术进步奖一等奖、国家科学技术进步奖二等奖、国家自然科学奖三等奖、全国优秀教材奖一等奖、全国优秀科技图书奖二等奖和"孺子牛金球奖"等荣誉。

公而忘私，鞠躬尽瘁

从参加工作开始，伍卓群就一直是行政管理、教学科研"双肩挑"。他历任数学系的教学秘书、系主任助理、系副主任。1982 年 3 月，伍卓群担任副校长，1986 年开始任校长。潜心科研许久，最初伍卓群不很喜欢行政管理工作，经过上级领导的反复动员才接受任命。但在上任之后，伍卓群以极高的标准要求自己：在行政与业务两者之间，任何时候都首先顾前者，担任学校领导职务绝不能"要名不干事"或"挂名少干事"。在他任校长期间，始终坚持把主要精力放在提高教育质量和学校水平上。他极为重视和爱惜人才，结合学校实际提出了一系列学校发展的战略思想和办学主张。他在任期间，吉林大学有 5 人当选为两院院士。同时，他辟建了吉林大学新校区（今前卫南区），作出了北区迁往南区、实行一处办学的战略决策，为吉林大学的长远发展奠定了坚实的基础。

学生之间流传着这样一个故事：在伍卓群就任校长时，数学楼语音室因为学生乱扔烟头而被烧，燃起熊熊大火。伍卓群亲自守在楼梯口指挥，众劝不归，岿然不动，直至大火熄灭。直至今日，遥想当年情况，学生们仍能从历史的风云中窥见伍卓群敢为人先的风姿和时刻守在第一线的伟大品格。

在担任校领导后，为了学校的发展建设殚精竭虑，伍卓群错过了在学术地位方面很多发展上升的机会。尽管如此，他并没有因为行政工作而放松教学科研工作，他指导的 10 名博士研究生，后来都成长为学科带头人或著名高校数学学院的负责人，他们继续为国家培养了近千名硕士研究生和博士研究生，将伍卓群海人不倦的品格代代相传。

桃李不言，下自成蹊

在伍卓群四十余年的职业生涯中，中国社会在不断变革中快速发展，他始终坚持着自己的人生宗旨：报党恩、为民情、严律己、做好人。坚定初心不动摇，奉献于社会，服务于人民。

岁月悠悠，人生漫漫。伍卓群在四十多年里用坚守向下扎根，从坚硬的大地上伸展出芽脉，呈现勃勃生机。我们回望历史，也只能管中窥豹地了解先生光辉灿烂又默默无闻的半生。但橘子洲上的风记得，密密麻麻的演算纸记得，先生一次次走过的校园记得——记得先生的那些历久弥坚的美好品格，渗透在一言一行中的忧国忧民的伟大情怀，身正有担当、甘为孺子牛的奉献精神。而这些，也是我们作为后辈正在努力践行的。

伍卓群先生开辟了吉林大学的发展道路。他用自己一生的奋斗，不忘初心，致力于发展建设吉林大学，致力于发展建设吉林大学数学学科。我们敬佩先生高尚的道德情操、无私的奉献精神、卓越的科学成就。作为新时代的新青年，在新的发展道路上，我们要从自身做起，汲取伍先生榜样模范的力量，努力为人民的事业、民族的事业、国家的事业贡献出自己的力量，为国家之富强、民族之复兴不懈奋斗。

（指导教师：李辉来　王春朋）

盛振邦：打造"深蓝国家队"，助力巨轮破浪行

上海交通大学　洪懿琳　刘　润

推开公寓的大门，一位老人在屋里笑着向我们挥手。已 94 岁高龄的他虽已庞眉皓发，但依旧精神矍铄，谈吐清晰。环顾四周，整洁的屋子里没有多余的装饰，唯独在一个木制的壁橱中，摆放着多枚早已褪色的奖章。

他的家不大，锅碗瓢盆，三餐四季。他的"家"很大，"住"着海洋工程领域的大国重器，在峥嵘岁月里引领我国以傲人的姿态拥抱大海、走向世界。他，就是海洋工程国家重点实验室首任主任、上海交通大学船舶与海洋工程流体力学学科主要创建者之一、上海交通大学原副校长盛振邦教授。

登高自卑，行远自迩

1948 年，在那个学习资源匮乏的年代，盛振邦以优异的成绩考入了上海交通大学造船工程系。

在党和国家的支持下，盛振邦于 1965 年远赴英国留学。他深知，此时的中国人在船舶流体力学方面的实践经验十分薄弱。于是，顶着"大材小用"的质疑，在船舶流体力学研究方面已小有成就的盛振邦主动申请担任实验员，不追求论文产出，而是一头扎进试验工作，努力探索实践方法。自获得留学资格那一刻起，盛振邦始终铭记祖国的栽培之恩。当被问到是否想过留在国外时，他坚定地摇了摇头："当时的中国一穷二白，八个农民的产出才能供一个学生出国留学，我肯定是要回来的。"于是，学习期满后，他毅然放弃了国外的优厚待遇选择回国。

刚回国的那段时间，中国的科学研究体系还处于一片混乱。此时，盛振邦临危受命，担任上海交通大学船舶流体力学研究室主任，担起了重振我国船舶流体力学研究的重任。他没有大刀阔斧急于改革，而是选择沉淀下来，整理了过去几年国内的相关研究论文、报告，并编辑成册。其间，他编著出版了《船舶推进》《流体力学》等多本至今仍在使用的专业书籍，奠定了学科

发展的基础，为新中国培养了一批又一批专业人才。

但是，盛振邦意识到，要想真正向世界先进技术靠拢，我们还需要建立一个自己的高水平实验室。

披荆斩棘，绝处逢生

空泡水筒是船舶流体力学实验室的重要组成部分，早在 1961 年便计划建立。虽然当时国外已有完整的设备，但费用极高，在社会动荡、资金短缺的困境下，盛振邦决定走上自主攻关的道路："没有经验就自己动手试，没有资金就想办法筹，不做怎么会知道结果。"但谁也没想到，这一建，就是17 年。

由于这是我国第一次建造空泡水筒，凡事都要从头学起。筒体、轴系、循环水泵……每一个细节都要经过反复论证、严格把控，光是设计就耗费了三年之久。从理论设计到零件制造，盛振邦及其团队不断往返于学校和工厂之间，实验、修正、再实验，在漫长的岁月里自力更生，与困难作斗争。1977 年，教育部部长蒋南翔在考察该实验室时，由衷感慨道："全部仪器设备都是自行设计，国内制造，实在是太了不起了。"

终于，1991 年，我国首个海洋工程国家重点实验室成功建立，该实验室以海洋工程水池为主，与船模拖曳水池、空泡水筒等组成试验研究群体，其中海洋工程水池的规模在当时属世界第三、亚洲第一。往后多年，该实验室面向国家需求，比肩科技前沿，吸引不少专家学者前来合作交流，许多单位依托它完成了多项国家重大科研项目，为国民经济、国防建设的发展注入强劲动力。此外，该实验室还积极参与国际竞争，承担完成了美国、加拿大、挪威等国的多项重大工程项目。盛振邦主导建立的海洋国家重点实验室，不仅为上海交通大学船海学科的建设作出了卓越贡献，也为我国在科学研究、人才培养、国际合作交流等方面作出了显著成绩！

怀初心使命，涌青春后浪

七十多年前，盛振邦怀着感激与热爱加入中国共产党，一路走来，他始终坚守"不忘初心"的原则。1983 年至 1992 年，盛振邦担任上海交通大学党委常委、副校长兼研究生院院长。多年来，在他的带领下，学校代表团多次访问国内外名校，各国知名专家也受邀前来交流学习，开展学术论坛。在引领学校走向国际的同时，他依然履行授课的职责，保持低调朴素的作风。"若我干不好，就请你们立马辞退我，让我专心教书。"教书育人始终是盛振邦的初心使命。

作为和学生打了一辈子交道的老校长，时至今日，他仍时刻牵挂着青年学子的成长与生活。在百年未有之大变局的时代背景下，青年人面临越来越多的选择与诱惑，盛振邦亲切嘱咐道："每个时代有每个时代的目标，每一代人有每一代人的使命，青年们在做出人生重大抉择时，应与国家同呼吸，与民族共命运。"正如党的二十大报告中指出的，当代青年生逢盛世，重任在肩，"站在新时代节点上，要将自己的发展与国家命运相结合"。这是盛振邦对青年人的殷切期盼，也是一名老党员对后辈的深厚关怀。

一望无际的沧海，承载着无数先辈的愿望、万千青年的梦想。六百多年前，郑和率船队下西洋，将中华文明传播到世界各个角落。而今，正因为有了像盛振邦这样自力更生、艰苦奋斗的科研工作者，中国这艘巨轮才得以继续挺进深海、向海而兴。盛振邦用时代故事，激发青春力量，引领越来越多的青年学子乘风破浪，在美丽富饶的蓝色国土上，奏响青春建功新时代的最强音。

（指导教师：史舒婧　蒋雨航）

唐益群：矿工的本色

同济大学　陈建翔

夜色渐浓，圆月高挂。一天的高强度劳动过后，身边的工友们早已酣睡，但此时的他凝视着屋顶，久久不能入睡。"怎样才能做到既保证安全，还能降低掌子面挖煤时的工作强度"等问题，困扰着年轻的唐益群，无数个黑夜里的深思如金子般宝贵，激励着这位青年人不断前进。江苏大屯煤矿井下的工作经历，锻造了他坚韧的品格和顽强的毅力，培养了他脚踏实地的作风，也使他和矿井、煤矿工人间建立了隔不断的浓浓情结。

高考恢复后，唐益群毅然选择了同济大学工程地质与水文地质专业，渴望学习与煤矿地质勘探相关的知识。大学期间他勤奋刻苦，专注于专业知识的学习，志在为实现中华民族的伟大复兴贡献自己的力量。

永不停歇的"科研陀螺"

告别矿工生涯，唐益群走进大学校园，后又留校当了老师，但惯性的生物钟还是在催促着他像陀螺一样不停转动。每天完成教学工作后，晚上他都会到图书馆或在宿舍里寻一方静谧，认真钻研国内外专业资料。在煤矿工作期间养成的深夜思考的习惯，有助于他深入思考和解决问题。"当时没有电脑，写一天的报告和推算几十页是常有的事。"唐益群笑着回忆说，他常常没日没夜地写，写到手指发酸发麻，连笔都拿不稳。"太忙了，几乎只有周日回家，平时所有的家务事都是我爱人在处理。"唐益群言语间满是对爱人的愧意。

在 20 世纪 80 年代中期到 90 年代初，唐益群曾三度深入思考自己的科研主攻方向。最初，他选择了"地层中地下水污染前锋面迁移规律研究"，自掏腰包购买材料并制作试验仪器，进行科学实验。为了服从国家战略需要，唐老师又两次改变科研方向，最终确定将"城市工程环境效应与地面沉降防控"作为自己的毕生事业。在这一研究领域，他申请并主导，参与完成了多项国家自然科学基金项目、国家 973 计划专项子课题、国家科技支撑计划专项子课题以及众多省部级和地方科研课题。年轻时,在矿井一天高强度劳动过后,久久不能入睡,脑海中翻滚着保障安全和降低工作强度的难题。如今年逾古稀,唐老师终于得偿所愿。

一支"始终燃着的火把"

在唐益群和学科组全体老师的努力下,同济大学地质资源与地质工程学科在 2003 年获得了二级学科博士点,实现了学科发展跨越式的突破。矿工的工作经历,使他非常重视理论与实践的紧密联系。他采用理论与实践相结合的授课方式,在深入了解大规模城市建设引发的工程地质灾害后,决心创立新的课程体系,作为自己新的研究目标。

他创立了"工程地下水"这门新的本科核心教学课程,以第一作者身份出版本科教材《工程地下水》和英文版本科教材 *Groundwater Engineering*。他陆续出版了多本研究生教材和专著,实现了他为追求理论与工程实践相结合而创立新课程的最终目标。

在唐老师几十年的教学生涯中,他培养博士生、硕士生和指导博士后共计 70 多名。现在他们都已成为各领域的杰出人才,多位学生担任单位的技术领导职务,其中进入高校担任大学教师的就有 14 位。唐老师和他的学生们共同发表论文 240 多篇,授权国家发明专利近 20 项。

谈及学生,唐老师很开心:"学生如此优秀,夫复何求!"

冲在第一线的"战士"

2008 年,汶川地区地动山摇之间,一座座城镇夷为平地,成千上万的生命被废墟掩埋。唐老师看电视的时候,潸然泪下。他主动请缨前往汶川抗震救灾第一线,参加国家建设部派出的"房屋应急评估专家组",评估地震灾区的建筑物受损情况。房屋应急评估过程中大小余震不断,有一次专家组在评估青川县医院一座楼房质量时,遭遇 5.2 级余震。他们当时所处的危房强烈晃动,所幸建筑物整体结构还算稳定,没有倒塌。唐老师和他的同事们冒着生命危险,高质量地完成了"应急评估"任务。

2010 年 3 月,唐老师参加了水利部派出的抗旱救灾专家组,前往贵州省平塘县指导工作。他为当地干部和技术人员提供了专业的指导，帮助他们找到地下水源，为干旱的山区村镇民众解了燃眉之急。

作为交通运输部的专家，唐老师多年来奔波在祖国各地的建设工程中，足迹遍布祖国大江南北。现在，他虽然退休了，但仍积极参与全国各地的工程建设学术会议，为工程技术人员授课等。

民族复兴伟业的"奋斗者"

唐老师一生信奉着"中华民族伟大复兴"是我辈的职责，他积极用自己的知识和才能为祖国的工程建设服务，以回报党和人民对他的培养之恩。他曾写下一首打油诗《思绪》：已是人间七旬翁，仍可策马啸西风；撰著自笑无杰句，不忘"初心"砥砺攻。昔日立有凌云志，中华复兴记心胸；喜看学子传承继，岂能篱下学陶公！

雄关漫道，任重道远，奋战正酣，踌躇满怀。唐老师几十年如一日地潜心钻研、深耕不辍，心中依靠的就是追求真理、勇攀高峰的科学精神。我们要以唐老师为榜样，主动到实践中经受艰苦环境的磨练，自觉锻造坚韧的品格和顽强的毅力，在今天的学习中更要胸怀科技报国的远大抱负，把科研成果写在祖国的大地上，为建设祖国做出我们这一代人的贡献。

（指导教师：孙锦璇　陈立丰）

高乃云：无悔的红烛

同济大学　徐　雅　蔡松楷

初次相见，她手拎一个普通的布袋，戴着一顶朴素的紫色帽子，一头利落的齐耳短发、一副老式眼镜、一身简单的蓝色外罩衣、黑裤黑鞋，给我们的第一印象就是："太亲切了！"当被询问是否需要饮茶时，她摆手笑道："不用了，我自己有的。"说罢从她的布袋里取出自带的保温杯，一边摘下围巾与口罩，一边抬手扶了扶眼镜，仔细端量起桌上摆放的采访提纲……

无心华冠丽服，却透露出高雅与智慧；无意物欲横流，却散发着深邃与坚定。这样一位朴素的老人，用尽一生气力，守护一方净水。从青涩到暮年，她为专业领域的进步发光发热；从青丝到白发，她为后辈学子的成长倾尽丹心。她就是"同济大学卓越女性荣誉奖"获得者——高乃云教授。

忆往追昔，巾帼向党

高老师的一生总与"要强"一词相关，打年少起，她总想着要"为女孩子争一口气"，绽放出自强不息的巾帼风采，展现出与众不同的"她"力量。

她是首届工农兵学员，当时学生基础普遍较差，但是高老师好强的性格不允许自己落后于人，学校也安排了进修机会。"那时候学习外语可不简单啊。"回忆起这段往事，高老师的眼睛里闪烁着光芒，"白天上课，下课了又赶紧钻进自习室背单词，我当时就想着，一定要把英语学好。"高老师不仅克服了繁重的课业压力，还取得了优异的成绩，最终留在了教研室。正是这种吃苦耐劳的精神，带领着她不断克服未来的重重困难。

后来，高老师担任杨钦教授助手，她认真学习计算机知识并打下了坚实的计算机基础，凭借着踏实勤奋得到杨钦教授的认可，也学习到如何捕捉科研领域的最新方向——"全世界研究的最新成果总归是写成英文文章、发表在英文杂志上，你要研究新东西、新课题、新方向，就要到英文堆里去找。"高老师特别强调，要时刻保持对学术的敏感，时刻保持对未知领域的好奇，时刻保持乐于求学和质疑的科研精神。

师者大爱，拳拳育人

风雨润桃李，黑白画春秋。高老师教书育人几十载，为国家给排水行业培育了许多人才，他们或继承衣钵教书育人，或奔赴行业守卫碧水，或留守科研开拓创新⋯⋯

在数十年的执教生涯中，她始终怀抱着最真诚的态度对待每一位学子，直到现在，她还能自豪地脱口而出她这一生培养了 42 名博士生、78 名全日制硕士生和 34 名非全日制硕士生。她对学生充满关爱而非溺爱，也会毫不客气地指出学生的错误和缺点，"在外面别人都夸赞你们，你们尾巴就翘得老高，那只有我来做这个'坏人'，只有充分认识到了自己的缺点，敢于面对它和改正它，才能更快更好地成长。"

朝暮不辞培苗苦，年岁只为育才忙。待得桃李芬芳后，青眉染雪鬓堆霜。高老师细致入微地关心学生生活，会因人而异地给予学生相应的帮助：当她的博士生无力负担治病费用时，她自掏腰包助其渡过难关；当学生首次尝试写英文论文时，年近花甲的她与其讨论细节直到深夜，一夜未眠后清早便给学生发稿修改；对待"调皮"的孩子，她独有一套心得方法，"越是'捣蛋鬼'越要和他交朋友，越要主动地去关心他，与他交心"。

三尺讲坛授华识，半寸寿笔解疑章。文高语妙阐德语，学博言切益明良。高老师用自己的言行生动诠释了为人师表的真正内涵。

开山踏水，寄语未来

择一事，终一生。高老师退休前专心科研，在饮用水处理和供水技术等领域都发挥着骨干力量的作用，担任了国家 863 计划等重大工程项目的负责人。

在饮用水处理专项调研过程中，她和团队艰苦探索出了增加生物预处理、活性炭吸附等预处理过程，帮助处理水污染物质，并将此整理编写到了第五版教材中，填补专业领域的空白；在负责太湖水体富营养化项目时，对除藻、除臭味等问题展开一系列研究，也推动了我国湖泊富营养化治理进程⋯⋯

"希望大家打好理论基础，攒足实践经验，脚踏实地，厚积薄发。吃得苦中苦，才能走得稳、走得远。"

初心不与年俱老，奋斗永似少年时。高老师身上展现出的"五老"精神是时间打磨出的璞玉，温润有力，是浇灌心灵的甘雨，无声润物，增强了我们对专业学习的信心。

（指导教师：徐　畅　乔建新）

李其维："心"火相传六十年

华东师范大学　王云汐　徐歆辰　张浩炜

又一次缓缓前行，又一次拾级而上，又一次轻推房门……和往常的无数次一样，八十高龄的李其维教授来到他的办公室，开始新一天的研究和求索。午后温暖的阳光斜射进这片小小的"书海"，将整个房间点亮。华东师范大学心理与认知科学学院终身教授李其维的人生故事，如同阳光般徐徐展开。

求学立志，传心为任

1962 年，李其维考入北京大学心理学专业。在知识的殿堂里，李其维深受老师们的熏陶，逐步稳固专业思想，意识到肩负的重要使命——为心理学"延续香火"。毕业后，他被分配至天津远郊某初中任教，一教就是近十年，但他仍心存学习心理学的火种，坚持认为人类具有共同的心理活动，其奥秘值得探索。1976 年唐山大地震来临时，他幸运地躲过一劫，生活在临时搭建的"地震棚"里。

不久，一封不寻常的信给他的事业与生活带来了转机。那是在全国教育活动和学术研究逐渐复苏的背景下，李其维大学时代的恩师陈舒永先生邀请他加入《心理学纲要》一书的翻译工作，负责第 11 单元"感觉经验"的内容。《心理学纲要》是 1976 年后北大心理系组织翻译的第一本国外心理学专著，具有非凡的意义。怀揣对恩师的感激之情，他在地震棚中孜孜不倦地工作，即使遇到大量的专业名词，也潜下心来仔细翻译和校对，最终圆满完成了这一任务。

随着研究生制度的恢复，李其维考入华东师范大学心理学系，有幸成为1976 年后的第一届硕士生。在这里，他遇到了人生中的第二位恩师——左任侠教授。在左教授的引领下，他与皮亚杰有了美丽的邂逅。研究生毕业后，李其维教授留在华师大任教，引领更多学子深入探索"心"的世界，为中国的心理学研究领域作出了卓越的贡献。

求真为乐，致知无垠

在两位恩师的悉心指导和自身思想的成长中，李其维教授越发清晰了学习心理学的意义。他感到，大学时代的自己是延续香火的"被动"角色，但随着研究的深入，他逐渐领略到了其中的奥秘与乐趣，"主动"将皮亚杰研究确立为自己的终身事业。他将这种境界总结为"求知为乐，求真为乐"。他说："真善美，我头一个对这个'真'感兴趣。其实善和美都跟这个'真'，关系极大。"

秉持着这一信念，李其维教授在发展心理学领域深耕多年。他的学术著述丰富，包括《论皮亚杰心理逻辑学》（1991）、《破解智慧胚胎学之谜》（1999）等专著，并与左任侠教授共同主编了《皮亚杰发生认识论文选》（1991）。此外，他还翻译了 B. Inhelder 与皮亚杰合著的《学习与认知发展》（2001），并策划了《皮亚杰发生认识论精华译丛》（2005）。

2013 年，已是古稀之年的李其维教授与他的学生赵国祥教授主持启动了《皮亚杰文集》编译工作，这是一项连日内瓦大学皮亚杰档案馆也难以完成的任务。他们率领 130 多位专家从初步策划、选择著作、组织编纂到终审出版，历时近八年，完成了这套共计 10 卷本、19 册、2200 多万字的《皮亚杰文集》。李其维教授为整套文集撰写了长达十余万字的序言，对皮亚杰的理论体系、内在逻辑进行了详细解析，并列出了皮亚杰理论未来研究的十大领域，引领更多人走进了皮亚杰博大精深的学术天地。

李其维教授曾获"做出突出贡献的中国博士学位获得者""全国优秀科技工作者"等称号，及中国心理学会"终身成就奖"，但他始终虚怀若谷。他笑称，自己以后可能会写一本书，题目都已经想好了，就叫《学习心理学六十年——至今门外汉》。如今，八十高龄的他依然准时来到位于俊秀楼 4 楼的办公室，一待就是一整天。他说，这已经成了自己的生活方式。他的办公室宛如一个小小的"书海"，堆满了书籍、报刊，还有他的剪报和小卡片。谈及这些"宝贝"，他说："好记性不如烂笔头，随时要记。"心理与认知科学学院教授、教育部高等学校教学指导委员会委员庞维国说："李老师一旦有一些想法，马上就会写下来，这个好习惯我们都知道。"

跬步千里，承业报国

《皮亚杰文集》出版后，李其维教授与赵国祥教授将 30 多万元稿费全部捐赠给华东师范大学教育发展基金，专款资助成立皮亚杰研究中心。2023 年 4 月 9 日，华东师范大学皮亚杰研究中心正式宣告成立。在开幕式上，李其维教授将一套珍贵的书籍赠给中心，以表达他对后辈的鼓励与期待。他说道，青年学子要有"舍我其谁"的英雄气概，勇于去探索最难的奥秘。"我们今日出版当代心理科学名著译丛，为的是未来能够出版当代中国心理学家名著译丛，把我们中国的东西翻译到外国去！"他希望，当新的世纪来临，回顾 21 世纪的时候，前一百名心理学家中能有中国人的身影。

"积跬步以至千里，积小溪以成江海。"李其维教授指着办公室里"跬步居"几个大字说道："这是我的准则，也是对同学们的期望。青年学子要踏踏实实地学，要点点滴滴地学，要日积月累地学，要勤勤恳恳地学。不仅要为实现自我价值，更要为这个时代而学、为国家而学、为人民而学。希望你们不懈奋斗，助力实现健康中国的时代重任，为实现中华民族伟大复兴、为建成社会主义现代化强国作出贡献！"

（指导教师：庄　瑜　赵菲菲）

胡怡建：杏坛育桃李，咨政启民思

上海财经大学　黄雅萱　李丁怡

从学生到老师，胡怡建教授的大部分时光都离不开上海财经大学。作为学生，他勤恳好学，刻苦钻研，在艰苦的条件下依然不忘初心，锐意进取；作为教师，他耕耘教坛三十载，传道授业，答疑解惑，培养了一批又一批经济人才；作为学者，他服务于国家，奉献于时代，不怕苦，不怕难，深度钻研学术，为国家建言献策。

不忘初心，奋楫笃行

1979 年，在离开学校 12 年后，只上过一年中学的胡怡建教授参加了高考，并成功考入上海财经大学财政专业。彼时的财大正处于百废待兴的时期，教学环境极为艰苦。百舸争流，奋楫者先，胡教授底子差，他就比别人更用功，即使在因病住院期间也丝毫不懈怠。凭借自己的努力，胡教授在专业里名列前茅，以优异的成绩顺利毕业。

回忆起大学生活，胡教授并不在意当时环境条件的艰苦，更让他感慨的是在财大遇到的恩师——曹立瀛老师用表格的方式讲西方财政学，条理清晰，通俗易懂；苏挺老师对待学生很宽容，在学生中声望颇高；葛惟熹老师的课融会贯通，绘声绘色……

从财大本科毕业后，胡教授被分配到上海市财政局工作。工作中他兢兢业业，不辞辛劳。一年半后，出于对学术研究的热爱，胡教授决定考研，并重新回到财大校园，这一身份的转变让胡教授真正意义上踏上了学术研究之路。

弦歌不辍，薪火相传

谈及留在学校当老师的原因，胡怡建教授脸上洋溢着微笑，说道："因为学校挽留了我。"当时本有机会回到财政局担任领导的胡教授毅然决然地选择了母校，以十年树木之精神，行春风化雨之功力。讲台上的胡教授表现得游刃有余，他本就在学术方面颇有造诣，再加上出色的口才和一手好字，迅速成为学生心目中的出色老师。讲台下，胡教授鼓励学生积极探索、创新，无论是哪个领域的研究，他都会热情答疑解惑，耐心辅导学生的学术探索。一支粉笔，三尺讲台，四季坚守，育万千桃李，胡教授以人格魅力呵护学生心灵，以学术造诣开启学生智慧，十年如一日，在讲台上一站就是三十多年，用毕生心血践行了"一生只为一件事"。

"痴心一片终不悔，只为桃李竞相开。"谈起对大学生的建议时，胡教授显得有些兴奋，他说："读本科时追求知识渊博、成绩优秀；读研究生时追求思想内涵、论文发表；读博士生时追求学术底蕴、专著出版；当老师时追求培养优秀学生、学术有所贡献。"这番话是胡教授对学生的建议，又何尝不是自己的人生写照呢？对于老一辈教育家来说，他们所追求的不是名望，而是弦歌不辍，薪火相传。国将兴，必贵师而重傅，胡教授用坚守与奉献，为国家培养出一批又一批高质量经济人才，为推动社会经济发展、实现中华民族伟大复兴的中国梦打下重要基础。

投身科研，心系民生

或许是亲身经历了中国税制改革的演进历程，胡怡建教授认为党的十八大以及党的十八届三中全会提出的国家治理体系和治理能力现代化、优化资源配置、维护市场统一、促进社会公平、实现国家长治久安等战略部署，为全面深化税制和税收管理体制改革指明了方向。在此背景下，为了能够推动中国财税领域的发展，胡教授在从业的30年中，一直在科研进步的道路上不断前进，即使面对繁重的教学任务，仍然秉持为国为民的学者之心，积极参与学术研究，引领学科的发展。在国内财税领域，他取得了卓越的学术成果，发表了一百余篇学术论文，主持出版了《转轨经济中的间接税——理论分析和制度设计》《税收学》等一系列具有影响力的著作，填补了我国财税相关领域的研究空白，极大地推动了财税学科的发展。1997年，他被评为财政部的"跨世纪学科带头人"，2009年受上海市委市政府委托完成"税收政策制度研究"重大决策咨询课题。胡教授以深厚的学识和清晰的逻辑，展现了一名学者解决问题的卓越能力。

鼓励后进，寄语青年

"我们在上财成长成才的同时，见证着上财的发展，也见证着这所学府培养的杰出青年。"采访的最后，当被问及对青年一代有何寄语时，胡怡建教授认真地回应道："既要有投身建设中国式现代化、全面推进中华民族伟大复兴的宏伟目标和历史使命，也要有认认真真做好事、踏踏实实做好人的行为准则。虽然短期未必能看到成效，但日积月累，必有大的回报！"

沉稳的语气、简明的话语，传达出最朴素的智慧和希望。胡教授结合自己的人生经历和感悟，用自己的实际行动给我们做出榜样，用行动诠释了"珍惜机遇、不懈追求、努力付出、懂得感恩、学会包容"的内涵。"居庙堂之高则忧其民，处江湖之远则忧其君。"胡教授身居三尺讲台，却能心怀万千民生，躬身祖国建设，教坛桃李争妍，科研硕果累累。他的精神也蕴含着公管人世代相传的品质，也是百年上财精神的具体体现。"厚德博学，经济匡时。"青春年少者，激情满怀；已经岁月者，厚积薄发。老教授一步步地引导指教，让更多年轻的学子不再迷茫，让祖国的未来有了方向。他用一颗谦逊而博学的心，在自己的岗位上奉献着，也示范着何为人师，何为学者。

（指导教师：周　巧　丛冠华）

余兴发：为了这"六字"信念

上海财经大学　郑　瀚　张文衡

晴空五月，草木欣然，阳光和煦。当我们在祥德路党员活动室见到余兴发教授时，更有如沐春风的体会。为了做好这次采访，余老特意提早来到约定地点，收拾了室内桌椅，为我们准备了茶水。虽已年至鲐背，余老依然精神矍铄，目光清澈。在搀扶余老安坐，为他沏好茶后，我们开始了正式采访。自然是从余老教书育人的故事谈起。

皓首穷经，心系改革

1964 年夏，30 岁的余兴发大学毕业后，分配到上海财经学院（现上海财经大学）任教。此前，在政府部门工作的经历对他树立起为人民服务的思想有着重大影响。在由社会主义计划经济体制向社会主义市场经济体制过渡的 20 世纪 80 年代初期，余兴发选择了当时社会首要的"价格改革"课题作为研究方向，从此开启了对由国家定价体制转向市场定价机制的物价学领域的探索、教学。根据社会需要，他发表了不少价格理论、价格应用论文，提出价格改革建议，并讲授新设的"物价学""企业定价应用""国外价格介绍"等主要课程。

余老仔细研读当时报纸杂志上的 200 余篇文献，归纳集中了百家争鸣的各种观点，主编成《价格理论讨论观点综述》一书，作为在读学生、价格工作者与科研工作者的参考用书，获得了读者的广泛好评。他还与其他老师合作编写出版了多本全国高校价格专业教材，其中《现代企业定价——理论与应用》一书，是我国第一部具有应用性的企业定价教材，获财政部优秀教材一等奖。改革开放最初的二十年，余老在科研方面，自撰或合撰发表文章 90 余篇，出版教材、专著、译著、工具书等 18 部，完成课题 10 项。

"做学问嘛，首先考虑的是党和国家的需要，要结合我国基本国情，研究相关资料，这才是做研究的重中之重。"余老停顿下来，笑着看向我们。作为引路的老骥，看着年轻后辈在学术领域大展拳脚，看着中国经济学科万马奔腾的繁荣景象，余老内心自然是欣慰。

醉心教育，玉汝于成

1999 年余老退休，深耕教学、科研三十五载。当问及对学科和队伍建设的贡献时，余老连连摆手："不管是以前还是现在，我相信作为上财的教师，不会过度关注荣誉这方面的事。做好分内事，学科建设自然就做好了。"不论是坚守教学岗位，言传身教，还是躬行践履，伏案学问，余老始终愿做在一线砥志研思的钻研者和领路人。

在教书育人方面，他培养出了一批经济人才。除了在校本硕生外，余老师还在系内举办多期在职价格干部或在职商业干部进修班、学位申请班，培养出大批当时社会改革急需的价格系统和商业系统实践干部。在教学组织工作中，他更是注重教书育人、教学质量、教学方法三者的有机结合——为了联系实际提高教学质量，余老发动全系教师加强与业务部门的工作联系；为了让老师们在教学方法上取长补短、切磋共进，组织教师进行教学方法交流。

一丝不苟的研究精神也被他运用在课堂教学中。对于缺课的学生，他向老师同学多方面了解情况，多次找学生谈心，对症下药，启发学生的学习自觉性；针对学生对某些课程不感兴趣的问题，他指出要扩大知识面，以增强分析问题的能力等。余老的学生之一、如今已在财大教书三十年的刘志远教授，在回忆余老上课时这样说道："余老师大约是在 1980 年、1981 年给我们上的物价课。上课前，他认真备课。上课时，他条理清晰、语言生动，板书内容少而精，并经常结合教学内容讲一些案例，使我们能尽快掌握物价课的基础知识和要点。他是一位受到同学们欢迎的好老师。"

余老还同我们回忆了在美国考察学习的经历。1991 年，他与领队、研究生部张淑智主任等赴美考察 MBA 教育，为我校 MBA 项目落地获取了国外经验。由于工作出色，1983 年他被评为上海市劳动模范，并于 1997 年成为享受国务院政府特殊津贴专家。

薪火传承，不忘初心

余老 1957 年入党，至今有六十六载党龄。

党的二十大召开前夕，离开工作岗位二十余年的余老，把多年来收藏的中共七大以来历次党章和相关资料捐赠给了校博物馆，他选择用自己的方式将"厚德博学，经济匡时"的立校精神与"践行初心，担当使命"的伟大建党精神的重要内涵牢牢结合。珍贵泛黄的党章，承载着对新一代的殷殷期盼，如今，这些党章陈列在"党章学习流动教室"，成为更多人了解党史的一扇重要窗口。

"余老，青年一代也肩负着民族复兴的重要使命，您对我们青年有着怎样的期待？"

"年轻人，要结合实际，选择适合自己的方向，不要空想主义；各个阶段都要为着社会需要，不虚度年华。关键不在于能成多大事，爆发多大能量，而在于是否奋斗。最重要的是，不光是党员，每个人都要有正确的指导思想。"

采访结束，余老坚持陪我们走一段路。初夏晚春时节，已是隐隐蝉鸣，偶有微风吹过，沙沙作响。告别之际，余老赠送我们三本书——《谁是最可爱的人》《中国物价史》《共产党宣言》，代表着三种精神图腾——为民、为学、为党，贯穿余兴发老人的一生。

不过六字，重如泰山。

陈毅诗云："取义成仁今日事，人间遍种自由花！"而今，新时代青年正昂首阔步于前辈为之开辟的康庄大道上。尽管前路漫漫，然为着先辈初心，为着中国梦想，我们终将上下求索，奋进不止！

（指导教师：张宜杰　张寒宇）

柏毅：用"科教之光"照亮教育帮扶路

东南大学　陈　雨

从教几十年来，他凭着一名老师的赤诚和执着，始终奋战在科学教育第一线，创新科学教育的途径和机制，培养了一批又一批杰出的科学教育工作者，为许多地方的孩子带来"科教之光"。他就是教育部"国培计划"小学科学项目专家库专家、东南大学脑与学习科学系系主任、儿童发展与学习科学教育部重点实验室教授、研究生导师柏毅。

柏毅光荣退休前一直奋战在教学科研一线，退休后继续为教育事业发光发热，始终坚持立德树人的担当，以极强的责任心对待自己的学生、对待科教事业。在他开拓的一片科教天空下，众多学生与老师找到了教育的坐标与价值，无数边远地区的孩子收获了进步与成长。

教育扶贫，深入基层

为把优质科学教育资源辐射到山区，柏毅花费大量时间深入边远地区学校，带领专业团队走访调研，开展科学教师培训、教育扶贫，扎根基层。在他的办公室里，柏毅向我们讲述了关于教育扶智扶贫的小故事。

柏毅第一次来到宁夏回族自治区固原市西吉县时，从车站出发，途经沟壑纵横的土地，驱车近三小时，才终于到达了目的地学校。踏入教室，一眼就看到粗糙的红砖地，学生们总共才十几位，却分布在四个年级。尽管来到这里前已经对西吉的情况有了大致的了解，柏老师还是受到了比较大的震撼。"西吉的那所学校，学生和教师加起来不超过20个人。三位教职工里，一个校长，两个教师，每个人都要上课，教师还要兼管学生的后勤。他们真的，相当不容易。"柏老师一边回忆当时的场景，一边打开电脑里的照片，"这位就是西吉县的小学科学教研员，他其实是初中物理老师兼任的，我们去之前，他甚至不知道小学科学还有课程标准。"

"专递课堂"，送教上门

在物质资源都极其匮乏的西吉，教育资源更是一种奢侈品。那里的每位教师都是全科教师，他们不知道小学科学里《四季的更替》一课的重难点是什么，当演示示范课时，讲到"春夏秋冬"，老师没有带同学们探究四季更替的原理，反而领读起了知识点，上出了小学语文的味道。这样的教学，与科学教育"重探究""做中学"的特点没有任何关联。回到南京后，柏老师的思绪久不能平，他闭上眼，脑海中满是孩子们求知若渴的眼神。如何长久地推动这样一个地区的科学教育发展？如果仅是带几位名师去上几节示范课，或是给那边的老师培训几节课，恐怕只是停留在"表面工程"了。正在一筹莫展之际，"叮"，手机响起，是一条快递驿站的取件短信。一个大胆的想法突然在柏老师脑海中浮现：现在的快递和互联网技术这么发达，为什么不能把课堂"快递"到西吉呢？

"专递课堂"模式应运而生。所谓"专递课堂"，指的是由科学名师通过在线直播进行远程教学，而在村小的教学现场，教师准备好教学材料，带着孩子们配合名师的远程指导一起学习。这样的模式，能把生动的科学课堂真正"快递"到西吉，而当地原来对科学课毫无概念的老师，通过"手把手"的教学，也逐渐明白如何带孩子们开展科学探究。"科学课，特别要重视让孩子们亲历科学实验。组织孩子们看录播课，能有什么用呢？"为了搭建好这样一个平台，柏老师亲自前往西吉指导不下五次。每年百研工坊团队都会举办全国小学科学教育界最高级别的教育部"国培计划"培训项目，为西吉以及其他需要资源支持的教师们提供免费的远程直播平台服务，从而帮助村小教师们更好地理解科学教育的模式与方法。

行远自迩，臻于至善

科学教育在东大乃至全国，算是一条"小众"路线。从教数十年，柏老师却一直在坚持。他早期的学生，如今也逐渐成长为各地区的科学名师或教研员。带着"桃李满天下"的初心，柏老师也始终关注着落后地区的科学教师的成长。"我们做教育的，不能偏心，关心的是所有孩子的成长。大城市里科学教育发展迅速，资源比较集中，这个时候不关心落后地区的科教发展，对那些孩子是不公平的。"随着国家对科学教育的逐步重视和教育部"国优计划"研究生培养等重点战略的实施，将来势必有更多的政策和资源向科学教育这个阵地倾斜，而正是因为有柏老师这样的人默默坚守，教育的均衡发展才能落到实处。

"优秀的科学老师既要有过硬的专业本领，也要有底蕴丰厚的人文素养，更为重要的是对科教事业的热爱与对学生的责任感。未来在你们身上，老师相信你们！"这是柏老师对他的研究生们的要求与期待。"青年学生要踏踏实实做事，本本分分做人，要有担当与追求，把眼前的事情做好，把明天的事情规划好，不断超越自己。"这是柏毅老师对所有青年学生的建议与嘱托。字字教诲，如沐春风，吾定不负所望，行远自迩，臻于至善。

在柏毅老师教育扶贫的过程中还有许多难忘的故事，充斥着踏实的付出与收获的喜悦。进入新时代，在教育帮扶的路上尚有许多问题需要解决，但我们相信，"科教之光"终将照亮每一条前行的小路。

（指导教师：张怡茹）

周鹗：先辈鉴照峥嵘时，初心辉映复兴路

东南大学　娄明琦　周忆露

国立东南大学（现东南大学）电机系自1923年创立以来，已经走过一百个年头。这是赓续奋斗、上下求索的一百年，是科研报国、成就辉煌的一百年，是擘画蓝图襄时代盛举的一百年。数不尽的卓越成果在学术史上熠熠生辉，看不完的创新成就为科研界添枝增叶。这背后是无数科研工作者在一次次的攻坚克难中乘风破浪、日夜坚守，用矢志不渝的追求书写的辉煌。

周鹗便是这百年历程中的一颗璀璨明星。作为东南大学电机学科博士点创始人和学术带头人，他为学院的发展作出了不可磨灭的贡献。

周鹗出生于1925年，他的整个青少年时期的求学之旅都伴随着时代大背景下的动荡不安与硝烟弥漫。正因如此，周鹗同样具有那一代科研工作者的家国情怀。这是镌刻于骨髓中的百折不挠，是湍流于血液中的初心无悔。

作为那个时代的进步青年，周鹗在高中时期因参加读书社的革命活动被国民党拘捕。但总要有人成为破晓前的先导，去寻找解决沉疴痼疾的良药。1945年，他积极参加"新民主主义青年社"，毅然投身抗战后期、解放战争期间中央大学的历次学生运动，并于中华人民共和国成立前加入了中国共产党。

报考大学时，在国立东南大学电机系和交通大学商科之间，周鹗毫不犹豫地选择了前者，亦如他在出国深造后决定回国，在组织需要时选择留校，周鹗总会出现在最需要他的地方。在他看来，当时中国的工业正陷于一穷二白的困境，而电是工业蓬勃发展的强心剂。怀着这样一颗赤诚之心，周鹗等人排除万难，多方周旋，为发展工科争取经费，又在国家困难时主动放弃升职加薪，将奉献精神贯穿始终。

周鹗一生深耕科研，曾多次获得国家级科技类奖项，也发表过多篇省部级优秀论文。而这些成就远不能说明周鹗的拳拳报国之心。"殷殷之情俱系华夏，寸寸丹心皆为国家！"对周鹗而言，科学研究不是为了满足个人的功利

心理，而是出于一种对于国家发展的不可割舍的良知和使命感！

这样的使命感也同样体现在周鹗的教育事业中。作为前辈，他无私奉献。2005 年，偕同家人捐赠十万余元，设立周鹗奖学金；2015 年，联合学子捐赠 16 万元，续签周鹗奖学金。作为教授，他著述颇丰、桃李满园。他的家人在他晚年整理资料时才发现，这些年来他批阅的博士论文足有七八十份，每一份都认真点评。他的学生中已有多人继承其衣钵，走在世界电机学研究的前列。今天，学院以程明教授为首的新一辈科研人已经独当一面，在电动汽车永磁电机驱动系统、高端智造伺服电机等领域有卓著成就，斩获国家技术发明奖二等奖、教育部自然科学奖一等奖等奖项，让我们的学科屹立于世界工程技术之林。

在采访周老师夫人王慕藏老师时，从她平淡又透着一丝无奈的描述中，我们仿佛回到了那个战火纷飞的年代，我们仿佛听到了那群热血青年振臂呐喊；我们仿佛看到了周鹗老师捧着一碗又是麦子又是沙的"八宝饭"，笑呵呵地调侃着"淡如水的汤是君子汤"；我们仿佛看到他们顶天头遮盖，脚踩穿底鞋；我们仿佛见证了电气工程学院在如此艰苦的条件下一步步地发展壮大，直至今日。

结束采访离开时，王老师眼含热泪，拉着我们的手叮嘱道："你们青年朝气蓬勃，一定要有坚定的理想信念，你们才是未来啊！"习近平总书记也曾说过："青年兴则国家兴。"历史的画卷在砥砺前行中铺展，时代的华章在接续奋斗中书写，我们理应以回报时代为理想，将个人的小梦想融入祖国繁荣昌盛的大梦想，扬帆远航。

亚洲睡狮已经雄起，东方巨龙正在腾飞，忆往昔峥嵘岁月，展未来任重道远。我们肩负历史使命，应坚定前进信心，立大志、明大德、成大才、担大任，在祖国蓬勃发展的日子里以尘雾之微补益山海，以荧烛末光增辉日月，为祖国发展贡献自己的力量！

（指导教师：曹　奕）

于洪珍：六十载艰苦卓绝，种得桃李满天下

中国矿业大学　王　灿

　　1960年，在北京矿业学院的毕业典礼上，于洪珍郑重宣誓："祖国的需要就是我的选择。"她选择了留校任教，为党的教育事业添砖加瓦。

　　半个世纪与教育结缘，六十载艰苦卓绝，成就斐然：她是首届全国高校教学名师奖获得者、全国2020年杰出教学奖获得者，所编写的《通信电子电路》入选国家"十二五"规划教材，主持和主讲的"通信电子电路"课程被评为2004年度国家精品课程，主持的"启发式、创新性教学的研究及在电类专业中的实践"获2005年国家教学成果奖二等奖……

躬身育才，为学生倾注全部心血

　　立德树人，忠诚党的教育事业是于洪珍毕生的追求。

　　她认为，课堂是教学工作的重要一环。为了让每个学生都能够成为课堂教学的积极参与者，她勤于反思、勇于探索，归纳总结出"十大启发式创新性教学法"，通过联想、讨论、实践等多种形式启发学生，使枯燥的课堂活了起来，赢得了学生们的敬佩与喜爱。

　　课堂之外，于洪珍善于从行业现场发现问题，用最新的科技解决问题，再将科研成果吸收到教材中，反哺教学。从20世纪80年代起，她就主张为本科生开设"第二课堂"，即从科研项目中切下一小块让本科生参与，以此培养学生的科研能力和刻苦钻研的精神。在她的带领下，越来越多的科研种子在本科生心中悄然生根发芽。

　　任教以来，她先后出版教材10部，以久久为功之劲，为能源事业高层次人才建设铺路架桥。编写教材是一件极其耗费心力的事，在编写《通信电子电路》教材的过程中，即使是篇幅很小的一组数据，她也会带领团队成员反复实验验证，确保数据的准确性，容不得一丁点马虎。

　　从稚嫩的青年教师到如今的银龄名师，于洪珍始终心系教育事业，为学

校教育改革贡献力量。她放弃闲适的退休生活，80 岁仍葆有赤诚、奉献、仁爱之心，关注学生成长，激励学生奋进，就像一支红烛，为后辈献出了所有的光和热。

钻之弥坚，为科研事业奉献终身

"上讲台，自己得站在知识的最前沿。"教书育人的同时，于洪珍从未离开过科研一线。

她主动承担起一批批国家级、省部级重要科研项目，足迹几乎遍布全国所有的煤矿企业。为了及时掌握科研的最新动态和相关数据资料，每接手一个科研项目，她都会赶到相关的工作现场考察，甚至经常下到几百米下的矿井采集数据。夜晚长途跋涉，白天连轴工作成了她的生活常态。

1989 年，年过半百的她承担了煤炭部重大科研项目"矿井电机车运输 PC 控制信集闭系统"，在矿井整整忙碌了三个月。1990 年除夕，作为总指挥的她还与技术人员在施工现场紧张地进行控制电机车的测试工作。"春节矿下停产，是进行研究测试的大好时机。"她毅然选择留在施工现场，全团队也没有休息。在她精益求精、严谨负责的工作态度的感染下，团队成员与现场工人们共同努力，几百根电缆线一根一根测量，最终测试结果一个线头都没有出现问题。

于洪珍的满腔热忱也激励着她的学生们在科研的征途上攻坚克难。多年来，每逢寒暑假，她都会带领自己的博士生和硕士生在煤矿现场论证、调试。她实事求是、不怕苦不怕累的钻研精神，认真负责的科研态度和勇于探索的专业精神早已成为一根标杆，牢牢树立在学生的心中。

春风化雨，做引路的"大先生"

爱与责任并重，教书育人是她无法割舍的初心。她常常对学生说："做人比做学问更重要，只有德才兼备，才是真正意义上的人才。"她始终将"育人"放在首位，以身作则，为学生们做出表率。

2006 年 3 月，她不幸摔断左腿住院，为了不耽误博士生的论文预答辩，她在全麻手术结束后便着手修改学生的论文，将近 20 万字的论文仔仔细细修改了两遍。出院第二天，她就开始悉心指导学生的论文预答辩。预答辩持续了三个多小时，当时她的左腿打着两颗钢钉，裹着厚厚的纱布。

于洪珍对学生的爱早已超越三尺讲台，她一直是学生心中当之无愧的引路人，是学生成长路上坚实的后盾。面对因为忽视学业导致成绩落后留级的学生，她会拉着他们促膝长谈，给予贴心的支持；面对家中突发变故的学生，她会送上最及时、最暖心的安慰，为学生出谋划策；面对家中贫困、难以继续学业的学生，她自掏腰包，并想方设法帮助他们摆脱困境……

桃李满天下，春晖遍四方。伴随着学校从北京矿业学院到四川矿业学院，再到如今的中国矿业大学，于洪珍是名副其实的"大先生"。她以人格魅力呵护学生心灵，以学术造诣开启学生智慧，用一盏灯点亮千万盏灯，见证了无数矿大学子成长成才，用真情与奉献诠释了人民教师的责任担当。

于洪珍教授是新时代有志青年的好榜样，我们要向她学习，在乘风破浪、追求进步的征途中无畏风雨、不惧荆棘，将个人价值融入国家发展战略，将理想抱负融入强国建设、民族复兴的伟业中。

（指导教师：祁昊宇）

郑树：德厚流光守大义，悬壶济世救苍生

浙江大学　邢艺馨　鲍泽林　赵文轩

"从医要有事业心，做医生要有责任心。"这是郑树教授一生坚守的承诺。她扎根医学半个多世纪，是我国从贫穷落后到全面小康的见证者，是我国医疗行业从艰难起步到全球领先的亲历者，她像一棵大树，汲取养分，又为后人留下一片清凉。

学海泛舟捷多艺，书山掘洞守医心

为什么会选择走上从医之路？这源自儿时与母亲前往广济医院求医的一段经历。郑树教授见到很多患者因病痛而苦苦挣扎，见到了来来往往的医生身着白大褂治病救人。"我觉得医生这个职业很了不起。"自此医生的梦想就扎根在了郑树教授的心中。

1949 年，郑树考入浙江大学医学院。她与中华人民共和国一同成长，在探索复兴的征程中，立下了智慧报国的志向。横向注重贯通交叉，纵向强调本领精深，主攻肿瘤的郑树教授就像树一样扎根在医院、扎根在临床研究的一线。如今，郑树教授说："年纪大了，脑子多用用是好的，这样才能保持活力。对我来说，工作就是我的兴趣。"在求是精神熏陶下的郑树教授将一颗淳朴的医学初心献给了祖国医药卫生事业，用一颗赤诚之心守护着人民的生命健康。

初心引路志难忘，熟能生巧技日新

从医多年，郑树教授有一个不变的原则：病人自己不放弃，她便不能放弃。"我从不屈服于'肿瘤晚期''不能手术'等诸类诊断。看着病人消瘦的脸庞和家属无助的悲凉，我总是苦思冥想：有什么办法能有效减轻肿瘤的侵犯，延长病人的生命？"正是这种心系患者的仁心，促使她不断地钻研医理和良术，并勇于在关键时刻挺身而出、致力于临床技术革新。她是首个尝试

经动脉插管化疗术的医生，为无数的晚期癌症患者争得了生的机会；她率先在全国进行大肠癌的筛查和预防，一做就是二十多年，大肠癌发病率降低了31%；她自20世纪60年代起逐步建立随访体系，至今积累的随访卡已超万张。

"做医生是一辈子的事。"作为一位"90"后医生，在身体较好的时候，郑树教授仍会去急诊室看看，在实验室自己动动手。发现问题、解决问题再发现问题，这是一个漫长的过程，也是永无止境的过程。从医数十年间，郑树教授发表SCI 160余篇，被他人引证1 400余次，撰写《结直肠肿瘤基础研究与临床实践》《肿瘤生物学》《大肠癌》等10部专著。郑树教授身体力行地传递着浙大医学人"仁心仁术、求是求新"的精神火炬，践行着"敬佑生命、救死扶伤、甘于奉献、大爱无疆"的医者精神。

百尺竿头无止境，桃李满园育新星

十年树木，百年树人，功成名就非止境，雕琢年华更上层。郑树数十年如一日，始终对自己严格要求，对晚辈却是和蔼宽容、循循善诱。她坚持立德树人，不仅将自己所学所得倾囊相授，更注重传授医德医风，做到"教学识又教处事，重技术更重品德"。郑树教授还向世界顶尖高校学习，高度重视公共卫生、药学等领域的发展。对于学生的培养，郑树教授强调"要知道自己要干什么"，所以从学生入校开始便让学生接触临床，让他们知道自己之后的工作是什么，责任是什么，培养奉献精神。

如今，郑树教授已是桃李满天下，像一棵树，历经风雨后将年轮刻在内心，又将自己的沉淀输送给下一代的新苗。浙江大学医学院附属第二医院副院长丁克峰说，郑树校长永远是他们的"定海神针"，言传身教的医术、医德、医道，足以令学生终身受用。

医者仁心设基金，奖掖后学开先河

2013年，82岁高龄的郑树教授获得了浙江省科学技术重大贡献奖。这笔奖金如何使用？她说："我想过这笔钱做什么最好，培养人最好！"于是，她将这笔奖金悉数捐出，在学校设立了"郑树医学教育基金"，以支持和奖励德才兼备的优秀医学人才，让他们深造、更快地发展。她说："在传统的医学教育中，有四个字特别有分量，就是——无德不医。"医德是医生必备的基本素质，只有做到真正关爱病人，才能一起战胜病魔。所以她专为医德医风设立了基金，让更多心怀大爱的医者被大家看到、得到鼓励，这在全省开了先河，更得到了各方人士的高度赞许。

从中华人民共和国第一批大学生到中国最早的一套肿瘤学专著的编写人，从医科大学的校长到教育基金的设立者，在身份的不断转换中，她从"学生郑树"成长为"大医郑树"，脚踏实地，又仰望星空。办公室里金庸先生的题字"郑人高义，树木树人"，正是她一生的真实写照。

临床工作六十余年，郑树始终带着对病人的爱，做好每一件再细小不过的事，不张扬，也从不居功自傲。她的手术刀，已在悄然间拨动了无数病人生命的轨迹，她用一生思考、解答了"什么是医生，怎样才能成为好医生和临床科学家？"这个问题，她的精神也将在百年浙大医学院蓬勃发展的育人新篇章中绽放璀璨光芒。

（指导教师：杜秋宁 陈周闻 刘康宁 刘亚勤）

沈明山：深耕本科实验教学改革的国家级名师

厦门大学　黄雷妤　吴宏海

东南鹭岛有一位国家级教学名师，他深耕本科实验教学数十年，带领团队独创"六实验"法，引领了全国生物学科实验教学改革之先，为深入实施科教兴国战略作出了重要贡献。他就是厦门大学沈明山教授。

蛰伏：二十载的实验教学探索

2022 年 10 月，党的二十大胜利召开，有着 54 年党龄的沈老师第一时间收看了开幕式。他对党的二十大报告中提到的"全面提高人才自主培养质量，着力造就拔尖创新人才"这一点感同身受。

1973 年，沈明山从厦门大学生物学系毕业后，因品学兼优，直接留在母校任教，接过前辈旗帜，成为一名光荣的人民教师。那个时候，组织给他安排的工作就是实验教学，而这看似枯燥的工作却陪伴了他一辈子。沈明山是当时第一批"工农兵大学生"，由于长期工作在生产第一线，与普通大学生相比在动手能力上有着更加突出的优势，对实验与试验有着更加清晰的认识。就以人们常吃的味精为例，一般人可能只知道味精的化学组成，但是早已走出书斋的沈明山不仅通晓其物质结构，还能知道味精从哪里提炼、步骤如何、附加产物是什么等。正是因为这一特殊的人生经历，沈老师的实验课总是最吸引同学们，因为他不仅"授人以鱼"，还会"授人以渔"。但是经过二十多年的实践观察，他发现当时的生物学实验教学跟不上时代发展，基本是在验证理论知识，学生无法实现从被动学习转向主动学习、从书本验证转向科研探究、从学知识转向学方法。一场引领时代之风的本科生物学实验教学改革即将拉开帷幕。

惊雷：五年的实验教学改革创新

科学是以实验为基础的，实验是研究科学的重要方法。尤其是对于生物学科来说，在夯实理论基础的同时提高实验水平是人才培养的必由之路。彼时，实验教学的确需要改进。但是，实验教学改什么？谁来改？预期效果如何？这些都是摆在当时教学人员面前的难题。沈老师本可以将这个任务交给精力更加充沛的年轻人，但作为实验教学中心主任，他义不容辞地承担起这个重任。一直以来，本科期间的19门基础课均需搭配一门实验课，实验内容重复且无法与新理论、新技术相联系。沈老师从"大生物学"的概念出发，打破基础课、专业课、实验课的结构层次，将原来的19门实验课整合成了6门，以本科生4年应掌握的技术方法遴选实验项目，再把相关的项目组装成模块，鼓励任课教师以模拟科研的方式组织教学，将实验教学与科研训练相结合，让曾经"浅尝辄止"的实验课大大提高了教学深度，使实验教学实现了从以验证性为主向以技术和方法为主的飞跃。

历时5年，经过反复探索，沈老师带领团队完成"生物学本科实验教学体系改革与实践"项目。通过这一系列的实验教学改革，学生的科研热情被激发出来。他们不仅敢于思考，更能进一步去探索科学。改革后的第一届毕业生，不论是论文水平、科研能力还是创新思维都得到了显著提高。同行专家一致认为：该实验教学改革达到了国内领先水平，对全国其他高校同类教改起到了很好的示范作用。2005年这项改革获得"国家级教学成果奖一等奖"，这也是当年全国唯一的实践类教学成果一等奖。这一创举在当时引起了不小的轰动，许多高校纷纷来到厦门大学取经。

成器：一辈子办成实验教学一件事

在获得国家级教学成果奖之后，沈老师仍然没有停止自己的脚步，继续投身实验教学与改革。2006年，他主导的"现代生物学实验"课程获评"国家理科基地创建名牌课程"，后又被列为"国家级精品课程"。由他担任主任的厦门大学生命科学实验教学中心也被教育部列为首批"国家级实验教学示范中心"。推荐参评"国家级教学名师"的他本来对此不抱任何希望，因为"国家级教学名师"本就寥寥，以实验教学改革著称的"国家级教学名师"更是前所未有。"可能只是因为我做了别人不愿做的事，而且一做就是一辈子。"最终他成功摘得这一殊荣。也正因为几十年的"滴水穿石"，他有幸两次来到人民大会堂，得到时任党和国家领导人的亲切接见。

流光一瞬，沈老师已经退居二线十几年了，他念兹在兹的实验教学中心实验用房更大了、仪器设备更多了、教师资源更齐了，而他如数家珍的"六实验法"框架沿用至今。现在的实验教学中心不仅承担本科实验教学任务，还成了本科生创新创业基地。受益于当年他开发的实验教学体系，越来越多的创新思想从这里萌芽，越来越多的竞赛项目从这里培育，越来越多的青年才俊从这里走出……

党的二十大报告对教育、科技和人才进行一体化论述，彰显出党中央对教育、科技、人才事业的高度重视，而教育在三者中处于基础性地位，科技的发展和人才的育成，都需要通过教育提供直接的支撑。教师是立教之本、兴教之源，是教育发展的第一资源。在中华民族伟大复兴的征程上，正是有无数像沈明山一样的好老师，牢记为党育人、为国育才的初心使命，树立"躬耕教坛、强国有我"的志向和抱负，为党和国家的建设贡献源源不断的力量，无数的青年才敢于有梦、勇于追梦、勤于圆梦！

（指导教师：叶秀蓉 江子扬）

李八方：秉初心造福民生，持爱心培育栋梁

中国海洋大学　孙　艳　薛灵艳

8 月的风吹过耳畔，这座浪漫的城市多了几分秋意。从中国海洋大学西海岸校区来到浮山校区，我们怀揣着敬仰的心情，拜访了食品科学与工程学院教授、青岛海洋生物医药研究院副院长李八方老师。初见李老，他身着一件淡蓝色的衬衫和笔挺的西装，精神矍铄。虽已迈入古稀之年，但岁月并没有在李老身上留下太明显的印记。一见我们进来，李老便热情招呼我们，满面笑意。在之后的两小时里，我们听李老娓娓道来，讲述他的故事。

艰辛的求学之路

"任重而道远者，不择地而息。"1953 年，李老出生于山东省泰安市东平县一户生活拮据的农民家庭。从小他便志存高远，学习刻苦。但由于家庭条件有限，中途两次被迫辍学务农。其间幸遇良师，多次劝其父母让他重返校园。深知念书机会来之不易，李老倍加珍惜，付出比别人更多的汗水徜徉在知识的海洋里，一边学习本年级的课程，一边旁听高年级的课程。一分耕耘必有一分收获，就这样，李老提前完成了高中学业。

高中毕业后，李老担任村里的团支部副书记，风华正茂的少年有着一颗火热而又赤诚的入党初心。当时黄河由于大量泥沙沉积，在当地变成了名副其实的"地上河"。李老带领村里的年轻人日日夜夜开展清淤活动，效果显著。出色的学业、肯干的品行让李老成为当年最优秀的一批学子之一，后被组织推荐进入山东大学上学。在大学期间，李老不仅学业好，还光荣地加入了中国共产党。

退而不休，奋战一线

1978 年大学毕业后，李老被分配到山东海洋学院任教。由于工作的缘故，李老较早地接触了胶原蛋白肽。"当时看到日本做胶原蛋白肽已经非常

成熟了，而中国的资源比他们还丰富，但不知道什么叫肽，我想我们也应该做，让全中国都认识肽。"李老回忆道。就这样李老义无反顾地投身胶原蛋白与生物活性肽、海洋食品与海洋保健食品的教学与研究工作中，持续地在这个领域发光发热。到目前，李老主持或参与国家"863"计划、支撑计划和海洋公益性课题等 10 余项，完成省、部级研究课题 20 余项，设计与指导安装制药、保健食品、食品生产线 6 条，发表论文 250 多篇、专著 4 部，自行为企业申报保健食品 9 个，全部获得批准文号；获国家科学技术奖二等奖 1 项，教育部科技进步奖一等奖 1 项，山东省科技进步奖二等奖 3 项等若干奖项。

向海问药，海济苍生。海洋蕴含着丰富的生物资源、营养资源，堪称巨大的"蓝色药库"。到了退休的年龄，李老没有选择回到家里颐养天年，而是应管华诗院士邀请，出任青岛海洋生物医药研究院副院长一职。他说："一方面趁着自己身体还行，还能继续做，希望为祖国的发展继续贡献自己的一份力量；另一方面希望能培养出一个团队，朝着这个方向继续往下走，将这份工作完成得有声有色。"走马上任后，李老全身心奋斗在科研第一线，为打造蓝色药库、实现共同梦想，以小我成就大我，默默无闻地做着许许多多不平凡的事。

坚守三尺讲台，践行爱的教育

习近平总书记曾说："一个人遇到好老师是人生的幸运，一个学校拥有好老师是学校的光荣，一个民族源源不断涌现出一批又一批的好老师则是民族的希望。"从小学到大学这一路，李老很幸运地遇到了许多改变他人生道路的好老师。因为在自己淋雨的时候有人给自己撑伞，所以李老也希望有机会将这把伞传递下去。随着知识的累积，李老更加坚定毕业后站上三尺讲台的决心。

"教育不仅仅是业务方面的培养，德行教育更应摆在首位。"李老注重培养学生们的创新精神与实践能力，用自己的言行举止、人格魅力去熏陶感染学生们。李老在教育初心的坚守中践行着爱的教育，"爱学生、护学生、照顾学生"成为他几十年的教学信条。"当老师有最大的一个骄傲的地方，就是能够培养出一批成才的学生，尤其是超过自己的学生，这是老师非常骄的事情……"李老笑着说道。在这四十余年的教学生涯中，李老共培养出数百名硕博研究生，不仅为教育、科学技术前沿、工业与领军产业等领域培养出了一批批杰出的人才，更让每一个人都能够在自己的人生道路上有所收获和成长。

余热依然在，未来尤可期

谈到对自己的评价，李老表示自己只是一个很普通的人，用自己微小的力量传承了老一辈科研工作者对这个专业的热爱。但我想，他为学科、为国家的发展描绘了浓墨重彩的一笔。当了一辈子老师，心里最牵挂的还是学生的发展。在访谈最后，李老嘱咐我们要关心国家大事，明确自己的前进方向，同时还要练好内功，掌握以后做工作的本领，同时也不能只啃书本，要做到全面发展。他在用心守好自己的最后几班岗。

党的二十大给我们描绘了宏伟的蓝图，每个人都在奋发努力。一代人有一代人的长征，李八方老师用自己的大半辈子走了第一步，也鼓励着我们接续走好第二步，在青春里拼尽全力，在时代的洪流里砥砺前行。

（指导教师：程亚格）

谢兴武：乐育桃李四十载，甘当蜡烛照后人

中国地质大学（武汉）　孙艺嘉　奇郅翔　张雪岩

1982 年以来，他每年主讲数学课程 1 000 学时以上，8 年内完成 23 年的教学任务，两次获评"全国优秀教师"，3 次获湖北省优秀教学成果奖，感人事迹获社会媒体广泛报道，在校内外产生深远影响。

1995 年以来，他十年如一日坚持照顾患白血病的妻子，创下白血病治疗史的奇迹。他没有耽误学生一节课，上课没有迟到一分钟，直至退休。

他，就是中国地质大学（武汉）数学与物理学院退休教师谢兴武教授。

2023 年夏初，一个阳光明媚的早晨，在中国地质大学（武汉）南望山庄，我们见到了 75 岁的谢兴武教授。谈到一生经历的坎坷和荣耀，他不禁陷入了回忆。

四十年坚守初心，如醉如痴育人才

谢兴武 1947 年 1 月出生在湖南湘西新晃侗族自治县，1966 年高中毕业。1978 年他以 30 岁"高龄"被华中工学院（现华中科技大学）录取，1982 年 6 月来到武汉地质学院，一直从事公共基础教学。

从登上讲台那一刻起，他就以做一个受学生欢迎的教师的标准严格要求自己。在教学方法上，他根据学生特点，因材施教，实行不同的教学，受到学生欢迎。同时，他还紧跟时代需求，设计制作了"概率统计"等课程的教学软件。期末教学效果显示，90% 以上的学生对教学感到满意。他多次被评为优秀任课教师，被学校评为优秀班主任，校教学质量考核优秀，校教师专聘考核优秀。

在教学中，谢兴武把学生当成自己的儿女，真诚地关心和帮助他们。1987 级代培 3 班学生许庆国横过铁路，不慎被车子轧伤，在武昌铁路医院治疗，不能跟班上课。为了不使这个学生掉队，谢兴武每周到病房给他补课。一个月后许庆国痊愈，期末参加学校高等数学统考顺利通过。他教的石油普

招班连续三次全校高等数学统考第一，获学校颁发的数学单科一等奖。

在做好教学的同时，谢兴武还抓好优质课程建设。他主编的《概率统计》获中南地区大学出版社协会第五届优秀教材二等奖，三次获湖北省优秀教学成果奖。他负责的"线性代数""高等数学"课程被评为湖北省优质课程，"线性代数"被评为湖北省精品课程。1993 年、2004 年，他两度被评为"全国优秀教师"，2005 年被评为湖北省教学名师。

十七年助妻抗癌，风雨同舟终不悔

就在谢兴武醉心于讲台上传道授业时，一个晴天霹雳向他迎面砸来。

1995 年 4 月 6 日，谢兴武的妻子感到头痛无比，全身无力。在陪同她检查后，一位大夫拿着一纸病情检测结果，对谢兴武说："很遗憾，您的妻子患的是急性白血病 M3 型。"听着医生的话，谢兴武呆若木鸡。他想：哪怕倾家荡产，也要给妻子治病！

就这样，谢兴武在武昌的教室与汉口同济医院之间来回奔波。按照学校教务处的规定，老师可以只批改学生三分之一的作业本，但他仍然坚持全批全改。妻子治疗期间，他没有耽误学生一节课，上课没有迟到一分钟。按学校规定，教师每年应完成 287 个学时的教学工作量，他曾经在 8 年的时间内上完 7 149 节课，相当于一名教授 23 年的工作量。他所教的班参加全校数学统考均名列前茅。他兢兢业业的工作精神感染了教研室里其他的年轻教师，同事们的工作热情比以前更加高涨。

1995 年 8 月，经过 3 个多月的化疗，谢兴武的妻子闯过了三个月的禁区。2005 年，他妻子的白血病已经临床治愈，被同济医院评为"抗癌明星"。遗憾的是，在他退休 5 年后，妻子病逝，享年 70 岁。

谢兴武教书育人的先进事迹，被《中国矿业报》和《武汉晚报》等相继详细报道，他先后获评"湖北省高校工委优秀共产党员""感动地大好党员"等，在校内外产生了深远影响。他说："春蚕到死丝方尽，蜡炬成灰泪始干。我们应该像春蚕和蜡炬一样，为人民的教育事业发挥出自己全部的光和热。"

一颗红心永向党，矢志不渝跟党走

亲耳聆听谢兴武教授的谈话后，我们被他积极的人生态度、严谨的治学风格、直面人生坎坷的勇气深深打动了。

谢兴武教授出生在湘西少数民族地区，青年时代经历上山下乡，矢志向学，努力把自己培养成一个对国家有用的人。作为同样来自偏远地区的少数民族大学生，我们在新时代享受到国家对少数民族学生的教育优惠政策，顺利考上了理想中的大学。在今后的人生旅途中，我们一定要牢记党的教诲，坚定不移听党话、跟党走，怀抱梦想又脚踏实地，敢想敢为又善作善成，立志做一名有理想、敢担当、能吃苦、肯奋斗的新时代好青年。我们要像谢兴武教授那样，将个人的小我融入祖国和人民的大我之中，从身边的每一件小事做起，勇于面对生活中的艰难险阻，在追求知识的道路上脚踏实地，练就过硬本领，锤炼坚毅品格，为实现第二个百年奋斗目标、实现中华民族伟大复兴的中国梦注入青春力量。

（指导教师：徐　燕　托乎尼牙孜·吐尼牙孜）

田晓宝：高歌不辍"天空"梦，向光而行中国红

华中师范大学　崔　杨　周　悦

几千次的专场，足迹遍布 20 多个国家和地区，被业界赞誉为"我国合唱的一面旗帜"，获邀到世界顶尖音乐学院——莫斯科国立柴可夫斯基音乐学院大厅举办专场音乐会的第一个中国合唱团——"天空"合唱团的创立者，教育部艺术硕士教学指导委员会会员、中国合唱协会副理事长、中国音乐家协会合唱联盟副主席、中国高师合唱学术委员会副主任，率团在国家大剧院、北京音乐厅等地成功举办专场音乐会，获中国音乐"金钟奖"最佳合唱指挥奖，指挥"天空"合唱团获第 13 届央视"青歌赛"合唱比赛银奖，指挥解放军艺术学院"红星合唱团"获第 14 届央视"青歌赛"合唱比赛银奖，指挥录制合唱专辑《大漠之夜》《我们的田野》和《21 世纪中国现代合唱》等并出版发行，并获"第二届中国唱片金碟奖"，一颗红心牢记使命，不断播撒中华优秀艺术能量之光、力量之光、温暖之光。他就是华中师范大学音乐学院教授、国内著名乐队指挥家田晓宝老师。

立德树人，他誓为中国而歌唱

田晓宝的老师是曾师从"人民音乐家"冼星海学指挥的著名音乐指挥家严良堃教授。二十多年前，田老师拜师严良堃教授时，严老师与田晓宝约法三章：不收钱、不收礼，假如有所成就，一定要为国家和民族做一点事情。

2002 年，田晓宝在韩国釜山听到来自匈牙利的世界顶级合唱团的演唱，被这支女声合唱团纯净的歌声深深打动。在回国的飞机上，看着窗外云端之上的天空，他突然冒出一个念头："我是不是能组一个中国的合唱团，让世界听见中国的声音？"

回到学校，田晓宝老师开启了女声合唱团，并命名为"Tiankong（天空）"，象征着"一尘不染的天空"。田老师说，当全世界都喜欢"天空"合唱团的合唱时，他们都将用中国话的语音语调说出"天空"两个字。

多年来，田老师立足于中华母语文化，歌唱中国故事，改编的中国民族乐曲跟随"天空"合唱团一次次登上了世界的舞台。2023年，"天空"合唱团不仅第三次来到国家大剧院举行20周年专场音乐会，还入选"中国音乐艺术力量榜单"，成为上榜的唯一一支非职业合唱团队。

在过去的二十年里，几乎每个法定节假日，田老师都会来到华中师范大学音乐学院的427教室，陪着合唱团的孩子们背谱、排练，直到深夜。即使身处病榻之上，心中念念不忘的依然是团队的排练。如今年过花甲的田老师在教学训练中依然一丝不苟，即使长期被失眠折磨，也不落下任何一场排练。

推陈出新，让民族声音响彻世界

二十年来田老师始终思考的是，如何在曲目中推陈出新，唱出中华民族的精气神。而其中最为关键的是，孩子们能将这种民族与创新的精神传承下去。田老师说，我们应该怎样培养中国的未来、传承我们自己的文化、传承中华民族的精神，是我们创新的思考方向。

在国家大剧院举办的20周年专场音乐会上，融合了西方的合唱与中国民族乐曲的创新曲目再一次刷新了听众的耳朵。田晓宝采用了纳西族和哈尼族曲调，将西方的合唱观念和中国传统声音融汇在一起，创造了独特而空灵的中国声音。

就这样，踔厉奋进的民族魂融入了"感恩、坚守、奋进"的团魂，在每一位歌唱学子的心中生根发芽。田晓宝老师在训练之余经常对年轻人说，要感恩你现在的生活，你们应该为我们民族，为我们这个国家，发大愿望，立大志向，中国的未来是你们的，你们应该有这种担当。

"天空"合唱团的团员都是普通的在校大学生，他们深爱着"天空"合唱团，他们说："'天空'合唱团带给了我们无穷的创造力、想象力和行动力，给了我们积极向上的心态和一往无前的勇气，作为"00后"的年轻人一定要有理想、有担当，敢于面对挑战，探索未知，让中国的声音响彻全世界！"

撒播希望，点燃音乐艺术教育之光

"天空"合唱团成立20年来开枝散叶，陆续毕业的1 300余名团员已经奔赴祖国各地，他们有的走上教师的神圣岗位，成为大中小学的多个合唱团的指导老师，他们将从"天空"合唱团中获得的启迪和力量，一代一代传承下去。

从田老师身上，我们感受到了一份初心。毕业的合唱团团员们纷纷表示，他们学到了音乐的纯粹和对事业始终如一的坚守，领悟到一份对音乐艺术教育事业的使命感与责任感，学习到了坚守传统背后的努力创新。大家由衷地钦佩田老师做人的真诚，对家园和祖国的热爱。如今在武昌理工学院当合唱团指挥的老团员张辰就感慨地说道："现在在自己的工作岗位上，我们用'天空'赋予我们的艺术与爱的传承，来感染更多的孩子们……在校园里我们用红色经典唱响青春之歌，感党恩，听党话，跟党走，这是属于每一个中国少年的独特而温暖的记忆。"

田老师说，党的二十大鼓舞人心，不仅有对青年的期待，更有对我们教育工作者的要求。我们要创作更多优秀作品，培养更多优秀人才，为我国音乐教育事业的繁荣和教育强国之梦做出更大贡献，唱响新时代的中国大合唱。

时而浅吟，时而高歌，坚守着心中梦，唱响着中国红。田晓宝老师指挥下的"天空"合唱团，正在向世界撒播中华优秀艺术的温暖与能量，在新征程上高歌不辍，向光而行！

（指导教师：梁　伟　郭志东　张　杰）

陈光焱：艰难方显勇毅，磨砺始得玉成

中南财经政法大学　　郭　祺　竹苗苗

七十余载，鹤发银丝映日月，丹心热血沃新花。

从薄暮蒙蒙，到晨光熹微，他把青春岁月融入财政史学的江河湖海；从幼苗萌发，到华盖参天，他用薪火相传凝聚财税文化的磅礴力量。情真，所以倾尽丹心皆因热爱；意切，所以奉献韶华只为传承。他虽年逾古稀，仍关注史学。对财政史的热爱与追寻是中南财经政法大学陈光焱教授一生的执着与坚守。

几番磨砺终成器，财税沃土育英才

陈光焱教授大学毕业后被分配到湖北通城县委宣传部负责在职干部理论教育工作，在通城工作的这段经历为他后期教研财政史奠定了理论基础，特别是为撰写国家"九五"重点图书《社会主义市场经济理论和体制研究》积累了宝贵经验。1983 年，他被调回中南财经政法大学讲授财政史，自此开启了他三十余年的史学追溯之路。回到学校后，他为本科生和研究生开设了多门新课。1999 年，陈教授被学校聘为"中国财政史"课程首席教师，2007 年"中国财政史"被评为省级精品课程。他扎根史学研究三十余年，在提升财政史的影响力方面贡献了重要力量，为财政史学科的可持续发展奠定了坚实基础。他说，搞财政史要肯吃苦，在研究上要有"坐冷板凳"的精神；同时要有正确的方法指导，例如追根溯源，掌握财政运行的规律和发展趋向，为现实起到借鉴作用。

年近古稀未伏枥，犹向史学寄深情

三十余年财政史教学经历、十余部史学著作、十余项课题研究、百余篇学术论文，是陈光焱教授一生的学术缩影，却难以承载他对史学事业的深沉热爱和对财政史研究的卓越贡献。对财税史深入而广泛的研究，为他参与三任财政部部长主持的课题提供了机遇。王丙乾同志任财政部部长期间，曾提出梳理红楼梦理财思想，陈教授所撰写的《封建末期财政缩影》一文被选中，在此基础上与财政部科研所历史系主任黄文模先生共同完成的课题"俭则兴 奢则败"不仅得到了王丙乾同志的亲自批示，还作为内部资料呈送给了中央领导。而后他参与了时任财政部部长刘仲藜同志主编的《当代中国经济大辞典》中的西方财政学篇的编写和时任财政部部长项怀诚同志主持的多项课题研究，其中《财政干部职业道德教育读本》被列为财政部"十五"规划教材和财政干部教育培训教材。再后他和叶青教授共同参与编写的财政部财政科学研究所副所长叶振鹏研究员主编的《中国财政通史》多卷本更是荣获了第四届中国出版政府奖图书奖。以陈光焱教授为代表的一代又一代财政史学人的奋斗和传承，为国家的财政改革和发展提供了更多宝贵的智力支持和历史经验。

退休后他仍笔耕不辍，出版专著、发表论文。虽然他的身体状况不如从前，但一讲到财政史，他立马就精神抖擞，容光焕发。他敬业奉献勤耕耘，初心如磐育桃李。作为一名教育工作者，他最开心的就是学生来请教问题，一讲起来就滔滔不绝、倾囊相授。他鼓励学生将精益求精的理念融入对财政史学的学术探索中，强调后辈理应担当时代重任、发扬传承财税文化，更好地发挥财税职能，服务国家发展大局，不断提升服务经济社会发展的能力和水平，为高质量发展提供更有力的保障和支撑。

学史方以明智，鉴往而知未来

陈光焱教授认为研究财政史是辛苦的，但又是极有意义的，可以使我们认识问题更加全面、客观，而且不断研究就会不断出现新的光芒。他认为财政史和心电图很像，需要等待心脏跳动一段时间才能看出规律，因此只有不断积淀物质和精神文化，加强深度与广度的扩展，才能形成更深层次的见解与独特的视角。他说："党的二十大报告中说'坚定历史自信、文化自信'，我希望青年善于把握历史发展规律和大势，牢牢把握历史主动性，坚持古为今用、推陈出新，学会从历史源头看待和分析问题，力透古今变革，融会财税文化。"

不窗微茫，造炬成阳。陈光焱教授饱含深度与厚度的学术人生背后是其穷极一生的坚守与传承。循循善研增知识才干，是他的终身志向；殷殷教导润成长心田，是他的师德底色；孜孜不倦践初心始终，是他的历史使命。陈光焱教授终身矢志兴文化，一世奉献甘无悔，是吾辈及后辈之楷模、当学之典范。

（指导教师：袁桂君　钟　唯）

黎祖福：乐为海洋农夫，躬耕蓝色粮仓

中山大学　张天一　易小惟

　　我国拥有约 473 万平方千米的辽阔海域，自古以来，海洋是人民的重要食物来源。2022 年的全国两会上，习近平总书记再次强调要树立大食物观，而"蓝色粮仓"就是其中的重要一环。

　　耕海牧渔，建立"海洋牧场"、构建"蓝色粮仓"，离不开科研工作者在海水鱼养殖技术上的奋斗。生于海南，一生与海洋为伴的黎祖福，是中国水产养殖业的杰出科技工作者。

"从农村来，到农村去" —— 艰苦奋斗来自不忘初心

　　高考后的黎祖福，对人生没有虚浮的幻想，而是抱着最朴素的想法，成为国家的一块砖，到需要他的地方去。

　　出身农村、满腔热血的他，一头扎进水产养殖的学习中。他立志通过水产养殖来带动渔民发家致富。毕业后，他带着学到的技术，又回到生他养他的那片海。

　　最初的这份理想，支撑着他走过此后的四十多年。他在鱼类繁殖和网箱养殖上获得了近三十项专利成果，部分成果在产业中得到大规模应用，也受到了企业和渔民的欢迎。他的技术，从广东传到广西、海南甚至东南亚，带动渔民收入的增长，也推动了"蓝色粮仓"的发展。

"扎根一线，走进群众" —— 卓越成就源于深入基层

　　党的二十大报告指出，要"深入群众、深入基层"。这正是黎祖福一生工作中所坚守的。

　　工作后的他，将目光瞄准了网箱养殖。在 20 世纪 80 年代中期，他开发出湛江第一个海洋养殖网箱。

　　消息很快传开，湛江一家水产公司慕名而来，提出投资 60 万元，做 60

个网箱，用于暂养和养殖成鱼。

"当时的 60 万元，简直是个天文数字，但我担心技术不过关，并没有立刻答应。"

经过再三思量，黎祖福还是决定接下任务，第一年先做 16 个网箱。但在网箱下海后的第二天，问题便出现了。

"我们发现在没有台风的自然条件下，已投放的网箱漂移了 300 多米，这显然是不行的。"正在他苦恼之时，一位经验丰富的渔民给他提供了"打桩固定"的思路。借助渔民的智慧，他终于将网箱"定"在了海上。

20 世纪 90 年代，作为全国第一批农村科技特派员，他离开了安逸的校园，住进了海风吹打的养殖基地。他却不觉得遗憾："因为社会需求和专业特点，我们不能只待在实验室里，而是要贴近生产，贴近产业。"

在养殖技术研究中，他紧盯渔民们普遍关注的痛点难点问题，认真听取群众的意见和建议。渔民在养殖中遇到的每一个问题，他都想方设法去解决。

他觉得自己是一个淳朴的农民，回到农村，回到大自然的怀抱，在这片蓝海里更能发挥自己的才能。有十几年深入群众的实践经验，作为广东省人大常委会"三农专家"的他，在疫情防控期间，也马不停蹄地开展"三农"调研，几乎跑遍了广东所有的县区，为十几个地市、县区做关于发展海洋牧场的专题报告，为地方海洋经济发展献策。黎祖福在 20 世纪 90 年代完成了七种海水鱼的繁育和推广工作以及深水网箱养殖技术的改进和推广。此成果，获得了一次广东省科学技术奖特等奖和两次广东省科学技术奖三等奖。他被国家农业部、科技部等八部委授予"全国先进科技特派员"和"星火计划先进个人"称号。

对他而言，解决群众的急难愁盼就是锤炼自身的"试金石"，技术上的攻坚克难就是充实人生履历的"发光点"。

"自主技术，走出国门"——技术推广呼应"一带一路"

2007 年，时任国务院总理的温家宝访问菲律宾，与菲律宾政府签订了渔业合作协议。作为拥有二十多年深水网箱养殖研究经验的资深学者，黎祖福在政府委派下帮忙进行当地渔业规划和渔业示范基地的建设。

经过三年多的调研选址，2010年黎祖福选择在苏比克湾建立菲律宾第一个深水网箱养殖示范基地。他依托此基地，进行养殖技术输出。其间，还帮助菲律宾突破六七个海水鱼品种规模化养殖瓶颈。

作为农业部派出的专家，他主持委内瑞拉的国家渔业规划。他往来越南近七十次，帮助越南解决了近十种海洋鱼、贝类的人工繁殖与养殖问题。

他开展的相关工作，成就突出，为"一带一路"起到了重要的示范作用。中国—东盟海水养殖技术联合研究与推广中心最终选在中山大学落地。这也是国家对黎祖福等一批老师的工作的肯定。

"群众路线，薪火相传" —— 高徒满门缘于言传身教

自称"海洋农夫"的黎祖福，除了在水产养殖上开拓创新，还培养了一大批优秀研究生。

培养学生的实践能力，是他的研究生教育的重中之重。他的学生，除了学习理论，还要在养殖基地开展长期实验，真正走进一线，了解行业需求。

无论是对自己还是学生，他都有相同的要求：解决实际问题，把成果带给社会。一个成功的科研工作者的成果只要符合社会需求，自然会得到推广。这么多年来，黎祖福是这么想的，也是这么做的，并将这份精神传承给学生。他培养的学生，爱岗敬业，实干能力强，得到了社会的好评。

他说，学校希望培养"顶天立地"的人才。"顶天"，就是要有标志性的基础研究、理论成果；而"立地"就是要将研究成果推广到社会、企业，让其惠及千家万户。

几十年来，黎祖福辛勤劳作的汗水早已和这片蓝色海洋融为一体。这位乐于自称"海洋农夫"的科研工作者的研究成果，将长久地留在这里。正因有黎祖福这样"立地"的科研工作者，众多科技成果才能落地，惠及万千群众。

（指导教师：周 语 邱彩云）

刘德森：砥砺奋斗，追寻中华民族复兴之"光"

西南大学　谢馨怡　曾　好　邓雪莲

　　刘德森教授从高中毕业那年起，入党 68 年，在党的教育和毛泽东思想哺育下，他逐步成长为一名有理想、有奉献、有追求的科技战士。回顾自己的一生，刘老深深感念党和毛主席给予的科学精神和科学生命，是党和国家指引自己不断在光纤领域拼搏前行、攀登科学高峰。虽然已经退休多年，但谈起当年的工作，不管是苦还是甜，刘老都面带微笑，娓娓道来。他深情地说："能奋斗在科研岗位，终生为人民服务，是我的人生信条，也是我的幸运……"

　　刘德森教授长期从事纤维光学、变折射率光学和微小光学研究，取得了多项国际先进、国内领先水平的研究成果，曾获得中国科学院杰出科技成就奖、国家科学技术进步奖三等奖等多个奖项，担任中国光学学会纤维光学与集成光学专业委员会常务副主任、重庆市光学工程学科技术带头人等学术头衔。当问起在科研经历中，有什么困难让他印象最深时，他总是坦言："在科学攻关的路上，总会有危险和挑战。"1973 年他带队研制梯度变折射率透镜的工作情景让他记忆犹新。

　　梯度变折射率透镜，这是光通讯无源器件中必不可少的基础元器件，也是我们国家光纤通信发展必须迈过的坎。研制梯度变折射率透镜，首先要熔制铊系光学玻璃，而铊是强烈的神经毒物，吸入、口服、皮肤接触都可引起急性中毒，会对人体肝、肾、神经、眼等部位造成损害。

　　"我们那会儿心里怕啊，但是国家需要，我们怎么能退缩？科研本来就不是一帆风顺的，所有科学家都在安全屋里待着，那我们国家还怎么发展，我们民族还怎么复兴？"刘老说到这里，情绪颇为激动，瘦弱的脸上透露出一丝刚毅、一份责任和担当。

　　"那个时候，总体上实验条件有限，经过商量之后，我们团队制定了最大限度避免危险又能快速开始工作的方案，要求戴好防毒面具，穿上高筒胶鞋，大胆地推进科学实验。"就这样，刘老团队克服了熔制铊系光学玻璃时铊蒸汽挥发极易造成中毒的危险和困难，成功地炼出了实实在在的铊系特种光学玻璃。回忆那一刻，刘老颇为感慨，欣喜万分："功夫不负苦心人啊！在特种光学玻璃炼出的那一刻，大家心里有多激动，一时间什么感觉都涌上来了：庆幸、自豪、激动。那么多天的提心吊胆，一做完，我狠狠地松了口气。"

聊到光纤研究，刘老热情难掩，他继续说道："记得是 1978 年，我带队开展低损耗光纤研制，在利用 CVD 工艺制作石英光纤时，由于工艺设备条件较差，有氯气泄漏，刺激味很强，对这一工作，组内同志们都面露难色。面对这一情况，我当时坚信一点：'群众看党员，党员看干部，作为研究室主任、课题组长，我的态度对工作开展十分重要。'于是我没有让其他人再参与这部分工作，自己亲自操作。最终我们课题组成功做出了石英光纤预制棒，完成了预定计划。"

"我们了解到您当时因为长时间在氯气泄漏的空间工作，出现了氯气中毒现象，大病一场，先后住院治疗一年多。您是否后悔牺牲自己的健康做实验呢？"

"我没有把危险的工作推给别人，而是拣最困难的工作做，吃苦在别人前头，这是一名共产党员应该做的。作为一名共产党员，做科研工作不能离开实际、离开群众，不能高高在上、指手画脚，要始终冲在科研工作的第一线，冲锋陷阵、迎难而上，在工作中始终起到模范带头作用，永葆革命的激情。"

刘老在光纤应用研究领域独树一帜，在于他有一颗对党对国家的感恩的心，他无限忠诚党的教育事业，有着刻苦攻关、不畏艰险的科学精神。多年来，刘老一直坚持在讲台第一线，为研究生讲解纤维光学理论、变折射率光学和微小光学基础。在研究生科研教学中，他总是利用自己亲身的经历教育研究生知道感恩，感恩党和国家、感恩学校和老师给大家创造的学习机会和条件，立志报效国家。当问到怎么培养新一代科研人才时，刘老说："青年人才要重视实践能力的培养，养成从事科研工作的兴趣，积极参与科研实践、社会实践，敢于吃苦，大胆尝试，在实践中磨炼自己。"

"我已经 86 岁了，一直回想着一句话：'老骥伏枥，志在千里；烈士暮年，壮心不已.'它鞭策我在光学领域继续奋斗，让自己的晚年更加绚丽多彩!"即使已至耄耋之年，刘老看起来仍然精力充沛、干劲十足。他坚持退而不休、老有所为，在退休后依然发挥余热，申请了一项新的国家自然科学基金项目，培养了一名在职博士研究生，出版了一本学术著作。刘老还利用担任离退休党支部书记、从事关工委工作的机会，积极参与青年师生的党史学习教育、主题教育活动，一直关心和帮助青年人才健康成长。

"现在很多大学生在大学生活中总是容易出现迷茫的情况，您能给大学生们一点建议吗?"刘老感慨地说:"希望青年大学生们不要浪费掉你们人生中最宝贵的年华。守得住底线，经得起失败，过出一个最精彩的大学生活，人生才能笑到最后。也相信中国的科技未来，会在你们手上越来越好。"

刘老的故事让我们心情久久不能平静，他们作为老一辈物理人，怀揣着一颗报国尽忠的心，一生默默奋斗在科研和教育一线，在困难和危险面前从未放弃，一直冲在前头，为我们作出了榜样，奠定了良好的基础。我们新一代物理人，还有什么艰难险阻不能克服的，还有什么理由不为实现中华民族的伟大复兴砥砺奋进。

（指导教师：晏　勇　周厚彬）

裴福兴：牢记赤子心，奋进新征程

四川大学　何禹清

四川大学　何禹清

探根索病敢蹉跎，白衣抚剑医术湛

医者——健康所系，性命相托。

1977 年毕业于四川医学院医学系，1989 年赴加拿大温哥华大学骨科系学习，1996 年赴哈佛大学深造，1998 年成立四川大学华西医院关节重建外科中心，之后作为国内关节外科领域最有影响力的知名专家之一，多次赴国外参与学术交流和专题发言，2012 年获 "中国名医百强榜" 榜上名医，2018年获评 "华西终身教授" ……在医学的道路上，裴福兴教授从未停止过探索的脚步，在国内创新性地提出了 "骨科加速康复医院管理"，借鉴国内外经验和探索，以循证医学证据为基础，以一系列围术期措施优化为准绳，多模式干预减少手术应激和减少并发症，促进患者的康复。2012 年开始，裴福兴将更多精力投入骨科的加速康复事业中。从关节置换术围术期贫血诊治，到术中术后减少出血、减少输血、疼痛管理及预防手术部位感染与功能康复，再到骨科加速康复的推广和实践，他逐渐凝练共识，积累经验，打造团队。

专业、权威、创新，作为国内关节外科的著名专家，裴福兴教授依托自身扎实的骨科知识，带领团队一次又一次问鼎中国骨科的巅峰水平，一次又一次地突破学术和技术瓶颈。

杏坛春暖心亦暖，无伤 "愈" 雅重人文

病房昏暗惨白，手术刀冰冷锋利，疾病冷酷无情，患者惶恐不安……在每场与顽疾的对抗中，医生的敌人远远不止疾病本身，重要的是病人和患者家属精神上的安慰，正如 E.L.Trudeau 言："To cure sometimes, to relieve often, to comfort always." 而这，正是裴福兴教授的最真实写照。

在汶川地震后空前规模的大抢救中，骨科实力强劲的华西医院面对潮水

般涌来的病人也显得措手不及，时任骨科主任的裴福兴教授主持协调，宛如一场战役的司令官。走廊里是断臂残肢的病人在哀号，一日之间痛失亲人的家属在流泪，伴着对余震的恐慌和对失踪亲属的担忧，争吵、埋怨、哭泣声笼罩了整栋大楼。在如此紧张的时刻，裴福兴教授严令要求所有医护人员在抢救间隙整理仪容，面带微笑，冷静平和，用关怀备至的态度安抚患者情绪。若有抢救人员表情细节没有做好，立刻会招来裴福兴教授的严厉训斥。就是这样无微不至地关怀和专业素养，使得抢救过程有条不紊。他的学生王兆杰后面回忆道："从医这么多年，从未见过病人如此相信医生，医患关系从未像当时那么融洽过。"

老祖宗说，伤筋动骨一百天。然而，在四川华西医院骨科，髋、膝关节置换术后平均住院日仅三天，不仅如此，围术期输血率髋关节置换术 0.8%，膝关节置换术 0.23%，术前积极采取预防性镇痛，术中、术后进行多规模镇痛与抗炎，力求完善对病人的疼痛管理。这些数据无不体现着裴福兴教授对病人的医学人文情怀。裴教授在国内致力于推进骨科加速康复。"治病不只是把病治好，'痛'是人类最难以忍受的身心体验之一，'无痛'是我们的使命，也是我们的天职，我们将为此不懈努力！"裴教授说道。

朝受命党心拳拳，夕饮冰誓取中流

拥有五十年党龄的裴福兴教授，和时间一同参与和见证了中国共产党的成长和发展。拨乱反正、改革开放、反腐倡廉……抱璞之党心在党的教育影响下愈发坚定。当被问及"你在本职岗位上是怎样发挥一名共产党员的先锋模范作用的"时，裴福兴教授还是那样谦虚地说："1969 年 1 月我参军入伍，6 月入团，9 月入党，我心里有一个朴实的想法：到了部队，跟了共产党就要好好干。我平时对自己比较严格，不管做什么事都要认真把它做好，直到现在都是做事有主见，执行和服从都从不讨价还价，不管困难有多大、条件有多艰苦，总是要想尽一切办法，克服困难，创造条件，把该做的工作做好、该完成的任务完成好。这就是党几十年培养我的结果。"

汶川地震发生时，裴福兴教授带领全科医护人员出现在抢救生命的最前沿。那些日子里，他没日没夜连续手术治疗，家不能回，就连同在一个医院住院的老岳母也抽不出时间去探望。更鲜为人知的是，他耄耋之年的老母亲在河南老家骨折了，因忙于医院工作，他这个骨科著名教授、博士生导师也不能亲自尽孝为老人治疗。每每提及此事，他心里都有些遗憾，但不后悔。作为党培养多年的"战士"，他没有豪言壮语，却用最朴实的行动时刻做好一名共产党员应该做的事。

百载春秋党旗红，振袖笑唱南湖风

百年探索，一苇以航；躬逢其盛，与有荣焉。关山飞渡，风雨兼程，起初那一点星星之火现已成燎原之势。翻看百年党史，中国共产党从内忧外患之时兴起，在炮火纷飞中成长。而今时代风声籁籁，指引未来的旗帜被奋斗热血映成殷红。我们看到，在这条时代之路上，有裴福兴教授这样的老党员坚守在病房一线，以精湛医术守护患者康健，亦有年轻的新生力量用自己的方式开启新的征程。

岁月不居，时节如流，不变的是内心的执着与坚定；旌旗猎猎，击鼓催发，需要的是百折不挠的意志和行动。值此党的二十大胜利召开，我们应当向裴福兴教授学习牢记赤子心、奋进新征程的精神，自信自强、守正创新，踔厉奋发、勇毅前行，为全面建设社会主义现代化国家、全面推进中华民族伟大复兴而团结奋斗。

（指导教师：王　涵）

焦薇：应是水中月，波定还自圆

西南财经大学　杨婧玉　谢佳佚

师表本色终不改，
一片焦心入阳关。
何当若薇自磐石，
凛然浩气映长青。

从纺织女工到大学生

1978 年，焦薇正紧张地坐在高考考场上。她没有想到，离开学校十多年后，她还能坐在这里，为自己的大学梦而奋斗。

时间回溯到 1966 年，那时焦薇正是一名高三学生，和所有应届考生一样，她早已在心里幻想过无数遍大学的美好时光。但没有想到的是，她迎来的不是考试开始的铃声，而是上山下乡插队落户的指示，上大学的梦想不得不搁浅。

那段当知青的日子，她几乎和书本断绝了联系。每日休息时，她为同伴们讲各种天马行空、稀奇古怪的故事，这仅有的文化活动陪她度过了那段单薄的岁月，也依然点燃着她心中的梦想。

之后不久，她被招到纺织工厂，成了一名纺织女工。她足足做了 7 年。曾听过的琅琅书声，曾看过的篇篇墨迹，都在工厂的嘈杂与烟尘中渐渐模糊，在记忆深处沉寂。有一天，她看到工厂设计师的孩子们在准备高考，他们在复习化学的时候，为复杂的化合价困扰。十几年前学的化合价知识，电光石火般印在她的脑子里，"钾钠银氯溴氢，硝酸氢一价根，钙镁钡，铜和锌，铁汞氧硫酸根……"那一刻，她惊奇地发现自己仍然对高中的知识记忆犹新，心中的梦想再次迸发出希望的光芒。

那一年，是 1978 年，中断了十年的中国高考制度得以恢复。

尽管有许多的困难，但是她紧跟时代的脚步。高考制度的恢复，开启了梦想的时代，照亮了中国的前程，也照亮了每一个像焦薇一样心怀梦想的中国人。

高考考场上，她心怀感恩奋笔疾书，书写自己的未来，也在书写每一个中国人的梦想。揭榜之日，她成了时代的幸运儿。离开学校11年后，焦薇带着对知识的憧憬，踏上了光华园的土地。

三尺讲台育人不倦

从小到大，焦薇就想当一名老师，做知识的守护者，做莘莘学子的摆渡人。所以，从四川财经学院会计系毕业后，她选择留校任教，站上了讲台。

她的课程内容丰富，讲解理念清晰，重点突出，生动活泼，深受学生欢迎，课堂上站满了旁听的学生。就连外校老师也慕名前来学习效仿，"焦薇经验"广为流传，令众多人受益。

对待课程讲授，焦薇有独特的心得。她喜欢从报纸杂志里寻找实例，从课程伊始便用生动有趣的讲述将学生们一步步引向会计学科的殿堂。因此，同学们对于她的课程总是有着浓厚的兴趣。她三节的课程硬是被热情的学生们"问"成了四节，她对学生热情亲切，耐心温柔。她以渊博的知识吸引人，以丰富的情感感染人，以幽默的语言打动人，以正确的方法引导人，以出色的工作业绩履行了人民教师的神圣职责。

从教四十多年，她满怀对教育事业的热忱，在平凡的工作岗位上熠熠闪光。即使后来身患癌症，她依然不舍三尺讲台，不下火线，始终把教育放在生命第一位，并依靠自己顽强的意志和乐观的精神跑赢了癌症。即使在退休后，她仍在进行注册会计师的培训。她是那样乐观坚强，拥有赤诚丹心，在西南财经大学这片热土上倾注了一生的爱。

她始终坚守学为人师、行为世范的准则，树立躬耕教坛、强国有我的理想信念，以捧着一颗心来、不带半根草去的奉献精神，踏踏实实做事，勤勤恳恳育人，以德立身，立德树人，坚持做有理想信念、有道德情操、有扎实学识、有仁爱之心的"四有好教师"。

抚昔追今，西财人在路上

谈到自己从女工到教授的巨大转变，焦薇老师心中充满了对祖国的感恩。"听到恢复高考的消息后，我心中不住呐喊着：'祖国啊！你没有忘记我们！'从那个年代走过来，我很高兴能看到今天繁荣富强的中国，这一切都太不容易了。"

纪伯伦曾说过："昨天不过是今天的回忆，明天不过是今天的梦想。"

昨天，焦老师是一名逐梦者，她参加高考，重圆大学梦，改写人生路；今天，她是一名辛勤的园丁，为一代代青年点燃梦想，助力中国梦。

对现在的会院学子，焦薇老师嘱咐道："大学不只是要进行专业知识的学习，也要注意能力的培养，譬如政治鉴别力、沟通交流能力和创新能力等。我们更要做符合新时代要求的复合型人才。"

你看，灯火摇曳，焦老师满头银丝，为会计教学刻苦钻研；你听，光华柳林，莘莘学子怀着求知之心，于辞海典林里寻求奥秘。

振兴中华的火炬在一代代人中间传承，每个西财人都怀揣着经世济民的理想，迎接新时代的挑战。"中国梦是民族的梦，也是每个中国人的梦。"在践行中国梦的道路上，我们步履坚定，在各自的领域中，一步步将梦想付诸实践，让中国梦开花结果。

"教育是一次次自我蜕变，教育是一场场灵魂唤醒。陪伴是最长情的告白，师德是最朴实的坚守。"这是焦薇成为教师的初心，也是她能够不辞辛劳、不求回报地关照学生、传授知识，能够一直保持热情和积极态度的根本。她将心中的热爱化为实际行动，把自己融进会计理论课教学中，走进每位学生的心中，成为学生最喜爱的师长。

纵岁月摧残，病魔缠身；纵荣誉环绕，著作等身；纵风雨数载，阅尽变迁……她始终怀着一颗滚烫的心，爱着她的学生。跌跌撞撞数十载，光华柳林觉真心，此心正如水中月，风雨声里自在圆。

（指导教师：何振雄）

陆昉：为国育才的教育改革先行者

复旦大学　陈　晨　王可欣　潘成浩　王逸飞

"现在国家非常重视人才培养和教学改革，希望你们利用这个时机更好地锻炼和发展，为国家今后的发展作出更大的贡献。"陆昉老师的殷切寄语时时在我们耳边响起。党的二十大报告中明确指出，要全面提高人才自主培养质量，着力造就拔尖创新人才。教学改革，致力于人才培养，正是陆昉老师潜心从教 40 年以来的关键词。

陆昉，中国共产党党员，复旦大学教授，历任复旦大学物理系主任、教务处处长、复旦大学副校长。现任复旦大学教师教学发展中心主任，上海市物理学会秘书长，教育部高等学校专业设置与教学指导委员会委员。多次获得国家级和上海市教学成果奖。主要研究领域为半导体物理，曾获上海市科技进步奖一等奖、国家自然科学奖二等奖（第一完成人）、全国五一劳动奖章等奖项，先后被评为全国模范教师、上海市劳动模范等。

坚守教学一线，传承热爱与精神

陆昉老师始终坚守一线课堂教学从未间断，致力于教育改革的脚步从未停歇。20 世纪 70 年代，已经踏上工作岗位的陆老师并没有放弃对知识的热爱与追求，经过不懈努力又走进校园，开始了在复旦的学习与教学生涯。"那时候虽然条件艰苦，但我每次考试的成绩基本都是第一。"说起当年的学习，年过花甲的陆昉老师眼中闪烁着孩子般的光芒。

毕业留校后，陆昉老师全身心投入半导体物理研究领域，参与多项国家自然科学基金、攀登计划以及 973 计划等重大科研项目，对半导体异质结、量子阱、量子点等低维半导体材料的光电特性开展了大量系统的研究工作，取得丰硕的科研成果。

陆昉老师历任物理学系系主任、教务处处长、副校长等职，但他始终坚守在教学第一线，在教学上投入大量的精力。陆老师率先在国内高校开展线上线下混合式课程的探索和实践。在 20 世纪 90 年代初，他就开始制作并使用多媒体课件，上课效率明显提升。2010 年起他率先采用了电子投票器等工具，提高了教学效果。2014 年他启动了"半导体物理"在线课程的建设，并尝试采用翻转课堂的形式开展教学。2015 年，他正式实施线上和线下相结合的混合式教学模式，彻底改变了传统以教师讲课为主的授课方式。

潜心立德树人，赋能学生发展

陆昉老师身体力行推进从"以教为主"到"以学为主"的教学理念转变，一批批学生在他的课堂上爱上物理、爱上学习。他以问题为导向，引导学生在线自主学习，教他们用思维导图建立起知识图谱，在脑海中建立起知识架构体系。他以学生研讨为主开展线下讨论课程，引导学生有效开展讨论。在线测试、互动讨论、作业互评，师生交流探讨不仅在课堂里，也可以在时时处处。

陆昉老师完全改变了传统"以教为主"的教学方式，真正实现"以学为主"的教学模式。他的课程也从原先仅为本科生开放，到后来同为研究生开放；从原先只对物理学系学生开放，到现在也面向外系学生开放；从原先每学年开课一次，到 2016 年后的每学期都开课。有学生提到这门课时说："这是我进入大学以来离前沿科研最近的一门专业课，使我对许多概念有了比较清晰的理解，对于我科研的帮助很大。"2020 年该课程获批成为首批国家级本科线上线下混合式一流课程。

卸任副校长后，陆昉老师出任复旦大学腾飞书院院长，还长期担任物理学系本科生导师，很多同学都得到过陆老师的帮助。他曾帮助一名来自台湾地区的学生不断克服物理学习困难，坚定学业发展目标，该学生后来成为复旦物理学系的博士研究生。在担任研究生导师过程中，陆昉老师除了注重对学生研究能力的指导与帮助，还时刻关注他们的政治思想和日常生活状态，让同学们获得健康、乐学、向上的研究生学习经历，他先后获评"复旦大学优秀研究生导师"，不少学生也获得"全国优秀博士论文奖"等奖项。

贯彻教育理念，培养卓越教师

陆昉老师在教育教学实践中，不断创新模式，2012 年起担任复旦大学教师教学发展中心主任，帮助复旦大学教师教学发展中心建立起"教师培训、教学改革与研究、区域辐射"的国家级示范中心定位，树起了一面教师教学发展的旗帜。

他摸索形成了"导师亲身辅导＋同伴合作学习＋平台自主学习"的教师社群模式，确立的特邀研究员制度打破了学科间的壁垒，为多学科交叉的教学研究提供了可能。他率先在全国教师发展机构中建设教师在线学习培训资源，以满足更多教师提升教学知识和能力的需求。经过多年探索实践，复旦教发中心集聚和培育了一批能传承复旦优质教育教学，并活跃在校园内外的师德模范、卓学教师和教改先锋。

中华民族的伟大复兴需要一代又一代人才接续奋斗，而人才的培养离不开高质量的教育。陆昉老师与时偕行，四十年初心不改投身为党育人、为国育才的教育事业，矢志不渝地推进高校教学改革，身体力行诠释了何谓"师者"。新时代新征程，我们青年应当传承其融小我于大我的精神，只争朝夕，不负韶华，为全面建设社会主义现代化强国的伟大事业添砖加瓦。

（指导教师：许蓓蕾　陈　晨）

喻宝华：青春砥砺向国行，更创峥嵘岁月稠

西南财经大学　马榕梅　尹佳硕

习近平总书记指出："在中华民族伟大复兴的征程上，一代又一代科学家心系祖国和人民，不畏艰难，无私奉献，为科学技术进步、人民生活改善、中华民族发展作出了重大贡献。新时代更需要继承发扬以国家民族命运为己任的爱国主义精神，更需要继续发扬以爱国主义为底色的科学家精神。"我国科技事业取得的历史性成就，是一代又一代矢志报国的科学家前赴后继、接续奋斗的结果。从"小米加步枪"到"遥遥领先"，从"火力不足恐惧症"到"东风快递"铸剑扬威，我国军工事业快速发展的背后同样有这样一批心有大我、至诚报国的科技工作者。我们采访的主人翁喻宝华老先生便是其中的一位。

茶楼一角，初见喻翁，他衣着朴素，亲切幽默，花甲之年已至，仍意气风发。谈起工作，话语间他是那么留恋与自豪，几十年的光阴弹指即过，在喻老生动细致的分享里，我们感受到这位老专家胸中丹心报国、求实奉献的精神血脉依然澎湃。

少年勤学，筑牢根基

1979 年，喻宝华参加高考，一举考入西安交通大学数学系，这为他日后成为计算机行业的翘楚奠定了坚实基础，筑牢了他报国强国的思想根基。

勤学不辍是他求学的底色。"因为我是一个山沟里头的学生，英语不好。"一些落差让喻宝华的自卑感油然而生。于是，在食堂吃饭时，他都会拿出本子记单词。"像我这样一个英文底子非常差的人，一两年，英文便提高了。"逢山开路，遇水架桥，他从不放弃。

追求卓越是他前行的动力。他从不会让自己的学科成绩低于 90 分，因为热爱、足够努力，才有这样的自律。一次物理考试，考题超纲，全班只有四人及格，喻宝华便是其中一个，但他并不满足，"我当时自责得不得了。"

放假期间，他研读了六个不同版本的物理课本，并提前返校找到老师要求再考一次，"如果低于 95 分，您给我 0 分。"这样的严苛，成就了喻宝华的优秀与自信。

以身许国，利剑出鞘

在那个年代，学生毕业不发愁找工作这件事，有许多条件、待遇好的单位可以选择。但喻宝华怀着一颗报国之心，毅然来到航空工业成都飞机工业（集团）有限责任公司的数控站。"到了数控站就发现，自己对这份工作是发自内心地喜欢。"他说这话时，眼中依然闪着光。

喻宝华很快便适应了这里的工作，当同事在为很久没能解决的难题发愁时，他总会说："我来！"厂里的老一辈工程师看到他的卓越才能时都表示："有你在，我们厂是真的后继有人了。"

然而，喻宝华在成飞的工作也不总是顺风顺水，总有源源不断的困难和挑战在等着他。最困难的一个问题是软硬件受限。计算机辅助设计、计算机辅助制造等关键技术，根本上想要付诸实践，都离不开工业软件的配合。但国际上较好的工业软件都被那些西方国家牢牢把控在手中，这使得我国在这个工业领域的研发工作处处受限。受此影响，喻宝华在成飞进行研发工作时也难免会感到束手束脚。其次是这项工作的涉及面太广。喻宝华从事的这项工作与各个学科都或多或少存在一定的关联，例如数学、物理学、化学、材料学、机械学等。可想而知，这项工作对个人能力的要求是极高的。为完成相关工作，喻宝华完全自学这些学科并具备了高水平的学科素质，这远非常人能及。

20 世纪 80 年代，中国的航空工业还十分薄弱，歼 10 研制提上日程，在美国、苏联等国家的战机已投入使用时，由我国自行研制的第二代战机还没有定型生产。从无到有，从依靠别国到完全依靠自己，万事总是开头难，可喻宝华和他的同事们没有退缩。

1998 年 3 月 23 日，歼 10 飞机腾空而起，激动的泪水、兴奋地相拥……光荣的成果背后是攻坚克难、无数次从头再来的勇气，熬过多少披星戴月的日子才迎来了翘首以盼的曙光。喻宝华便是这个栉风沐雨的团队中的一员，他守住了歼 10 技术这条线。"你必须自己做。"他的眼神果敢又坚毅。

"当十年二十年以后，即便我所参与研制的飞机已经退伍，但我依然可以骄傲地与后来人讲，我的飞机曾守护这片广袤大地。那种自豪感与成就感让我觉得，此生无憾。"喻宝华讲至此，激动而自豪。国家的航空事业的发展，有他的一份力量支撑。

甘为人梯，薪火相传

退休后，喻宝华的热情丝毫不减，比起儿孙满堂，他更关心事业是否后继有人。"现在接上手的年轻人，有的比较浮躁，功底不深，很难把知识、设备掌握得很透彻。"于是他在工作之余，还编写了近 50 个 PPT，将自己的收获、研究方法、宝贵的实践经验系统地记录下来，为后辈深造提供了丰富的资料。

从刚刚接触计算机行业的新奇，到大数据、人工智能时代，喻宝华经历着技术革新的冲击，也见证了成飞以及行业和国家的发展，他低头沉思、仰首实干的剪影亦是国家从计算机艰难起步到军工业稳定发展的缩影。"工作给我带来成就感，我也感受到中国国防由弱到强的飞跃。"

虽然已经退休，但他仍步履未停，闲暇时间辅导学生数学。他用理性的思维与开阔的格局帮助很多学生真正敲开数学的大门。甘于奉献的人，一生都在燃烧，不耗尽气力是不会停止发光的。

喻宝华坐得住冷板凳、守得住初心，令人敬佩，他身体力行，为后浪做出榜样。那些"娄山关""腊子口"总要有人去走一遭，那些棘手的问题总要解决，那些基础的技术总要有人去付出几十年静下心来钻研。

前辈已竭尽全力，后辈怎敢怠惰后退。接力棒已然交到了我们这一代人手中。作为新时代的青年，我们要牢记习近平总书记的殷殷嘱托，坚定不移听党话、跟党走，怀抱梦想又脚踏实地，敢想敢为又善作善成，胸怀"国之大者"，弘扬"科学家精神"，追求真理、勇攀高峰，在祖国最需要的地方挥洒青春的汗水，让青春在全面建设社会主义现代化国家的火热实践中绽放绚丽之花。

（指导教师：蔡雨娟）

周明镜：育种润土五十载，稻米新粮万民欢

西南财经大学　吴安宇　申永糠　樊弋宁
朱雅轩　陈禹潼

"民以食为天。"改革开放四十余年来，社会生产所取得的非凡成就闪耀世界，人们的餐桌日益丰盛。历史的经验告诉我们，中国人的饭碗，始终要紧握在自己手上。如何最大限度协调土地、农田、粮食的关系，守护好老百姓的饭碗，成为像四川农业大学退休教授周明镜这样五十年如一日潜心农业育种事业的农学家们一生念兹在兹的头等大事，他们用自己的辛勤与汗水倾心、精心培育"万民之命，国之重宝"的各色稻种，为天府粮仓的谷盈仓满献出了毕生之力。

"稻根科斗行如块，田水今年一尺宽。"2023 年 5 月 10 日，四川成都都江堰的一处试验田，时值午后，炽热的阳光无情地烤晒着大地。此时，身穿一件浅褐色格子衬衫、系着一条破旧的白色围裙的周明镜，正在田间挥洒着汗水，手上、衣服上星星点点的泥浆干涸成一个个黑点，无声地诉说着这门和土地打交道的"接地气"的手艺。当我们询问周明镜老师走过的"育粮"之路时，他在片刻的沉思后打开了话匣子，用一口金堂话向我们讲述了他屡遭重重困境和打击的研究生涯，最终凭借对科学研究的热爱与执着，他得到了同仁、农民的认可，为中国农业育种事业开拓出一片新天地。

长于农家矢志农学，多年潜心躬耕播种粮食理想

1955 年 12 月，周明镜出生于四川省成都市金堂县官仓镇莲花村的一个普通农民家庭。从小成长于农家的他，看见父辈乡邻整日在田间地头锄地播种，切身感受到稼穑艰难、粒米如金，他从小便有了让大家都能"有饭吃、吃饱饭"的愿望，而这便埋下了一颗发展农业、保护粮食安全的种子，并开出了一朵绽放数十年之久的理想之花。

1982 年 7 月，周明镜结束了在四川农业大学的学习，满腔热忱的他来到

了当时的雅安地区农业局（现农业农村局）农技站工作。1982 年至 1983 年，为了解决藏区人民吃饭的问题，他直接住在红军翻过的第一座雪山——夹金山山脚下。"11 月的时候，大雪封山，每次调研完双脚上全是冻疮，甚至都下不了床。"周明镜向我们描述着当时的场景。为了心中的那份理想，他坚持不懈地努力着，最终成功研发出在高寒山区进行高产栽培的技术。而该技术在全区得以推广，在当时取得了很好的社会经济效益。"1984 年，雅安的粮仓名山县种植的十几万亩汕优 2 号遭受瘟疫大流行，红岩乡四千多亩颗粒无收……"作为后备干部在雅安名山县红岩乡任副乡长的那段经历，对于周明镜而言印象深刻，"当时，我受组织指派下乡挂职锻炼，一年内带领技术团队和乡村干部不分白天黑夜，在一条条烂泥路上，一身泥土一身汗地查看一个个温室的温度、秧苗的长势，被称为'铁人'，终于解决了当地遭遇的这一'疑难杂症'"。回忆起那段艰苦的经历，他不禁感慨"苦心人，天不负"。

从 1997 年开始，周明镜任四川农业大学水稻所办公室主任，但他始终没有忘记最初的理想。除日常工作外，他投身优质杂交稻的研究和"川农"再生稻基地建设。每年，他都在基地种植 1 000 多种新组合，选出一批批高产优质组合，更得到袁隆平院士的好评。此外，他在优质香型抗稻瘟病不育系选育及高产优质杂交稻新组合选育方面达到同领域先进水平。

老骥伏枥发挥余热，他用最初的理想造福千家万户

2010 年，周明镜与中国科学院的专家合作进行的东北稻新品种选育，取得突破性进展。其中，一批优质抗病抗寒生育期短的多功能水稻新品种，在北方和四川已进入试验阶段。成就的背后，困难却鲜为人知。"退休之后，没有科研经费，搞科研基本都用我自己的退休金。家里人都希望我在退休之后能在家安心养老，但我还是希望能为老百姓带来一些优质的品种，让他们得到真正的实惠，所以我一直在坚持搞科研。"当问到他现阶段的目标时，他满怀憧憬地说："我现在就希望能把改造成功的天府稻花香品种，经过扩大试验示范运用到生产上，得到社会的认可。"

在随后的采访中，我们来到位于都江堰基地的试验田，了解到周明镜现在着手的主要项目。在现场，只见田间的一排排插秧机，将他试验的稻种种

入农田，田边围观的村民无不满脸喜悦。该稻种成熟期短、米质优，大大增加了村民收益，让都江堰继续擦亮"天府粮仓"的金字招牌，并以此为依托，逐步实现农业高质量发展，加快乡村全面振兴。而周明镜作为该项目的主持者，更是在其中作出了重要贡献。

"四川省先进个人""雅安地区先进工作者"……无数光环笼罩在周明镜这位年近七旬的老人身上，但只有他脸上那密密麻麻的皱纹、手掌上布满的老茧才是那数十年未曾改变的初心的最好见证。谈到对青年的期望，周明镜说："首先，不管遇到什么困难，不要轻易放弃，要敢于面对，舍得付出，培养创新思维。"

在实现中华民族伟大复兴的路上，有着无数像周教授一般投身浪潮、坚守初心、无私奉献的科技工作者，在尽己所能地为国家、为社会做出属于自己的贡献。我们不仅要向他们致敬，更要向他们看齐——不忘初心理想，追寻人生价值。

（指导教师：罗　燕　罗元化）

黄世绥：承来路党之关怀，启后辈教育之梦

西北农林科技大学　童先超　朵茂星

"在我心中，一直就揣着一个炽热的'三农'梦，因为我来自农村，与土地有着天然的亲近，一心想去一所农林院校，希望用自己所学的外语知识，服务'三农'，造福家乡，把自己的青春挥洒在广袤的田野上。"这是黄世绥教授对自己人生理想的执着追求。

1940年出生的黄世绥如今已是耄耋之年。2000年从西北农林科技大学外语系教学岗位退休后，开始做特邀党建组织员工作，多次被评为"优秀共产党员"，连续四次获评学校"关心下一代先进个人"……这些荣誉和成就的背后，是黄老师对党的热爱和感恩，是他对下一代的关怀和喜爱。

受党雨露，向光而行

1954年秋，出生于陕西省商洛市山阳县大山中的黄世绥考上了离家80里的山阳县初级中学，那时交通不便，山路崎岖，从家走到学校需要花大力气，但他从不说放弃。1960年，黄世绥考入西安外国语学院，家距学校五百多里，黄世绥在党的助学金资助下圆了大学梦。他说："大学里你们要交两个朋友，一个是图书馆，一个是体育场。一个学习知识，一个锻炼体格。"天道酬勤，坚持刻苦学习、奋进自勉的他大学四年的专业课始终为"优秀"等级。

黄老师回忆，那时条件不好，顺路搭卡车去学校，被褥都湿了，同宿舍的同学毫不犹豫地分出自己的一部分给他用，帮助他渡过难关。"在家靠父母，出门靠朋友。那时候我们都不认识，大家第一次见面，我特别感动，并且认识到集体的重要性，这是我上到的大学的第一课。"

大学四年，黄世绥只回过一次家，父亲已故，母亲病危。探家结束，黄世绥从家中徒步走回学校。行至半路，已经三四天没有进食，疲惫的身躯已经无法再行进，但坚强的意志驱使着黄世绥数着电线杆往前挪，十杆一停，

十杆一停……就在他快要坚持不住时，路上出现的一辆面包车帮助了他，虽不相识，但司机因为顺路，把他带回学校。黄世绶颇为遗憾地说："我还记得那个司机师傅姓王，经常和他来往写信，后来他换了工作，现在也很难再联系到了。"

在大学的日子里，无论是上课还是寒暑假期，黄世绶都在学校图书馆勤工俭学，和书籍成了朋友。"我时刻牢记党的教诲，珍惜这来之不易的学习机会，努力学习外语专业知识，以实际行动来报答党的关爱。"

服务"三农"，教书育人

1964 年 7 月，黄世绶毅然放弃去哈尔滨商学院任教的机会，主动要求分配到西北农学院工作，并从此将自己的一生都奉献给了西农。1965 年他第一次提交了入党申请书。1978 年，他再次提交了入党申请书。1984 年 7 月 9 日，黄世绶永远忘不掉这一天，他光荣地加入了中国共产党。

入党后，黄世绶时刻牢记党的宗旨和使命，处处以高标准严要求约束自己，充分发挥模范带头作用。在任教期间，他始终坚守立德树人根本任务，教学认真负责，教学效果优异，深受学生好评。

黄世绶在工作生涯中，在全力做好教学的同时，还翻译和审校了农业科技文献 130 多篇，近 100 万字。黄世绶用行动证明了他对投身"三农"的热烈愿望和坚定初心，并于 1994 年晋升为教授。

散落繁星，点亮未来

退休后，黄世绶一直负责学校 5 个院系的教学督导工作，12 年共完成 365 人次的随堂听课工作，并通过座谈反馈、现场指导等方式帮助青年教师做好教学工作。虽然在 2015 年退出了教学督导组，但他又全力协助学校关工委开展关心青年师生的工作，分别给资环、机电、园林和外语等 6 个院系的新生作入学教育报告 9 场，受教育师生达两千余人次；编写了《英汉对照名言警句精选》《英语名家谈英语学习方法》两本资料并印刷六百余册免费赠送给大学生，帮助他们提高英语学习兴趣和学习效率。

"习近平总书记多次鼓励更多老同志关心下一代，我是一位老外语教师，更是一名老党员，更应当听从党的号召并全力承担起这份责任，为党和祖国未来事业的发展培育更多的人才。"2016 年 4 月担任外语系特邀党建组织员后，黄世绶先后参加三个学生党支部的专题组织生活会 13 次，讲党课 5 次，同时还分 7 个批次，审阅了 42 位拟发展对象的入党材料并书写鉴定意见，帮助其成为正式的党员。

在黄世绶的育人生涯中，他不仅注重学生的学业成绩，还注重学生的志向追求、奉献意识、思想道德和政治觉悟培养。他极具亲和力，先后接待了水建、动科、外语等 9 个院系四十多位学生的来访，鼓励学生多吃两样东西——吃苦和吃亏，鞭策学生树立人生大目标并为之付出持之以恒的努力。在深受广大学子爱戴的同时，黄老师的工作也收获了各方面的肯定，他多次被评为"优秀共产党员""关心下一代先进个人"，为教育事业发展和人才培养点亮了一盏明灯。

受党雨露，圆大学梦；拥抱情怀，燃兴农梦；承一抹红，续初心梦；迎一束光，点教育梦。黄老师对我们说："如果再来一次，希望自己可以更努力、更优秀，也希望新一代青年可以为实现中华民族伟大复兴而不怕吃苦、努力奋斗！"

（指导教师：刘庚军　杨远远）

李锐：行黄天厚土间，谱为国为民篇

西北农林科技大学　章紫萱　唐司萌

生于太行，长于西北，扎根黄土，面向世界。跑遍黄土高原的千沟万壑，为黄土高原综合治理奋斗了一辈子、奉献了一辈子的李锐研究员，看到黄土高原由昔日的穷山恶水变成绿水青山，如今，绿水青山正在变成金山银山。"没有比看到这些更让我有成就感的了，这一辈子没白活。" 77 岁的他感慨道。

用自己所学，为改善黄土高原的生态环境贡献力量

1970 年毕业于兰州大学生物系的李锐，经历解放军农场的两年锻炼后，被分配到西北生物土壤水土保持研究所（水保所前身），2 月报到，6 月就赴黄土高原开展两个多月的植被建设野外调查。当时城市间可以坐公交班车，到小地方基本靠步行。那年黄土高原大旱，遍地枯黄，坡地庄稼几乎绝收，当地人民生活十分困难。看见此情此景，年轻的李锐非常震惊，他从内心觉得水土保持很重要，暗下决心要用自己所学，为改善黄土高原的生态贡献力量。

1973 年 6 月，李锐和 20 多名科技人员一起乘坐大卡车，来到陕北安塞县，建立水保所水土保持实验基地。当时没有电，点灯靠煤油，尽管条件艰苦，但大家都过得很充实。作为第一批成员，他们在当地挖井、盘灶、修整窑洞等，为大部队进驻做准备。

此后的三十多年，李锐的足迹几乎遍布黄土高原的沟沟坎坎、梁梁峁峁，他在这片黄土地上留下了人生最美好的岁月，用奉献勾画着黄土高原的秀美锦图。

党培养了我，就要努力为党工作

1946 年出生在太行山区农村的李锐，父亲是党员、村干部，父亲处处以

公事为重、为民办事的伟岸身影让他很崇拜。年幼的李锐虽不太理解父亲的做法，但对党的向往早已根植于心。由于学习成绩优异，他一直拿着最高奖学金，高中时每月 7 元，上大学变为 15 元。自述"完全是党培养起来的人"的他对党怀着深厚的感激之情。1984 年，作为改革开放后中国科学院第二批赴澳大利亚留学的科研人员，李锐在异国他乡充分感受到中国与发达国家的发展差距，拿着国家在并不富裕的情况下给留学生的补助，李锐感慨万千。

明月两乡，漂泊在外的学子最能体会月是故乡明。在大使馆品尝佳肴、看中国电影，得到来访的国家领导人接见……在无数个暖心的片段后，李锐愈加萌发对国家对党的特殊心情，抱着"党培养了我，就要努力为党工作"的朴素理念，李锐在中国驻澳大使馆光荣加入中国共产党。

留学结束，重新踏上黄土地之后，李锐敏锐地思索并身体力行地将遥感这一高新技术应用于黄土高原水保治理，为黄土高原治理探索新的路径。

野外踏勘、航空摄影监测、轮渡黄河、地面调查……李锐借助航空遥感观测地面变化，在从部队租用的飞机上拍摄航空照片，结合黄土高原综合治理国家科技攻关项目进行学习、研发和提高，参与研究开发的"黄土高原小流域综合治理信息系统"对当地生产实践起到了直接的指导作用；倡导研究并建立的"黄土高原土地类型／水土保持遥感分类系统"，为从遥感数据中直接获取土地类型和水土流失的环境条件奠定了基础。他也悄然走进了我国水土保持遥感事业的开拓者行列，先后主持或参加国家科技项目、国际合作项目等 30 余项，获省部级以上科技成果奖 12 项，曾获"国家有突出贡献回国留学人员""全国农业科技先进人物"等荣誉称号。

让全球水土保持治理领域听到中国声音

多年的研究经历让李锐体会到，水土保持是综合性、系统性很强的工作，涉及领域广，影响范围大，应从宏观尺度研究水土流失与自然环境、社会经济的关联，还要着眼于全中国乃至全球尺度。由此他提出了区域水土保持概念，主持或参与完成了多项全国水土保持科研项目，倡导和组织了全球土壤侵蚀调查与评价、"一带一路"水土保持研究，极大地促进了本领域的国际合作。

2002 年，国际水土保持大会在中国北京举办，作为申办代表，李锐不仅见证了这一时刻，更用流畅的英文演讲和图文并茂的声像展现了黄土高原水土治理成效，将中国科研成果带上国际舞台，让全球水土保持治理领域听到了中国声音。一年后，世界水土保持学会秘书处迁到中国，表明我国在水土保持方面的成果已被世界认可。2011—2019 年，李锐担任世界水土保持学会主席，2020 年任名誉主席。其间，他受邀参加联合国粮农组织会议，让我国的研究成果直接服务于全球计划。

曾担任水保所副所长、所长 10 余年的李锐，带领水保所职工沿着科技创新的道路，为水土保持及生态环境建设作出了重要贡献。谈起数十年的工作给他的体会与启示，他表示"个人事业必须融入国家需求""个人成长也要融入集体发展中"。

"管理好自己，教育好子女，履行好职责、发挥余热"是李锐退休后给自己立下的三个目标。他致力于倡导、开展水保所"传承与弘扬"活动，面向学生作专题报告，将老一辈水保科学家们践行的"朴实、厚重、包容、奉献"的黄土精神，以及潜心科研、甘于奉献、勇于创新的优良传统传承下去，发扬光大。

"如今年轻人面临新挑战，思想压力和社会竞争强度是我们那一辈所不曾面对的。"李锐老师叮咛我们，"年轻一代必须抓住机会学习知识、增强本领，要有家国情怀，为了国家富强、民族复兴，要卯足劲! 加油努力!"

（指导教师：李晓春）

李丙智：我为苹果而生

2016 年，西北农林科技大学园艺学院教授、学校千阳苹果试验示范站首席专家李丙智退休了，他选择将家从西安搬到了宝鸡市千阳县，继续指导农民栽培矮砧苹果，发展地方特色产业。

很多果农问他，为啥要这样呢？他说："我就是为苹果而生的。"

"发展中国苹果产业，必须学习先进技术"

20 世纪 80 年代末至 90 年代初，我国苹果产业进入大发展期，但在当时的经济社会条件下，大多数果园都是按照乔化密植模式建立的，果园密闭，光照不足，产量、品质与国际先进水平差距较大。

1983 年，李丙智从原西北农学院园艺系果树专业毕业，被分配到原陕西省农业科学院果树研究所工作，他积极参加果树所的科研项目，深入苹果园调查研究。在长期的研究与实践中，他逐渐意识到，阻碍中国苹果生产的关键在于落后的栽培管理技术。"要发展中国苹果产业，必须学习先进技术。"

为了提高研究水平和科技推广能力，工作后的李丙智还攻读了研究生，并赴新西兰园艺研究所学习了半年。1999 年 10 月，李丙智跟随农业部专家组赴日本考察落叶果树品种及栽培技术，之后又到美国、意大利、法国、德国、韩国、澳大利亚等国家考察学习。他对苹果生产先进技术的理解更加明确了："一是我们要发展苹果矮砧栽培技术，二是必须引进苹果套袋技术，三是要对老龄果园进行树形改造。"

回国后，李丙智牵头在宝鸡市凤翔县建立了苹果科技专家大院，专门从事苹果新品种引进、繁育和栽培技术研究与示范。经过十年的艰辛攻关，他首次系统研究出黄土高原地区的苹果套袋时间和取袋时间，引进、吸收国际先进的苹果矮砧密植栽培新技术模式，创新形成了一套适合我国的苹果矮砧集约高效栽培技术模式，这种新模式后来被业界认为是"苹果栽培制度的一场革命"。

"推广苹果栽培新技术，是我的使命"

2008年，学校实行岗位管理改革，在教学与推广之间，李丙智毫不犹豫地选择了推广岗位。他说："推广苹果栽培新技术，是我的使命，我要做农业科技推广的先锋。"

2012年，李丙智担任学校千阳苹果试验示范站首席专家，重点进行苹果矮砧集约高效栽培技术的示范推广。他的宗旨是："不仅要'讲给农民听、做给农民看'，更要'带着农民干'。"他在千阳县建立起100多亩苹果示范园，让周围参观的农民共同操作，手把手帮助农民学习苹果栽培管理技术。

从这100多亩示范园开始，李丙智确定了以苹果自根砧集约高效栽培为新技术，以龙头企业和农村大户为主力军，以机械化为方向的现代苹果产业引领示范模式，并引进12家公司在千阳建立标准化果园，自2012年3月开始栽苗，12月便已建成2万亩集中连片的高水平国际矮砧苹果示范园，之后仅用4年时间便建成现代苹果矮砧集约生产示范基地4.1万亩，创造了当年见花次年挂果、3至4年进入丰产期的现代苹果生产新纪录，创造了广受赞誉的"千阳速度"，千阳成为全国现代苹果产业的样板。

提起李丙智，曾任千阳县副县长的崔省强满怀感激："李丙智教授是千阳现代苹果产业发展的大功臣。"2014年，李丙智被授予"感动千阳人物"及"最美宝鸡人"荣誉称号，还被增补为宝鸡市政协委员。

荣誉和责任给了李丙智继续奋力前行的动力。他说，和国外90%的矮砧密植苹果园相比，我国苹果推广运用先进技术任重道远。"我今后要继续努力工作，为农民增收作出更大贡献。"

"接到果农丰收的电话，是我最开心的时候"

李丙智先后出版苹果栽培技术方面的著作30部，发表科普文章三百五十余篇，累计培训农民100万人次。仅退休之后的七年间，他就针对农民需要，编写出版了6本苹果栽培技术书籍，发表科普文章40余篇，申报国家专利20项，其中已授权12项。他获陕西省农业技术推广奖一等奖1项、教育部科技进步奖二等奖1项、宁夏回族自治区科学技术奖二等奖1项，制定苹果生产管理省地方标准4项。

　　他定点扶贫的两个村——千阳县张家塬镇宝丰村和南寨镇南寨村因为发展矮砧苹果，于2019年年底全部脱贫。其中宝丰村荣获陕西省"全省村集体经济发展20强"，2021年还被党中央、国务院授予"全国脱贫攻坚先进集体"称号。

　　退休7年来，李丙智带领团队以千阳为中心，向四川、云南、甘肃、宁夏、西藏等全国苹果产区辐射苹果生产新技术，累计在全国推广苹果矮化栽培600多万亩，产生直接经济效益38亿多元。"全国科普工作先进工作者""全国科技助力精准扶贫先进个人""科技扶贫杰出贡献者""陕西好人"等殊荣纷至沓来。

　　"30年来，只要有果区，就有我的足迹。有时候也觉得累，但是想到果农把我的技术都学会、用熟了，我觉得一切都值得！我的手机24小时开机，接到果农丰收的电话，是我最开心的时候。"李丙智满脸真诚地说。

　　"党的二十大阐述了产业振兴在乡村振兴中的重要作用，我希望有更多的青年学子能接续我的工作，为祖国果业贡献智慧和力量，我国的苹果产业未来充满希望！"李丙智眼中满是信心与期盼。

（指导教师：靳　军）

张继澍：甘为人梯，甘心"柿"业

西北农林科技大学　冯欣雪

从讲台到大田，从理论到实践，60年风云变幻，一甲子追求无悔。年逾八旬的张继澍教授，满腔赤诚，精神矍铄，活跃在生产一线，为柿农答疑解惑，毫无保留，甘之如饴。

撑起植物生理学一片天

张继澍教授生于天津，中学时期就读于南开中学，1959年考入西北农学院园艺系果树专业，毕业留校后一直从事植物生理学课程教学和果树生理研究工作，坚守科教一线，潜心科研，静心育人。

他在大学本科教育一线承担"植物生理学"课程教学。这是一门影响面大、涉及面宽的主要基础理论课，能为学生搭建起由基础课向专业课过渡的桥梁，对于培养学生能力和素质起着重要的作用。

在总结前辈经验和共同研讨的基础上，他主持制定和完善了系列教学管理制度，为教研组的规范管理和提高教学质量提供了重要保证，还联合兄弟院校主编并正式出版了《植物生理学》教材。

这本面向农林院校的教材，在阐明基本理论的基础上，重视对植物生命活动过程中生理功能及其调控方面内容的介绍，强调基础理论与应用之间的衔接，有助于培养学生综合运用微观研究结果、回答或分析宏观问题的能力。

在学生眼里，张继澍教授因材施教，诲人不倦，他不断进行教学改革和充实教学内容，改进教学方法。在被问及教学原则时，张继澍教授用短短八字概括之："立德树人，教学相长。"他谈道："作为一名老师，我们对待学生应当像对待子女一样真诚，更应当严于律己。老师先立德，再树人，方能成为学生的表率。"因此，张继澍教授在教学生涯中，数十年如一日地严格要求自己，以洪亮的声音、昂扬的精神状态面对课堂，以求真、严谨的态度面对实验。

20 世纪 80 年代末，张继澍被派往日本留学深造。回国后，他将所学内容凝练提升，应用于教学科研中，形成理念新颖、方法独特的流派，成为继石声汉、王韶唐、汪佩宏等老一辈科学家之后，学校植物生理学发展史上承上启下的重要代表。

创新果蔬保鲜技术体系

老百姓的餐桌离不开瓜果蔬菜，如何延长它们的保质期，丰富百姓饭桌？在植物生理学领域颇有建树的张继澍，在教学之余把时间和精力都花在了科研上。

他结合农业生产实际，潜心研究，在果蔬保鲜领域率先引入细胞生物学和分子生物学等新的研究方法，重点探索与成熟衰老及质量相关的敏感电学参数，为确立评价更准确、有效地检测电物理指标积累了丰富资料，探索出了果蔬成熟衰老的内在分子、物理学机制，最终为实现果蔬产品成熟衰老控制及无伤害检测技术的真正突破奠定了基础。

在他的不懈努力下，形成了独具特色的采前养鲜——采后处理保鲜——果品深加工的研究思想体系。面对陕西火柿保硬期极短的难题，他首次提出了柿子 GA·MS-MA 无公害节能贮藏技术，解决了控制柿子常温下软化以及加工中的返涩的难题。

专注一方富民"柿"业

"我这一生就做了两件事，一个是教书育人，第二个就是服务'三农'，专门为农民服务。"张继澍教授在采访中如是说。他表示："知识与论文不能仅仅局限于书本，只有把它们转移到大地上，才能不浪费我这一生所学，也为国家与社会尽一份绵薄之力。"因此退休后，张继澍教授投身柿饼生产与扶贫事业，被聘为陕西省富平县柿子科技专家大院首席专家、首批陕西省中小企业首席工程师，他一心为柿农科普科学知识，以专业知识指导柿饼加工。

为了提高富平柿饼质量，张继澍教授通过举办技术培训班及现场手把手教学等多种形式，为富平柿饼清洁生产和柿饼安全生产做指导。他提出减少熏硫用量及次数，严格按照国家对硫残留量的要求生产，与果业合作社合作研究无公害柿饼加工工艺，这项技术通过了省级鉴定，并荣获渭南市科技成果奖二等奖。

直至今日，张继澍教授仍在继续用他对专业的刻苦钻研、对百姓的赤诚情怀，成就着一代又一代科研技术的落地实施，守护着一树又一树的金灿灿的柿子，托举着一家又一家柿农幸福安康的生活！

甘心为农，钟情"柿"业。张继澍教授还有一个梦想，那就是建设中国柿博物馆。为此，他一直与农科院分会的王仁梓研究员、园艺学院杨勇副教授一起奋斗，精心指导中国第一家以柿子为主题的博物馆——中国柿博物馆的建设，为我国柿业发展做出西农贡献。

如今，八旬高龄的张继澍教授依然牵挂着果农和柿饼，继续活跃在农村，热心为柿农服务，为乡村振兴再做贡献。2022年，他被我校离退休职工党委和离退休工作处分别评为"优秀共产党员"和"正能量奉献有为之星"。

（指导教师：张　晴）